更改主題

哲 學

從 蘇格拉底

到 阿多諾

雷蒙德·蓋斯
Raymond Geuss 著

郭恩慈 譯

hilaritatis causa

本著暢樂享受的心情

Endlich!

Die Freiheit!

Die Harpunen fliegen.

Der Regenbogen lagert in den Straßen

Nur noch vom fernen Summen der Riesenbienen unterhöhlt.

Alle verlieren alles, das sie, ach wie oft,

vergeblich überflogen hatte···

終於！

自由！

一叢捕鯨叉在飛騰。

天虹被囤積

在交錯街道中

唯有從底方掏空而飛

從遠處嗡嗡鳴叫巨大的蜂群

所有已失去了所有，而她，噢是多麼慣常，

飛過，卻枉然

梅拉・奧本海姆（Meret Oppenheim）

Husch, husch, der schönste Vokal entleert sich（1933）

*本詩翻譯，得深諳德語之朱銘瀚先生審視及修正，不勝感激

目次

序言

　　在所有文獻著作中，包括所有哲學文獻，最令人震撼的影像，可說是在柏拉圖的《理想國》的第七卷中所描述的一幕：在一個地底的洞穴，被囚禁的人群被鐵鍊鎖著，他們背後有一光源。眾人自出生開始便被囚禁，一生也是這樣，每天就是觀望在他們眼前顯現的，投影在牆上的幢幢影子中度過。這些影子漸現形狀，搖曳不停，又不時重疊，消溶不見，（有時）又會重現，還時不時會合成有規則的圖案，又有時隨機地一個圖案接著另一個圖案出現，但在其他時間它們好像會展示某種的規則秩序。有部分囚徒漸漸學習適應了那些影子出沒的序列，對其做出描畫，即在有限範圍內，掌握影子的出現與隱沒的規律性——稱為「常識」的，就是囚徒們在學習影子出沒的規則過程中，所發展出來的「技巧」。

　　柏拉圖提議：假設有人讓幾個囚徒獲得自由，讓他們轉身，迫他們從背向而轉身面對光源，同時讓他們看見那些投射了影子在牆上的東西——他們花了一生人只觀看到影子的那些東西。柏拉圖說，這些（被釋放的）囚徒很可能會感到目眩、盲目及感到沮喪。這樣迫他們轉身去看，釀成了痛苦與失去方向，毀滅了他們不斷辛勞地學習而獲得的常識，但是，如要真正理解他們生活在其中的世界，這毀滅是啟蒙

過程中必然附隨之事。到了最後──這「最後」可能是指涉頗長的時段──那些被解放的囚徒所學習到對影子變化（的規律）的理解，可能比起那些從來未被解放的囚徒所學的更佳，因為他們有可能掌握到一些有關真實的東西（即那些將影子投射在牆壁上的東西）本來的知識。如果他們持續嚴肅地研究那些影子，他們會視其為其他的事情發生之後的效果，而不是某些實存之東西，因其自身而衍生的重要的及依因果而生的效應──然而影子之充滿迷惑的閃爍，仍然影響到那些未被解放的囚徒，他們持續地受制於信念主張或言論的某些形式。

就以我們的政治生活作為例子吧。那所謂「影子」可以比喻現代有關「權利」的論述。在1980年代薩達姆・海珊[1]使用毒氣殺害他本國的國民，美國卻從後鼓勵支援他，給他武器，宣稱薩達姆・海珊是（美國的）重要盟友。但突然在1990年代，薩達姆・海珊卻將自己變成了一個討厭鬼，同時，人們又「發現」他破壞了自己國民的人權，因此，他的國家於是被侵略。伊拉克被國際認為是一個「主權」國家，並且是不同的國際組織的被承認的成員國，而這次侵略乃是不顧聯合國安全理事會的反對而進行的。於第二次侵略之後，負責占領伊拉克的軍事行動的美國指揮官嚴肅地警告伊朗不要違反國際法律──即不要干預伊拉克的「內政」，因為伊拉克是一個有主權的國家。在這脈絡中，那些訴諸人權的人，將「人權」**表象**為一套有強大力量並且有嚴謹組織的原則的體系，並且可管制在發生的事。然而，如果我們只是

---

[1]　薩達姆・海珊（Saddam Hussein, 1937-2006），伊拉克共和國第五任總統。

簡單地去探究一下「人權」如何在真實的政治脈絡中運作，我們就會感到迷惘而不知何去何從；在上述在此情況中，進行「人權」的分析，嘗試找尋任何有持續性、可信賴的協調，或企圖在其中掌握理性、一致性或實則性，很清楚，是完全徒勞無果的。有一些人會認為在這幢幢黑影，背後屹立著的是法律內合乎規範的真實，或者理想的人權的預算，並且，哲學家的任務就是去把它們揭示出來。就讓我祝福有此種想法的人好運吧，就算他們沒有見過（所謂影子背後的情況），他們確實相信如此。另外一些人就認為，去改變影像、哲學家所奠定的自然定律，或者人權，可說是影子的影子而已——即是說這些事物皆不是堅實確切的真實，反而只是某些人因花了過多時間去觀望影子的變化而產生的幻覺。那麼「理解」，如果它不是百分百「真實」，就得到別處去找尋。依所上述的兩類人的論點而言，沒有人會覺得「理解」，是可以從簡單地透過培育我們學習將這些影子的分類及繪製而獲得。無論所接納的是那兩論點的哪一邊，我們都要改變主題才可以有所進展。我們要麼就需要一套有關人權／自然律例等等的理想論述，要麼就是或需要另外一套有關人們如何行動及說話的理論，而這套理論不會完全只在表面意義上去了解人們的純粹表述。我們可能不是很清楚，所提議的新的勾畫繪製，哪一種最值得去慎重考慮，但所有提議，皆以自己的方法，去嘗試建構某些對立於（前述的）常識的進路：這可以說在某種意義下，每一項提議都在正更改主題——或者，這就正是，或，無論如何，哲學到目前為止經歷的情況。

　　這一本書之所以得以面世，乃是源於兩件性質很不相同

的事的偶然契合。第一件事，就是在2010年，位於英國劍橋的海弗斯書店（Heffers）其中一位經理，詢問了在劍橋大學任教的不同學科學者，邀請他們各自提交十本書的書單。選取這十本書的準則，首先是學者們會覺得它們在其學科內是最有趣的，但這不是說這十本書是在歷史上最有影響力，或在目前最為普及，也不是受到最頂級的研究專家最推崇，或達到了文筆最精煉的巨著，或在教學方面是最有用的教學材料。這十本書的揀選原則，很簡單，就是它們向所屬學科貢獻了最佳的嚴肅的研究，因為它們談及了有關這學科本質上的要點。我作為海弗斯書店書局的常客，書局經理於是邀請我為「哲學」這門學科提交那十本書的書單。書局方面另加一項要求，那就是所提議的每個作者，只能揀選她／他一本著作，這條件十分有助於我這項工作——如此就防止了我直接地簡單提交五至六個柏拉圖的對話錄就了事。再者，將提交的書單限制在十本書以內的這個要求，果然在很多方面對智性訓練都是有用的：我草擬書單的最初幾次都不滿意，全失敗了，我到最後才恍然悟到原因——縱使書局已提醒我，在選擇那十本書時要避免的各項條件，但我還是讓自己受到這些條件的影響。我還是考慮到所要揀選的書籍的作者普遍的聲譽、其在歷史性的影響，或在現時在哲學學科內，它是否占中心位置，或甚至在一般教學課程是否中重要的參考。確實是經過了好幾次來來回回的挑選，我才終於從這等考慮中釋放出來——這些考慮如在其他範圍內作為挑選要求，可以是完全適切的，但是，在當今二十一世紀初期，面向廣大的容易旁騖的讀者，如果要決定哪個作品是有力量的、引人入勝的、啟蒙的，並且讓該等讀者認為值得去注目的，上述

的揀選書作的條件，可說確實是離題不相關的。

　　下筆書寫這本書的第二個源起是，我於法語書寫能力方面，實在愧慚，總是屢屢犯錯，造句及詞彙方面又欠缺變化多樣性，滿是贅字冗詞，但我又好像沒有空餘時間去認真地改善這些缺點。當我於2014年1月退休，我便去了劍橋的法國文化協會，商討安排了學習的計畫。我實行了以下的（學習）時間表：每個星期我會寫兩三篇八百至一千字的法語文章，並請法國文化協會的名師和我討論及修改這些習作。我很幸運得到三位法語教師（Anne-Laure Brevet, Isabelle Geisler, Aline Guillermet）的教導。經過了一年多的時間的學習，我認真地覺得我在法語書寫上有了些微進步。但於此同時，一個問題出現了：我已經寫了過百份短文，即是說我需要更多資料，亦即更多的作文題目，去繼續書寫。我開始去翻閱我人生所積累的個人收藏回憶：暗地裡詆毀某些我相識的人的小故事、捏造出來的敘述、夢境、政治評論，假想的書信來往，或翻譯希臘拉丁或德文的短篇文章，又或者我所喜愛的文學作品的短評……，但我感到我已開始重複自己了。我需要一些新鮮的想法和主題，最理想就是一些要求非常不同及比較複雜的句式及字彙的寫作，但也不要讓我本身有限的想像力過度地負擔。在2015年夏天，正當我在清理一些舊檔案時，那一份（在2010年）我替海弗斯書店草擬推薦的哲學書單，竟出現在眼前。自從那時之後，我再也沒有理會過它——我真覺得我找到我所需要的東西。這真是一份甚有價值的書單，我可以開始寫一些跟一直在寫的法語文章很不同的東西：替這十本著作的每一本寫五千至七千字的導讀介紹文章——以每一份習作寫一千字的進度實行。如果這樣安排，

再加上另外用我一向的資料來草擬題目而寫的文章，照如此的方法去寫，我可以有足夠最少一年的材料去寫作。在哈佛大學出版社工作的Ian Malcolm，乃是負責我的出版事宜的優秀編輯，他非常有雅量地向我提議，我其實可以用英語（而不是法語）去寫這些哲學著作的導讀，如儲起來就是能夠出版的稿子了。我放棄了海弗斯書店最初定下的選書規則與限制——外在限制很多時都會很有用的，但也無須固執地推崇為不可修正的規矩。將預想介紹的著作從十本增加至十二本，然後到最後添上導論作為第一章，再加一個簡單的結論，如此安排我可由原本設定的範圍稍作擴充。

當我寫這本書之際，我湊巧拿起保羅‧維恩[2]的自傳來讀，他在書中描述，1950年代的法國高等師範學院所有的學生都熱烈地討論，有關應該成為寫**科學論文式**的學者、抑或寫**散文式評論**的作者兩者之間的選擇[(a)]。我得到的結論就是「散文式評論」的處理正是去書寫這本書的進路——這未必是唯一的方法，但是，如考慮到哲學的本質從過去二千年到現在如何被普遍地理解的脈絡，這個處理的方法是完全可以接受的。

哲學史是一門備受尊重以及重要的研讀的科目，我們一定要具備文獻學的準確標準、對歷史的嚴謹、詮釋學的技能，以及分析性的敏銳，才能有資格去研究撰寫。然而，這一本書的目的並不是打算作為一項對哲學史（或任何其他附屬學科的）研究的貢獻。這本書企圖面對的讀者群，並不是學術界專家學者，反之，這本書的內容，乃是一系列我有

---

[2]　保羅‧維恩（Paul Veyne, 1930-　），法國考古學家及歷史學家。

興趣的課題，而我所採取的，乃是在學術上比較輕鬆的，散文式導論的寫作風格。在本書中我會對某些歷史文獻做出討論。這本書的理想讀者，應該是有一定學識，但卻沒有特別接受過學院式哲學訓練的諸君，他們會認為，哲學家會不時提出一些有趣的問題，故此希望嘗試清楚了解，是否真是如此有趣，同時，讀者們可能會想知道，這些問題可能會是甚麼模樣，也有興趣更進一步去思考它們。

雖然這本書並不假設讀者有任何哲學知識，同時在每一章節我都嘗試盡力做最清楚及簡潔的展述，然而這一本書也確實有一個循序漸進的累積性的結構。因此之故，如果讀者能從頭開始，並且順序地一個跟一個章節地讀下去，應該會覺得較為有效地吸收；反之，如果視各個章節為個別獨立的散文文章而隨意選讀，那可能會較難理解。

我一定要說明，這一類型的著作，尤其是歷史方面或詮釋方面的錯誤，是難以避免的。當然，我會盡量對所有參考的文本做正確的閱讀——如果不是這樣，有甚麼理由書寫此書呢？——但是，我真正的關注是在於，不管所揀選的文本是否在歷史過程中不斷地被錯誤詮釋，它們如何能保持我期望它們所擁有的價值。在研讀文獻之時，也同時會出現某些扭曲，原因正是我企圖集中注意力於參考文獻內，我認為最應該要再三深究的部分；換句話說，這等文獻中有其他部分，是我覺得較沒有興趣的，我可能會對它們疏於處理或完全忽略。很明顯，「值得深究」並不等如「真」的意思。我也察覺到，很可能會有很多讀者覺得，對於書中論及的參考資料所含藏的重要思想向度，我這種進路的態度未免太輕鬆了，對這些讀者諸君而言，一定會找到很多適合的口味的

（其他）的著作。對某些讀者來說，本書的某部分課題可能不是太熟識，有關這個問題我會借用十九世紀初作家讓·保羅[3]，談及其作品《美學初階》（*Vorschule der Ästhetik*）的一段話回答：

> Es wird doch jeder mehr als eine-meine-Ästhetik in der Studierstube haben. Gut, was also in meiner fehlt, das ergänz' er sich aus der ersten besten; warum soll ich eine erste beste schreiben, da sie ohnehin schon oft genug da ist.[b]

> 任何閱讀這本書的讀者，都通常會（除我所著這本以外）有至少一本有關「美學」的書籍在他的書架上。因此這位讀者如果發現在拙著中缺失了甚麼，很容易在其他（美學上的）「標準處理」著作中找到補充；既然已經有那麼多標準處理的著作，我又為何再多寫一本同樣的書呢？

因為我的企圖是儘量將這文本保持在簡明及基礎程度上，也可能因為我的記憶力也漸漸不大靈光，我知道我可能從別人那裡借用了一些要點──有時從他們的對話，有時從他們的寫作，有時從他們的出版著作等──但沒有以附註去標明出處。我毫不保留地請求有關人士多多見諒。

我由衷地感激Alex Englander, Lorna Finlayson, Peter Garnsey, Gérald Garutti, Alexis Papazoglu, Richard Raatzsch, Tom Stern, and

---

[3] 讓·保羅（Jean Paul, 1763-1825），德語作家，浪漫主義文學的先驅。

Eva von Raedecker 各位，在過去五至六年，和我討論在本書內處理的各個題目。我也很感激哈佛大學出版社的兩位閱讀／校稿人員，他們所寫的報告讓我在最後一稿中避免了或修正了一系列的錯誤、引起誤會的陳述、不貼切的詞句。請讓我對Hilary Gaskin表達最大的謝意，她的評語讓我改善了所寫的每一頁。同時，在任何情況之下，她是讓本書得以完成不可或缺的人。

參考資料說明

　　本書各章節內集中討論的著作，及此等著作的英譯本資料（除了霍布斯的《利維坦》：此書原文是英文），都詳列在本說明之尾段[1]。本書所討論的各個著作的現存英譯本的質素非常參差，它們的準確度，由大概值得信賴，下降至荒誕無稽的都有，其中的某些譯本，簡直是英雄式的失敗：它們將難以明白至最高程度的作品，化為一般人可明白的英語散文，或將之轉譯為以幻想產生的異想天開的創造——這類譯本對診斷社會中廣傳的病態有某種程度的價值，但在其他方面實在沒有關注的價值。對於本書所參考過的著作，我沒有能力去廣閱現存之數以百計的譯本，並將它們做出比較，因此，我決定揀選（在我能夠知曉之範圍內）那些廣泛流通的、有適當可讀性的譯本，它們不會與原文的本意有相差出入，以致使人感到困惑。由於我寫這本書是參考各著作之原文，我對文本中引據的段落所作的翻譯，可能會稍微跟所列出的譯本內的翻譯不同，但我不會去討論兩者的差異，除非我覺得一定要特別加以闡釋之處。

　　我刻意努力避免註明所引據之段落出自其書的哪一頁，因為以我的經驗來說，這樣做會讓讀者以為，可以不去考慮

---

[1]　中文譯本原文照錄了原作者所引用的著作版本，提供了所引用之著作的中譯名稱，但不推薦任何版本。

這個被引據的段落所處的整體脈絡，而單憑讀這段落便可斷章取義。在所有可能的情況下，我採取了與著作任何版本的頁碼標記都無關的標準的文獻參考系統；同時，正如前述，我努力參照所引據段落所處的文本更寬廣的脈絡（例如其所在的章節），而不是個別的某一頁。如此，當參考柏拉圖著作時，是引據通用的史蒂芬奴斯頁碼[2]，引盧克萊修則以其詩句的行數號碼做引據（這其實是個例外，因我違反了我剛剛宣告的普遍原則）；引蒙田則以其卷數及散文篇數號碼做標記（即：I, 1=第一卷，第一篇散文）；引阿多諾的《最低限度的道德：對受損的生命的思索》則註明其章節分段號碼；引海德格的《存在與時間》則參照原著所採取的主要段落及附屬段落的劃分系統。

基本上，本書是企圖作為教學上使用的簡明作品，為要維持這個原旨，本書儘量明確地突顯主要的論點的陳述發展，我因此將註釋減至最少，特別是完全避免對所參考的著作的第二手評述資料之討論。

在本書的最後部分，詳列了一份參考書書單，如有讀者對本書某個章節的其中主題有意繼續深入研讀，可能會覺得有用。這些有助於延伸研習的參考書，有部分（並不是全部）看似是在本書各章節中所介紹之著作的「詮釋」，但其中很多並不是在任何意義下的詮釋，反而是該著作所討論的相關主題的**另類處理**。我必須說明我揀選這一系列的延伸參考書的理由是它們本身的趣味性，而不是認為它們是本書

---

[2]　史蒂芬奴斯頁碼（Stephanus pagination），現代研究柏拉圖著作的學者所使用的國際間通用的引用頁碼，以尚・德・塞爾翻譯、亨利・艾蒂安（拉丁語又名 Stephanus）1578年出版的三卷古希臘語、拉丁語雙語對照本《柏拉圖全集》的頁碼為基準。

所評述的各個著作之正確的解釋，或書內談及的題目的「更佳」的討論。

以下就是本書各章節內所聚焦處理的著作：

第一章

Plato. *Apologia Socratis.* In Opera: Volume I. Edited by E. A. Duke, W. F. Hicken, W. S. M. Nicholl, D. B. Robinson, and J. C. G. Strachan. Oxford Classical Texts. Clarendon Press, 1995. / *The Apology of Socrates. In The Trial and Death of Socrates.* Translated by G. M. A. Grube. Hackett, 1975.

柏拉圖：《蘇格拉底的申辯》

第二章

Plato. *Platonis Respublica.* Edited by S. R. Slings. Oxford Classical Texts. Oxford University Press, 2003. / *The Republic.* Edited by G. R. F. Ferrari. Translated by Tom Griffith. Cambridge Texts in the History of Political Thought. Cambridge University Press, 2009. / *Complete Works.* Edited by John Cooper. Translated by various hands. Hackett, 1997.

柏拉圖：《理想國》

第三章

Lucretius. *Lucreti de rerum natura libri sex.* Edited by Cyril Bailey. Oxford Classical Texts. Oxford University Press, 1921. / *The Nature of Things.* Translated by Alicia Stallings. Introduction by Richard Jenkyns. Penguin, 2007.

盧克萊修：《物性論》

第四章

Augustine. S. *Aureli Augustini Confessionum*, libri XIII. Edited by Martin Skutella. Bibliotheca Teubneriana. Teubner, 1996. / *Confessions*. Translated by Henry Chadwick. Oxford World's Classics. Oxford University Press, 2009. / *S. Aurelii Augustini Episcopi De Civitate Dei*, libri XXII. Edited by Bernhard Dombart and Alfons Kalb. Bibliotheca Teubneriana. Teubner, 1993. / *The City of God against the Pagans*. Edited and translated by R. W. Dyson. Cambridge Texts in the History of Political Thought. Cambridge University Press, 1998.

奧古斯丁：《懺悔錄》，《上帝之城》

第五章

Montaigne, *Michel de. Les essais*. Edited by Jean Balsamo, Catherine Magnien-Simonin, and Michel Magnien. Bibliothèque de la Pléiade. Gallimard, 2007. / *The Complete Essays of Montaigne*. Translated by Donald M. Frame. Stanford University Press, 1958.

蒙田：《散文集》

第六章

Hobbes, Thomas. *Leviathan*. Edited by Noel Malcolm. Clarendon Press, 2012.

霍布斯：《利維坦》（全名為《利維坦，或教會國家和市民國家的實質、形式、權力》）

第七章

The two works by Hegel which I cite most frequently, his *Phänomenologie des Geistes* and *Grundlinien zur Philosophie des Rechts*, have been translated into English as: *Phenomenology of Spirit*, translated by A. V. Miller, Oxford University Press, 1977 and *Elements of the Philosophy of Right*, edited by Allen Wood, translated by H. B. Nisbet, Cambridge Texts in the History of Political Thought, Cambridge University Press, 1991. References to these works will appear in the text in the following form: （3.100/75） which is to be read as: volume 3, p. 100 of Hegel: *Werke in zwanzig Bänden*, edited by Eva Moldenhauer and Karl Markus Michel. Suhrkamp, 1970, which corresponds to p. 75 of the translation by Miller listed above. Similarly （7.20/23） means: volume 7, page 20 of the Werke to which corresponds p. 23 of the translation by Nisbet.

原文作者說明：本章節通常引據自黑格爾：《精神現象學》及《法哲學原理》，如引用其他黑格爾的著作，作者會在附註內說明。原文中黑格爾不同版本的引據方式如下：

- （3.100/75）：即引自 Hegel: *Werke in zwanzig Bänden*, 第三冊頁100，對應於 Miller 的英譯本頁75
- （7.20/23）即引自 Hegel: *Werke in zwanzig Bänden*, 第七冊頁20，對應於 Nisbet 的的英譯本頁23

第八章

Nietzsche, Friedrich. *Zur Genealogie der Moral*. In Friedrich

Nietzsche: *Kritische Studienausgabe*. Edited by Giorgio Colli and Mazzino Montinari. Walter de Gruyter, 1967. / *On the Genealogy of Morality*. Edited by Keith Ansell-Pearson. Translated by Carol Diethe. Cambridge Texts in the History of Political Thought. Cambridge University Press, 2011.

尼采：《道德譜系學》

第九章

Lukács, György. *Geschichte und Klassenbewußtsein: Studien über marxistische Dialektik*. 1923. Lucherhand, 1970. / *History and Class Consciousness: Studies in Marxist Dialectics*. Translated by Rodney Livingstone. Merlin Press, 1971.

盧卡奇：《歷史與階級意識：關於馬克思主義辯證法的研究》

第十章

Heidegger, Martin. *Sein und Zeit*. Niemeyer, 1927. / *Being and Time*: A Revised Edition of the Stambaugh Translation. Contemporary Continental Philosophy. SUNY Press, 2010.

海德格：《存在與時間》

第十一章

Wittgenstein, Ludwig. *Philosophische Untersuchungen / Philosophical Investigations*. Translated by G. E. M. Anscombe. Blackwell, 1953.

維根斯坦：《哲學研究》

第十二章

Adorno, Theodor W. *Minima Moralia: Reflexionen aus dem beschädigten Leben*. Suhrkamp, 1951. / *Minima Moralia: Reflections from Damaged Life*. Translated by E. F. N. Jephcott. Verso, 2006.

阿多諾：《最低限度的道德：對受損的生命的思索》

譯者說明

● 為了讓中文讀者理解本書原文所引據參考的資料及其背景，譯者在必要的地方做了註解。這些註解提供最簡明的事實背景資料，例如人物生卒年份、國籍等或歷史事件發生之時間、地點等。除非另做聲明，該等事實性資料皆引據自中文維基百科。

● 本書原文註釋以英文字母標示，依原作編排置於書末，譯者註釋以數目字標示，置於引文同頁的頁尾。

● 人物姓名之翻譯：因原文作者引據或談及不同人物之時，大部分只以其姓氏稱呼，故譯文對人物做註解時，只標明人物之姓氏，而不是全名。例如：
杜威（Dewey, 1859-1952）美國哲學家、教育家、心理學家；
傅柯（Foucault, 1926-1984），法國哲學家和思想史學家

● 譯者考慮到中文詞語「其他人」、「他者」等，「他」之涵義皆是中性，不專指任何性別，故跟隨此慣例，將代名詞They翻譯為**他們**。

導論

「在瘟疫時代的一局棋」

　　甚麼是哲學？在人類（所經歷的）哪種狀況中，哲學會浮現？它所企圖去做的是甚麼？我對哲學其中一個特徵的基本看法──或者那正是跟科學截然有別的特徵──就是，一般而言，哲學會避免對直接的問題提供直接的答案。與其直接回答問題，哲學會更改所問的問題：研讀哲學最有趣及最有啟發性之處，就是去細看探究**為何**及**如何**那問題會轉變，它改變的理由為何，同時更改之後有甚麼結果。

　　若依照這想法，那麼，與其直接回答「甚麼是哲學」這個問題，請讓我邀請各位讀者們去回想一下在1957年公映的英格瑪・柏格曼[1]導演的電影《第七封印》（ *The Seventh Seal* ）。

　　電影的故事說及在十四世紀晚期，一個十字軍騎士東征後回去瑞典，當時該國黑死病正在肆虐。騎士去到一個海灘坐下來，在棋盤上擺好棋，等候死亡（死神）來臨。死神準時來到要帶走他。然而騎士卻對死神說，我知道死神閣下喜歡下棋，那麼何不先下一局棋再說？反正騎士到最後無論如何也不能逃離死亡，所以死神稍作逗留，先下一局棋，延

---

[1]　英格瑪・柏格曼（Ingmar Bergman,1918-2007），瑞典電影、戲劇，以及歌劇導演。

遲勾魂，也不會有甚麼損失。如果騎士贏了，他可能得到緩刑（無論如何，至少暫時）；如果死神贏了，祂可馬上帶走騎士。如果棋局仍在進行，則騎士就可以繼續生存下去。這個棋局依照一般的下棋規則進行，下了幾天，兩方每次走行數步棋，互有攻守，對弈了數個回合。騎士想出一個可以讓他自己獲勝的計謀，但他的宗教良心卻對他耳提面命，阻止他做非份之想。他感到，在十字軍東征的大混亂之後，他需要告解並祈求赦罪。死神裝扮成為一個神父，聽取了騎士的告解，並讓武士透露他的策略。騎士被騙說出了他的策略，它已沒有甚麼用了，死神還刻意一再強調，會記住騎士所說的，這樣讓騎士既尷尬又難受。最後，騎士看出，在對弈中，死神很快便會逼得他那方的棋被將死。當騎士（作勢）要走下一步棋時，他「意外地」讓自己的袍子掃過棋盤，將棋子掃落於地，之後他更宣稱他已記不清各個棋子在棋盤上的原本位置。這當然是行不通的，因為死神的記憶力很好，祂把棋子照原來的位置放回棋盤上，然後繼續下棋，死神於是將軍了騎士那方的王，贏了棋局。

那時正值宗教大狂熱的時代，騎士經歷了一段毫無意義的旅程，好比在一片被蒼蠅下了蛋的（污染了的）無用的沙漠中，參與了一場軍事控制權的爭奪戰：十字軍嘗試去和另外一個（被妖魔化的）人類族群糾纏交戰，這個族群所信奉的宗教，和十字軍所信奉的，只不過存在著極微細的分別。騎士返回家鄉後卻發現黑死病正在肆虐。於此，他所面對的，是一個複雜的情況——一個人人都會覺得難以應付的狀況（他別無選擇，唯有面對它）——的兩方面：第一，他正迷失人生方向，同時感悟到生命的虛無空虛；他覺得自己

一事無成，連該做些甚麼去補救也茫無所知。這是他身處的狀況之大概特徵，這個情況大概不會有既快捷又容易的解決方法——或者，的確，任何真實的「解決方法」都沒有。第二，騎士（的生命）直接被黑死病所威脅；我們有理由相信，在電影一開始，這主角騎士已知道他自身已感染該疾病，他因此正瀕臨死亡。

在電影開頭，騎士的注意力集中於上述兩個情況中那比較直接及迫在眉睫的擔憂之上，亦即，他正在找尋擺脫因為患上黑死病而即將來臨的死亡的方法。他嘗試用三個策略去找尋生路，每一個策略代表了電影故事的其中一個段落。首先，他向死神提議，他們兩人可否下棋。要實行這步驟，很明顯是要求很高的智力及道德的動機及幻想力，但這個方法是湊效的，最少在某程度上延後了那不可避免的災難結局的來臨，騎士也因此爭取到多一點時間。騎士的第二個策略，就是精心計畫，在與死神對弈的棋賽中獲勝，亦即依照西洋象棋的遊戲規則下棋，以致在棋盤上棋子的擺位形成了一個布局，而這布局正好能夠將敵方的王將死。騎士嘗試了這個方法，但行不通。下棋策略本身，其實完全跟死神挫敗騎士的過程無關。很清楚，局外的觀察者很可能判斷，死神的行動未必完全光明正大，但那又怎樣？

當然，騎士如果能夠照他的盤算，將計畫冷不及防地施行在死神身上，是否真正行得通，我們不得而知。這策略可能不是特別聰明，騎士也可能無論如何都會輸掉這場棋局，然而，這一切只是估計。再者，去「反對」死神在這情況下所做的一切，似乎沒甚麼意義。如果說，死神並沒有公平地或誠實地或正當地行動，那又有甚麼意思呢？死神並沒有破

壞（西洋）象棋的遊戲規則，就我所知，這遊戲規則沒有包含對弈的任何一方，禁止誘使對方揭露其所企圖採取的策略之規定。這已經理由充足，已超過騎士所預期的。就算死神確實有作弊，同時祂也承認了，但騎士又能有甚麼理由（去反對）呢？

由此，我們現在可以討論第三個策略了。死神保證了自己獲致取勝的優勢——祂並不是在棋盤上下了絕世的一步棋，而是做了其他的事（祂以修士袍的頭巾遮著自己的臉，在教堂中等候修士來告解）；同樣，騎士也展示了自己的優勢——他（假裝不小心）將棋子從棋盤掃落。這是騎士企圖擺脫被逼入絕境的狀況的嘗試，他並不是**在下棋的過程中**去掌握某些取勝之道。（西洋）象棋的遊戲規則明訂於棋盤之上，各個棋子的初始位置，每一個棋子的合法移動方法，定義何謂棋局的結束及誰是勝方，等等；但是，下棋的遊戲規則沒有包含不容許對弈者穿扮成一位修士模樣，也沒有任何規定阻止（任何人）將棋子掃落翻倒。騎士試圖找尋擺脫困境的途徑，但他卻沒有依照遊戲規則去下棋（而努力致勝），反而是改變了整個情況自身的定義。對弈的雙方已不再「下棋」，騎士正在為自己的生命而掙扎。這，在最低限度而言，已是一個完全不同性質的遊戲，他所做的，已經大概完全不可以解釋為「遊戲」的其中一部分了。

在此之前我已經清楚地分出了三個環節：第一，就是決定了去玩一個遊戲，亦即下棋遊戲；第二，依照規則在遊戲中移動（棋子）；第三，以身處的情況之更寬廣的相關環境作為參考，由此重新定義該情況。寫這本書的動機，正是「哲學」所處的狀況，必定不是這三個環節中的第二個環

節。即是說，這**絕不會是**當騎士或死神在全神貫注地分析棋局，由此而創行了一著特別精彩的棋步。反之，我期望提議（各位讀者），如要去理解甚麼是哲學，應去考慮第三個環節，那是比較恰當有意思的。這個環節所指涉的，就是騎士嘗試去更**改整個狀況**，從而尋得一條生路——在這個故事中，他掃落了棋子，因此他希望將這未分勝負的棋局完結。騎士並沒有真正成功，但這是另一回事。掃落棋子並不是（合規則地）移動棋子；那是對世界的思考：世界並不如西洋象棋那般，只由一套獨一無二的遊戲規則所規定，我們應置於更廣闊的脈絡環境去對世界思考。哲學的出現，乃是當某個個人，或一群人，開始嘗試去找尋另一條出路，這條路可能包括改變某些情況的範圍條件，或改變某些既定規則，追問（跟既定情況）不同的問題。哲學出現的時刻，正是騎士由思考：「棋子下一著，有哪些可能的步驟？」這問題，轉而去追問：「我如何可以避免死神帶我下黃泉？」騎士可能在原初之時，曾以為如果能夠回答第一條問題，那麼第二條問題也隨之迎刃而解，得到答案。但如今他覺悟到情況不是如此。哲學之出現，乃是當人們開始意識到這是兩條完全不同的問題。人永遠也不能**最終**「戰勝」死亡這事實，當然是其中一個人生要反省的可能課題，但這個想法並非我們在**這裡的**討論範圍之內。

哲學最特別的性質，就是它總是與某個時刻的扣連，而這個時刻，就是正籍恆常的軌跡改變之際，所有準則崩潰，改變或已改變的時期。時局整體大勢的定義，於是受到質疑拷問，於此，我們需要在一個較為廣博的脈絡之上做出反省，在這大脈絡中連串的行動（其中當然會包括相關的討

論）正在進行，（對目前時勢的）不同的展望也在改變，同時各種概念及條件也需要重新被定義。讓我提出我想到的幾個有關這種現象的例子給各位參考：如果我是個辯護律師，我將對手的律師的（出庭時戴的）假髮[2]藏起來，讓他不能在法庭上辯護，我這樣做不是使到我所發表的論點有任何合乎法律的依據。我是以不同的手法做這件事，這可能行得通或行不通（這或可能或不可能給我帶來某些**其他的**後果）。又或者讓我們考慮另一種情況：一個歌劇男高音在某次表演中扮演「被殺死」的角色，他要作為一個屍體，在餘下的表演時間裡橫躺在舞台上，男高音於是利用這段扮死屍的時間稍睡休息。另一例子是，假若我是一個國會議員，在國會議事廳中，政府官員和反對黨派議員面對面對坐，兩方的距離大約是「兩把長劍」[3]——這個距離的用意是防止（單對單）決鬥。如今讓我假設，當我被某個演說者認出來，我突然站起來，我不是去問甚麼問題，而是拔槍射向代表官方的某個大臣——的確我所做的必定會在傳媒報章中被大肆報導，但很清楚，這個行動，狹義而言，對於議會的辯論真的並沒有貢獻。於此，這種情況毋寧可定義為，我擺脫了規範的約束及人們的期望，重新定義了現有的情況，我的行為很明顯是把系統的新定義強加於他人。大概沒有任何坐在對面第一排座位官方代表對我向內閣閣員開槍的行為做出（慣常的）反思，或用論據駁斥、回應我、或發表冗長不著邊際的演說；跟著發生乃是其他的行動。十八世紀大音樂家海頓在

---

[2]　司法假髮：英國自從十七世紀以來，在法庭上法官及律師都戴著假髮。

[3]　英國下議院政府官員和反對黨派議員座席的距離是十三英尺（3.96公尺），約等於兩把劍的距離。

埃斯特哈奇[4]的家族中工作，他以一個特別的方法告訴他的老闆埃斯特哈奇公爵，宮廷樂團的樂師們在夏宮已經感到很疲倦，很想返回維也納。海頓告訴老闆這訊息的方法，就是創作了一首交響樂[5]，這交響樂最後一樂章，演奏者會一個跟著一個停止演奏，收拾好樂器，吹熄照明蠟燭，然後離開演奏場地，最後，只剩下兩位樂師（完結了樂曲）[a]。在十八世紀末，海頓可用音樂符號（在樂譜上）去標誌指示（在樂曲的某個段落）笛子開始演奏，甚至可用來指示停止笛子吹奏，回歸沉默，但「笛子吹奏者吹熄蠟燭」的音樂符號卻是不存在的。但無論如何，埃斯特哈奇公爵卻似乎明白了這個訊息。最後一個例子是，假設在某架飛機上有某些乘客決定對美國的中東政策提出抗議，於是他們將所乘搭的飛機設計成為一個飛行炸彈，令它偏離正常的飛行航道，繼而撞向一幢建築物。

上述的例子都有以下特徵：首先，在各個例子中，認知所扮演角色是各有不同的。在音樂家海頓的個案中，他要有足夠計劃及精密計算，所做的偏離慣常預期的方法，一方面要維持公爵對樂曲有足夠的注意力，在做出乎意料的行動時不會讓公爵感到茫然摸不著頭腦，不能理解，另一方面又能讓他了解這音樂訊息內含之意。在下議院議員射殺大臣個案中，這個例子沒有足夠詳細的描述，讓我們了解這（射殺）行動是否乃經過深思熟慮的一個行動——舉例來說，這個嘗試乃是去改變政治狀況，亦即由議會管治變成內戰局勢；又

4 　埃斯特哈奇（*Count* Nikolaus *Esterházy*, 1583-1645），匈牙利貴族。海頓於埃斯特哈奇家中擔任宮庭樂長達三十年。
　　https://www.lamusicalsalon.org/prince-esterhazy/
5 　海頓《第四十五號交響曲》，又稱為《告別交響曲》。

或者這是個未經反省、在千鈞一髮的情況中突發的行動，又或者甚至是一個我們未能察覺的完全不同的遊戲。不同類別的認知技巧，例如觀察、策略性規劃，由詮釋學（所學習得的）敏銳精明、分析或討論方面的技巧，這等等認知技巧都在哲學中扮演一個特別重要的角色，雖然這些技巧所顯示的特殊形式，在不同脈絡中可以極其不同。

第二點乃是，透過扭轉局勢去更改狀況，究竟是否代表在道德上（或認知上）有所進步，真是不是太清楚。前述的各個例子是否代表道德的進步，確實是只能憑著個人的觀點去加以判斷。在埃斯特哈奇公爵宮廷樂師那個例子而言，他們如何判斷，返回維也納是是否明智的想法、人們會覺得大臣被刺殺，或飛機撞向高樓，讓高樓內的眾人罹難，究竟是好或是壞；又或者，那個收藏對方律師的假髮的例子，其行動對於正義，或公德，或其他可能的價值的提升，究竟有沒有幫助？普遍而言，僅靠簡單觀察，我們都會大致上理解到，如果只是見到一般的規矩、行事的過程、常規的意義、慣常的習性或預期等等被破壞了，這樣，僅看事情**情勢自身**都不能回答，究竟發生了的情況是不是一件好事這個問題；一般來說，一定要參考更廣闊範圍的相關脈絡才能夠（終於）下判斷；然而，這個脈絡究竟應該為何，通常不是那麼清晰明朗或（所有人）都無異議而一致接受的。如果認為一套規則及行事步驟**在其自身之內**的系統性、全面整體性、連貫一致性就是對善的實踐最高的判準，是（原則上）可能的立場，但這應該被判定為最極端的或極其難以令人信服的。很多人對以上的其中一些例子都有一個既定的想法——有些人還持有很強烈的意見，雖然最少有一派哲學認為開放包容

的思想乃是哲學學者的一項特殊優點。

　　第三點就是，常態化是不能避免的，甚至是很容易出現的。大致上，在我們對那些促使哲學產生的情況的回應中，某種程度的常態化總會出現。海頓沒有任何音樂符號的方式，供他（在樂譜上）用作標示樂師要在某個環節不單要停止奏樂、保持沉默，還要吹熄蠟燭、站起來離開演奏廳。很明顯海頓可以用另一套現存的符號系統，亦即文字語言，在（例如）雙簧管所用的那份樂譜上寫上「Oboist *löscht seine Kerze aus und tritt ab*」（雙簧管吹奏者吹熄蠟燭，然後退出）；說到底，如果指示這個行動的符號的需要重複出現，作曲家可以僅僅簡寫「Obad」，或發明一個符號例如✓或↘等，將之直接寫在樂譜上。同樣地，照此類推，維也納管弦樂團在每年除夕舉行新年音樂會，樂團的樂師們向觀眾們高呼「Prost Neujahr!」（為新的一年乾杯！）這現象可以說是頗令人驚訝的新作風──一般而言，管弦樂團的音樂師除了演奏音樂之外還向觀眾們說話是不尋常的──但現在每年除夕音樂會音樂師們都向觀眾高呼「為新年乾杯！」已成為一個傳統的行動，如果愛樂團的樂師們不在舞台上向觀眾們恭賀新年，他們一定會感到很失望。

　　如果我們在哲學中想尋找特別殊異之處，那麼，我們首先不是去處理那個我稱為「第二個策略」[6]之內的脈絡中所出現的那些問題。另一方面，以為「哲學」有著獨一的超越時間歷史（變易的）特徵或本質，大概是一個錯誤；既存的只有相關於種種歷史性實踐，同時這等實踐有某部分，會

6　見第31頁騎士努力用三個策略去找尋生路

跟某些以規則指導的行為的熟練掌握有所聯繫：若以拉丁文表述，即*disputatio*，亦即依據固定的規則，各種類別的正規能力的討論、辯論，正如在數學學科之中所需要的學習一樣。然而，對哲學的情況來說，若只簡單地將它等同於上述技術訓練活動之其中一種，卻是十分罕有的。很多早期的哲學家，其實都是（掌握神祕知識、通靈的）薩滿祭司（恩培多克勒[7]）、高級馬戲團表演者（希庇亞[8]）、政治領袖（梭倫[9]）、宗教教派創辦者（畢達哥拉斯[10]，如果他真的存活過），或語言學改良家（普羅狄克斯[11]）[b]。然而，（直到目前）哲學家還是重複地拜伏於一個特殊的虛幻妄想：認為**全部**哲學家們超過千年以來，都投入在一個（本質地）「相同的」活動中：哲學，即是解釋及維護一套正確思想及行動的規則之活動。很明顯，這個觀點最低限度在現代思想中還是非常根深柢固的，事實上，這個思想幾乎是牢不可破、不可抗拒的（但其實並不然）。人類跟其他動物種類很相似，其實都傾向於依賴可預計性、常規運作或日常習慣：我們完全有理由理解，擁有上述三者就會給予我們安全感，當各地

7　恩培多克勒（Empedokles，公元前490年－公元前430年），西西里島的阿格里根特人，古希臘哲學家自然科學家、政治家、演說家、詩人，相傳他也是醫生、醫學作家、術士和占卜家。

8　厄利斯的希庇亞（Hippias，於公元前五世紀中葉生於厄利斯），古希臘智者學派的一員，他教授詩歌、語法、歷史、政治和數學等多方面知識。對他的記載多數來自於柏拉圖的兩篇對話錄《大希庇亞篇》和《小希庇亞篇》。

9　梭倫（Solon，約公元前638年－公元前559年），生於古希臘城邦雅典，是古代雅典的政治家、立法者、詩人，古希臘七賢之一。

10　畢達哥拉斯（Pythagoras，公元前570年－公元前495年），古希臘哲學家、數學家和音樂理論家。他創立了畢達哥拉斯主義，由數學占主要地位，但它也非常接近於神祕主義。

11　普羅狄克斯（Prodikus，公元前465年－公元前395年），古希臘第一代智辯家／詭辯士。

的社會都普遍越趨複雜，因此在其中生存，找尋可預計的人與事物的互相協調，往往是迫在眉睫的。（在社會中）推行一個法規及程序的系統當然是達到這項重要目標之顯而易見的方法。當然，沒有人會愚蠢到認為，我們現正擁有的有效地及明確地供我們使用的法規系統，就是（在所有可能出現的系統中）最好的。但在一般的想法中，一套自我完備封閉之系統的期望仍是存在的。這種期望通常以下列形式出現：這好比國際象棋的遊戲規則，我們可能有，或到最後應會擁有，一套完全統攝自然的法規系統（亦即在某種意義之下的「形上學」），或一套統攝人類所有對世界的知識的系統（知識論），又或一套統攝人類如何行動的系統（倫理學）。如果這個目標可被達致，那麼哲學就可以停止作為不斷轉換方向的活動，同時，也成為了對各種封閉／自我完備的結構的內部分析[c]。

我們在之前對那些例子／個案的討論，可能可以增加現行這個進路的可信性。我們就像海頓那樣，以一般「已存」的音樂符號系統開始，假想可以在這系統之上加上某些符號，因而「笛子吹奏者吹熄蠟燭然後離開」這個提示，可被專屬特定符號所代表，這意思即是，如此做則特殊的音樂表演的概念由此而獲得擴充，因為經此改動後，如果演奏此曲，沒有加上吹熄照明的蠟燭這一環節，就不是此曲正確或原本面貌的表演（然而在此之前，照明的形式在樂譜上從來沒有標記上，同時，在一向稱之為「音樂本身」的脈絡上，照明形式沒有任何角色）。又或者將棋子在棋盤上掃落可以重新被解釋為某一個更宏大的「遊戲」範圍內的一部分（這更宏大的遊戲可以是「存在主義的棋戲」或「在死神面前人

類求生」），於是，在這（更宏大的）遊戲中，有認可的規則去承認將棋子在棋盤上掃落為合規矩可行的棋步（或者在棋子遊戲中會訂定另類符號去標示這規則）。我們可以視這新招數為一種「內化」的進程的發展之其中部分，並且正在發生：這**之前**跨出了棋戲限定界限以外的一步，同時即跨進那更廣闊的脈絡，之後成為了進入全新的、涵蓋全域的遊戲的移動。很清楚，我們可以宣稱，這進程可以毫無限制永不完結地發展，到了最後我們或許會成立一個終極的框架（Final Framework），或一個超級遊戲（Supergame），或「不會再關乎－任何－更廣闊的－脈絡－的脈絡（Context-not-Relative-to-Any-Further-Context）」。哲學應該會有任務去從內部去描述這些規則（那可以是哲學自身，作為人的活動之其中一項需求，要依從的規則），同時，哲學另外一個任務就是，去展示屬於大自然的及人的世界中，還未曾被約束的部分，如何能夠被納入那最後之框限。在神學內有某些學說認為上帝正在玩「超級遊戲」；如果此說為真，那麼上帝是否同時也是（祂正在參與的）這個遊戲的發明者？或者哲學即是祂要依據之遊戲規則的標註符號。若依據人們能夠成立的內部遊戲規則，哲學的知識甚至可能增加玩這個遊戲的技巧。

　　讓我們以稍稍不同的文字去重複這條重要的辯論路線：在某程度上我可能會破格地去考量下一步棋如何走，或去思考在議會上或法庭上所發表的論點（見第二個環節），或去思索在更寬廣的意義下如何在世界中開拓我的道路：亦即如何去逃避死亡、在政治的環境中如何去清除一個政敵，或阻止對立的政黨去提出他們的議案。如果我處於這些例子中

的任何一項，並付諸行動，在某種意義上，我即是將既定棋戲規則、議會議事規則或法律審判程序置諸不理。然而，現在的問題乃是，透過如此行事，我是否只不過是進入了一個**新**的脈絡，而此脈絡總是受到另一套法則所規管，同時這套法則也是可以清晰地被建構而成及研究的（如果我身為一個體，或我們身為一個生物的物種，擁有足夠的智力及興趣，將此新脈絡的法則預先建構出來）。這本書的假設就是，上述的觀點——即人的生命歷程只如一場跟著規則進行的棋戲，已證明了是站不住腳的，這即是說，找尋一條生路去擺脫掉充滿疑難的那些狀況，不會只等如找尋另一個（其實跟我們已知的現存系統沒有兩樣的）法規系統。

我已經解析了這個說及騎士與死神相遇的故事的三個「環節」（moments）的第二及第三部分。但是，第一個環節應如何理解？比起努力想出當棋局將輸之際，將棋子掃落的招數，或許真的需要更大的幻想力，才會向死神提議「我們倒不如下一局棋」。能夠認為哲學是潛在地擁有真正的原創的、及建設性的功能，而不只有分析性及再生產的功能，才是較佳的想法。也許有一些哲學家——我特別想到的是霍布斯[12]及他關於國家（the state）的論點，正好最符合上述對哲學的界定。很清楚，其他一些哲學家，例如美國哲學家杜威[13]或法國哲學家傅柯[14]等，都很熱衷推廣（他們創立的）新的哲學，在他們的理論中，哲學乃是建構嶄新的解釋人的生命之概念性工具的活動[(d)]。然而，我們留意到那騎士沒有提

---

[12] 霍布斯（Hobbes, 1588-1679），英國政治哲學家。

[13] 杜威（Dewey, 1859-1952），美國哲學家、教育家、心理學家。

[14] 傅柯（Foucault, 1926-1984），法國哲學家和思想史學家。

議發明一個新的遊戲，他只不過是參與那已存的廣為人知的遊戲：（國際）象棋。我們有全部理由去相信，死神正是一個極端的傳統主義者，我們能有甚麼方法去說服死神，去參與一個全新發明的遊戲？更有甚者，那遊戲乃是由死神所管轄之下，其中一個凡人所發明的？要回答這問題，首先要求的是，我們必須先糾正自己把死亡看作「一個人」（這是一個神學的觀點）這錯誤念頭。現在我邀請各位對本書有興趣的讀者去嘗試更深入探討這想法。

第1章
蘇格拉底

　　十九世紀的倫理學家約翰‧彌爾[1]認為，做不滿足的蘇格拉底比做一隻滿足的豬好；他如何得知呢？畢竟他既不是蘇格拉底，又不是一隻豬。在這件事上，縱使蘇格拉底自己，又如何能夠知道他本人究竟是寧可做一隻豬（滿足或不滿足），多於做自己（滿足或不滿足）？雖然彌爾沒有很認真嚴謹地考慮過，或許真有可能某人會寧願做豬，但無論如何，他也確實想過，儘管試試為自己這個想法提供一個理由，這也許是值得的。這個理由，正見於他對「功利主義」的理論的展述中，用以下的文字來說明：「做一個不滿足的人比做一隻滿足的豬好，做不滿足的蘇格拉底比做一個滿足的蠢材好。如果那個蠢材，或者那隻豬，有不同的意見，這只是因為他們只是單從自己的角度去考慮這個問題。」

　　這一引句將兩個重點濃縮在一起，從蘇格拉底開始，所有哲學家都對這兩個主題著迷不已：第一，要處理的是「滿足」（或「不滿足」），以及「好」（或「沒有那麼好」）之間的分別。這裡所說及的是有關「人」（或貌似人的動物）的可能狀況，但是，在讓一個人滿足的無數事物或

---

[1]　約翰‧史都華‧彌爾（J. S. Mill, 1806-1873），英國哲學家、政治經濟學家、英國國會議員。

狀況之中，確有一相對的分別：蘇格拉底的滿足，（是否即
等如）當人猜中一個謎語的謎底或當需要時口袋中有足夠的
零錢那種滿足？於此，讓人滿足之事物，跟那稱為「好」的
東西，兩者的分別是甚麼？我們很自然地認為，**大概**當我們
說及某些被認為是「讓人感到滿足」的情況，並不是必然地
「好」之際，我們努力指出，要注意的是，某人的主觀感受
狀況，亦即他正在直接當下經驗的思想狀態，其實是對應於
這個狀況而提出的，比較有距離，外在或「客觀」的判斷，
是有分別的。你可以認為，開懷暢飲真是十分滿足，但等到
第二天早醒來（或在今晚深宵），看你還是不是同樣開心。
如果你偷了我的錢包（得到意外之財）而感到高度滿足，然
而我還是可以去斷言（從我的觀點、從普通法的立場，等
等），如果你沒有偷竊過可能會更加好。

　　這一段落中所提出的第二個重點就是，意見實在各有
不同：對於何者為較好，何者為較差，皆眾說紛紜。如果在
一方，人們對彌爾的言論認真地接納，那麼，在另一方眾豬
隻也會有不同意見的。然而，有沒有人曾經用心徵求過豬
隻的意見？事實上，也確實有的，最低限度於幻想（創作）
的層面。古代哲學家普魯塔克[2]所寫的一篇以道德為主題的
文章，內容是聰明的奧德修斯[3]和一隻名叫格里魯斯的（可
以講人話的）豬的對話。格里魯斯前生某段時光曾經生而為
人，所以如果讀者對這個故事認真考慮──他／牠事實上是
有資格比較做人及做豬兩種情況的差異，這是基於他／牠本

---

[2]　普魯塔克（Plutarch，約46年－125年），生活於羅馬時代的希臘作家。
　　普魯塔克的作品中，留下大量雜文，後世稱為「道德小品」（拉丁文：
　　Moralia）。

[3]　奧德修斯（Odysseus），傳說中希臘西部伊塔卡之王，曾參加特洛伊戰爭。

身有著這種兩生命形態的直接經驗。格里魯斯被女神／女巫喀耳刻變成一隻豬，但卻仍然讓他／牠能說人類的語言，因此而能夠和奧德修斯對話。格里魯斯站在豬的立場上做辯護，豬不僅在道德上超越人類，同時做豬的滿足程度更是比作為人類還高；所以，做一隻豬是在任何方面都比做人「更好」[a]。於此，且讓我們幻想一下，格里魯斯和蘇格拉底的對話的情景。他們兩者其中之一應該犯了錯誤，但是，是哪一位呢？我們可以想像，在如此的情況之中，要犯上這些錯誤，最少有三種理由：首先，這可能是頗為「簡單」的錯誤，亦即那種眾人幾乎司空見慣常犯的錯誤：我未能全神貫注，我常心有旁騖，沒有耐性，冒失不小心。例如我在一份手稿內將英文字「down」錯看為「clown」，或者，將一條加數算錯了。同樣地，有關前述偷竊錢包那例子，我只是做了一個簡單而倉促的判斷，而沒有充分考慮相關的種種後果（例如犯人被發現後會當眾被羞辱，或甚至會遭受牢獄之災）。第二個可能是犯錯的原因可以是，並非我錯誤地借用「正確及普遍地被接受」的標準去判斷偷竊行為以致犯了錯誤，而是憑藉某些離經叛道的謬誤看法去判斷偷竊（這個案例）。這即是說，在以下的情況，我可能會被認為是犯錯的：如果我判定你去偷我的錢包是比沒有去偷為好——而我這判斷是基於我的觀察，發現你是一個特別身手矯捷，甚至可以說是個有氣派的小偷，而你的偷竊（手法）是高雅的。又或許你在偷竊技藝上很有天分，實在非常吸引人，讓人嘆為觀止。然而，正如我們會說，這不是重點之所在，所謂「正確」的標準是用來決定甚麼（行為）是在道德或法律層面上被視為「比較好」，而不是美感上的判斷。第三個理

由，我可能被認為是犯錯的理由是，如我是一個對某些事情的判斷人，除了不時偶發地出現不留神狀態，或傾向用完全錯誤的標準去審理事件之外，還有另外一些錯失，會令我失去作為判斷者的資格。彌爾因此非常清楚地確認，如果一個人正在比較人們對兩個狀況的好壞而產生的不一致意見，這個人應該否決只擁有其中一面狀況的直接經驗那一方的判斷，進而去贊成那擁有對兩方都有直接經驗者所下的判斷。因此之故，蘇格拉底及豬的判斷都是要被否決的，如果兩者都沒有完全知道（可用作比較的）雙方的生存形態歷程。又或者，在普魯塔克的版本中，奧德修斯代替了蘇格拉底，扮演了人類智者與哲學家的模範——在這個版本中，智者（因為只有單方面經驗）作為判斷者資格被取消，而（曾在某段前生做過人的）豬卻得勝。

不難見到彌爾的論據完全是難以置信的，更可說是他之所言根本就不是甚麼論據，那只是他相對地未經反省的個人偏見的表達。回復到彌爾原初的論據，我們可以追問：第一，彌爾如何知道蘇格拉底自身會贊成，他作為（蘇格拉底本人）在不滿足的狀態，比起一隻在滿足狀態的豬為佳？第二，彌爾又如何知道，那隻豬「只是知道問題的一方面」，而蘇格拉底卻（被假設）兩方面都知道？

對於這兩問題之第一個，彌爾身處英國維多利亞年代中期，他的誇言，跟我們從柏拉圖對話中得知的，以極其審慎地去面對這些事#的那個蘇格拉底的態度，成為強烈對比。

在歷史上，確有一名叫蘇格拉底的雅典人事實上存在過。他於公元前399年被判死刑，並且被處決。他一生人並未寫下任何著作，然而，跟他同期的劇

作家阿里斯托芬（Aristophanes）的喜劇作品，以及在柏拉圖的對話錄中，皆有一角色名字叫做蘇格拉底。在當時的其他文學戲劇作品中，蘇格拉底也曾作為角色出現。這等作品或多或少證明了蘇格拉底曾存在過。在柏拉圖的對話錄中的「蘇格拉底」角色，究竟可不可以正確地代表在歷史上事實地出現過的那個蘇格拉底、他的意見及思考方法，意見實在紛芸，爭議甚多。使到事情更加複雜的，就是在柏拉圖的對話錄中那個「蘇格拉底」的立場觀點，似乎會隨著柏拉圖本身的想法的發展而改變。最後，較為後起的哲學家往往有一種傾向，就是，之前出現的哲學家姓名，對他們來說，並不是代表某個真實存在過的人，而是代表某一套學說或思想方法的特質，或甚至某種哲學思考的風格。當這種傾向成為潮流，「蘇格拉底／蘇格拉底式」、「柏拉圖／柏拉圖式」這等概念或形容詞，可以脫離不再與兩位哲學家本來的學說緊密連結，而被用作指涉某類哲學思想的進路的普遍概念。說到底，確可以理解，以「蘇格拉底式」所形容的概念，可以是跟在歷史實存過的蘇格拉底本人所思考過的想法（或者在柏拉圖的對話中那個名為蘇格拉底的角色的想法），非常明顯不同。本質上，這情況並不是錯誤的——這顯示了人類語言的使用方法的發展，並且豐富了人們的概念思維的多種可能性——但這使到要分清那些不同的「蘇格拉底」非常困難：那個「真實的」雅典人、在各個不同的柏拉圖對話中出現的那個角式，以及後期在概念上出現的各個「蘇格拉底」——這許許多多的「蘇格拉底」之間的關係為何這一問題，實在非常重要和有趣的，但在這本書範圍不會處理。「蘇格拉底」在本書中，只會作為一個意義多重／模糊的概念標誌符號

　　蘇格拉底重複又重複地說明他甚麼也不知道，除了知道他根本一概不知道其他人以為他們自己知道的事，（《**蘇格拉底的申辯**》[4]，21d）[(b)]這個宣稱正企圖製造震撼的效果，因為蘇格拉底無論在外表及行徑上，明顯都表現為非常聰明的人——控訴他的人警告（審判蘇格拉底的）陪審員，不要被他的聰明才智所欺騙（17a-b）——人們可以，或者應該，馬上感到詫異，處理這個「震撼」到底有甚麼意義。雖然，蘇格拉底這宣言的其中一個結果，似乎就是，他沒有聲稱他知道作為他自己本人比做一隻豬為佳。於此，

---

[4]　《蘇格拉底的申辯》（*Apology*）為柏拉圖《對話錄》的其中一篇；柏拉圖記錄了蘇格拉底接受審判時的個人申辯詞。其演講沒能阻止對他有罪的判決，蘇格拉底被判以死刑。

馬上出現的，就是哲學其中一個最固執的關注：當我們說「知道」（know）（一些甚麼）之時，我們的意思究竟是甚麼？同時，在甚麼的狀況中，對有關知識的宣告，是可以被接納為站得住腳的的？英語中「know」這個字詞包含三項不同的文化結構，每一項都與其他的兩項稍有不同[c]。「know」的第一個意義，乃是直接和一個受詞連接，例如：「I know Martin（我知道／認識馬丁），他是我的一個好朋友，他的住所離我們家只有三個門牌之隔，當我們外遊時，他常常很細心照顧我們的貓」；「他認識劍橋（He knows Cambridge），他一生人都住在這裡」；「她已經吹了雙簧管二十年，所以她了解雙簧管的聲音（she knows the sound of an oboe）」。在上述（有關應用「know」）的例子中，我知道（I know）的意思是「我（對某個人或事物）很熟識、很習慣，通常因為我對那事物有直接的經驗」。有某些哲學家會將這種知識稱作「親知的知識（由於對事物的熟識而得的知識，knowledge by acquaintance）」。在文法上，上述的「知道」／「認識」的意思，是跟另一種以「that」去連接到附屬子句（subordinate clause）的「知道」／「認識」不同。例如，我可以「知道」烏蘭巴托市在於亞洲，但我並不「認識」烏蘭巴托市（I may know *that* Ulan Bator is in Asia, without *knowing* Ulan Bator）——這處「know」的意思就好比我因長年住在劍橋而熟知劍橋，所採用有關「認識／知道」的意思）同樣地，我可能很熟識劍橋，但卻不（清楚）知道某些關於劍橋的實況（例如我不知道這裡的交通燈的總數）。我「知道」劍橋城內的交通燈的數目——這是稱為「命題知識」（propositional knowledge）。最後，我可以使

用「知道」（to know）作為動詞並搭配一個**補語、即它**以「如何」（how to）開始的子句，例如「我知道如何踩自行車」（I know how to ride a bicycle）；或者「我知道如何帶你去Mitcham's corner（劍橋郡一個地名）」或「如果是有需要的話，她知道如何去保守一個祕密」；「她很清楚知道如何將一塊陶土去造成一個有用的壺，無論如何，她是一個熟練的陶匠。」「他知道如何拋擲一粒乾豆穿過那兩公尺距離外的、五公分直徑的裂口。」上述的例句說明了所謂「知道」之意正指涉某種實用的能力或技巧。擁有這種技藝，跟擁有任何特殊的或一系列的純粹命題知識是頗為不同的。我是有信心帶你去到Mitcham's corner這個地方，但我無須必然有能力用某個字數之內的陳述，去說明如何去完成這任務，也即是說，無須提供給你一套正確地組織的方向資訊。同樣地，閱讀一本有關如何吹奏雙簧管的書籍，能夠在文字內容上認知及掌握，並不會讓你成為一個雙簧管吹奏家。再者，如果某人是一個技藝高超的陶匠，以她的能力她一定可以用（就算她之前從未見過的）陶泥製成一個壺，即是說，對這種陶泥，她之前從未有直接的接觸使用經驗。但另一方面可說，對事物如只有「直接經驗」，例如，你把厚厚一層泥塗抹在臉上，並不會使你成為一個陶匠。

然而，某些哲學家除了努力去釐清究竟「知道」在何許的脈絡就會有甚麼意思之外，還有另一種執著迷思，這些哲學家執意期望去極力貶低人們所認為自己對事物聲稱「知道」的意思——哲學家指出這並不是真正的「知識」，而只不過是遠低於「知識」的所謂「純粹意見」）——另外，他們還去發現（或者推廣，又甚至發明）某類命題式「知

識」，聲稱它有特殊專門地位，尤其是可作為可信賴的、對行動指導性的命題。柏拉圖比較功能性地成立了某種法則，去將（真正）知識和（單純）意見／信念清晰地分別開來[d]。這亦即是說，在正常情況下，我會毫無疑問地宣稱我知道，自從鐵路私有化之後，政府就增加了鐵路交通津貼，票價也相繼增加了，但是，當與法國、德國（甚至義大利）的國營鐵路相比之下，英國鐵路的服務質素卻明顯是較差的。但是，我們仍然可以理解為何有人會說，我對這事卻並不真正「知道」：我以為我知道政府的交通津貼已經增加了，但這可能會是我讀了幾份報紙所得的資訊，而這些新聞媒體也有可能不經意地報導錯誤，又或者它們是有意企圖誤導我，而我對火車票價的直接經驗卻是有限的。再者，我在英國的火車旅程和法國、德國及義大利的同等級旅程的比較，最多也可能只是道聽途說。因此我真的不「知道」（尤其是如果對所謂「知道」的理解，就是認為「知識」必須與「清楚肯定性」及「絕對可靠性」，以最緊密程度關聯起來的話），對於火車旅程及車票等事宜，我只有主觀看法或意見。主觀想法或意見未必一定是錯誤的，甚至隨便猜想也未必是錯，但如果我們稱此為「知識」，卻是十分有保留的。

如果純粹意見可能是真的，那麼，甚麼是將真正的信念推入那個有著迷人的及優越地位的、屬於「知識」的圈子裡去的呢？這是有著很大爭議性的事情，但普遍而言，我們可以說哲學家企圖將「知識」這尊貴的名稱保留給有兩個特性的（說及真實情況）的意見：第一種特性乃是，這些意見是**特別地**受到肯定及支持（這通常是指，這些「意見」是受到

某個哲學家所喜好的種種思考方法其中某一方法所驗證）；第二種特性是，這些意見若為行動的指導，是特別可靠的，又或者甚至是清楚無可懷疑的。我們已意識到如此發展的其中一個方向，可使得蘇格拉底在宣告他的「無知」時，不會像開始時那麼讓人感到震撼驚嚇。可能他只不過是拒絕承認他擁有（關於任何事物的）特別優質的「知識」——「知識」這稱號其實寓意一個特別的地位，只配授予那些能夠滿足特別嚴格要求的（對事物的）說法。當然，這要看加諸於稱為（真正）知識的條件為何：如果某人所擁有的意見與信念，或多或少被理據堅實支持，同時一般而言可指導他的行動，那麼，這等意見與信念，也可以被接納為在日常生活層面的意義內的「知識」。

又或者蘇格拉底不「知道」，生而為他本人比做一隻豬為更佳，但有他大概有此一個信念，或許這個信念可以令他聚攏某種程度的支持，雖然這等支持（程度）並不足夠讓他無顧慮地稱此為知識。就算人們不去考慮哲學家以特殊並且高度專門的意思加諸於「知道」一詞，但蘇格拉底似乎對於那兩個狀態（蘇格拉底或豬）何者為較佳，卻有所遲疑地去表達任何看法。在《蘇格拉底的申辯》中，他甚至說他不知道如何去評價死亡（40c-41e）。這是否到另一個世界的過渡？是否靈魂與肉體等灰飛煙滅？死亡是否就類似無夢的睡眠？以上述的任何狀況而言，他都認為死亡有可能會比生存為佳。所以在他的審判中的演說的結尾，蘇格拉底向陪審團團員們說，他們會繼續生存，而他就是去死，但哪一方較佳，他卻並不知曉。再者，蘇格拉底的言詞似乎並不是某些誇張的「哲學性的懷疑」——這種懷疑的產生，是由於

我們在日常生活中，不多加考慮便去接受的那些意見或看法，往往不能符合要達致最準確清晰度那極高標準。而這種「最高標準的準確清晰」乃是某些哲學家期望加諸於所有論據之上，以求可以將之稱為「真正的知識」；然而，這懷疑卻似乎跟那些非常普通的不確定感覺很相像：亦即實實在在影響著我們的行動的那種不確定。我知道——在日常生活層面的意思——我正在家中閣樓裡坐著打字，但我也可以（對此情況）產生某種哲學式懷疑。這懷疑使到我困惑：究竟我是否正在造夢或產生幻覺，又或者我對周圍環境的判斷產生錯誤，由此，我並不是真正「知道」（我是否正在家中閣樓裡坐著打字）。但是，這等懷疑不會讓我實際上停止打字。相反地，我知道我不知道明天在紐馬克特[5]舉行的賽馬，那一場賽事哪一匹馬會贏。我對賭博性遊戲或比賽性的運動沒有任何興趣，我對此是漠不關心的，但縱使假設我是有興趣，我對哪一匹馬會是最有機會勝出也沒有任何想法，這樣也讓我對下注這回事十分猶疑。蘇格拉底對死後生命（afterlife）的態度的不肯定，跟我對於紐馬克特舉行的賽馬的結果不確定較為相似，但跟我究竟是否實在地在閣樓內打字的懷疑沒有那麼相近。蘇格拉底（對死亡是否壞事）的不肯定影響了他的行動，這讓他不大願意去做那些對他而言是適當的事，如果他真有理由去認為死亡是件壞事，他就會（例如）逃獄並且逃去色薩利大區[6]。他很多朋友其實都曾建議他這樣做。

---

[5]　紐馬克特（Newmarket），英國沙福郡（Suffolk）的一個城鎮。紐馬克特最著名的是養馬場。

[6]　色薩利大區（Thessaly），位於希臘中部偏北。

蘇格拉底用了他一生的時間去找尋這種浮誇不實的哲學知識，特別是「如何去過好的生活」的知識，但他沒有想過他在生活的哪一個層面已經達到那所謂「好」的標準。於此，這正就是他說他甚麼也不知道，除了知道他甚麼也不知道之外(e)的首要意思；再者，縱使在一般、低程度的、日常生活的脈絡中所理解的所謂「知道」的意義之下，他究竟知道甚麼，都是很不清楚。蘇格拉底並不認為他本人知道，究竟死去是否比生存為佳。那麼，為甚麼蘇格拉底認為自己**知道**格里魯斯（即那隻前生曾是人，並會講人話的豬）對自己生而為豬的生命過程的讚美是個錯誤？格里魯斯熱情充沛、滔滔不絕地讚美豬的生命歷程：豬完全能達致那複雜、充滿無限快樂、豐富細緻嗅覺享受的世界，這種享受是人類完全接觸不到的。因為人類，相對而言，只有基本的嗅覺機能及非常原始的（對不同味道）的辨別能力。蘇格拉底如何能夠清晰知道格里魯斯所宣稱──「若剝奪了他的感官世界就是災難」，這想法是錯的？蘇格拉底怎能拒絕格里魯斯的斷言：「沒有人能百分百理解，失去了這種感官的極致享受，是多麼巨大的損失，除非他曾經是一隻豬？」

以上陳述帶導我們來到彌爾的原初宣稱的第二部分，亦即我們可以認為豬的證言是毫無價值的，因為牠只知道了解這個討論的其中一面（這即是說，只身為一隻「滿足的」豬的那方的生路歷程），但蘇格拉底正是被假設知道這個討論的（全部的）兩個方面，因為他對兩個方面的狀態，亦即做人和做豬兩方面都熟知了解，也因此能夠對這論題作為一個更好的、全面的判斷者。要留意這裡正是由「知道」、「認識」的第二種意義（＝蘇格拉底，或者那隻豬，「知道」哪

種狀況是比較好，亦即，蘇格拉底或豬兩者其中之一「有一種意見」＝宣稱擁有命題式的知識），而轉換為「知道」、「認識」的第一種意義（＝蘇格拉底，又或者那隻豬，對於身為不滿足的蘇格拉底或者滿足的豬的狀況，有直接第一手經驗）。於此，我們可以回想前述，在普魯塔克的對話錄所提及，那曾經歷過做人又做豬的生命歷程的那隻豬，比起只生而為人的奧德修斯，牠的判斷就必定是比較有份量。當然，普魯塔克的對話只是一個想像，但這似乎的確指出，對於彌爾所作的蘇格拉底和豬的比較而言，若是要被信服的話，蘇格拉底大概要能夠慢慢轉化而成（或者突然變成）一隻豬，同時之後也牢牢記得做人之時的狀況，並且判斷，做人的確比做豬更好。

蘇格拉底的意見被人覺得較為重要，因為「他知道問題的兩方面他都知道」——這句話，可以有兩個意思：

1. 蘇格拉底對於以下的情況有直接經驗：他作為蘇格拉底但又會（像豬一樣）胡亂塞了大堆橡子下肚，幸福地躺在一潭泥漿中，太陽猛烈地照耀在牠身上，昏昏欲睡。

2. 蘇格拉底有**生而為一隻豬**的直接經驗，亦即：胡亂塞了大堆橡子下肚，幸福地躺在一潭泥漿中等等。

實際上，上述第一個情況，可以是真，也可以不是真的。具體而言，如果照字面的意思來理解，就多數不是真的，因為蘇格拉底在一潭泥漿裡會做甚麼？嘗試去澈底放鬆？嘗試去發現做一隻豬會是甚麼感受[f]？再者，在原則上

他也可能（家中）有如此一個泥漿池，但我們可以想像就算他沒有類似的直接經驗，他也很容易從所有的過去經驗去舉一反三，去「想像」如果有一個泥漿池的情況會是怎樣。但在另一方面，蘇格拉底在任何情況下都沒有**生而為一隻豬而存在**的直接經驗（不論有沒有滿足地躺在泥漿裡的經驗）。當然，蘇格拉底又可以想像，（在幻想中）做一隻滿足的豬的狀況究竟是如何，並將此與作為蘇格拉底自己存在的狀況做比較。然而，我們又如何知道豬不能幻想作為蘇格拉底呢？於此，重點問題在於誰是更合資格（更好）的**裁判者**，但如果由開始就排斥了豬自身本會有意見，或能夠把自己的喜好或意見有組織地表達出來的可能性，那麼這就等如我們排斥了豬可以扮演一個（**不論是甚麼性質也好的**）裁判者的可能性。或者，這是一個有理據支持的觀點，但如果情況就是如此，那麼，整體的比較的目的為何？之後，人們可能會直接這樣說：「不滿足的蘇格拉底是比較好的，因為他最少能夠做判斷，然而如果是一頭豬——亦即那頭喜氣洋洋的、昏昏欲睡的、放蕩糜爛的，或者沮喪的生物——是不能擔當裁判者的角色的。」當然，如有此說法，就隨即要反思以下的問題：我們如何知道作為一個有能力去組織表達自己的判斷的生物，是比那個不能這樣做的生物為較好（better）？或者，人們會想說：「反正我就是知道。」如果是這樣，那就不需要理會哲學了。

讓我們以稍微不同的說法表達這個要點：試假想蘇格拉底曾經存在於那隻豬會感到高度滿足的特殊外在環境的經驗：一個可降溫涼快的泥漿大池、大堆美味的橡子和餿水，還有空氣中充滿那濃郁的豬最喜愛的氣味。但縱使在如此

的環境生活的經驗，也並不表示蘇格拉底有著**做一隻豬**的直接經驗：他只是生而為人，卻存活在那個豬會覺得愜意的環境。縱使他有在可愛的泥漿中浸泡的直接經驗，他能夠肯定達致的唯一結論就是，他，身為蘇格拉底寧可感到不滿足，也不願意以蘇格拉底之本身，生存在一個豬會覺得高度愉悅的環境。如此，這根本沒有顯示出，蘇格拉底對於「究竟作為蘇格拉底本人或者作為一隻豬，何者為更佳」這討論有任何特別的意見立場。

　　彌爾，在某個層次而言，似是明顯犯了錯誤，因為他將**身為蘇格拉底**及**身為豬**視為兩個（平等地）可能狀態，可從中做二選一的抉擇；即是說，面對著上述兩個狀況，蘇格拉底可以做出選擇，就正如他在某個晚上，可以選擇究竟和情人阿爾基比亞德[7]，或和妻子贊西佩[8]做愛一樣。但將身為蘇格拉底與身為豬的選擇比較，跟和誰共度春宵的結構是完全不一樣的。蘇格拉底可以選擇實行跟一隻豬一樣的外在行動方式，例如在一池泥漿中睡覺，他也能選擇不這樣做，但他不能選擇**作為一隻豬存在**（除非他能夠找到正如喀耳刻[9]一樣，拿著一支合用的魔法棒的魔法師；而阿爾基比亞德的魔法棒[10]卻表現為不合適和法力不足）。

---

[7] 阿爾基比亞德（Alcibiades，公元前450年－公元前404年），雅典傑出的政治家、演說家和將軍。以機智和戲謔聞名，是蘇格拉底的學生與情人（引自：從柏拉圖《會飲篇》研究書中人物呈現之古希臘愛情https://www.shs.edu.tw/works/essay/2019/03/2019033022262420.pdf）。

[8] 贊西佩（Xanthippe），哲學家蘇格拉底之妻。

[9] 喀耳刻（Circe），希臘神話中令人畏懼的女神。她是女巫、女妖、巫婆等稱呼的代名詞。

[10] 中文譯注：此處是指阿爾基比亞德色誘蘇格拉底的能力（見柏拉圖《會飲篇》）。

再者，如再反思彌爾所提議之最初的選擇——滿足的豬及不滿足的蘇格拉底——我們會發現用作比較的基本單位是不清不楚的。彌爾是否從一隻被飼養在英國沙福郡（Suffolk）某座農莊中的豬的生命流程中，抽取某一時段，例如在某個下午，牠快樂地在泥漿中打滾之際，去跟蘇格拉底的生命的流程中之某一時段，例如某刻他在感到迷惘和氣餒而不斷地搔著頭髮之際（因為他實在不明白普羅達哥拉斯[11]正在說甚麼），去做比較？又或者，是否以一隻豬（就我們能夠理解到的）所擁有的整體生命（也算是嘗盡了其中的苦與樂，實在不失為一個非常感到滿足的生命），來與蘇格拉底的整體生命出比較（其一生就是極度不滿足的）？彌爾對於上述兩類情況的比較，採取的立場，大致上是接近上述之第一類情況。這即是說，他企圖達到的立論就是如果要判斷人的生命的價值，大致可以將人生分為一系列不同的段落（豬的生涯片段乃是：在陽光中的沙福郡的田園中躺著，在豬圈中不受干擾地熟睡，在雨中吃著餿水等等；而蘇格拉底的生涯片段則是：和妻子贊西佩爭吵，漫步去阿哥拉[12]市中心，站著和尤西弗羅[13]談話等等）。彌爾假設所謂「滿足／不滿足」只有單一清楚的意思，這個意思同樣可應用在蘇格拉底和豬的身上，這確實是非常難使人信服。在彌爾角度所認為是真確清晰的，但對於蘇格拉底而言，那能夠被分析、討論或判斷其價值的單位，並不是漫長人生之中，某個特殊行動或某段特殊時間所處的狀況，而是生命作為整體的

---

[11] 普羅達哥拉斯（Protagoras，約公元前490年－公元前420年），古希臘哲學家。

[12] 阿哥拉（agora），泛指古希臘以及古羅馬城市中經濟、社交、文化的中心。

[13] 尤西弗羅（Euthyphro），古希臘哲學家。

那種形態[g]。如果你希望衡量一下如何存在或如何生活才是最好的，你不會考慮在一生時間中所實行的，以一次接一次的個別行動作為量度的單位，反而，你會考慮人的生命為一個整體那樣子去作判斷。說到底，如果我們將《蘇格拉底的申辯》對話錄中蘇格拉底為自己辯護的演說，跟我們熟識的在現代法律審判脈絡中，被告人的自辯方式做出比較，我們會感到，蘇格拉底的自辯頗為奇怪，因為他受審時而做出辯護的演說，不是為著他本人某特別個別的、或在某一特定時間內所實行的連串行動，而是為著他的整體生命形態做出辯護。而控告他的人及陪審團（就我們所知而言），好像覺得蘇格拉底這樣做是對的，並且那個辯詞是合適的（雖然他們不能接受）。於此，受到審判的正是蘇格拉底的「哲學」方式的生命，而非蘇格拉底所做的任何事或任何行動。

可以完全明白，人們如果生活在一個不能被預計、不穩定及充滿潛在危險的世界（亦即，恰恰正是那個我們所知道的任何世界的面向），時不時要面對緊急特殊的狀況，人們於是會很在意如何去做「正確」的實際的決定：（例如）面前這條蛇是否會分泌毒液或是無毒的？我現在很口渴，但眼前的水是否可飲用？那唯一可離開深山的路是左邊，還是右邊那條？我是否已經離開了有直衝而來的汽車的那條路？因此，在這等緊急的狀況中，身為（有智慧的）人類一員，我們應該集中思考去決定如何行動，決定後，還要考慮如何選擇正確無誤地行動——如此推論完全不是牽強的。這等緊急狀況，在我們的生涯中皆作為某孤立時態段落呈現，因此對我們來說，在生命過程中認真需要去做的，就是在這類個別情況出現時，能夠決定應該做甚麼，同時做出相應適當的

反應，這才在是有意義的。然而，人的生命作為一個整體，卻不是這個模樣的；一連串的緊急情況，又或者那些類似的狀況，的確都傾向在非常短暫的時段發生，因為說實在，有誰能在持續不斷出現的緊迫狀況下倖存？當面對直接當下狀況時，人們總是發揮能力，他們通常不會馬上採取行動去處理，反而會後退一步，並遠離那需要採取行動的脈絡（或背景）而去做反省。有時這樣做，是高度不利或甚至會危害生命的——（例如）如果你花太多時間努力去確定眼前這條蛇是否有毒，這可能對你而言就太遲了——但如果人不可能阻止自己在直接當下情況馬上行動，人的生命歷程，跟我們所知道的既存樣態，就會極度不同。縱使一個好像馬克思那般熱衷於將思想直接與行動連結的哲學家，也會肯定人的行動的一個特性，就是不會單單對當下環境所呈現的特殊情況，去做出直接的反應，反而，人會預先籌畫、在構想中經過精心調度計算，然後才依計畫落實行動。（例如）我不會一遇見下雨天就狠狠地去找一棵大樹，躲到樹下避雨，我會聘請一個建築師去設計，如何將自然物料建構成為一個避雨之所，那麼將來下雨天時，我不再需要去找一棵樹[h]。縱使哲學的反省的目的是改善真實生活，但適合思考的環境條件，同時會包括在某程度上可免於（要經常接受）對當下的情況做出馬上反應的命令。這正如古人所說：哲學需要閒暇才能展開[i]。

如果彌爾是不假思索地只傾向於首先考慮個別狀況，相比之下，蘇格拉底的想法，則是以某一類型的人的生活方式為一個整體開始構思。然而，如果去考慮人的（被給予的）生命為一個整體，就是去反思生命的統一性，並且，要

優先探討的，就是使得這統一性可能出現的任何條件。蘇格拉底理所當然地認為人的生命並不等如一個一個單獨行動的串連，個別的行動通常不會單一地孤立自存，反之，它們會在那更加寬宏的脈絡背景（例如某些人所不斷追求之恆久目標、所認同的道德觀念及持續不變的意向）之中聚合扣連，於此，讓我們舉一個在古代世界常被引用的例子來說明：某個人決定刻意依照一個偏重肉食的餐單去進食，**因為**（舉例說）他想成為一個摔角手。如果有人說：「這個決定（偏重肉類的進食習慣）並沒有意義，除非這是達到某個目的之手段」其實不一定對，因為這某個人可能只不過純粹喜歡吃肉，又或者他身處的是一個肉食很稀有的社會，他想藉吃肉的飲食習慣來炫耀富貴。但一般而言，他有這樣的決定確實心存某個目的，又或者這個（偏重吃肉的）行動只是我們稱之為「習慣」或「傳統」[j]，當某人依照（他身處的社會或族群中的）眾人的「慣常」俗例而行動，此人並不是基於有意識的決定而行動，這跟想成為摔角手的那個人決定多吃肉之刻意行動不同。很多時，人們總是受傳統的理由所支配，即一如所有人那般（comme tout le monde）去行動。我們可能有很多行動都不是依照上述之方式而實行，有些行動並不是功能性地為要達到下一個階段的某種情況而進行的，例如我多吃肉的目標，是期望六個月後，可以成為更高強的摔角手。這些（有意向的）行動有可能不是「慣常的」或「約定俗成」的行動——如果所謂「慣常」、「約定俗成」的意思是常規化的、自動化的、不加思索的話。當面對一些在道德層面上使我覺得十分反感的事，我已經不願意再忍受，也

不理會後果如何，我可能會和馬丁‧路德[14]一樣，慷慨激昂地宣布：「這就是我的立場；我不可能做其他（的選擇）的！」[15]雖然，這個決定不大可能是一個和（生命中）其他各項選擇沒有連結，而孤立地意氣激昂地宣示，但這決定卻並不是要達到更進一步的目標，而是為要進一步行動的理由之一。在馬丁‧路德的情況而言，行動的理由是基於複雜的神學思想，及一套宗教經驗。然而，在蘇格拉底方面，他的「內在聲音」（31c-32, 40）顯示了一種奇怪狀況，就是每當這聲音在他心底冒起，它往往都是說「不」：每當蘇格拉底正要打算做些甚麼，這「內在聲音」總要阻止他；它永遠都不會說「好吧」或贊成蘇格拉底的任何行動，更甚者它永遠不會為這總是負面的判斷提供理由。這「內在聲音」的特性真十分不尋常，連蘇格拉底本人也為此感到驚愕及迷惘。這不尋常的情況，正是尼采認定了蘇格拉底患上了神經錯亂的理由之一[(k)]。

　　正如很多人漸漸意識到，一個**百分百無須負擔後果的行為**，即一個完全離開人的追求目標及理由整個框網的行動，可真是非常罕見的[(l)]。正如一個單獨的行動，只能連結到關乎某個目的或理由，才會產生意義，所以，行動的目的（或理由）本身，必須要連結上某人之其他的或更進一步（行動）的種種欲望、信念、理由、態度、性格意向、價值觀的脈絡中，才顯得出其重要性及可被理解：那個想成為摔角手的人，為的是獲取榮耀，馬丁‧路德渴望他是神所感到喜悅

---

[14] 馬丁‧路德（Martin Luther, 1483-1546），德意志神學家、哲學家，原為神聖羅馬帝國教會司鐸兼神學教授，於十六世紀初發動了德意志宗教改革，最終是全歐洲的宗教改革促成基督新教的興起。

[15] 原文為：*Hier stehe Ich, Ich kann nicht anders.*

的人。由於個別的行動在較大脈絡中得到了其中的意義，故此（個別行動）應該在其身處的那更宏闊的背景脈絡中，而不是在其孤立的本身，去衡量其價值。有關這個「更宏闊的脈絡」終極反思，就是它沒有任何自然必定的界限，直至一個人達到了其生命的整體，亦即包括了這人的生命所有的目標、理據、價值、欲望以及（對事物的）投入貢獻。有某些較後期的哲學家可能會說，如果要嚴格地去理解人的生命（歷程），以一個個人的生涯作為研究單位，就實在是太狹窄了——我們必須去考慮整體人類社會或者整體人類作為物種的生命，又甚至在宇宙中全體有感覺生命的生物（眾生）——但是蘇格拉底似乎沒有跟隨這樣的步驟。這個具體例子說明了在哲學著作中很常見的論述形式：某個個別的行動只能是參照了相關的目的或理由才產生意義，而這些目的或理由又要憑藉更寬廣或更深層的目的、理由及欲望等等作為參照，才能有意義。人們可以在這個方向繼續沒完沒了地去追索辯論；因此，最適當的分析單位，正是人的生命的整體。我只是想要指出「我可以無休止地去辯論，也看不到一個可以自然而然地停步的終點」這個看法，並不會自動地意謂「在我去研究個別例子之前，我一定要掌握『整體』——這『整體』似乎很明顯地作為很確定的東西而存在。」

如果我們基於柏拉圖的《歐西佛洛》（*Euthyphro*）對話錄去探討彌爾和蘇格拉底之對比，就會得到特別清晰的理解：（這對話錄敘述了）一個修士想控告他的父親意外將一個奴隸殺死，他正在前去（法律機構）的路途上所發生的事[(m)]。我推測彌爾會將焦點集中於這件殺人案件的細節，例如報案行動的後果上，彌爾會考慮：歐西佛洛去告發他的

父親，究竟是比較好或比較不好？然而，蘇格拉底卻以完全不同的方法去對待這件事。通常，他完全不會實際地去討論這件案件的情節——即奴隸的死亡，以及歐西佛洛去告發他父親的殺人罪行。反之，他會轉而去討論「虔誠」（piety）這概念。甚麼是虔誠？同時甚麼類型的人的生命會具體地體現虔誠？對蘇格拉底來說，有一件事是很清楚的，那就是一個虔誠的人生不等如演繹（表演）一連串（不管這「連串」有多長）各自有別的虔誠的活動。「虔誠」乃是一個作為整體生命的結構性特質；也即是說，它是生命的連貫及統一的一種特質，而此生命也外顯與體現這特質。

　　然而，如果說，「人的生命（歷程）會展示某種整體的連貫性」實在是奇怪及頗為模糊的宣稱。一方面，這宣稱貌似依照幾乎是來自經驗中發生的歷程的總體彙報，但另一方面，它更像某個方法學所成立的原則，我們嘗試應用此原則去理解他人（或我們自己）。最後，比起一個有關某一事實的普通彙報，這句話很明顯表達了更大的期望與野心；似乎，它向每一個人提議及推薦一個（有關人生的）更實在的目的，而不是侃侃而談的啟發人生的原則。

　　或者，上述所言及之「推薦」，其語氣強度似乎已接近一個命令。很明顯，所謂人的生命會（或應該？）顯示之「連貫一致性」，並不是指那純粹在邏輯上之一致性的形式，但超越這種看法，卻很難去精確地說明它究竟企圖表達些甚麼。無論如何，這種一致性一定是某種奇怪的一致性——它一定與某種**不一致性**相配，否則，還有甚麼空間會容許批評或自我改良呢？又或者那個虔誠的人，是否永遠都不會感到不夠虔誠、所以不會感到懊悔，也不會由此而去改進

做得更好？再加上，世界上必有顯著不同**形式**的生命，彰顯著不同形式的連貫一致性：有那種致力於達致公共榮譽名聲的生命（透過參與政治、運動比賽、參軍等等），也有那種不斷追求財富及物質之擁有的生命；還有那種期望有資格與眾神匹配而為伴的生命（例如希波呂托斯和阿爾忒彌[16]）[(n)]；更有全情投入冥想的生命——有誰能夠判斷哪一種一致連貫性（及哪一種生命）比起其他的更好？

　　蘇格拉底，儘管他宣告甚麼也不知道，事實上卻在這個題目上說了很多話。特別是他對「哪一種生命歷程是比較好的？」這問題，提供了兩個答案。我們可從他如何實際上行動及討論這個主題，以及他明顯說了甚麼，去理解他的答案。首先，他認為，人的生命，是一項現實實際的活動，這即是說，我們可以如同去了解那些在比較有限範圍中實行的實際行動那般，去理解何謂生命。這些所謂在有限範圍中實行的實際行動的例子包括：烹飪、縫紉、木工、陶藝、唱歌等。在今時今日來說，還可包括駕駛、賭博、營運一家公司，或填寫所得稅申報表等等。我們由觀察得知，這些日常實際的行動，可以做得較好或較差，有些人會被公認能做得比其他人更好。這類人從事上述各種活動，能夠比其他人更勝任，漸被稱為「優越」的人，因為他們「知道自己在做甚麼」；這即是說，這等人擁有知識可指導他們從事這些工作。而蘇格拉底則由此推論，人的生命也可以假設如上述般衡量之。人的生命同樣是某種活動，可以被演繹、實行得更

16　《希波呂托斯》（*Hippolytus*），古希臘詩人歐里庇得斯的著名悲劇。該劇內容約為：希波呂托斯崇拜狩獵神阿爾忒彌斯，不喜歡女人和愛情，愛神阿佛洛狄忒對他這種行為憤怒不已，便報復他，讓他的後母懷德拉愛上了他。

好或沒那麼好、較為優越或沒那麼優越。一個表演唱歌的人可以是一個出眾的歌唱家，很清楚知道自己在做甚麼。一個在「演繹」生活（亦即，過著一種正當適切的「人」的生活）的人，就是一個「好」的人或一個擁有德行或「智慧」的優越的人。這就正好比歌唱家憑藉其知識而去指導他如何去唱歌，好的生命歷程，就是以如何生活的知識（即稱作「智慧」）去作導引。我們身為現代人，對那稱為「動機」之問題，同樣會有一個清楚並簡單的答案：這就正如所有以唱歌為專業的人，都會想成為超卓的歌唱家——否則他們為何要唱歌呢？——這也正如所有陶藝匠人都想創製出好的陶器，由此類推，所有人都想擁有「好」的生命的歷程，這就是說，成為優越超卓的人。所有差異，皆是基於能否擁有相應的知識，從而去達到目標的結果。蘇格拉底正在找尋的，就是這種知識。但是，是否真的**所有**以歌唱為業的人，都想成為出色的歌唱家？我可否因為其他種種合理的理由而去唱歌？如果「以歌唱為業的人都想成為出色的歌唱家」似乎是難以置信，那麼，「所有人都想成為出色的人」這斷言，是否還是不辯自明？直按賦予人此項特質，而沒有引起太多爭論，只會出現在希臘古代自由人（及古代貴族的）的競技法規的範圍內。然而，正如歷史較後期的哲學家霍布斯所言，大眾所期望的不是想成為優越的人，而是想持續地生存下去。這種完全不同的想法的可能性，又應如何考慮呢？或者，如果有其他人又提出另一些不同形式及另類的想法，例如人之所想達到的，乃是人生要投入關注、或奮鬥這等牽絆完全解脫，只尋求寂靜或只想如「植物那樣靜態生存」[o]，又應做如何考慮呢？

在希臘文中意指「優越」（ἀρετή）的單字有時可翻譯為「德行」（virtue）。這可以是非常混亂的，因為在英語中「優異」與「德行」的涵義是非常不同的。很不幸，這兩個單字所涵蓋的意思都非常廣泛，差不多所謂「善」或「勝任」（goodness/ good at）也包括在內，即是說，任何人間的善，或對應某種情況是好的任何行為或能力，都可以用這兩個詞語去表達。蘇格拉底熱衷於語言學的研究，也很執著於概念應用的精準度，對有不同意涵的不同概念的分別十分嚴謹，他也將不同意義細心分辨確定為其探究的**目標**，亦即他的工作所努力的方向：即是將某些在（反省之）一開始時並非自明的意義，將它正確的意思分辨清楚，讓它一步步地浮現。儘管如此，卻沒有任何理由去肯定，到了臨終之時，蘇格拉底終於達到了這一目的。由此推論，最低限度到了目前的討論地步，我們都暫未能系統性地辨別出「好人」、「有德行的人」或「卓越的人」之分別，同時也不能在三者之間，從一個概念推論到另一個概念。

蘇格拉底所特別強調的第二點，就是他知道人們必須「檢驗」自己的人生（38）。要再次強調，蘇格拉底沒有說，你一定要三思而後行或你一定要在實踐每一個別行動之前，必定對這行動要做出反省。這「檢驗人生」的觀點乃是跟他另一觀點互相連結，亦即，需要反省的基本單位，就是那（某一類型、作為整體的）生命；所要反省的並非單個項目，例如人們不同的性格、不同的價值取向及生活之中種種行動的演繹。我們見到蘇格拉底在不同的對話過程中，提供了很多完整的例子，去解釋甚麼是「檢驗」：它的意思就是（將檢驗的對象）放在辯證的思維中去反覆探究，這即是

說，你需要對你所做的，以及為何你要這樣做，給予一個正確地組織規劃的報告，如果（舉例說）你是個工藝師（陶匠），又或，這裏的意思，（如果你是人類之一份子）你必須對你的信念，同時你為何有此信念的原因，提供一個正確組織規劃的報告（Λόγος）。再者，這個報告一定要禁得起蘇格拉底的反覆詰問：蘇格拉底對報告所要求的，正是最高程度的清晰性及準確性，同時，他會深究報告的內在連貫性，對堅持它（的論據）所要負擔的後果，還有，你所堅持的論點，能否跟大多數人皆同意及維持的其他各種信念，共存並容。

我認為，有關蘇格拉底的名句：「未經審視的人生，對人來說就是不值得去過活的人生」（ὁ δὲ ἀνεξέταστος βίος οὐ βιωτὸς ἀνθρώπῳ[38a]），一般流行的翻譯實在多少有些誤導。所謂「不值得去過活的人生」這句話，乃訴諸於有差別性的不同價值取向，於此似乎是說，有某類型的生活比較值得，或比較不值得去經歷（渡過）。亦即，一個愚蠢的人的生命歷程是比較不那麼有價值，而一個哲學家的生命是比較有價值，或者是最有價值的。然而，兩者的生命，在某一意義上，都是一個完滿的人生歷程。但是，希臘文的動詞性的形容詞（verbal adjectives），亦即βιωτὸς所指涉的，並不是「有差異比較」的價值，而是「可能性」；因此，蘇格拉底的意思是「適宜（如此）去活」，而不是「值得（如此）去活」。這個字詞兼有一個負面的意思，大約就是說「不能忍受」的意思。這即是說，蘇格拉底的名句的真正意思是：「不經審查的生命，亦即那生命不是人**可以過的**，或可勉強接受的，或可忍受的。」這並不是說，愚蠢的人沒能力去審

視他自己的生活,那麼他的生活就會缺乏甚麼了;反而,這句話的意思是:縱使是愚蠢的人也不能完全避免去反省他的生活,雖然他花很大氣力去逃避。(如果有)一個人經受過腦震盪,可能會對蘇格拉底一無所知,又或者某些患了阿茲海默症的人,或持續性地生活在植物樣態的人(例如施勒格爾[17]所推薦的生活方式)[p]也會忽視蘇格拉底,但這些並不是百分百(完整)的人。有人或會覺得這個看法很荒謬,或感到厭惡,但我認為,它卻是去打開過去很多哲學家的思想之門的鑰匙。如果一個愚蠢的人和蘇格拉底討論,他可能會胡言亂語,但如果他沒有患上腦震盪,或沒有完全陷入精神錯亂,或處於某種植物人的狀態,亦即,只要他像過著一個完整的人的生活,他便不能單純地或完全地忽視蘇格拉底所問的問題。只要他是人類的一員,縱使是個愚蠢的人,他無論如何也會看到要點,最終,他不能有其他選擇,而只能去嚴肅地考慮蘇格拉底所說的。很多被蘇格拉底追問的人很容易在討論中被激怒,對蘇格拉底感到生氣,而不能像古代的雅典人般,聳聳肩膊就此罷休,因為他們不能讓自己真正看到蘇格拉底正在做的事,根本上與他們無關。蘇格拉底的討論都觸動影響到他們,無論他們喜歡與否。

　　讓我們看看蘇格拉底所說明他所知道的兩件事:第一件蘇格拉底所謂他所知的事,就是一種有關如何過「人的生活」的知識形式,這種知識,在某種意義之下,是和一個手藝精湛的陶藝工匠、或出色的歌唱家如何達致掌握洗鍊的知識相類似。這即是說,如何過一個「好」的生活,就跟陶

---

[17] 施勒格爾(Schlegel, 1772-1829),德國詩人、文學評論家、哲學家、語言學家和印度學家。

藝匠如何製造一個「好」的壺或歌唱家如何達致「好」的唱功一樣——人們可能會覺得（這樣的類比）實在很不合理或難以置信。陶器創作是一項相對地有規格而且明確的活動，它有著清楚的活動開始與完結的步驟，同時不同社會中也會訂立大致上公認標準，去衡量創作活動以至藝術成品的質素。然而，人生似乎並沒有上述陶器創作的特性，也不能如上述陶藝一般有規範內的確切定義。一個陶藝工匠從早上八時開始在工作室工作至下午六時，然後就會去酒吧消遣擲飛鏢。當然，陶藝工匠在酒吧所做的，跟在工作室的製陶活動沒有**任何**關係，擲飛鏢有可能會令他的雙手更為靈巧，或有助於訓練他的手與眼的協調，這些技巧對製陶活動是非常重要的。然而，擁有擲飛鏢的高超技術不等如擁有陶藝的高超技術。在某個層面而言，這個陶匠也會放假，去蘇格蘭攀石或去地中海的沙灘享受日光浴。但是，人生的「下班」或「放假」時間會是甚麼樣子呢？「生而為人（being a human being）」，並不會像「作為芸芸陶匠中的一員（being a potter」那般，可以去選擇扮演這（陶匠）角色或可以（在某段時間中）去將這角色暫置一旁。作為人類之一員，我們永遠不能像一個士兵或者警察那般「休班，不在值勤」。又或者，如果（作為人可以偶然休班）可能的話，我們對生命的考量，比起在這本書所提及的各個哲學家（對此課題的）思想，應該要求更為嚴謹地重新整理。同樣地，人的生命最讓人驚異的地方，就正是缺乏任何清晰的、普遍皆接納的目標，又或者可說，任何清晰的、普遍接納的目的，皆是些純粹空洞的公式，例如：「幸福」、「實用性」、「善」等等。再者，我們會在生命的流程當中，持續不斷去制定生命

的價值的標準。或者，如果有人認為「制定生命的價值的標準」這句話太嚴峻，但無論如何，我們都會不斷努力去發現有甚麼現存的標準，同時持續對如何判斷生命路向的各個提案給予批評，同時又會關注我們自己對事物的判斷或評價的方法，是否有堅實的理由去支撐。這就是人們會認為哲學存在之部分理由。

　　如果將上述論點用稍微不同的方法來表達，蘇格拉底的推論，乃是以一場競賽的比喻去理解「作為一個陶匠」的角色。那陶匠與其他所有陶匠都正參與一場競賽，以爭奪誰是最出色的陶匠為目標，或者，他們正在參與一場比較不以爭取個人榮譽為目的之競賽，這即是說，這是一場為要達到（以某些抽象的尺度為基準的）陶藝最高程度之熟練技巧為目的之競賽。這種「主動進攻型」比賽的想法深深植根於希臘文化（以及我們的西方文化）[q]。以此種比賽為標準去考慮人的生命成為一整體的想法是否正確進路？當然，去組織一場比賽，並不會只有一種方法。除了上述的「主動進攻型」比賽的方法（即以首名達標者即是勝出者的競賽規則），還可以有「毛澤東方式的競賽」，即是說在競賽中，參賽者分為若干群組參加比賽，每一次賽事完畢，每個組群內的組員都會轉組，直至所有群組都會在差不多時間內越過終點線。除此之外，還有在文學巨著《愛麗絲夢遊仙境》中出現的「會議式比賽」。在這比賽中，參賽者全身被淋濕，他們圍成圓圈一直在跑直至他們的衣衫轉乾，比賽便完結了[r]。有人或者會爭論，這些「主動進攻型」比賽以外的比賽根本不是「真正的」比賽。但，為甚麼不是呢？試想想，在「會議式比賽」的某些層面而言，是個

有益的經歷:首先,在這場比賽中,每一個人都會贏(或者,相對而言,每個人都會輸,因為所有人最後都會死);第二,這比賽的其中之舉辦組織者(渡渡鳥)說,解釋這件事的最佳方法就是起來行動去參與。這對蘇格拉底來說是絕對不能接受、忍受的。這是對他所深信的所有信念的冒犯。明顯地,他一定**不會**認為,若要「解釋」如何去製作一個「好的」壺,又或者「公義」的本質,乃是親力親為地去製造一個壺出來,或以實際的「公義平等」的行動去表達公義。然而,實行出來就等如「知道理解」充分的表達這個想法,在蘇格拉底在生時的希臘時代是百分百存在的。在蘇格拉底的前一代生長的希羅多德[18],曾書寫波斯戰爭的歷史,他記錄了波斯國王**大流士一世**[19]對其中一個副手之言:「*'πολλά ἐστι τὰ λόγῳ μὲν οὐκ οἷά τε δηλῶσαι, ἔργῳ δέ'*. (有很多事情都不能以語言文字或以辯論(*λόγος*)去解釋清楚,但如實行去做就可以清楚明瞭其本質)。」(III, 72)[20]如果蘇格拉底所研究的陶匠及(馬車)木輪製造者,借用了希羅多德的話去回應他,或者我們可以避免了二千年的哲學的偉大不幸(malheur)。當然,我們可以指出人的生命歷程的不同體現,並不會百分百跟那會議式比賽相似,但這不是重點之所

---

[18] 希羅多德(Herodotus,約公元前484年–公元前425年),古希臘作家。他把旅行中的所聞所見,以及波斯阿契美尼德帝國的歷史記錄下來,著成《歷史》一書,成為西方文學史上第一部完整流傳下來的散文作品。

[19] 大流士一世(Darius,公元前521年–公元前485年),波斯阿契美尼德帝國君主。中文《聖經和合本》譯作「大利烏」。

[20] 中文譯文依照英譯本Herodotus, *The Histories*, trans. A. D. Godley (Cambridge: Harvard University Press, 1920), Perseus Digital Library. 翻譯。http://www.perseus.tufts.edu/hopper/text?doc=Perseus%3Atext%3A1999.01.0126%3Abook%3D3&force=y

在。問題癥結乃在於：人的生命歷程究竟是**比較像**奧林匹克式短跑比賽，還是更像那會議式的比賽？如果我們認為這是個開放的問題，那就一點都不可笑誇張。

上述的討論帶導我們去探討「未經審視的生命」這個問題。細心的讀者會留意到，蘇格拉底認為，如果我在某個領域內，是個技術高超的師傅或製造者（亦即我們之前所定立有關「知道」的定義分類中的第三類），這是因為我「知道」某事物（即之前有關「知道」的定義的第二類）；亦即，我所掌握的是命題式的知識[s]。然而，（假設）我能夠騎自行車，但我卻幾乎不能形容、描述我在做甚麼，更不能有系統地去描述為甚麼我要如此地做我所做的事。那麼，縱使真有那帶導領向好的生命的「知識」，這未必一定是屬於「命題式」形式的知識，如有人真有這「知識」，也未必一定能夠去面對蘇格拉底的追問及給予蘇格拉底滿意的答案。於此，我們還要進一步考慮的問題，那就是，究竟「審視」是否一**定**要跟隨蘇格拉底式辯證形式，亦即，以不斷舉證支持論點，自由流暢的一問一答的過程中為某個立場而辯論。就算我們認為某類型的考察是人的生命歷程中不可或缺的一部分，但這考察是否非得是「辯證式」不可？我們能否構想，也許有其他方法去考察或仔細檢查我們的生命歷程？

當蘇格拉底使用「未經審視的」（unexamined）這個概念時，其結構是甚為古怪的。所謂審視某事物，我們一般的理解，是認為這審視過程會有開始及完結，亦即它最終會達到某個結論。所謂「審視」通常是意指，先冷靜地退後一步，繼而開始（對事物）發出問題，其後，當我們達到某種結論時，我或許可以再次投入（事物中），繼續行動或處理

之。但是，對蘇格拉底而言，那備受審視的生命不是指一個「已經接受過審視的生命」，而是一個將時間花在審視（行動）中度過的生命。無止境的「審視」究竟會是如何的？面對思想與行動兩者的真正關係，蘇格拉底的立論實在模糊不清。正因著這一點，隨此而展開的（西方）哲學史，就從此被無止境地繞纏著。

蘇格拉底對「未經審視的生命」的種種看法，可能很容易引起更進一步的兩種誤解。第一，我們可能錯誤地認為，既然沒有人可以說蘇格拉底的問題是無關重要的——如果蘇格拉底獲得機會，以他慣常的辛辣方式去表達這等問題——那麼蘇格拉底本人就是無關要旨或膚淺表面的，因為就算一個愚蠢的人為了自己，也最終會去問這些（有關生命）的問題。但是，不能避免地去考慮這個個問題的重要性及對其做出回應是一回事，但是，人們能否被激發去對自己問問題以及（有否能力）去開始問問題卻是另一回事。據蘇格拉底的分析，不去問問題的原因正是某種形式的「懶惰」，他認為他就好比上天派來的虻蟲，工作目的乃是去刺醒那些麻痺遲鈍的（人）起而行動（30d-31）。至於第二個誤解，就是認為，人們如果「見到理性」（當它在辯證方式的討論中呈現），他們就會自然跟著這理性的方向去討論。這可能是個令人感到安慰的想法，如果它不是那麼明顯的近乎侮辱性的虛假。

柏拉圖的《蘇格拉底的申辯》真是令人感到無限著迷，因為它好比辟啪一聲爆裂，宣告了西方哲學的開始及完結完全失敗，並且在往後的世紀不斷地迴響著。在歷史上真實出現的蘇格拉底究竟是否可能想過（實在不得而知），在

第1章 蘇格拉底

0
7
3

柏拉圖的著作中出現的「蘇格拉底」，竟成為了西方哲學的守護神，他確實以十分頑強地去為理性主義辯護。理性（λόγος），就是至高無上的；它對人來說是那麼清晰，那麼吸引，乃至於人絕不可能（終極而言）會漠視它或不明白它，同時，若人一旦看到理性的呈現，就會依據它而行事。這就是那小型的專題理論**所肯定**的，但是，它**所顯示**的，就正是這規條的整體失敗。陪審員對此並不信服（可能他們沒有依照自身的信念去做判斷——但這其實也會達致相同的後果）。很多確實見到蘇格拉底之所言所行的人，並不贊同他的活動或者完全不欣賞他本人，同時也覺得蘇格拉底是特別危險的人。蘇格拉底解釋說，這是因為他沒有足夠時間去說服大眾相信他的觀點和行動的理性基礎。然而，當我們深入回顧反省，我們很難相信這個說法是合理的。蘇格拉底沒辦法說服（他的崇拜者）阿爾西比亞德斯去過哲學方式的生活，是否因為和他共度的時間不足夠嗎？克里提亞斯[21]又如何呢？他是蘇格拉底的一個學生，他是寡頭統治集團三十人僭主集團（Thirty Tyrants）的成員，反希臘民主的政變的主要策動者。

黑格爾在很久之前已經指出：在（古代）雅典，於法律審判案件時所成立的陪審團，普遍來說，不會去對人的生命做哲學取向的審判，也不會緊貼「法律」內規定的，嚴謹地依據程序及形式化的標準，去審判案件——這是我們（西方人）所承傳的晚期羅馬帝國的法律實踐。古代雅典的陪審團不會堅持秉承「非政治性」（apolitical）的立場；陪審團制

---

[21] 克里提亞斯（Critias，公元前460－公元前403年），古希臘政治家與作家。

度幾乎經常特意地被引據為「民主制度」的其中一個重要的組成元素。參與陪審團作為其中一員，以及做出判斷乃是古代雅典的公民的不可或缺的本質任務，同時也是一項典範性的「政治」行為。當然，古希臘時期確實存在某種法律的概念，但我們一定要指出，我們稱為「正確」的法律概念與那些較為模糊、依俗例而成立的道德觀兩者的分別，在古希臘時期，兩者並不如後來的世紀所發展的那樣，鮮明地劃分(t)。法律陪審團被召到法庭去裁判定奪，究竟被告人士是否犯上被控的罪狀。當然，法律陪審團會盡量依照俗例及「法律規條」之要求及容許的幅度之內，以及甚麼是對民主作為一個正在實行的制度而言是最合適的，去做出審判的決定。當然，我們可以對這些法律制度回顧批判，認為它們應該依照完全不同的準則，或者幻想一個非常不同的社會（的體制），完全不同的社會大眾群體，但這不合時宜的實踐究竟有甚麼意義，其實很不清楚。既然蘇格拉底被判罪名成立，這是由於陪審團中的大多數成員，哪怕只是微弱的大多數，去判定他有罪(u)。或者他可以對自己的宗教信仰的性質提出足夠的狡辯去脫罪，但他的確頗難逃避去否定，他信奉的是一個「新的神」，即是說那所謂「內心的聲音」，亦即時不時地叫他停止做那些他正打算去做的事的那個聲音。有關「荼毒青年」的說法，黑格爾的判斷似乎是正確的：他認為一個有如公元前五世紀雅典那樣傳統的社會，如果那裡的年輕人有系統地經受了蘇格拉底所發明的「理性的檢驗」過程，及受所他指導去實踐，這社會就不可能如既存方式繼續下去了。如果「嘗試去荼毒青年」的意思，乃是使得青年們基本上將不再適合

去再生產現存既定的社會，那麼這對蘇格拉底的控訴是正確且有依據的。

我已詳述了蘇格拉底所宣告他知道的三件事的其中兩項，至於第三項，蘇格拉底並不那麼嚴格地宣稱他知道，但這第三件事卻有系統地將他的行為結構組織起來，這情況正好比那些深信自己擁有某種堅實的知識的人，其行為便會依據此知識而組織起來一樣。蘇格拉底說，他並不恐懼死亡，因為「壞的事不會降臨到好人頭上」。他並不肯定直接地說他知道事情是如此發展，這只是他的「良好的願望」的內容（39-42）。然而，這卻終於指向在蘇格拉底的信念及生存方式中出現的深層次不連貫性。於此可見，蘇格拉底所篤信的，亦即那些組織他的生命的信念，並不是依照邏輯理性的思想方法來組織，而是基於他所「期許」的想望，亦即「魔神」（the daimonion）所告訴他（不）要做的事（但不會給予任何理由），以及基於對德爾菲的神[22]虔誠地服從。請讓我重複，一方面，蘇格拉底是完全信服於「為自己提供一個理性的陳述（邏各斯）」這個想法，舉例而言，就是一個造鞋匠如被描述為對自己的技藝清楚知悉，就是她可以說明、描述及解釋她正在做的事及為何要這樣做。同時，她所需要去繼續「解釋」的事物，原則上是沒有界限的。然而，在第二方面，蘇格拉底承認他的生命所忠於的，不是某種「邏各斯」（理性）——邏各斯的意思，乃是一種論據，或他能夠提供理由的存在狀態；反而，他的生命是圍繞著一連串其他

22　德爾菲（Delphi），為古希臘重要城鎮，古希臘城邦共同的聖地，被古希臘人認為是世界的中心，為奉獻給太陽神阿波羅的聖地。亦為阿波羅神的女祭司皮媞亞（Pythia）的駐地。德爾菲神廟的內奧密室，叫做「阿底頓」（Adyton）。在此，皮媞亞負責傳達阿波羅的神諭。

的、非基於邏各斯的現象而成立：向德爾菲的神諭祈求，並且，依照著他從中所理解的諭示而行事，亦即依從那個永遠不提供理由的內在聲音，最終，聽從了他自己的「良好的願望」，亦即「壞的事不會降臨到好人頭上」這個理想。然而，一個「希望」並不是經過理性思考而得的理由。

如果要思考人應該如何生存，則最少會有兩個而不是一個方向：蘇格拉底對這兩個方向都予以承認及肯定。於此，出現了那關於（甚麼是）「好」或「事情必定要如何才是最好狀態」這兩個問題。問題可以非常複雜的，因為事情可以有很多不同方法去進行，以達致最好的發展：例如，若要考慮麵包應該如何切，才能達致「最佳狀態」，這其實要看是哪種麵包（法式長條麵包、吐司麵包、法式小麵包、布利歐牛油麵包、德國黑麵包等等），同時也要看你想怎樣處理（用麵包來做三明治、餵雀鳥，或用來做法式小點心）。再者，人們可想像，在任何一個社會中的每一個人，大概都會在**某程度地上**，掌握到一般共通的想法，亦即某些東西對達成某個目的來說，會比其他東西更佳，或某些事態或行事方式，會比其他的更為卓越。至於第二個方向，並不是衡量更好或更差，或那個方法是較卓越還是較拙劣，這個方向所考慮的，乃是關乎人所關注或擔心的，對人有重大影響、息息相關的事情。對某種特別類型的麵包，當然有「最佳」處理方法，例如如何更容易地將麵包切開、運輸，比較易於拋給雀鳥，讓牠們容易尋獲、啄食、消化……。但坦白說，我真懶得去知道這會是甚麼方法，我根本就不在乎。就正如我毫不在乎誰贏了歐洲足球聯賽盃（雖然原則上我知道有某些足球隊伍要比其他隊伍的球技更好、更高超），我也不管誰生

產最好的電腦（雖然原則上我知道某些牌子的電腦必定比其他的好），或哪種狗隻品種的嗅覺是最敏銳的（雖然我知道不同品種的狗隻的嗅覺敏銳程度是不同的）。蘇格拉底將上述那兩個問題合併，當他遇到任何一個雅典的市民，他都向其追問：「為甚麼你不盡你所能去將你自己的靈魂照顧得最好，使它臻於最佳狀態？」（[πῶς] οὐκ ἐπιμελεῖ τῆς ψυχῆς, ὅπως ὡς βελτίστη ἔσται [29d].）

如果關乎大多數人的生命的問題，就是問到底較優或較劣、較好或較差，**大約的**普遍及慣性的分別，蘇格拉底所提議的優劣之分就好比一杯特別的雞尾酒：那就是把以下四個主要成分製成不尋常的混合劑。哲學家的使命就是：

（1）對人的整體生命的統一性有特殊深入的關注，並將人的整體生命視為人的靈魂的統一性的表達。

（2）要關注的並不僅止於行為良好，而且還要去達致掌握有關「好」、「更好」或「最好」的這三個等級的特殊的，屬於人的生命的知識。

（3）追求有關自我的知識。

在一個辯證法的討論過程中，「知識」是被認為可具體地體現，亦即透過整體地及充足地去回答蘇格拉底的追問，我們便可以達致「提出一個有關自己的總述」，以及表達我們所宣稱我們所知的是甚麼（這就是上述那第四個元素）。

如果要理解人的生命與人的靈魂的統一性為何，可以去看看柏拉圖的對話錄其中一段，將會有所啟發。在對話錄**《費德羅篇》**中，蘇格拉底在雅典的城牆外與一位名為**費德**

羅的年輕朋友散步。他們去到一個地方，該處流傳著一個傳說：阿緹卡（半島）的一個早期的王，他的一個女兒被北風之神玻瑞阿斯綁架，**費德羅**懷疑這個故事是否真確。這事件究竟有沒有發生過？如果真的發生過，究竟人們應該給予這件事一個「神話式」的解釋——是否真的有一個神綁架了一個凡人女孩子作為祂的玩物，還是應該提供一個貼近揭露真相，即自然的經驗事實的解釋——她是否只是被猛烈的北風吹起而撞向巨石，因而身亡？蘇格拉底說：

> （有關這種事情，亦即對於自然現象或某些特殊的事件）我完全沒有時間去理會。原因是，你知道，我尚未能夠完全依照德爾菲的神喻去做事，亦即：「知道我自己。」如果我所顧慮的只是其他的事，但對自己仍然是無知的，這對我而言是荒謬的。因此我基本上不會理會人們針對自然現象所提出的古怪多端的解釋，我只是簡單地接受了坊間大眾所共同接受的看法，反而我只是集中去考慮探究我自己，去追問究竟我是否只不過是一隻比提豐[23]更複雜的、由更多獨立的部分所構成、更凶猛的野獸，又或只是一隻有天賦靈性及謙遜的特質、比較馴服、簡單的動物？（《費德羅篇》，229e4-230a6）

於此，柏拉圖的文章論述的細節並非不重要。「提豐」是一隻神話中出現的怪獸。我們對牠的外貌及特徵於整體上

---

[23] 堤豐（Typhon），希臘神話中象徵風暴的妖魔巨人。該詞在希臘語中譯為「暴風」或「冒煙者」。

不是十分清楚，或者因為說及提豐的人，自己也不很清楚，又或者不同人對這怪獸有不同的看法。在某些報導中，提豐似乎是一隻無固定形狀，又或者一隻可迅速變形的怪獸；根據另外一些報導，牠的身體是由很多不同的動物的肢體部位組合成。另外的陳述則表象牠是一隻有人體蛇尾的神獸[v]。有關提豐，希臘詩人海希奧德[24]提供了一個比較被廣為接受，早期的描述：

> 從牠的肩膊生出了幾百個蛇頭和恐怖的龍頭，不停吞吐著黑色的舌頭，在牠無數的奇怪的恐怖的頭之眉毛（蛇有眉的嗎？）之下，眼睛噴出烈火，如果牠看著你，猛烈的火便會向你噴過來。所有這些恐怖的頭都會發出千百種不同的邪惡的聲音；有時，聲音是說給神靈聽、及唯有祂們才能明白；有時又發出別種聲音，有如野牛的咆哮，威力無可阻止，震懾八方；又有時，那無數的頭還會發出類似獅子之似乎永不會止息倦怠的咆哮聲；還有的聲音酷似一大群小狗吠叫，非常美妙神奇；有時牠還會嘶嘶作響，使得龐然巨岳也會發出震撼的盪漾回音（《神譜》[25]，824.35）。

「堤豐有無數的蛇形觸手」——似乎是在有關這怪獸的芸芸報導中最為共通的特徵。這就是在柏拉圖筆下的蘇格拉底所說及，堤豐是一隻由無數形狀如不同的髮辮般的束條狀

---

[24] 海希奧德（Hesiod），古希臘詩人。

[25] 《神譜》（也譯作《神統記》，*Theogony*約寫於公元前八世紀後期），由古希臘詩人海希奧德所寫的長詩，共一千零二十二行。是迄今僅存的完整神譜詩中，最早系統地記敘了古希臘諸神的譜系。

肢體所構成的存在。在海希奧德的筆下，堤豐是史前最後的怪獸，牠與宙斯爭奪世界的控制權而鬥得難分難解。當宙斯最後打敗了堤豐，將堤豐關押「在塔耳塔羅斯河底」——有些較後期的作者宣稱堤豐是被埋葬在埃特納火山底部[w]——堤豐也因此被視為不依常態發生、不可預期的強烈的暴風雨或火山爆發的源頭，也因此牠象徵瘋狂熾熱的情緒／情感。

在上述脈絡提及，（堤豐所象徵的）多義性、多樣態性及不確定性，讓蘇格拉底覺得特別適合借來做比較，因為目下的主要問題正好是，蘇格拉底自己究竟有沒有一個單一確定的本質，如果是如此，那麼究竟他的「靈魂」是否已被「統一」。在海希奧德筆下，堤豐的每一肢體都有自己的聲音，又或者準確地說，每一個（蛇）頭都能發出（與其他的蛇頭）不同的聲音。可以想像，在任何時候每一個頭都能發出自己的聲音，亦即，如果這眾多的蛇頭都在同一時間說話，那麼，如此來說，都有「自身個別的思想與靈魂」。

有關堤豐這怪物，我們見到有兩項頗為不同的特徵，它們表象了蘇格拉底所恐懼的情況。第一，蘇格拉底很擔心他自己也可能如堤豐一樣，有著一個複雜而曲折（或無可確定）的本質，而不是一個單純及統一的靈魂。如果堤豐在某一特定時間，從牠無數的蛇頭，同時發出許許多多不同的聲音說話，那麼，我們會覺得牠並不能構成那所謂「單一、統一的主體」。當然，牠不會成為蘇格拉底所創的辯證思想討論的可能參與者。蘇格拉底究竟首先會追問哪一個（蛇）頭呢？如果他去追問「甚麼是虔誠？」這問題時，有分別超過百個答案同一時間去回應他，他將會如何反應呢？例如，

如果他得到五十個（以人類語言回應的）答案，但同時有四十個頭發出嘶嘶聲、尖厲叫聲、咆哮，以及一些只有神靈才能明白的語言發表的論述，蘇格拉底會怎麼辦呢？第二，蘇格拉底也恐懼，他自己很可能像那隻怪獸一樣，不能受控制及潛在地有猛烈的暴力傾向。以上兩特徵會合併出現的假設並不明顯地真。為甚麼靈魂不可能是統一的**也同時**是暴力的，或從某一方面而言，是不能被統一的，因為那才可防止一個人變得暴力，或某一程度而言實際上變得暴力？

　　蘇格拉底說明，他對自我的知識的追尋，就是他遵從德爾菲的命令（即「認識你自己」）的努力。蘇格拉底式的自我認識，雖然，似乎是一項頗為強求一致的事。「認識自己」不是對自己的獨特的特徵、本質、屬性、癖好、恐懼、偏愛、品味，或自身感情及認知經歷的微型歷史發展的純自我個人理解。這也不是後期佛洛伊德所表述之「以小說敘述方式所表達的自我的家庭歷史」（*Familienroman des Neurotikers*）[x]。我整輩子都與蘇格拉底持續討論，我其實很有可能了解到他的思想的一二，但這不會是討論的要點，蘇格拉底的思辨方式，皆是持久地、及全面的關注那可被維護、合乎情理及普遍接受的理性，所有事物經此過濾及嚴格控制才成立。在實踐中，蘇格拉底將德爾菲的神諭扭轉成為他自己特有的，對參與討論者的追問，要求他們要交出一個自己對所討論的題目的想法意見的完整「報告」（διδόναι λόγον）。於此，另一個剖析蘇格拉底的思想藍圖的方法，就是視其為努力去滿足兩個命令的那類生命模式：

（1）認識你自己（γνῶθι σεαυτόν）.。

（2）提出報告[有關你自身的一切的，包括你的行動及你的信念]（δίδου λόγον σεαυτοῦ）。

這兩個問題，亦即：（1）「我是誰或我是甚麼？」；再加上（2）「我能否對自己提出完備的陳述報告？」好像是非常不同的，同時，這兩條問題都好像跟「甚麼是有價值的？」或「甚麼是實際上是必需的？」這等問題很不一樣。是否這是真的：如果我知道自己，亦即，以抽象的概念去提供有關我自身的完整陳述報告，就等如我知道甚麼是最好的生命方式？

現代哲學家常常被某種浪漫主義的魔咒所迷惑，他們盡最大的力量去強調其所嘗試做的事，以及所用的研究方法及觀點，皆為新穎、有原創性或甚至革命性。但認真說來，最原創的現代哲學家——黑格爾，卻很奇怪地幾乎是對這種浪漫主義完全免疫，他反而是跟隨古老的哲學思考的習慣。在古代世界，以個人為本位的原創性大概都是不大受到注重的：古代的哲學家們都嘗試將自己正在做的與各種被稱為古舊的智慧形式聯繫起來，他們為了自己的觀點，創造一個（比這等觀點真正所屬的傳統）更長久及優異突出的系譜，並將它們安置在其中。於此，蘇格拉底所做的，乃是這種操作中一個特別有趣的版本：他（宣稱）其本人的思想方式，只是依從自古以來德爾菲神傲告萬民的處事格言去實行。在德爾菲神廟的入口所刻上的三句格言[y]乃是：

（1）認識你自己（γνῶθι σεαυτόν）。

（2）千萬勿矯枉過正（μηδὲν ἄγαν）。

（3）做其他人的擔保人災難必近（即是說，為其他人做擔保必定會後悔，如[某人]立下借據[你做擔保]，奉還者將會是你）（ἐγγύα πάρα 3 ἄτη）。

　　蘇格拉底以他自己最特殊的進路去詮釋第一則格言，這句格言本來的意思似乎是：「神是非常忙碌，且暴躁易怒；不要提出過多問題去騷擾他；在你入神廟參拜前，最好想清楚決定哪一條是你最想問的問題。」蘇格拉底確實有認真依從這命令，但他自創詮釋，目的只是向他所屬的城邦的公民死纏爛打地追問問題。我們很難同意蘇格拉底有依從第二則格言，很明顯雅典大部分其他的公民都認為他肯定是個極端主義者，因為他實在問了過多的問題。如果蘇格拉底對第一及第二則格言解釋作為「認識你自己，但不要過分去追求對自我的知識」，那麼西方哲學史可能會跟現時所見的發展路線很不同了。至於有關「擔保人」那部分格言，蘇格拉底本人根本不需要這勸告──因為他是個徹頭徹尾的窮人，根本沒有人會請他做債務擔保人──但蘇格拉底接受柏拉圖及其他人的好意，成為他所要繳付的（作為懲罰的）款項的擔保人（ἐγγυᾶσθαι [38b]）。如果德爾菲的神靈是可信任的，那麼，蘇格拉底接受柏拉圖作為擔保人，其實他對柏拉圖並不友善，因為災難一定要降臨到柏拉圖的頭上。可能這「災難」正好是西方哲學。然而這災難的整體威力，並沒有重擊柏拉圖，而是報應在隨後二千多年在歐洲出生的全部人口。無論如何，蘇格拉底自己的思想藍圖，聲稱為源自德爾菲以降的系譜，

根本是他芸芸諷刺性的小笑話其中之一而已。蘇格拉底的追尋之「前歷史」，比起他所吹嘘的根本簡短得多（很可能其實加上了很多渲染）；那麼，在蘇格拉底死了之後，於這「蘇格拉底的追尋」有甚麼後續之事發生？

第2章
柏拉圖

柏拉圖的著作《蘇格拉底的申辯》的主要角色，似乎很明確地認為，我，以及我們每一個人，都可以透過尋找智慧，從而過上更「好」的生活。而達至這樣的智慧的竅門，正是有足夠能力去回答「人的優越性之本質的構成因素為何？」這問題，並且，所提出的答案，能以理性反思所得的解釋去支持。在歷史上真實存活過的那個蘇格拉底——就我們所能夠說的——都應該會傾向於在某個層次上支持這個想法。我們在《理想國》的對話中，又見到一個名叫「蘇格拉底」的角色，他卻好像有著另一面向的計畫。在《理想國》中出現的蘇格拉底，認為我們、你和我，縱使活在一個沒有法律，但卻有明顯清楚劃分為兩層階級的社會，都能夠過更「好」的生活，。這兩個階級其中之一，所包含的人數很少；在這個精英階層中的人們，全接受過超乎尋常嚴格的數學及辯證法思想的訓練，這會讓他們對所謂的「好」有深刻的洞識見解，同時他們就是其餘所有民眾的管治者。這個精英階層被假設為知悉有關世界的真理的一群人，其他平民大眾則是完全受到他們所指揮和控制。屬於精英階級的人，一旦他們對於「好」有所理解掌握，便會同時了解到他們也有責任——這可說是一個悲哀的必然性——他們會成為（可能

只是一段時期）社會內的絕對的統治長官，管理著每一個市民的生活的所有細節，由此而使得那所謂「普遍共通的好」及所有人民最終極的共同利益都得以實現（無論社會大眾知曉與否）。

蘇格拉底，至少，在柏拉圖的著作《蘇格拉底的申辯》中所表象的模像，是力求站在一般日常政治的範圍以外的（31 ff.）。蘇格拉底實在太理解和他共同在雅典生活的人們，他知道如果他參與政治，他就不能生存到他當前那一刻（31d-e）。因此，他企圖透過討論去改進這城邦的市民的想法，他嘗試每次只和一個人討論，同時也儘可能避免參與任何公共政務——在雅典所推行的民主制度之管治下，每一個市民都有可能並有義務透過**抽籤而**被選去擔任某個政治工作崗位。

「眾哲學家應該是統治的王者，他們在不需要任何公共規條與法律的框限下，應該能夠指揮命令全民應去做甚麼」這論據，若出自那在《蘇格拉底的申辯》中口若懸河地自辯的那個人，實在與其一貫性格完全不符合。然而，這正是在柏拉圖的《理想國》中的那個蘇格拉底，對一個據稱為「最好」的城市應該如何去管治之的陳述。在《蘇格拉底的申辯》中的蘇格拉底，是一個有著極度懷疑性格的人；當他接到似乎難以置信的神諭時，他對德爾菲的神靈不會全心全意地相信。同是，他的個性是喜歡嘲諷、玩世不恭的，有時卻十分容忍、寬宏大量；對那些控訴指罵詛咒他的人，他似乎不能蓄起足夠怒火去痛罵還擊。於此，我們的確很難在蘇格拉底身上看到通常稱為「王者之風」的氣派，各位讀者諸君

請想像一下，阿加曼儂國王[1]、李爾王[2]、亨利八世[3]等等偉大的君王在相若情形中會做出甚麼反應？尼采認為，很肯定，蘇格拉底的說話與姿態乃是其本人發明的，一個聰明狡猾的面具，他用此來遮蓋其底子裡（在同一時期所有人中）最獨裁的靈魂（我們應該稱此為「性格」或「個性」）。這面具不僅遮蓋了其獨越的性格，更是一個非常進取的工具，蘇格拉底憑著它來向著他的目的地推進——亦即成為能攀達頂峰位置的那個人[a]。蘇格拉底發明了一種嶄新、充滿戰意的遊戲。這個遊戲的規則是：先讓對手對有關甚麼是「好的人生歷程」做出具體實在而普遍的立論，並讓他們講出其中的先決條件和構成因素，然後和他不斷辯論；在討論過程中使他講出自我矛盾的言論，令他語塞，越說越感混亂。如果你能在辯論中這樣擊倒對方，你就是「贏」了，如果被他駁倒你當然會輸。但實情是對手通常都會輸。從某個角度去看這種辯論之勝敗，並非甚麼令人驚訝之事。蘇格拉底發明了這新遊戲（尼采認為這個遊戲最適合蘇格拉底自身畸形的心理狀態——這遊戲使到靈魂中沉迷於理性化思維的那部分，像癌細胞一樣不受控制生長），同時，他繼續不斷地練習著這個遊戲。由此，蘇格拉底怎可能不會成為這個遊戲的高手？這遊戲的規則是那麼地奇特，縱使蘇格拉底和他的對手交換論點的立場，及讓對手反過來問問題（正如柏拉圖對話錄《高

---

[1] 阿加曼農（Agamemnon，意為「堅定不移」或「人民的國王」），神話傳說中希臘邁錫尼（Mycenae）國王，特洛伊（Troy）戰爭中的阿開奧斯聯軍統帥。

[2] 李爾王，是威廉·莎士比亞著名的悲劇之一《李爾王》（*King Lear*）中的主角。

[3] 亨利八世（Henry VIII, 1491-1547），英格蘭國王亨利七世次子，都鐸王朝第二任國王。

爾吉亞篇》[*Gorgias*]所展示的其中部分[462ff.]），對手都只會一敗塗地。正如尼采所指出，這個蘇格拉底所發明的遊戲的巧妙之處，不是在辯論中勝出，而是讓任何人（最終是所有人）都覺得參與這個遊戲一直以來都是絕對自然而然的。蘇格拉底並不是透過辯駁去拉人參與此遊戲。蘇格拉底實在太聰明了：他不會被他自己所創，亦即有關辯論的效能之宣傳所欺騙。反之，蘇格拉底是利用自身的魅力，他性感的引誘力去嘲諷及拒絕。同樣，柏拉圖，在《會飲篇》（177d）中讓蘇格拉底說出：「對（色情）性感這回事他的確是有知識的」——於此，蘇格拉底實在很幸運，因為他有柏拉圖這個文學天才作為弟子。哲學贏取了西方（文化），讓它心悅誠服地去玩這奇特的辯論遊戲，其精妙處，並不在於辯論本身，而在於柏拉圖在其作品中呈現了蘇格拉底這個文學人物，其吸引力實在完全沒法抗拒，並作為一個後世爭相仿效的模範榜樣（同時最終使得哲學漸漸擔當了重要的社會功能）[b]。

　　無論如何，在《蘇格拉底的申辯》中出現的那個蘇格拉底，不僅是跟真實存在過或只是神話中傳說的帝王（例如普里阿摩斯[4]、馬其頓的腓力[5]，或路易十四[6]）似乎十分不同，同時，他更好像與《理想國》中所構思推崇的理想中之「哲王」的特質，也顯著不同。在一方面，《理想國》的「哲王」是清晰地被構思為「知道」一些甚麼的人，因而並不是

---

[4]　普里阿摩斯（Priam），在希臘神話中，是特洛伊戰爭時的特洛伊王。
[5]　腓力二世（公元前382年－公元前336年），為馬其頓國王（公元前359年－公元前336年）。
[6]　路易十四（Louis XIV, 1638-1715），法國國王，在位長達七十二年又一百一十天，是有確切紀錄的在位最久的主權國家君主。

蘇格拉底所宣稱的「無知」的例子。更甚者，這等「哲王」並不僅是被構思為知道各類型的知識，例如天文學、數學、地理、音樂等，同時，他們也被設定為，知道甚麼是對人的生命最重要的，亦即甚麼是「好」。他們知道甚麼是普遍廣泛的「好」，也知道甚麼是在個別特殊情況下的「好」，同時他們知道**為甚麼**在某種情況（Y）中，做某事（X）是「好」的。

　　如果認為蘇格拉底所言──「只不過是問一些問題」──只僅是一個託詞，那實在是毫不誠實的。蘇格拉底幾乎無時無刻都去問的，乃是那些在法庭上在向證人盤問，稱為「引導性」的問題，甚至在《蘇格拉底的申辯》中，他聲明他是「鼓勵」人們反思如何可以過上那「好」的生活，但這種追問已超越「只是問一下問題」的態度。無論如何，他沒有給任何人發施直接的命令要去做甚麼或避免做甚麼。他既沒有像個朋友那樣，在日常事務中給予另一位朋友一些「好的提議」，也沒有像個權威專家（例如一個醫生）那般提供正式處理事情的方法。他永遠不會像個帝王般去發號施令，同樣，他正如任何普通人一樣，所做的事跟伊斯蘭教義的最高理想：「令行正道，嚴禁犯錯」距離非常遙遠[(c)]。

　　在《理想國》中所宣稱的哲學家擁有的「王者的知識」，出現以下兩個疑問：第一，究竟這種知識──那不是關乎三角形內角的問題，也不是到達以弗所（Ephesos）之道路的距離的問題，而是關於甚麼是「好」的問題──這類問題究竟是否真能夠存在？又或者，更確切而言（如果所談論的，不是跟以上問題性質相同），究竟這「好」是否能夠作為一種可讓人類掌握的形式而存在？第二個疑問就是，究竟

擁有這種知識後，能否容許一個個人或一個團體得到某種保證，由此這個人或這個團體便有資格去告訴其他人應該做甚麼（如果是這樣，那麼這個保證的性質大概會是如何？）。說到底，若是關於我作為一個生物，目前及預計的生理存活狀態，一個醫生顯然會比我有更豐富的知識；再者，如果是有關我如何可以增加（或減少）我繼續生存的機會，或作為一個生物能否茁壯生存，一個醫生也會比我有更多的知識，但醫生的知識，確實大都純粹是（給予我的）「提議」，而我聽了醫生的話，我可以自由地接受或拒絕，我可以有時會依照提議去做，或者有時根本置之不理。相比之下，為甚麼那些擁有關於「好的知識」的人，對比上述醫生的情況而言，會有更多的能力或權力（去指導／指揮我）？

《理想國》這作品基本上是「蘇格拉底式思想」其中一條特殊路線之誇張且深化的發展。正如我們在前一章所見，蘇格拉底認為一個「好」的人不需要恐懼死亡。在這個對話錄中出現的蘇格拉底，於第一卷已馬上開始討論這個論點。他與老富翁刻法羅斯（Kephales）討論死亡的恐懼，刻法羅斯似乎（奇怪地）有信心地認為：如果一個人從沒有做過錯事，從未欺詐過任何人，虔誠地供奉眾神，欠債還錢，這個人應該可以有一個甜美的願望（正如蘇格拉底在《蘇格拉底的申辯》中的願望一樣），亦即相對而言，不會有負面的希望（亦即預期某些壞事將會帶來苦痛）。在這情況下一個人就沒有理由去恐懼死後所將會發生的事了（330-331）。

《理想國》的討論之中心部分的宏觀結構頗為清晰，並且從三個步驟開展：第一，「蘇格拉底」（這角色）嘗試在刻法羅斯所做過的種種事情，以及那些他避免去做的事情

中，尋取共同之處，這相同之處的要點，能夠當他面臨死亡時給予他信心（而不感到恐懼）。粗略而言，蘇格拉底找到那在刻法羅斯已實踐的種種行動中，所得的共同要素就是「公義」；並且，他所避免的，就是做不公義的事。第二個步驟就是，將「公義」這討論焦點，從一個人真實做過之事——亦即具體的實踐出來的個別行動——轉移到那行動背後的深層心理狀態。一個行公義的人，一定會有這種統一、一致、深層的堅持公義的心理狀態，同時不會是我們在第一章的結尾所談及的怪獸提豐的那種狀態。首先，「公義」應該不是關乎一套行動的方針，反而是關乎靈魂的基本條件，由此源頭而（通常？總會？）衍生一個人的某類行動。一個行公義的人並不一定是個有債必償的人，反而，他的內在靈魂是非常準確及可靠地遵守秩序及受到控制，由此他甚至不會受誘惑去進行謀殺，或違約，或說謊，或欺騙他人，或在沒有准許之下逃離戰場，或去漠視諸神的崇拜祭儀，或逃避償還債務。然而，雖然我們可以觀察某個人所實踐的行動，但又如何能得知在人的靈魂深處在發生的是甚麼？《理想國》正好就是去嘗試處理這一問題，這個著作聲稱成立個人與社會可作為平行對照結構，整體地去討論：我會被公認為一個行公義的人，如果我的靈魂具體展示公義，但是，沒有人能夠窺見我的靈魂，在我的靈魂中發生的情況，是很微細的、隱密的且很難去觀察到的。因此，為了能夠更為清楚地去掌握到靈魂的內在運作，我們應該轉而望向一個放大了的（靈魂的）影像：一個正在運作的城市。於此，問題已經轉變了。蘇格拉底不再問「一個靈魂用甚麼去展示精神的統一、一致性、和諧及連貫性：亦即正義？」他現在問：「一個城

市（亦即一個運行中的人類社會）會如何去具體展示『公義』？」「公義」在個人的靈魂中，乃是以較微型的幅度反映出來。這一部分的討論，乃是談及靈魂與城市這兩者根本不可靠的類比，由此長篇大論地討論如何使你的靈魂循規蹈矩。根據蘇格拉底，由此結論就是，最佳及最可靠的達成（靈魂守規矩的）方法就是在哲學的討論及反省中顯示非凡的天賦，同時在這方面受到嚴格訓練，由此而修練成更高的能力。任何人經這樣苦練就會達到對有關「好」的清晰想法，這正顯示為一條修練靈魂、同時也是管治城市，使其合乎規矩的原則。如果你不是對哲學討論有天賦的才能，那仍然有次一等「好」的生活提供給你：那就是在一個由這類優等的哲學家管治的城市中生活，你要做的就是完全服從他們的命令。

柏拉圖成立了令他滿意的「公義」原則：於個人方面正在於靈魂的各個部分會是恰當、和諧、有秩序的編排；相對地，在城市的方面就是不同的社會群體及各個功能部分的正當有秩序的編排。《理想國》以一個神話來完結全書：這個神話企圖提供富翁刻法羅斯的問題一個終極的答案——如果你有一個合乎秩序的靈魂，你就不須恐懼死亡，以及那在死後可能發生的事，因為靈魂的和諧，不僅是所有公義行為的泉源，同時也是人的快樂的基本原則。如果情況是如此，那麼有一個合乎秩序的靈魂的人，在生命歷程中總會做正確的選擇，同時會恆常感到快樂。很清楚，根據蘇格拉底，那所謂「在靈魂中的秩序」可以實際地意指兩件稍稍不同的事。在一方面，如果是精英階層的哲王其中一員，他必能夠有一個關於「好」的想法，這想法將他的所

有信念可靠地互相聯繫起來，使之穩固成立。又或者，另一方面，身為一個非精英的普通市民，在一個由一群哲王所統治的「好」的城市生活，他可以習慣地過著頂級優越的生活，因為他正是依從哲王的指引而過活。這兩個群組的組員在去世之後，其命運乃是非常不同的。然而，要理解柏拉圖這方面（亦即：死後會如何）的想法，就必要先踏上偏離有關「好」（the 'good'）及有關「好」的理念（the idea of the 'good'）的之路。

柏拉圖企圖用視覺影像的比喻去形容當我們「見到」那「好」的理念時會發生的事，但於這方面最有趣的想法，並不是在於以協同一致的方法去追問這些比喻，就好像所關注的焦點正是某種神祕的幻像，反而，「好」的理念的梳理是由辯證法的討論開始（516a-c, 532-535）。柏拉圖認為，如果我們開始討論，如何期望去行動及生活，為此而提出了建議，並追問我們的朋友有關他們對自身行動及生活的想法，以及為何他們有此想法，同時，如果我們深入地追問其他人，並嚴謹地去執行，這種討論會很快從個別的論點，擴展成為包括更普遍的課題，其幅度將會變得越來越廣泛。當人們參與這種討論，努力為自己的提議辯護，他們會提供支撐論點的理據，這些理據到最後皆會以「好」的概念為參照依歸。如此，我可以提議，我們在英國，應該成為素食者，將從前國營服務（鐵路、水務等等）重新收歸國有，將我們的銀行解散及嚴格管理，留在歐盟（但離開北約），增加國立學校及國民保健署（NHS）稅務上的支援，將上議院，以及那古舊的「得票最多者當選」的選舉制度改革，等等。無容置疑，這個有關群體生活的提議，如果未經審視或小心檢

查，將不會或不應該簡單地被接納通過。因此，這些提議應該成為討論的題目；對於這些提議，形形色色的反對說法，都會很輕易被提出。如果我們投身於一個正式的辯證式討論，我們就會被期待去提出一個（至少是）有關各個細節的「完整報告」，同時又要提出理據去支撐論點。例如，我可以說，我們應該比起現時，養成習慣多吃蔬菜少吃肉，因為這**對於**我們的健康是**好的**（good for）。我還可以再加上另一論點，畜養牲畜並將之屠殺**對於**我們的環境是**不好的**：經過科學計算，牛隻所產生的甲烷氣，比起其他污染源頭（包括工業機器及內燃機）的量更大，對環境更為有害，同時種植植物作為動物飼料，正是森林毀滅的最主要原因。我甚至可以附加一點：肉類生產的具體實際情況**對於**有關動物而言是**不好的**（或者**對於**那些參與直接生產肉類過程之中的人們，在道德上也是**不好**的，因為這生產過程衍生了這些人對於生物的態度）。假設我堅持認為英國應該留在歐盟，因為我認為**對於**那些影響到歐洲整體的問題（例如移民）、努力去尋找集體解決方法是**好的**。同時我認為這樣，可抵抗跨國大集團對人們的損耗破壞，**對於**我們歐洲人是**好的**，同時，唯有作為一個龐大並且團結的經濟集團的正式會員，才有可能（共同）將問題解決。這等理由在其自身而言都不一定是最終極的結果，因為在辯論進行過程中，提出的每一個理由都會有反對意見與之抗衡，使到討論意見眾說紛紜，莫衷一是。在這種情況下，柏拉圖認為如果我們越是深入澈底地繼續去討論如何生活、如何行動，那麼這個討論就會越來越抽象，同時，對於有關「好」的反省推理路線，因互相交織而成的網絡就會更加緊密。對這討論的

第一個印象就是它會變得越來越偏離分散，各個論據各自走向越來越不同的方向。例如，在一個有關「好」的（人類的）飲食習慣的討論，會不會有一個共同的「好」的概念貫通各個不同的案例？對於牧養成為人類食物的那些動物而言，甚麼（情況）是「好」的？甚麼對我們的環境是「好」的？甚麼是「好」的政治組織的形式、「好」的經濟政策，或一套在道德上被認為是「好」的態度？然而，柏拉圖認為，上述各個例子，只是一個有關「好」的多樣分散性初步印象。如果上述種種問題是以足夠的嚴謹性、技巧及堅持去追問，那個多樣性便會隱沒。最終，我們都會理解到，在討論過程中，確有種種論點及支持它們的理據被提出，但可以漸漸見到，人們所提出及接納的各種理由，以及他們所參照的有關甚麼是「好」的想法，都會強烈地匯聚而趨於一致。如果在討論中我們和其他人不斷嚴謹地思考那種種提出的理由，就會帶導我們最終和其他參與討論者逐漸互相贊同，並趨於意見一致。尤其是，我們漸漸認識到，所謂「好」，好像表面上在不同脈絡中顯現，但事實上，它只有單一的中心意義，而對這個意義我們都會漸漸一致贊同。這個「好」（的概念），不管它如何彰顯為多樣多異性，它事實上是同一的；每一種「好」都會與其他彰顯為「好」的事物統合起來，因此，（每一種好）在原則上成為了一個單一互相協調的整體各部分。在辯證過程中各個方向的思考路線，會互相契合而形成一個單一圍繞著「好」的概念的整體。

再者，假設我只是對於某個既定題目簡單地有某些意見，但從來沒有將這些意見放在辯證討論中反省，也沒有以

種種理由去支撐它們，由此而能夠將之聚合在一個更大理性反省脈絡中做出申辯。於此，柏拉圖會認為，我所持的那類零碎意見，對我來說是沒有穩定性的。這些意見如果不是緊密地與理據聯繫起來，並且透過這等理據，與其他理據及信念交織成為一個螺旋式的網絡，它們很容易就會散失；我可以，也將會由於一些偶然的、瑣碎無價值的及輕浮的理由而放棄或改變它們。在另一方面，那些深深植根於「好」的概念的統一的系統中的信念，則非常難以移除，因為所有部分都是透過理性的思考而關聯，維繫在一起，一旦這個思考系統成立了，就會十分穩定地維持著。那些哲王，經過了十年或十五年不斷反覆地考究那些支撐他們的主要信念的各種理據，強化了他們各人個別之間的信念的互相關聯，同時更添上全面覆蓋的「好」的理念，如此，哲王們就會有效地織成一個穩如泰山的網絡。

柏拉圖的立論，就是人死後，（其生前）所做的公義行動會得到獎賞，而不公義的行動就會受到懲罰，因此以下三組人根本不須對死亡感到懼怕：（管治）理想城市的哲王、普通一般但高尚的市民，憑藉他們有「好」的命運而可以住在由哲王以秩序管治的理想的城邦，最後就是那些能夠在這個理想城市脈絡**以外**也能過一個有良好秩序的生活的英雄人物（例子就如蘇格拉底本人）。雖然，死後（生命）的最大挑戰，並不是惡貫滿盈的人被懲罰虐待卻還倖存，而是如何為來世人生去做出正確的選擇（614-621d）。就算你實際上過了一世好的生活，但你能如此，只是因為你有「好」運，曾經在一個秩序良好的城邦中存活過。但這不會有任何保證，假若你飲過那陰間的將前生

盡忘的遺忘河[7]的水之後，你還可為你的下一世選擇在陽間過「好」的生活。但另一方面，如果你曾經修讀過哲學及實行過哲學思考討論，不論你是否如蘇格拉底那般，能獨立成為一個成功的哲學家，或作為哲王集團的其中一員，在理想城邦受到訓練，你（有此人生經驗）就會自然而然及不能避免地（為來世）選擇一個好的生活。

刻法羅斯在今生是幸運的，然而我們並不知道他對下一生的選擇有多「好」。蘇格拉底就不是那麼幸運，他反而是一個充滿英雄氣概、自我修練成功的哲學家，就像奧德修斯[8]，他不僅此生度過了極優越的「好」的生活，同時他就如神話裡敘述奧德修斯所做的（620c-d），也會知道如何選擇來世的生活。

如果蘇格拉底在《蘇格拉底的申辯》中將倫理的焦點，放在人的生命歷程的各種樣態，並將每一樣態視為一個連貫的整體，同時把它們視為反省的及可能的選擇之原基對象，而不是個別的，可實踐或可不實踐的行動，如此，人們便可以見到這對話錄中論述的焦點，已越來越偏離個別的行為。哲學家的優越性不是在於，在某特殊情況中會做正確的事，甚至不是選擇去過某種特殊的優質生活，而是將他的靈魂安排得秩序井然，以致他能夠延續地並穩當可靠地在那無限重生的輪迴中，永恆地去選擇下一世又下一世好的生命歷程。

7　遺忘河（Lethe），希臘神話中的河流，為冥界的五條河之一，亡者到了冥界會被要求喝下遺忘河的河水，以忘卻塵世間的事。

8　奧德修斯（Odysseus），也作尤利西斯。他的故事載於史詩《奧德賽》（Odyssey），於公元前八世紀末由詩人荷馬所作。這部史詩是除《伊利亞特》外現存最古老的西方文學作品。《奧德賽》主要講述了希臘英雄奧德修斯在特洛伊陷落後返鄉的故事。

在《理想國》的終章：「爾的生死箴言」乃是令人印象異常深刻的充滿幻想的神話作品。柏拉圖有此創作，實在堪稱為歐洲所能孕育的最偉大的文學家。然而，這一章實在有讓人不滿意之處。普遍而言，《理想國》這作品，除了第一卷，很明顯缺少了其他大部分柏拉圖對話錄所彰顯的敵我兩方唇槍舌劍激烈討論的氣氛。但的確，這作品還是展示了高度理性的論述。柏拉圖，就像蘇格拉底，總是強調人的生命歷程極需要透過理性化思維及辯證的討論去作為指導，因此，這對話錄經過了悠長辯證討論，到了結束時，竟述說了一個有關死後生命的**故事**，真是頗為意外。柏拉圖的重點，不正是要擺脫人云亦云、普羅大眾意見、被動接受的教義或者純粹虛構故事之作的嗎？

柏拉圖並不是從來沒有提供過有理有據的理由，去主張縱使一個人在其生物性死亡之後，靈魂還是會存在。他在很多篇對話錄中，例如《曼諾篇》、《費多篇》、《費德魯斯篇》，也有多處提及這個想法。人們可能會覺得這些論點到最後都不能站得住腳，但很清楚它們確實是**論點**，而不只是以說故事的方式講出來而已。因此，可能對話錄《曼諾篇》的確給予我們一些理由去思考，例如，幾何學的知識並不是依靠觀察環繞我們的世界便可獲得，亦即不是經驗知識。或者，這應該被接納為證明「靈魂」一定在出生前已存在的論據，當「靈魂」掌握了存於我們世界上的東西的形狀之原型的真理。再者，這或許意味著靈魂一定是有能力獨立於肉體以外而存在。我們可將這些論據，與其他探討幾何學知識的方法加以比較，來討論它們的可信程度。然而，我們的討論還欠一步（更遑論是個鴻溝了）——首先是宣稱人的靈魂

會有某種生前的存在這想法,然後是訴說靈魂在死後,選擇來世的生命歷程的條件為何:如何由前者推論到後者,仍然還是差「一步」的。在這個故事中,種種細節不僅是被美化了,同時更對那可能達致的結論,有很深遠的影響及重要性。其中有一個重點是啜飲那遺忘河的水會衍生一種十分不同的忘記的形式。喝了這水會讓人完全忘記還在人世間時偶然但確實表達過的意見,也由此,那些並非哲學家的平民,甚至那些有德行的人(因為他們曾生存在一個公義的城市中),在他們腦海中那刻滿記憶的「平板」會因而全部被抹掉歸於空白。然而,哲學家縱使喝了這水,也不會在死去之後使他們失去那牢牢掌握著的、透過辯證討論而穩固地建構的信念和理性思維——這等信念與思維於終極正是被單一稱為「好」的那個理念所統攝。對於柏拉圖的論證而言,這個細節是本質性地重要:相對於某些只是偶然及習慣上是個善良的人(這些人過著好的生活,因為他們正好偶然地在一個秉持正義的城邦作為其中市民而長大),一個名副其實的哲學家也必定會有更超越的優點。究竟這些細節保證了甚麼?

在第二卷開始時(357-368b),蘇格拉底著手去展示,稱之為「好」的,行善的人、超優越的人,不僅是更為值得備受讚美,其實甚至比起那些不行公義的人更為快樂。蘇格拉底表達這個論點究竟有甚麼意義?在那理想城邦中生活的人的「快樂」又應如何理解呢?

如果要將人的正面及好的特質列一張表,古代人與現代人皆會傾向於將「快樂」包括在這列表中。但是,以上的立論卻遮蓋了一個重要的不同之處。在現代時期對「快樂」的闡釋,一般而言,首先是指某個人的主觀(情緒)狀

態，「快樂」是那個人自身的感受的判斷。某個人覺得「快樂」，亦即這個人處於愉悅或滿意、滿足的心理狀況，並且願意表達出來。然而，對於古代人而言，似乎也包括了並非哲學家的平民大眾，都較強烈傾向於將「快樂」視為某種客觀事態，亦即一種某事能夠順暢地進行：事務處理得好、順暢運作的狀態；或某人做某事得以幸運地順利處理，並且在經營某事上達致成功。一個好的短跑運動員必定是長於短跑的——那正是短跑運動員所要成就的——並且在這方面是成功的；同樣，一個好的人必定擅長於做一個人應該做的事，並且會做得好及成功。若出現如此情況，我們就會稱這個人是快樂的。在古希臘，最廣泛使用的意指快樂之詞：*eudaimonia*[9]，乃是指涉生活的質素，**好比**某人處於精神抖擻的狀態，去照顧自己的生命歷程，並努力去維持自己運作順暢、事業蒸蒸日上。某人如有快樂的生命歷程即意指他生命興旺，茁壯成長。很明顯，古代人更會認為，如果一個人能達到絕對成功的境地，他當然會在主觀上對自己的生命歷程感到愉快滿足——怎可能會有相反的感受呢？——但這情況所感受到的快樂，只不過是因做某事而自然達致的後果，而不是快樂本身。這樣的情況是跟表示「感到快樂即等如對生命歷程感到滿意及快慰」是完全不同的。

在柏拉圖的著作中，我們見到那是古代思想路線更進一步的發展。若與同期出現的思想比較，柏拉圖的學說的成就可說是更為一致連貫，由此也在其接連處逐漸顯現了一些裂

---

[9] Eudaimonia，如直譯其希臘原文，即意指精神抖擻的狀態（good spirit），一般譯作幸福、快樂。在亞里斯多德的著作中，*eudaimonia*乃是指涉希臘古老傳統中人的最高的善的概念。（譯自維基百科英文版Eudaimonia的解析）

縫——如果一個快樂的人，就是做著一個人該做的事情並且做得好，那麼，就有如在《理想國》中所描述的，一個在理想的城邦中生活循規蹈矩的市民一定會是「快樂」的，因為這理想的城邦之所以成立，就正是容許及支援人們去做生而為人該做的事情，並且做得好。這似乎應該是不會被質疑、無須爭辯的。然而，和蘇格拉底對談的人若看一眼那「理想的城邦」便會感到非常驚嚇。理想城邦的市民們贊同蘇格拉底，但，無論如何，他們是被蘇格拉底的花招所哄騙，由此才去「贊同」他的——即城邦是一個容許人們去做得更好，並且會欣欣向榮的環境，但他們不能避免意識到沒有人會**喜歡**生活在如此一個城邦。在那裡的生活，市民不會感到滿意或愉悅，他們不會感到滿足。這就好像他們逐漸意識到，在他們心目中的快樂概念，總有那潛在的分裂：一方面是在生活的歷程中，（歷程本身）一切運作順暢，欣欣向榮，邁向成功；而另一方面，則是人們享受著所過的生活，對此心中感到滿意與愉悅。在正常情況下，人們不會意識到上述兩情況的分裂，但面對著柏拉圖理想城邦的構造，並且反省，就會使到人們很清晰地意識到這分裂，並且不可能忽視它。

在這個討論中我所提出的「主觀」與「客觀」立場的對比，可能會引起更進一步的混亂，那是必須要避免的。相信會有人反駁，柏拉圖筆下的蘇格拉底，完全不贊同「快樂」被詮釋為一個「客觀的」概念。說到底，有關「快樂」的討論的整體重點都並不包括客觀的——亦即外在的——成功：例如一個大權在握的政治家，或常勝的跑手，或收穫豐碩的農夫。反而，所謂快樂，乃是包含了靈魂的內在的穩妥、正確的秩序及和諧的狀態，這不就正是「主觀」嗎？答案卻

是否定的。「主觀」這個概念是多義的，其定義是介乎「人的主體／靈魂的屬性」及「人的主體所做出的判斷之下的任何狀態」這兩者之間。第二個定義的例子，就好比我們對食物的味道的判斷——如果某種菜餚被肯定為美味的，這**只不過**是某人判斷這菜餚是美味的，或，它可能會讓人覺得好味道。「美味」的界定範圍就限於此，只不過是基於（某個人的）主觀判斷。然而，根據柏拉圖，人類靈魂的特質卻不能跟上述那種範圍的「主觀」定義相比。如果說我的靈魂是有條不紊的，這絕對不等如只是說，我（主觀）判定我的靈魂是有條不紊的；同時，我又說，我的生命歷程正是如此，因此，我十分開心。如此做判斷的話，我可能會是錯誤的。非常清楚，柏拉圖認為，如果說我的靈魂是有條不紊、合乎秩序的，我就會感到我的生命歷程是充滿愉悅快慰的，同時，我也會正確地判定我的靈魂是充滿和諧的，同時，相反的狀況是站不住腳的。去形容我的靈魂有條不紊、合乎秩序或凌亂無章，實在十分矛盾地，並不是一個主觀的現象，如果人們確實以「秩序」的概念去形容靈魂，這是個客觀的現象。

讓我們返回到在《理想國》的第二卷的開始所提出耶重要問題，若由此而去審視其餘的對話。蘇格拉底企圖去證明的「快樂」的定義——亦即作為正義及有德行的人的特質——跟我們身為人的目前當下情況，以及我們對此（快樂）的判斷是毫無關係的。（蘇格拉底所定義的）快樂並不包括欲望的滿足、健康的生活、心理的平穩和諧，或說真的，跟現世人生任何可辨認的屬性特質都不包含在（這「快樂」）之內，甚至不是我直接剛剛死後生命的特質。反而，這「快樂」乃是我的靈魂的一項抽象的特質，它顯現在我將會在死

後，很有可能做的、關乎我在來生中期望過何種生活的連串無數的決定中。如果，不管如何，這個有關來世的神話故事就是最後出現的結局，我們幹麼還去理會甚麼辯證思想？為甚麼不一開始就簡單地說，有德行的／優越的生命本來就是先天地比其他任何生命形式為佳？

《理想國》的中心部分，頗為冗長，於此柏拉圖討論如何「紙上談兵地」去建構一個有高度道德標準的城市（396a）。柏拉圖筆下的蘇格拉底和他的朋友們，開始討論，對於人、及其所能構成的不同類型的社會，構思了一連串假設，由此他們達成了共識，建構了一些清晰及基本的原則，以作為他們建設城市的指導。柏拉圖寫道：「讓我們現在開始在話語上構想我們的城市，同時，這似乎是基於我們的需要（χρεία）而去做的。」（396c）他繼續說：「我們最首要及最大的需要，就是去獲得食物，由此我們才能夠存活下去。」（369d）參與討論的人所接納之基礎首要討論，包括人的社會基本的目的，以及對人類各種需要的結構的分析。他們假設，不同社會之所以存在目的，就是為了滿足人的各種需要，同時，我們可以在某種程度上肯定地理解哪些需要是實的、真正的，同時是迫切的；而哪些需要是虛假的、只是幻覺、膚淺表面的、扭曲的及不正常的。真正的需要，在芸芸事物中，是極容易辨認出來的，不會受歷史或社會結構背景所變動，且是無可爭議的：這些需要，包括食物、衣服以及避免受到惡劣天氣侵害。那些離開基本需要之外的——豐富的美食、裝飾、香水等等——就不是生命之必然所需，那（頂多）只是奢華，乃是對寶貴資源的浪費，那是惡行。

討論的開始點：滿足人的各種需要乃是社會之最基本目的，很可能會在幾個稍微不同之角度受到質疑追問。首先，所謂「需要」（作為一個稱得上是準確定義的類別）在社會哲學的範圍中正扮演一個重要角色，但有人可能會對此否定。欲望、偏好、想望可建構成為一個足夠清晰的類別，但如果說「我需要」，實際上是要說「我非常想要」。說「我需要」，在某種程度而言是頗為狡猾的，這句話其實遮掩了某個個人的強烈欲望，即將此表象為並不是那麼個人的私欲、而是較客觀普遍的迫切需要[(d)]。第二個質疑並不直接攻擊「需要」這個概念，或者它跟（純粹）欲望、傾向偏愛的分別，而是指出，那所謂「我們所需要的」正被設定在一個如果不是太低的標準，就是奇怪地過高的標準之上。所謂「將公認的『需要』設定在太低程度」的意思，就是將「需要」太過直接純粹地聯繫到生物性的需要上面，也就是說，保證眾人獲得絕對的最低限度的熱量（卡路里）以維持身體機能運作、得到保護不會受嚴寒天氣所傷害，亦即處於一個可妨止冷死的狀態，這就是「需要」的全部了。然而，讓我們重溫預期中的社會理想景象的描述：社會應該是那個框架，在其中我們可以很清楚見到人的優越性如何發揮運作。在那些只能剛好滿足人的最基本需要的社會，人的優越性能否最清晰地體現出來呢？這樣想不是不可能的，但有沒有論據去支持這個想法？另一方面，所謂將「需要」設定在過高層次，亦即認定「需要」是必須滿足的條件，但不是僅僅勉強堅持以生物性延命為「需要」的準則，反而是，進一步堅持某種最低程度的社會形式或甚至文化生活。於此，困難之點不在於需求滿足程度的設定，可能會有點隨意，真正的困

難乃在於，任何類型的文化需要一旦被成立及接受，那麼在整個建構過程中，如何能夠避免偏見，不會將某一特殊面向的文化價值概念植入那套「需要」之中。舉例說，如一方是在某種文化形式中被評為優越的表達能力，另一方是在穀物生產過程中被評為優越，這兩方之「優越」，若出現何者為更佳的爭議，我們可如何去裁定？又：內斂克制，或意氣風發，是否一種需要？或兩者皆是？究竟那孕育了日本能劇的文化背景，跟孕育了「莊歌劇」（opera seria）的文化背景，是互相競爭對手、抑或互相補足的文化？有關柏拉圖對於「需要」的詮釋，最後一項疑問所強調的，就是實際上人的「需要」，並不是硬性規定或永恆不變，而是在歷史過程中不斷地發展，這實在是跟柏拉圖所構想的完全相反。在現代西代社會中所談及的「社會需要」：其中一項就是人民能夠廣泛而輕鬆地獲得醫療服務，例如透過外科手術去就輕易治癒如盲腸炎等的病症。如此的「需要」乃是跟人們的純粹「欲望」大大不同：例如國內某地區的民眾期望本地代表隊在一些國際賽中屢屢得勝。事實上，上述所謂的「需要」在公元前五世紀不會也不可能存在：那時沒有合適的外科醫術，麻醉技術等等也都不存在。如果要正確地陳述甚麼是「人的需要」，一定要適當地承認它是依附於一個歷史時代的背景的。這有關「人的需要」的陳述並不只是純粹將它聯繫在欲望、希望或要求上，該陳述要求一個比柏拉圖所設想的更為複雜的理論作為依據。

柏拉圖首先假設「需要」是固定的，相對而言不會轉變的，然後他才詢問此問題：如何能夠保證城邦內所有市民的真正需要都足以被滿足（提出這個問題時，還要建議問問題

的人先先不要管那些純屬憑空捏造的或虛幻的需求）？柏拉
圖給予這問題的答案乃是：如要保證市民的真正需要都可以
被滿足的最佳方法就是，對應於每一項實際需要，就會有一
種固定的工藝技術或職業來滿足該項需求。同時，社會中有
足夠有才能及受過充分訓練的人群，去從事對應的各項工藝
生產或職業。這即是說，農民，會生產農作物去餵養我們，
鞋匠會製造鞋履給我們；當我們生病，醫生會醫治我們。在
柏拉圖的構想中，這種種不同的職業是被視為各自獨立的，
每一種職業和其他的職業是清楚分別開來的。在柏拉圖的設
想中，如果各類職業皆有對應的專業人材去從事實踐，它們
的操作過程將會更加順暢：

Πλείω τε ἕκαστα γίγνεται καὶ κάλλιον καὶ ῥᾷον, ὅταν εἷς ἓν κατὰ
φύσιν καὶ ἐν καιρῷ, σχολὴν τῶν ἄλλων ἄγων, πράττῃ. （370c）

如果每一個人都只專門從事**一項工作**，並且該項工作
與自己的本性相符合，同時特別適合這個人，並且，
其他工作就讓給其他人去從事，那麼人們所能得到的
東西就會更多，而東西的品質就更加優質，同時人們
也會更容易地獲得它們及使用它們。

　　因此，一個農夫如果不做其他事情只專心當農夫，則
會是一個比較好的農夫；同樣，最好的醫生會是那個專門做
醫生而不做其他工作的人。這「絕對分工」的原則，在柏拉
圖的理論構想中，是極端重要的。但是，柏拉圖地這個觀
點，很難和後來的人文主義和新人文主義（humanist and neo-

humanist）的理論的立場，亦即那認為人的需要乃是全方位地發展個性的主張，相提並論[e]。這種新人文主義理論的立場認為：「你不會成為一個特別出色的醫生，如果你**只是專注**於醫生份內的工作與事務，而不同時持有某種程度的家庭輔導員、社會工作者，或者老派牧師的社交／照顧大眾的技巧；在此情況下，你也不會是一個特別優越的人。」[f]

然而，柏拉圖卻十分熱衷於他那套「絕對分工」的想法，他一直視這套想法為他所構想那理想城邦的社會結構的基礎，在此之上，他更加上一個（事實上難以置信的）假設：那就是每一個人都會對某一項特殊技能或職業有著與生俱來的才華／才能。因此，這套理論，在某個層面而言，乃困囿在「每一種技能或職業都只被界定或特別設定為與其他技能或職業完全不同」這一特別想法之中。是否人們天生都只有單一個稟賦或資質才能，例如：天生為有才能從事食物的生產才能的人（相對於戰爭性的毀滅能力）：種植穀物的農夫、獵人、畜牧者或種稻米的農夫？由此，理想的城邦，就是生活其中的每一個市民，只專門做其「與生俱來」就合適的工作那個地方。然而，柏拉圖這套社會結構的構想，與傳統上某些特別僵化固定的社會制度形式，有著使人驚訝的相似。如果蘇格拉底的歷史重要性的其中部分，就是他以下的期望：人可以透過理性推論思維、辯論，同時依照理性去反省判斷，因而可跟社會所硬性賦予的角色保持距離，同時，如果這正是讓（當時的）雅典人恐懼之要點，那麼，柏拉圖則十分有效率地為蘇格拉底平反改造，雖然我們可能認為他所付出的代價實在太大。如果依照柏拉圖在《理想國》的構想，社會根本不需要恐懼理性：實存中的雅典之社會制

度，它經受著歷史演變而不斷產生混亂，相比之下，柏拉圖卻可以展示理性如何將各個個人更緊密地焊連在一起，同時將他們的個人與被硬性賦予的角色更固定地聯繫扣連。

如果有人感到詫異，為何柏拉圖雖然這麼推崇鼓吹，所構想的城邦是依照理性管治、美麗、普遍地「好」，但它竟然從未存在過？對此問題，柏拉圖會提供三個答案。首先，以下的理想沒有確實的被保證：每一個世代都有足夠多的、擁有各種與生俱來的稟賦才能的人出生，去填補那些不可或缺的技藝或職業的崗位。如果這情形（亦即有足夠數量的有才華的人出生去填補天職）真的發生，那只是幸運的意外，但這是不可預算依賴的幸運。有某段時期可能正巧沒有天賦成為醫生的人出生，接受訓練並候命承繼，如果是這樣，又或者這種（短缺）現象大範圍地不斷重視，那麼一個理想的城邦就不可能成立，或維持其自身的存在了。第二個回答是，雖然柏拉圖的「絕對分工」的理論原則，也許可以稱得上是（讓人景仰地）有理性，但這原則並不是不證自明的。這原則是要被發現、被廣為承認及在社會中具體施行，才可被證為有效。因此，人們大有可能對此最基本的真理，根本單純地一無所知。如果沒有知識，理想城邦是不可能存在的。柏拉圖提出的第三個理由就是：直到現在還沒有任何一個人有足夠的權力以及洞察力，去看清楚實施此恰當的分工之必然性，同時看清這根本正是將整個城市建構於這最基本的原則之上。柏拉圖認為，如果我們沒有將絕對的王權奉上給那一群接受過正確訓練的哲學家，又或者，直至出現一位手握大權的國王願意接受訓練，成為一個柏拉圖式的哲學家，並且在實際情況中實踐他所學的知識之前，我們生而

為人的景況可說是絕望的（473）。上述之柏拉圖的終極要求，其實是同義反覆的：亦即柏拉圖認為如果你真的以正確的方法行事，那麼你才真正學會了正確行事的知識。在《理想國》一書的內容發展過程中，先說及一群受過訓練以辯證法討論問題的人（並且這群人可能成立一所學院），卻慢慢轉而描述到一個單一的「哲學之王」是如何養成的——此一話題之轉移不可謂不重要。無論如何，有關理想城邦不能被成立的第三個原因，就是（王者管治）權力與（柏拉圖式的哲學）知識兩者不銜接。

究竟甚麼是「較好」或「最好」的人的生命經歷，其實有很多不同的面向。有些參與對話的人提出了以下的問題：縱使我們假設在理想城邦中居住的市民會是「好」的，或過著「好的生活」，但是，他們是否同時也是快樂的[g]？有關這條題目，柏拉圖提供了極度枯燥無味的「非答案」：上述提及的市民表面看來可能不是非常快樂，但他們「在自身可能範圍內，已達到最快樂」。這是一個極其沒有作用的回答，（柏拉圖身處的時代乃是）一個有奴隸的社會，這社會認定奴隸制度是絕對必需的，同時對於奴隸的命運是沒有幻想的。身為奴隸實在是個使人沮喪的事實，其後出現的某些哲學家，企圖發展意識形態式的構想，投射不合適的安慰在真實的奴隸制度之上——真正的自由與快樂是內在的，所以奴隸也可以像自由人那般快樂——但在（公元前）四世紀的哲學家卻並不投入這種在表面上塗脂抹粉的虛偽說話。柏拉圖知道奴隸制度是必需的，同時也很清楚沒有一個奴隸可以過上快樂的生活，甚至不可能過上完整的人的生活[h]；奴隸只是為了某個目的而存在的工具或器具，除了被使用之外

別無任何價值。生而為奴隸是澈底的災難。對於奴隸來說，「在自身能力範圍內達致最大可能的快樂」之言，亦即明言他們根本不可能會**快樂**。如果對奴隸來說這是明確無誤的情況，那麼同樣地，當理想城邦中那些普通市民聽到，只是被恩賜允許「在自身能力範圍內達致最大可能的快樂」，心內也可能未必感到寬慰。

這論述帶導我們再一次返回那有關「好的本質」（goodness）的課題，及它與「快樂」的關係。在這一章的前面部分，我曾提議，或許有某些理由去懷疑究竟「好」，是否如許許多多古代哲學家所假設，是一個有統一意義的概念。有些哲學家說過「好」之為一個性質，很容易可辨識理解，就像「藍色」、「溫暖」或「尖銳」這等性質一樣[i]；但這樣去理解「好」是行不通的，一則似乎其本質上並不是這樣就可定義，二則若我們想決定人生命中哪類型的生活才是「好」的，這樣的想法也幫不了忙。如果我們真的能夠只去看看一個人的生命歷程，就可直覺地去判定這段人生歷程究竟是否「好」，正如我們只是單單觸碰一下一個壺，便可說出它是否溫暖——如果是這樣輕而易舉，那實在很難解釋，對於「何種生命歷程是好的」這個問題，為何有那麼多基本上的爭論。因此，如果由開始便做出假設，認定「好」乃是指涉某事物的一個相對的性質，或基於其所處的脈絡才會成立的特徵，可能會比較有實在的意義。這樣構想才能理解，「好」這個概念，所包含的多重意義及不同用途，這即是說，如要決定一個稱為「好」的判斷時，其所處的脈絡是非常多樣化的。因此，最基本的說法並不是「這是好的」，而是「這……作為……就是好的」、「這對……來說是好

的」、「如果是為了……而這樣實行，那就是好的」。要舉例說明上述論點是很容易的：「某君作為大學教師是好的，但作為行政人員就很糟糕（或相反亦然）。」「這檔次的表演，如果視作入門者的程度，可說是好的；但如果是高級程度的學生的演出，就不夠好了。」「這一塊磚頭用來建造房屋是不好的（因為它的形狀不合規格），但用它來打破窗戶就很好（因為它的形狀很容易用手握住，同時它在空氣動力學上而言，是流線型的）。」「這衣裙陳列出來很好看，但人穿上去就不好了（Guardami, non toccare [可遠望但別碰]這原則實際上適用於很多義大利設計之上）。」由這些例子可見，首先也是最重要的，就是所謂「好」的意義，涵蓋了許多不同形式的脈絡背景。所舉的各個例子中，每一脈絡都建基於某一活動形式之上：授課、建造、打破玻璃、為了一時暢快（把石頭擲出去）。

所謂「好的人生歷程」的意思，可以是「正過著接近一種『好』的人生歷程的生活」，或「如果對人而言，這是好的生命歷程」，這樣說，就好比說及一把「好」的刀，意思就是「**用作**切割是好的」（good *for* cutting），或「**作為**切割的工具而言是好的」（good *as* a cutting tool）。如果我們可以更清楚理解甚麼是「人的生命歷程」，這發現（或假設）就會更易掌控：我們很直截了當地知道甚麼是「切、割」，但甚麼是「人的生命歷程」？很明顯，不能簡單地假設那是「繼續去維持某類型的生物性的生命過程」。早期的哲學家都普遍地拒絕承認好的做人立場就是：如果你遇上險境，你會不顧一切、不擇手段地做任何事去脫險。「切、割」是一種可以相對清晰地被定義的活動；生物性的生命（歷程）也

是可以頗清晰地被定義的；但是，很明顯，所謂「人的生命歷程」乃是尤其亂糟糟的許許多多的活動的湊合：喝伏特加酒、寫信給編輯、睡覺、將你某個子女獻祭給神、為馬匹梳理清潔、幫一個鄰人紋身。生活就似乎是林林總總的事情活動的無限延伸。你可能不會贊成將人當成祭品，但卻很難拒絕說這行徑並不是人類生命歷程的其中一個特殊方式——動物會不會將牠們的下一代作為祭品奉獻給神呢？因此，我們甚至不能說，只有人才會過的生命歷程，就等如做那些（跟動物不一樣）的事（例如以人為祭品、大笑（？）、玩撲克牌、宗教迫害）。如果「人的生命歷程」並不是只在「生物」範圍內開展，那麼我們好像又回到那「好」的問題，但這次則在稍微不同的脈絡中出現：在你所訂立的「真正屬於人的生命歷程」的概念之內，如何避免只是簡單地建構內置一個「好」的概念？為何這不是某種循環論證？

然而，對於這個充滿歧義的討論，還有另一個方向要考慮。對這問題的第一個印象，「好」似乎不是有時被視作一個「客觀的特性」，而是雙重地依賴它與某個人的主體的關係才得以成立。例如，如果一個圓形的直徑為二公分，或者一塊乳酪的重量為二百公克，又或者這一把刀可以砍斬某一種類的、某一尺寸的木頭，以上所述是某物件的性質，這等性質並不必然要求跟任何人的預算或計畫有關聯。當然，選擇以「公分」或「公克」作為量度的單位，乃是人的選擇及設定，因此會受到所有（用此度量系統的）慣性條件所限制，但這是另一件事。然而，這實在很難去肯定所謂「客觀性」的意義涵蓋甚麼——如果我不能提供有關「X」的資訊報告，這當然不是說「X」在任何意義下都不存在，也不是

說X不能在適當（亦即處於完全不能反駁的情況）的脈絡中被運用。在另一方面，如果我說：「這行動是好的。」人們就會很自然地追問：「那，**對誰人來說是好的**？」[i]我們作為成人的原生經驗其中一項，就是理解到對我是好的（事物），未必對你也是好的。在「甚麼是對我好」和「我的快樂」之間，似乎很可能有著某種緊密的關聯，雖很難說清楚這關聯確切是甚麼。當然，人們又會提議，「甚麼是（普遍來說）對你是好的」與「道德（在適當但較寬鬆意義而言）」兩者，可能會存在著某種關聯。當然，在「對你是好的」這句子內，人們對「你」的理解，乃是基於普遍的意義，但又不會完全抽空不涉及任何人。

柏拉圖肯定認為，辯證法的討論，如果能正確且澈底地被那些在相關方面有天賦才能及受過適當訓練的人們，去實行操作，就會將「對我是好的」及「對你是好的」之種種分別消除，之後得出的，就是那對兩方面而言，都是同樣的單一觀點，亦即對兩方都是同樣地好。所謂「快樂」和「道德」（以普遍寬鬆的範圍去理解這兩個概念）可以和諧地結合在一起嗎？

有關「好」的其中一項歧義就是：究竟對我好，還是對「你」（即某不能肯定的誰人）好？除此以外，還有第二項歧義與第一項歧義是不同的，但也是同樣重要的。我們通常會分別開，我所認為甚麼事是好的（對我、對你、對任何人或任何事物而言），以及其他人所認為甚麼是好的（對我、對你等等而言）。很多事物對我而言是好的，**雖然**我並不知道，並且我沒有考慮其他人（例如醫生）也會知道。例如，醫生會知道那些非常難聞、倒胃口、難以下咽的藥水，

或者那痛楚難熬的外科手術過程，皆可以使我得到我迫切想要的健康，但我卻因為無知或誤信謠言而拒絕相信這些治療方法的特性。所以，儘管一個醫生關於某些事物的判斷對**我**是較好的，但其稱為「好」的看法，可能與我自己的判斷不同（但比我的判斷更好）。那麼，如今，誰的「快樂」的看法，又會跟誰的「道德」的看法可以相提並論呢？

柏拉圖的最核心的立場，就是「客觀的好」是存在的，這個「好」跟那只是對我好的事物或那在我的判斷中認為是好的事物是不同的；柏拉圖假設了經過辯證式的討論，我們就可以掌握有關這「客觀的好」的知識，最低限度，在我們中間，那些對辯證法有天賦才能、在最適當狀態下接受過這方面訓練，並且以最佳的方法去運用這訓練的人，是可以達致這「客觀的好」的知識的。那些有能力及掌握到真正知識的人，於每一場辯證討論結束之際，便會洞識這「好」的理念；這（對「好」的理解），於那些稱為哲學之王的人而言，就正好是他之所以有能力去管治其他人的保證。因此，這「好的理念」，正好完全消除了（之前所提及的）「好」需要存在於某個範圍的脈絡背景才能被理解的這個表面想法。柏拉圖認為的「好」就是，其理念在本身而言即是：在所有活動中對任何事物都是好的（扮演一個正面的、有價值的，甚至一個本質性的角色），也是對任何人都是好的，同時，在任何人的判斷中都是被判定為好的（當然那個判斷要在完整理性思維的推論下做出）。

然而，為甚麼，辯證式討論（最低限度基於嚴謹的蘇格拉底的版本），可以循序發展而終歸會結束？又或者應該這樣說：辯證式的討論怎麼可能達到一個「自然而然」的終

點，亦即一個確定的、獲得眾人共識的結論的完滿結局？很明顯，這討論可能中途被打斷、壓制，或參與者因為太疲勞（或其他理由）而放棄繼續討論。然而，我們實際上有沒有關於這類型的討論之**任何**具體例子呢——亦即在討論中參與者不僅達成了暫時的共識，甚至是更完滿地達成一個柏拉圖所構想的正式（完滿）的結論？如果我們查考蘇格拉底的對話作為範例，柏拉圖早期所著的對話錄，那就沒有給我們理由去感到樂觀，因為這些對話全都以失敗告終：對話各方直至最後都不能達成一致贊同的意見或共識。在某些對話個案中，參與者似乎能夠達成最低程度的協議，例如在《理想國》的第一卷，蘇格拉底和斯拉西麻查斯（Thrasymachus）[10]的辯論，但這很明顯要麼是蘇格拉底（對辯論對手的）欺凌，要麼是他的花言巧語（以及柏拉圖的文學藝術技巧）勉強得來的結果，我們實在不能認真嚴肅地去考慮這例子。

當然，我們總會找到解決的方法，如果我們可以再一次返回「人的生命歷程」（亦即不是作為一種生物性生命的延續維持）的想法，同時，給予這「生命的歷程」以某種確定的、特殊的目的論方式的內容。如果真有人類的創造者存在，同時，那創造者精確地將每一個人設定為精通某種特殊活動（技藝、行業），並且，人也是因為如此才存在於這個世界上，以及每一個人所努力去從事的就是每一個人所精

10　斯拉西麻查斯（Thrasymachus）提出「正義」就是強者的利益，因為法律是由強者所制定的。蘇格拉底對此提出反駁，認為強者有時也會犯錯，以致違背自己的利益，而要避免錯誤，則必須輔以知識；並且統治不是為了統治者自身的利益，而是為了被統治者（人民）的利益，正義的人除了關切自己也關切別人。（[理想國]國家教育研究院雙語詞彙https://terms.naer.edu.tw/detail/1310545/）

通的，那麼，將某個活動好好地精確地演繹出來便是「善於過人的生活」（good at human living）了。就好像我們為了切割而製造刀子，那麼，就好像一把可以稱得上好的刀就是一把能切割順暢的刀，一個稱得上好的人就是一個善於（good at）執行上帝為其所預設的計畫的人。有可能，人的生命歷程，要參照神為人預定的計畫才能理解。

第**3**章
盧克萊修

　　如果（諸）神對於人間原來沒有任何計畫的話，會是怎樣呢？整體而言，如果「（諸）神對於凡間世界有其計畫」這個想法，是毫無意義的，再者，如果「某個神靈對凡人及他們所做的事充滿興趣，甚至會留意凡人並去理解他們（所做的事務）」，或者，「神靈會為凡人設定可能的將來的藍圖」——這些想法也是沒意義的，會有甚麼結果呢？

　　在公元十五世紀早期，文藝復興人道主義者波焦‧布拉喬利尼[1]在德國一間修道院的圖書館，發現了一卷以拉丁文寫的詩的手稿，這首長詩好像自從它在（大約）公元九世紀被抄寫下來之後（這份抄寫本可能也是從更古舊的手稿抄寫下來的）[(a)]，　直放在這間圖書館的某個角落，無人閱讀或甚至無人留意過。這首詩長達七千行以上，後來被鑑定古羅馬作家（提圖斯）盧克萊修（卡魯斯）的作品。盧克萊修生活於羅馬共和國晚期，約卒於公元前55年。依照古代的紀錄，他直到去世，也未將其哲學詩篇完稿，而將他的遺稿出

---

[1]　波焦‧布拉喬利尼（Poggio Bracciolini, 1380-1459），義大利知名學者、文學家、哲學家，文藝復興時期人文主義者、政治家，於1453年至1458年間任佛羅倫斯共和國執政官。

版的編輯就是西塞羅[2(b)]。這首哲學長詩的題目並不是太明確清晰，但在該詩的內文中「有關事物的本質」（de rerum natura）這片語出現過好幾次（例如：I, 25），給予了此詩作頗適當的點題，我由此將以「論萬物的本質」（On the Nature of Things），來命名此作品[3]。

對於當今讀者來說，第一次閱讀盧克萊修作品最感到震撼的，首先就是他以詩的體裁而不是散文去書寫哲學。他所使用的詩的韻律格式是「長短短六步格」[4]，在古代世界所有受過教育的人，都會懂得這種韻律格式，荷馬[5]的史詩就是採取這種格式而作。再者，自很早期開始，這種格式已經很廣泛地運用於很多不同目的之文章寫作上，包括教喻詩（didactic poetry）。在古代世界中，盧克萊修並不是唯一以詩歌體裁去寫哲學文章的人，我們也看到一些「前蘇格拉底」[6]的哲學家，例如巴門尼德[7]和恩培多克勒[8]的重要著作

2　西塞羅（Cicero，公元前106年－公元前43年），是羅馬共和國晚期的哲學家、政治家、律師、作家、雄辯家。

3　中文譯本名稱為《物性論》中國譯林出版社，2012。

4　長短短六步格（dactylic hexameter），源於古希臘語和拉丁語詩歌的一種韻律，是史詩等各種體裁中使用的韻律。這兩種古典語言中的韻律，不以音節強弱而以長短區分音律。

5　荷馬（Homer，約公元前9世紀－公元前8世紀），相傳為古希臘的吟遊詩人，創作了史詩《伊利亞特》和《奧德賽》。

6　前蘇格拉底哲學（pre-Socratic philosophy），西方哲學中，在蘇格拉底之前的，或者是和蘇格拉底同時期的，並未受蘇格拉底影響的哲學流派。

7　巴門尼德（Parmenides，約公元前515年－公元前445年），古希臘哲學家，是最重要的「前蘇格拉底」哲學家之一，是埃利亞學派的一員。主要著作是用韻文寫成的《論自然》，如今只剩下殘篇；他認為真實變動不居，世間的一切變化都是幻象，因此人不可憑感官來認識真實。

8　恩培多克勒（Empedokles，公元前490年－公元前430年），古希臘哲學家、自然科學家、政治家、演說家、詩人，相傳他也是醫生、醫學作家、衛士和占卜家。

殘篇，都是用跟盧克萊修相同的韻律格式去寫的，而色諾芬尼[9]則用了稍微不同的韻律格式去寫作，我們也從不同的報告或古代文獻中，了解到有很多相類似的作品[c]。如此看來，盧克萊修的學術位置，可以說是處於一個很悠久的希臘哲學傳統的終點，這傳統正是以詩歌的形式作為理論思想的表達。盧克萊修大概是最後一個以詩體寫哲學，並且著作有流傳至今的主要哲學家，他的最重要的著作就是這一首長詩。人們甚至懷疑，盧克萊修自己也稍微意識到以詩歌格式寫作有問題，因為他覺得需要為這種寫作形式提供一個解釋；他說明，他所傳遞的想法，是嚴厲和苦澀的，但長遠而言卻是值得的：我們作為凡人只不過是懸在虛空中聯繫起來的原子群，而死亡對我們而言，就是所有的完結。由此，就好比一個醫生不得不將苦澀的藥水餵給孩童之時，先將蜜糖塗抹在杯子邊緣一樣——盧克萊修的詩歌格式，正是他所寫的內容的蜜糖（IV, 10-25）。然而，對盧克萊修的寫作意圖的如此詮釋，對我來說似乎是有誤導性的，（這等詮釋）只是事後孔明之見：他並不知道自己的詩篇著作是站在那悠長的傳統的末端。如果閱讀過他的作品，所得到的印象恰恰好相反。他生存於羅馬共和國的晚期，屬於感到十分自豪的一代人：他們拓展了一個新方向；於此時期，人們開始用拉丁語而不是希臘語去討論哲學內部專門的問題，盧克萊修深刻意識到他本人使用了拉丁文去論述哲學，正配合了這嶄新的潮流，認為自己在這方面做出了重要的貢獻（I, 135-145）。

正如前面所提及，古代的哲學家，並不會強調對教條式

9　色諾芬尼（Xenophanes of Colophon，約公元前570－公元前475年），希臘的哲學家、神學家、詩人，以及社會宗教評論家。

的原創性的解釋，盧克萊修尤其不熱衷這種主張。他認為，關於世界的基本真理，其實已經為希臘哲學家伊比鳩魯[10(d)]所發現。盧克萊修的目的，乃是想用簡潔明確而易懂的方法，去表達甚麼是真理，從而讓真理容易被舒服地接受——尤其是對於那些說拉丁語的人而言。正如蘇格拉底宣告自己的哲學追尋的根源，乃是聖地德爾菲的神（即阿波羅神）之神喻，盧克萊修則認為自己的思想根源／依歸乃是「神靈伊比鳩魯」（V, 1ff）；如此，非常清楚，盧克萊修對新奇事物的興趣，遠不及對真理的投入與追求；同時，他的理想正是消除對人而言其中一項最大的惡——那就是對死亡的恐懼。那麼，誰還可以埋怨盧克萊修？

在開始時，盧克萊修，比起其他哲學家，好像擁有一個不公平的優勢，那就是他所想的都是自明的真理。柏拉圖其中一個學生說，前蘇格拉底哲學家阿那克薩哥拉斯[11]，就好比在酩酊大醉並且在胡亂吹噓著廢話的人群中，獨自清醒的人[(e)]。我們也可以同樣的話形容盧克萊修，當然，之前所談及的（不公平的）「優點」，可說是頗類似一把雙刃劍：閱讀不同哲學家的著作的最大樂趣，就是看著他們要麼如離開水的魚般扭來扭去，要麼如快樂的羊般又跑又跳，投入去那些聞所未聞的古怪可笑行徑（但單是這原因已有極高的娛樂性），拚命試圖找尋支持他們那些幾乎不可能成立的

---

[10] 伊壁鳩魯（Epicurus，公元前341年－公元前270年），古希臘哲學家、伊壁鳩魯學派的創始人。伊壁鳩魯成功地發展了阿瑞斯提普斯的享樂主義，並將之與德謨克利特的原子論結合起來。他的學說的主要宗旨就是要達到不受干擾的寧靜狀態。

[11] 阿那克薩哥拉（Anaxagoras，公元前500年－公元前428年），古希臘哲學家、科學家，他首先把哲學帶到雅典，影響了蘇格拉底的思想。

觀點：例如快樂與道德如何連結在一起、我們的世界本質的好（善）為何、「理性」的推動力、自然目的論[12]、人在宇宙中的獨特位置，等等。反過來看，盧克萊修不需要經歷（上述）哲學思想的扭曲，或試圖捍衛這些奇異古怪的立場；因為對他來說，世界就是無數的原子在虛空中隨機漂移，人的終極真理就是追求快樂，及避免困苦痛楚，於此，人們應該時刻努力，以比目前更高程度的清晰性，去投入這個追求。或許真有神靈——很大機會神靈真的存在——但是，這其實毫不重要，因為沒有任何理由去期待祂們對凡間俗務有甚麼興趣。

《關於事物的本質》這首詩作，主要是我們稱為宗教、物理（或者宇宙起源論）以及倫理學（道德論）三者聯繫的研究。「自然哲學」對蘇格拉底或柏拉圖而言，乃是個事後添加的想法，或甚至連「事後添加的想法」也不是。柏拉圖筆下的蘇格拉底說明，有某段時期，當他還是孩童時，他曾對宇宙的結構感到興趣，但當他年紀漸長，就超越了這種幼稚的想法，而將注意力集中在如何能夠有最好的人生經歷的課題上。對柏拉圖而言，數學作為一種能夠提供確定性的知識形式，因而獲得了特殊的知識論地位，也由此，在哲人王的教育上數學占有特殊位置。然而，我們竟在《理想國》最終章的那個神話中，找到有關「宇宙論」的論述。在1913年，有一篇殘缺的手稿被人發現，這手稿出自黑格爾[13]之手（1797），但很有可能不是黑格爾所作，或，無論如何，應

---

[12] 目的論（Teleology），屬於哲學的範疇，致力於探討事物產生的目的、本源和其歸宿。

[13] 黑格爾（Hegel, 1770-1831），德國十九世紀哲學家。

該不是百分百獨由黑格爾所作，學者稱此殘缺手稿為「德意志觀念論最古老的系統綱領」（Ältestes Systemprgramm of German Idealism）。這殘缺手稿的（眾）無名作者聲稱：（一）形上學應被解釋為倫理學（道德論）的其中一個分支；（二）哲學最基本的問題乃是：「為了成就道德主動行動者，世界應該如何建構起來？」[f]我們要注意這兩項重要的宣言的行文排序：第一是道德論，第二，世界應該怎樣被建構，才使得道德主動行動者可以存在，以及，才使得道德思想能夠引起我們的關注？有時從某個角度去看，柏拉圖的哲學也可能是此一結構的例子。在盧克萊修的哲學中，很明顯有一股強而有力的倫理推動力：亦即將人從對死亡及對眾神的恐懼中解放出來。但是，論據的結構卻不同：物理學／宇宙論並不是某個理論之附加理念，而倫理學之可能性，並不應被視為世界應該以何種樣態存在的界限的決定因素。世界只是由在虛空中隨機漂移的無數原子所組成這真理，無論如何，也不能被視為從倫理學的要求所推論而得；盧克萊修認為，這是以自身理據而屹立存在的真理，並且是我們的世界之種種不同面貌的最佳解釋。我們所能夠想像出來的關於世界任何有序組織的圖像，都只不過是表面上的，而且只是掩蓋了真實的本質的局部組織形態。這圖像之形成，正好比無限數量的猴子在無限數量的打字機上，亂敲亂打而產生的圖案一樣。或者，縱使那些猴子最終在某一天打出了一堆文字，而這堆文字（剛巧）跟荷馬或莎士比亞[14]的作品，或數

14　莎士比亞（Shakespeare, 1564-1616），英國戲劇家、詩人。他流傳下來的作品包括三十八部戲劇、一百五十四首十四行詩、兩首長敘事詩和其他詩歌。

學家歌德爾[15]的著作一模一樣，這也可能純屬偶然，如果預期猴子的下一次（敲打打字機），也會產生有意義的文章，根本就是瘋狂妄想。如果說「隨機性就是我們的世界的終極特質」是真的，然而，某些事物卻會憑藉人的生命存在才會出現。物理知識宣稱會讓我們了解到我們生而為人，可以期待甚麼，我們應該恐懼甚麼或不用恐懼甚麼──而這就是一種倫理學的基礎[(g)]。

盧克萊修的長詩的第一卷以向主管大自然之生養孕育的維納斯女神[16]的祈禱作開始。然後，盧克萊修立刻猛烈地控訴那些藉信仰（religio）之名，而犯下的罪惡及暴行。因此，我們要問，這個作品究竟是包含了我們所熟識的古代泛神思想的立場，抑或它是開展了某個新方向──例如，這著作可以被看作類似無神論於萌芽時期的指南？

在希臘世界中的哲學家們所建立的「對宗教訓斥式的批評」（moralising criticism of religion），已有很長歷史；雖然在早期，「訓斥」（moralising）及「宗教」（religion）這兩個概念（的解釋）仍然不很確定清晰，故此，對於這些概念的真正涵義我們必須很小心。對於一些早期哲學家而言，甚至連他們的立論是否刻意的作為「批評」，也不是很清楚。於此，公元前六世紀的哲學家赫拉克利特[17]留下的殘篇讓我們得知，祭祀神靈戴歐尼索斯[18]的儀式，出現對陽具的

---

[15] 歌德爾（Gödel, 1906-1978），出生於奧匈帝國的數學家、邏輯學家和哲學家。歌德爾是二十世紀最偉大的邏輯學家之一。

[16] 維納斯（Venus），古羅馬神話裡的愛神、美神，同時又是執掌生育與航海的女神。

[17] 赫拉克利特（Herakleitos，公元前540年－公元前480年），古希臘哲學家，以弗所學派的創始人。

[18] 戴歐尼修斯（Dionysus），古希臘神話中的酒神。

公眾膜拜慶典環節[h]，於此，赫拉克利特宣稱，如果這種儀式並不是為了讚頌戴歐尼索斯而舉行，那將會是「最不顧廉恥」的。後來的哲學家認為這是赫拉克利特對民間信仰的批評，但這可信度極低，因為依照我們所知的赫拉克利特的思想觀點，他非常熱衷於將表面上互相矛盾對立的東西結合在一起，例如在殘篇第九他寫了「驢子寧可喜歡（可舒服躺臥）的蘆葦草，也不喜歡黃金」——這句評語表達了他的論點：事情的價值必定要依靠其所處的脈絡才有意義——在一方的脈絡（亦即人的生命經歷）中，黃金（比起蘆葦草）有價值；但在另一方的脈絡（亦即驢子的生命經歷）中，蘆葦（比起黃金）有價值多了。同樣地，在某個脈絡範圍（例如某類宗教儀式）中，在一個公共場所展示陽具高歌頌讚是表達「虔誠」的信仰儀式（雖然赫拉克利特這殘篇沒有顯示作者可能會用甚麼字詞去描寫「無廉恥」的相反詞）；然而，在其他所有脈絡中，這種頌讚陽具的行為卻是「無廉恥」的。再者，我們也應留意，縱使這殘篇所載的段落，列出的並不是中立無價值判斷的、只是陳述相反事物可並存的論點，而是對民間信仰的**批評**，我們也無法清楚它是「道德」批評，抑或「訓斥式」批評（a 'moral' or 'moralising' criticism）。對「道德」而言，為甚麼做人正派莊重（decency）、行為端莊有禮（decorum）、循規蹈矩（propriety）是必要的行為指標，而不是外在表現的注重社交禮儀（etiquette）、言行得體（good manners）、品味高尚（taste）、圓滑老練（tact）、有判斷能力（judgement）？這兩組（態度和行為）的分別之基礎，部分乃基於人們是否清楚知道，道德的範圍，完全不相關於討人喜歡的大方得體的

舉止、社會習俗、對個人而言的冒犯言行等範圍。如果上述分別或類似分別的存在完全不清楚，又或者這種分別在最早時期並不存在，那麼那特別定名為「道德」批評的想法，也根本完全沒有意義。

因為在歷史上存在過諸如色諾芬尼、然後是柏拉圖等人的學說，我們可說是稍稍站在較穩固的立足點，去成立一個批判性的意圖或某種類似基於「道德」基礎與內容的批評，但還不清楚這些批評是否指向（批評）「宗教」。這樣說乃基於兩個理由。第一，希臘人沒有簡單而直接的名詞，去指涉那個我們現今稱為「宗教」（的東西），他們沒有與我們現行稱為宗教的相若概念。在希臘世界中，跟我們現今稱為宗教最近似的概念可說是τὰ τῶν θεῶν（意即關於諸神的事物／事情），這名詞與現今所謂「宗教」的意涵是完全不同的。在某個層面而言，「關於諸神的事物／事情」這概念的意涵，比起「宗教」來說是更不肯定及更加開放的。此一關於諸神的古希臘名詞所涵蓋的實踐及事務，在猶太教─基督教傳統社會出現之後，嚴格來說再也無法被確認為屬於「宗教」範圍，例如它包括了有關寺院的所有權和運營事宜、平民大眾所講述的諸神故事，以及神像的衣著細節。在另一方面而言，很明顯，τὰ τῶν θεῶν這一概念，若與當今西方宗教的大部分概念比較，其意涵卻是更為狹窄的。這樣說是因為任何一位希臘神，實際上，應該說是諸神全體，都從沒宣稱，要對人的生命歷程的**每一個**、甚至最微小的細節，進行不留情的全方位的監視與控制──於此，相比之下，普遍而言，一神論的信徒很多時確是非常差勁的一群人。

第二，更古老的批評多半是對另一群人的指責，亦即針

對詩人和他們所講的故事——荷馬及海希奧德[19]，特別成為負面批評斥責的焦點，因為他們（在作品中）訴說了那些居於奧林匹斯山的諸神種種使人反感的醜聞故事：例如偷竊或通姦。這種批評的模式可以說是基於三個假設：第一，我們的基本道德理念都是比較清晰即無甚爭議的——例如通姦、偷竊或是說謊都被公認為惡行。第二，上述的基本道德理念（原則上）是眾神及凡人皆要遵守的。第三，凡是神靈就一定是善良的，而絕對不是邪惡的。基於這些假設，有些人例如赫拉克利特等就會傾向於拒絕接受，認為荷馬所說及的有關諸神的故事都是偽造的。然而，為甚麼我們非得假設諸神是恆常地好而且絕對良善？為甚麼那不純粹是一個柏拉圖式的偏見？顯然，希臘詩人通常被認為是諸神的定義之界定者，或者是賦予諸神外貌形象和性格者，所以比起在其他文化中的同為詩人者，希臘詩人更加容易受到攻擊。再者，在《理想國》（的國度中），詩人，而不是神職人員，是被禁止的；同時，對詩人的批評，顯然也被認為與傳統宗教儀式的實踐互相配合的行動。

上述兩方面的論述，跟盧克萊修的想法是互相牴觸的，這實在是令人驚異。盧克萊修不僅有一個簡單直接的「religio」的概念，這想法還容許他將「religio」擬人化，這正是他在其詩作第一卷的開首所寫：religio可以「從天上顯露出她的頭來／可怕地站在凡人身上」（I, 64-65）。這即是說，religio（擬人化為女神），能夠有所行動及做某事。你可以用希臘語說「某位神靈做了某事」（例：顯露他的容

---

[19] 海希奧德（Hesiod），古希臘詩人，可能生活在公元前八世紀。

貌），或者「某凡人做了某事」（例：說了一個有關諸神的
謊話），但你（在語言學的層面而言）完全不能用希臘語說
「宗教做了某事」，因為這句話的意思會是「屬於神靈的事
務做了某事」：這個句子是毫無意義的。這在概念上意義的
轉移，絕對不是在認知層面上不重要或在哲學上中立的。相
比之下，「religio」有被擬人化的可能性，並且是人的種種
行動的一個獨特範圍，此即是說，religio是可以因其所做的
而被批評的。

　　盧克萊修的動機及目的——亦即想要將人從恐懼及心
理沮喪的困境中解放出來——是合乎倫理之道的，但他力舉
理由去拒絕「religio」，並不是因為「religio」會促使凡人去
做恐怖或不道德的事。沒錯，在古代世界中，諸神可以或經
常都很殘暴恐怖，也常驅使凡人去做可怕的事，這是很普遍
的。很多古希臘悲劇的情節內容都展示了上述的情況。盧克
萊修最喜歡的例子就是阿加曼儂（Agamemon）[20]的故事：他
為了重新得到其中一個神靈的寵愛，於是就將自己的女兒
殺死送去祭獻神靈，然而這只是許許多多的故事的其中之
一。酒神戴奧尼索斯將彭透斯[21]的母親及一群女神逼迫至瘋
癲，使得她們將彭透斯「五馬分屍」[22]，只因為彭透斯對戴

---

[20] 阿加曼農（Agamemnon，意為「堅定不移」或「人民的國王」），希臘邁
　　錫尼國王，希臘諸王之王，阿特柔斯之子。特洛伊戰爭中的阿開奧斯聯軍統
　　帥。《阿加曼農》是古希臘劇作家艾斯奇勒斯（Aeschylus）的作品，描寫
　　遠征特洛伊的邁錫尼王阿加曼農被妻子克呂泰涅斯特拉和情夫埃癸斯托斯謀
　　害的故事。

[21] 彭透斯（Pentheus），古希臘神話男性人物之一，底比斯君主。其事蹟見於
　　古希臘歐里庇得斯的悲劇作品。他從祖父卡德摩斯中獲王位，旋即禁止戴
　　奧尼索斯崇拜，遂招致報復與打擊。

[22] 古代酷刑之一。即用五匹馬分別拴住人的四肢和頭部，然後驅馬，把人撕
　　裂。https://pedia.cloud.edu.tw/Entry/Detail/?title=%E4%BA%94%E9%A6%AC

奧尼索斯不尊敬〔請參閱尤里比底斯[23]的劇作：《酒神女信徒》（*Bachhae*）〕。在另一齣劇中[24]，天神希拉[25]詛咒海克力斯[26]，使他發瘋，殺死了自己的孩子。在這個較晚期的悲劇中，有某些作為凡人的人物角色，實際上表達了很多對諸神的行為的負面批評——祂們其實比凡人還要卑劣——劇中人這樣說並不是暗示神靈並不存在，或甚至不是暗喻不須虔誠地敬拜祂們，倒不如解散所有信仰組織及相關的祭祀行為。相反，在當時人們認為，若是有人宣稱自己有資格去欣賞（希臘羅馬的）悲劇，這人應會預設或全面接納「諸神會傷害我們」這可能性。無論如何，盧克修萊斯並沒有因為這些故事將諸神塑造成毫無道德，而假設它們一定是虛假的；反而，他認為之所以要拒絕這些（有關諸神的）故事，乃是因為它們的構成是基於完全錯誤的宇宙論觀點。這些故事將由於無數原子因某種不幸的隨機相遇連結而衍生的惡運，視為有一主動行動者犯下有目的性的惡行的象徵，但是，我們其實應該知道，這個主動行動者應該不大可能對我們（凡人）有任何計畫或者目的，無論是善意的或惡意的。理由正是，諸神在定義上都必定是完美的，也即是說祂們是百分百自我完備的。這意謂他們對人世間凡俗事務完全漠不關心，因為如果祂們對凡間有任何關注，這根本就意味著祂們對凡間有

%E5%88%86%E5%B1%8D

[23] 尤里比底斯（Euripides，公元前480年－公元前406年），希臘三大悲劇大師之一。

[24] 塞內加（Seneca）的劇作《瘋狂的赫拉克勒斯》（*Heracules Furens*）。

[25] 希拉（Hera），古希臘神話中的天后，為奧林帕斯山眾神之中地位及權力最高的女神，同時也是奧林帕斯十二主神之一。

[26] 海克力斯（Heracles），希臘神話最偉大的半神半人英雄，男性的傑出典範，偉大的海克力斯後裔之祖先。

某種形式的依賴，亦即顯示了祂們作為神也缺乏自我完備的完美性。

　　儘管事實上，盧克萊修所選用的字詞religio，確實經過好幾個世紀而轉化成為我們（現代人所用）的「religion」（宗教）這個字詞，但很明顯，這不是意味著這兩個字詞的意思是一樣的。我們可以辯說，religio跟religion的意思完全不同，但religio卻和現代字詞「迷信」、「信仰狂熱」、「原教旨主義」的意思相近——這方面可能是真的：religio這個字詞似乎源自字根（lig），其意思為「連結、束縛、羈絆」。由此，religio應該是指涉一種將我們連結在一起的力量，這即是說，它可以指某種有神論信仰或民間儀式信仰，對信徒極為強制地聯繫的那方面的意思。religio就是那迫使阿加曼儂殺死自己的女兒伊菲阿娜薩（Iphianassa）向神祭獻的力量。伊菲阿娜薩感到極度痛苦，因為她的父親深信他一定要將她作為祭品獻給一位女神，由此大風才會吹起，他的戰船才會順利駛向特洛伊（Troy）[27]。於此，盧克萊修寫道：「她受到宗教的折磨（她的病痛／痛苦就是宗教）。」（tantum religio potuit suadere malorum [I, 80-101]）然而，很明顯，阿加曼儂，伊菲阿納薩的父親，也同樣「受到宗教信仰的折磨」，因為他所信的都是虛假的，他按照此信仰（的指示）去行動，但他所信的，在長遠而言並不給他帶來好處：因為他把女兒伊菲阿納薩祭獻了，後來他卻被妻子克若太涅斯特拉[28]所謀殺。這種由錯誤信仰而升起的黑暗衝動，

---

[27] 特洛伊（Troy），古希臘時代小亞細亞（今土耳其位置）西北部的城邦。詩人荷馬創作的兩部西方文學史最重要的作品：《伊利亞特》和《奧德賽》中的特洛伊戰爭，便以此城市為中心。

[28] 克呂泰涅斯特拉（Clytemnestra），為斯巴達皇后絕世美女海倫的雙胞胎姊

可以被認為跟（例如）對維納斯的神力（可讓花卉綻放，也讓雀鳥在空中飛翔）的冥想式欣賞完全無關：很清楚，盧克萊修對Religio的拒絕，不會讓他變成梅列圖斯（Meletus）[29]所形容的「無神論者」（梅列圖斯（Meletus）控訴蘇格拉底為無神論者，此處無神論者的意思是：認為任何神靈都不存在〔《蘇格拉底的申辯》，26b-d〕）。然而，盧克萊修和「宗教」（religion）（我們現代人意義上的「宗教」）是何種關係這個問題，仍未解決。如要理解這一點，我們應該知道在西方，現代意義之下的「宗教」，是由最低限度有三種思想路線匯聚在一起而成立的。為了清楚說明，及作為最基本的導論，請容許我先解釋「民間信仰」（cult）、「被動接受的道德規範」（received morality）及「神學」（theology）的分別。

第一，「宗教」這個概念，是包含了特定的民間信仰實踐、行為儀式、慶典及社群傳統等等的聚合，它們被理解為有特殊地位，亦即，這些宗教性活動是完全有別於日常生活的所有活動。我所謂之宗教行為跟日常生活行為完全不同，可用以下在西方社會中出現的例子說明：例如，（教徒們）嚴守猶太安息日[30]或逾越節[31]的行為守則，在當日不會進食

妹，在希臘神話中是阿伽曼農的妻子。

[29] 梅列圖斯（Meletus），公元前五至四世紀希臘詩人。

[30] 安息日（Sabbath，含有「休息、停止、終止」的意思），是猶太教每週一天的休息日，根據神的有關命令紀念神創世六日後休息的第七日。安息日在摩西獲得的十誡中有明確指出。

[31] 逾越節（passover），按照聖經《出埃及記》第十二章記載：摩西召了以色列的眾長老來，對他們說：「你們要按著家口取出羊羔，把這逾越節的羊羔宰了。拿一把牛膝草，蘸盆裏的血，打在門楣上和左右的門框上。你們誰也不可出自己的房門，直到早晨。因為耶和華要巡行擊殺埃及人，他看見血在門楣上和左右的門框上，就必越過那門，不容滅命的進你們的房屋，擊殺你

某些不符合猶太教律例的食物，還會將門框經文卷的經文匣固定在門柱上（以顯示這房子是猶太教信仰者之居所）；天主教修士穿的聖衣，教徒用玫瑰念珠[32]唸經，在胸前畫十字（天主教徒由左至右畫十字，東正教則由右至左）；還有不同派別的基督新教進行的弄蛇儀式[33]、教徒以（教內）方言溝通、行（完全入水的）浸禮，或基督新教不同派別的研讀聖經的習慣等。對不同教派的信徒而言，以上所舉例的各種宗教禮儀行為是必須履行的，也有其他一些行儀，則只是鼓勵去進行而不是必定的。有些宗教，極其注重所要進行的特殊儀式行為的次數及其象徵意義，教徒對儀式之專注達致一定程度，甚至會成為韋伯[34]所定義的「傑出敬拜者」（virtuoso groups）：這類信徒在日常生活中實際上的每一個動作行為，都是依照某種特定的宗教儀式或象徵意思而進行[i]；在其他基督新教的派別，繁複的禮儀則因著不同理由而被簡化或減低了其重要性。然而，姑勿論宗教儀式禮節行為的範圍有多廣泛，但似乎不可能將生活上的每一個行為都變成一個儀式性的行為，由此將宗教與日常生活中的行動的分別完全消除。這種將日常生活行動與宗教儀式行為不可分的信仰，可說是跟那些企圖將個人的任何行為，包括非關任何宗教儀式的行為，都給予某種宗教性的「詮釋」的信仰，相輔相成。有某些過度虔誠的信徒，會認為這種「詮

們。這例，你們要守著，作為你們和你們子孫永遠的定例。」

[32] 玫瑰念珠是天主教徒誦唸玫瑰經時使用的計算次數工具。

[33] 基督教的弄蛇儀式多數見於美國的鄉間小型教會。（據英文維基百科）

[34] 韋伯（Weber, 1864-1920），德國的社會學家、歷史學家、經濟學家、哲學家、法學家，與馬克思（Marx）和杜爾凱姆（Durkheim）一起被公認為現代西方社會學的奠基人。

釋」不僅是所實踐的行為的其中一部分，而正是這等等行為的本質，亦即這「詮釋」，正是為何要如此行動的理由。信徒們如果循規蹈矩，並不是**因為**順服本身是一件正確應做之事，或者如此行動是好的、**同時**是神要求他們這樣行事之其中一環；相反，他們肯定地認為，他們循規蹈矩的**唯一理由**，就是神所加諸於信徒們身上的一項宗教任務。

如我們細心反省，上述有關「宗教」的概念，其定義為一套可回溯至古代世界的特殊信仰派別、儀式行為、慶典儀式之組合，我們可以同樣認得出，許多特殊信仰及相關的行為實踐的類別：例如供奉給不同神靈的不同食品（祭品）；古代羅馬人會將祭獻分為羅馬式的祭獻（將祭獻的動物的頭部遮蓋著），和希臘式祭獻（頭部不會被遮蓋，但卻會圍上花環）。這些信仰實踐、儀式行為、慶典活動等等本質上是社會集體行為，縱使只是某個個人私下地進行這些行儀也好。於此，我們可理解到，重點正在於那個「集體社群」的脈絡：在十九至二十世紀的歐洲，天主教徒縱使在單獨祈禱時也會使用玫瑰念珠，這正顯示，此行為體現為宗教實踐的其中一個環節，因為它參照了集體的宗教實踐，才得以實現，而不是某個人在數一串「解憂的珠粒」。

一個不屬於任何宗教派別團體的人，如他也不進行任何社會中的宗教團體所承認的禮儀，此人可以被認作不信任何宗教（若依循「宗教」概念的某一角度之界定，這很明顯）。於此，我會用一個仿造詞——德語的字詞「konfessionslos」，亦即「沒有告解（的人）」，去形容這類不信教的人。很明顯，今時今日我們全都會認為「不去告解的人」，不一定在他們的日常生活中，做出道德倫理上使

人反感的行為[j]，同時他們也不需要（在某種程度上）否定神的存在，甚至也不需要否定「神會將某些道德要求壓在凡人頭上」的信念。於此，這思路帶我們來到了第二個想法，亦即對「被動接受的道德規範」的思考（θέμις）。

普遍而言，當我們說及「宗教」，我們所指不僅是一套拜祭供奉的儀式；我們還同時會考慮，那在基礎上跟這套禮儀連結的（但或許在某種程度而言是獨立於它們的），某些日常生活中的感受或行為的形式——它們也同時擁有正面而獨立的價值的。但是，有一些行為卻被認為特別沒有價值：瑣羅亞斯德[35]的波斯信徒高度強調在日常生活中必須講真話，同時表示對說謊十分厭惡[k]——這種約束日常生活的行為準則，古希臘人覺得實在奇怪，甚至簡直有點荒謬。同樣地，猶太教有某分支宣稱發展了一種特殊的、容易識辨的有關「正直」的準則，去指導日常生活的社會倫理——這並非不可能的，相對而言，基督教信徒也宣稱他們以某種獨特方式去進行慈善活動。羅馬人為羅馬辯護時大肆吹噓，羅馬人跟非羅馬人所有交易中會嚴守「羅馬人的信譽」（Roman fides）這美德，但這事實上有點兒像個笑話，任何依循這行為守則的人都是蠢材（或更像奴隸或死屍）；但無論如何，這都是一種重要的意識形態的建構。如果想讓包含宗教意味的「被動接受的道德規範」能有效實行，人們或許要擁有某種「普通人共有的道德觀」作為參考，由此去對照比較某些特殊形式的行動，從而突顯／指出這些行動所憑藉

---

35 瑣羅亞斯德（Zoroaster，公元前628－公元前551年），又名查拉圖斯特拉（Zoroaster，意為「擁有駱駝者」），瑣羅亞斯德教創始人。瑣羅亞斯德宣稱阿胡拉·馬茲達是創造一切的神，因此他後來成為瑣羅亞斯德教的最高神。該教延續了二千五百年，至今仍有信徒。

的宗教性方向、本源或結構。正如阿基里斯[36]對阿加曼儂所言，每一個正常的男人都愛他的妻子，這（實在）沒有甚麼特別（《伊利亞特》，9.341-343）——這正是「普羅大眾的道德觀」的最佳示範。但對基督教來說，其所言的「愛」卻預設為另一種形式，並亦即於上述普通人對妻子的愛之外另一類別的愛。這樣的分別之建構得以形成的條件，要看它選擇了跟哪種分類做比對。很明顯，這種分別縱使只存在於幻想的範圍內，仍然可以是有意義的，並且在分析上而言是有用的。事實上，並不是每一個男子都愛他的妻子，或許基督教的愛（與俗世之愛）根本沒有甚麼差異之處，然而，社會上或有某群組認為，兩者實際上是有分別的，這也可以是一個重要的事實。在我們的社會中，長期以來一直在爭論，很多可以特別被稱之為「基督教善行」的，其實都只是普通常識，或普羅大眾的道德觀；如果我們想要掌握當時那個社會的思想，並解釋其中的行為，那麼去了解這等「善行」為何特別被認作屬於基督教範圍內的，是非常重要且必要的[(1)]。

假若我們接受宗教儀式行為、及有宗教意涵的被動的道德觀兩者的分別，那很明顯，在某些情況下，這兩方確實可以是背道而馳的。例如：有人整天的時間都花在數玫瑰念珠禱告，每個早上都去望彌撒，又很恰如其分地參與各種宗教儀式，但卻沒資格稱為過著充滿了「基督教善行」的生活；在另一方面，尤其是在現今的「後－基督教」社會中，有很多慈善活動皆是源自基督教，還殘餘地體現著「基督教」形式，而這等基督教方式的善行也全沒有附加於任何宗教儀式

---

36 阿基里斯（Achilles），古希臘神話和文學中的英雄人物，參與了特洛伊戰爭，被稱為「希臘第一勇士」。

或慶典活動。

最後第三條思想路線，嚴格來說，就是「神學」式的路線，亦即是說，一套有關對諸神的信仰觀念。如果認為擁有一套神學理論，即是對神靈的信仰，正等如我們稱為「宗教」這概念涵蓋的其中部分，這可說不是沒有理由的。那麼，在某層面而言，「無神論」很明顯也是一套神學，這正是對神靈的信仰的某個面向的判斷——所有神靈都並不存在。事實上有些宗教，神靈是缺席的，例如佛教，但這些宗教也都有一套神學。佛教徒認為「沒有任何神」正是重要的真理；那顯現為神的或被認為是神的，根本是我們最應該遠遠迴避的重重幻象其中一部分。我認為，相信沒有任何神存在，是跟現代世界的立場觀點之特質很不相同。現代世界的觀點，並不是去否定任何神靈之存在，甚至也不是去表達經理性反省而達致的無神論，而是簡單直接地對整個（宗教）問題漠不關心，並且期望大眾會停止花時間和精神去關注此課題。現代的「漠不關心主義」（indifferentism）甚至不是不可知論[37]，更不是無神論。

有關對（諸）神的信仰，我們可以確定至少有二種可能重疊的源頭。第一個源頭就是恐懼，特別是對未知／不可知（unknow）的恐懼。（例如）打雷與閃電使我們畏懼，由此我們的反應可能就會設想這等現象乃是神靈的行為，我們

---

[37] 不可知論（Agnosticism），或稱不可知主義，是一種哲學觀點，認為形上學的一些問題，例如是否有來世、鬼神、天主是否存在等，是不為人知或者根本無法知道的想法或理論。不可知論者不像無神論者那樣否認神的存在，只是認為人無法知道或無法確認其是否存在，因此不可知論包含著宗教的懷疑主義；不可知論者認為人類不可能得到真理，人通常被算作非宗教的、世俗的，但不一定沒有信仰。

也可能去設法安撫這等神靈，使祂們平靜下來。這可以視為（凡人）嘗試去控制局勢的方法，然而，對雷神、電神的安撫祭禮可能成功，也可能不會成功(m)，這要看我們如何去理解當時的情況。我們理解，這等祭禮並沒有妄想去消滅打雷和閃電現象，但它們確實在某種程度上可安撫對雷電的恐懼。

有關對神的信仰的第二個源頭，乃是一種推測性的好奇心，這好奇心可以至少有兩種各有不同的形式。第一，人們只是很簡單地去享受幻想（的樂趣），去編造故事，尤其是去把情節加以誇大、加油添醋或穿鑿附會，也喜歡去聆聽這些故事：這並不是因為人們天生害怕那比任何駿馬都跑得更快的八隻腳或有翼的馬，或者害怕一個用純金推砌而成的高山，或者害怕一個可以隨意將一塊兩個人都抬不起的石頭拋得遠遠的人（荷馬《伊利亞特》[38]，5.302-304），剛好相反，人們就是那麼簡單地享受去幻想這些怪事，也喜歡去傳誦這些（荒誕）的事。那些比較傾向喜歡幻想的民族，到某朝一日就會漸漸開始去構想諸神確切的特質──最低限度在開始時，諸神乃被認為是毫無疑問地存在的。漸漸（在這等民族的思想中）就開始發展出某種應該認知神靈的壓力，這些構思不僅將神靈想像為「（比凡人）體積更龐大或力量更大」，更是想像祂們是最頂級巨大、最威猛的，然後就是「完美」（teleios）的，那即是說，神靈（因已達至極限）不能再有任何進步增長的空間。在公元前六世紀色諾芬尼用

38　《伊利亞特》（Illiad），古希臘詩人荷馬所作的史詩。故事背景設在特洛伊戰爭，是希臘城邦之間的衝突，軍隊對特洛伊城（伊利昂）圍困了十年之久，故事講述了國王阿伽門農與英雄阿喀琉斯之間的爭執。

了以上論據，作為一神論的最早期充分發展的論證形式，並且宣稱這樣完美的存在只可能僅有一位，原因為祂是最終極的、並且排除任何（與其他存在）比拚（的可能性）[n]。

再者，人所期望的，並不僅止於去幻想，人也是希望為世界創造意義，並能解釋世上的事事物物，這個期望似乎擁有一種內部的動力，促使我們努力去將世界越來越多地包含融匯進某種統一性之中，同時可以對事物的現存狀態做出解釋，即不斷後退（天外有天般）的解釋。因此，人們衍生了另一個推測，就是幻想出一些比我們周圍的平常事物更龐大及更好的東西，這推測更衍生出另一個幻想，亦即努力去透過更好的解釋，而讓世界產生越來越多的意義。這些推測或幻想出來的不必然是同一個事物，也不必然互相連接，但在西方，這種種幻想則傾向於互相扣連：神（God）就正是在所有存在中最巨型的，並且是世上現存的所有存在事物的最終極的解釋。人們可能會質疑，人的本性中推測／幻想的衝動，究竟是否在深層次中跟「存在的焦慮」聯繫在一起，然而，很清楚地，在某些特殊情況中，這等推想／幻想在人們心中產生出來，但不是受著恐懼所鼓動。在摩西[39]（時期）及後摩西時期所產生的一神論，其所展述的神本身乃是一個「推斷臆測（衍生）的神」，其所面對的困難就在於這一神論在某一方面會越來越不容易去理解：亦即面對這個神，懷著適當的敬拜態度是否有意義，或，的確，對祂應否懷有任何感情態度——為甚麼要向那純粹是「最終極的解釋的原

---

[39] 摩西（Moses，約公元前1520年－公元前1400年；天主教譯作梅瑟），在舊約聖經的《出埃及記》等書中所記載中的猶太人的民族領袖。他在亞伯拉罕諸教（猶太教、基督教、伊斯蘭教）裡都被認為是極為重要的先知。

理」下跪敬拜？為甚麼要因這「世界最終極解釋的原理」之名而送你的兒子去進行割禮？在之前談及的第二種推測／幻想衝動由此而衍生了諸神，事實上，那讓好奇心得到滿足的真實解釋，漸漸轉化為越來越抽象的形式——亦即，為甚麼人們向之祈求的對象，到最終揭示原來是類似一條數學方程式的東西，而不是一個長著鬍子的男人？

第一類推測所衍生了的對諸神的信仰，盧克萊修對之特別感到有興趣。雖然他對於根據色諾芬尼的思想而推論出絕對的一神論無甚興趣，但為了可以簡潔地說明，讓我們現在假設只有一位神存在。讓我們幻想有一位神，祂不僅好，不僅很好，不僅最好，而且是整體全面地「完美」。再者，我們稱之為「完美」的其中一項性質，就是自我全面完備，自我充足，並不會期待或缺乏任何事物。如果說我有一個甚麼計畫，或設計，或方案，這即意謂我**缺乏**了甚麼，同時意謂需要（憑著這等計畫／設計／方案）去努力，或準備好去努力獲得這所缺乏的。由於我正在努力去獲取還沒有的（東西），這更可以說因此而感到困厄及「痛苦」——或許僅僅微微感到痛苦，但一個完美的存在，應該甚至連最輕微的痛苦也沒有。因此，一個完美的存在不可能有甚麼計畫或設計，更確切地說，神的完美的意義，甚至不是在我們的想像範圍內可以掌握得到的。盧克萊修的詩作，乃是以這值得銘紀的段落作為結論：

> omnis enim per se divom natura necessest
>
> inmortali aevo summa cum pace fruatur
>
> semota ab nostris rebus seiunctaque longe;

nam privata dolore omni, privata perclis,

ipsa suis pollens opibus, nil indiga nostri,

nec bene promeritis capitur neque tangitur ira.（I.44–49）

　　諸神基於他們的本質，一定會以最高程度的和平享受
著永恆的生命，祂們遠離凡間的紅塵俗務，與凡人保
持最大距離；諸神在本質上是沒有任何痛楚的；沒有
任何事物對諸神來說是稱為「危險」的；以其本質而
言，祂們只需基於自身的資源就會成就強大，並且不
需要我們（凡人）的資源，因此祂們也不會被我們對
其讚頌的行動所動搖，更不會激起憤怒。

　　有關神的觀念的第三個起源，就是基於凡人的不夠完
善、軟弱、做事會失敗，以及有需求；神的出現乃源於人有
真實具體求助的需求，但卻不能滿足，後來這些需求逐漸以
不同的方式昇華[o]。因此，在荷馬的《伊利亞特》中，出現
了不同的英雄，他們為求殺敵或防衛自身，於是向諸神求助
（要麼廣泛地向所有神祈求，要麼向各人本身的「守護神」
祈求）。最終而言，以上觀點，可以轉化成為阿賈克斯[40]向
宙斯的禱告——當希臘人迫近阿賈克斯帶領的戰船，兩方在
濃霧中混戰之際，阿賈克斯向宙斯禱告祈求支援。這一段禱
文被認為是有關「崇高」的最佳表達，因為阿賈克斯所祈求
的「幫助」是如此令人驚異地被昇華——阿賈克斯祈求的不
是繼續生存，而是在光明中死亡：「請求將濃霧散去，在

---

[40] 阿賈克斯（Ajax），希臘神話人物。特洛伊戰爭中，希臘聯合遠征軍主將
之一。

光明中殺死我們，如果這就是宙斯神之所想」（《伊利亞特》，17.645-647）[p]。我認為，在現代主流的宗教形式中，越來越占重要位置的，就是人們對安慰、平伏憂傷及心理上的慰藉的需要，而這等需要皆是衍生自上述希臘的傳統。

　　根據上述論述，我們可以馬上了解到，問題出在經推斷臆測而衍生的諸神與給予凡人以安慰的諸神兩者之間的連結上。我在生活中經歷的麻煩痛苦越多，我就越需要從那位巨大、威猛和完美的神靈那裡得到慰藉，與此同時，我又越來越不大清楚，為何那個如此構想出來的神，竟可能會有興趣給予我所期望的慰藉（或滿足我的其他需求）——或者，換句話說：盧克萊修將那些童稚的幻想，亦即將「一個會救助我們、照顧我們的『大佬』[41]或『全能的父』」的幻想統統毀滅，因為這都是互相矛盾的幻想。然而，另一方面，盧克萊修留下給我們的安慰，就是凶悍恐怖的迫害者或最高的審判者不可能存在，又或者，如果祂的確存在，不可能對毫無價值的凡人生活產生興趣，因此任何基於這情況而生之恐懼都不會成立。維吉爾[42]追問：「怎可能天上任何一位神靈會有如女神茱諾[43]對付埃涅阿斯[44]那般瘋狂震怒？」（《埃涅阿

---

[41]　大佬／老大哥（Big Brother），應該是引據喬治・歐威爾在他的反烏托邦小說《1984》中塑造的一個人物形象。老大哥是《1984》書中人物大洋國的領袖，是黨內的最高領導人。他的存在也是權力的象徵。老大哥象徵著極權統治及其對公民無處不在的監控。

[42]　維吉爾（Vergil或Virgil，公元前70年－公元前19年），古羅馬詩人。維吉爾被奉為羅馬的國民詩人，被當代及後世廣泛認為是古羅馬最偉大的詩人之一。

[43]　茱諾（Juno），羅馬神話天后，是女性、婚姻、生育和母性之神，集美貌、溫柔、慈愛於一身，羅馬人稱「帶領孩子看到光明的神祇」。地位相當於希臘神話主神宙斯的妻子希拉。

[44]　埃涅阿斯（Aeneas），特洛伊英雄。維吉爾的《埃涅阿斯紀》描述了埃涅阿斯從特洛伊逃出，然後建立羅馬城的故事。他在希臘與羅馬神話及歷史中扮演很重要的角色。他也在荷馬史詩《伊利亞特》和莎士比亞的《特洛伊圍城

斯記》，I, 11）盧克萊修的回答會是：「這問題的組織實在太差了，因而不會獲得任何答案，因為一位真正的神靈一定不會被狂怒所控制的。」

如果總體來說，「宗教」乃是各種祭禮儀式、被動接受的道德規範的不同形式，神學思維的推斷臆測三者，隨著歷史發展而擴充的聚合體，那麼，盧克萊修對這宗教特性有甚麼看法？在原則上他對宗教的儀式、祭禮、慶典及既成的宗教實踐並無反對。如果有人對神的存在抱著不可知論的態度，或甚至壓根兒認為「神存在」這件事是虛妄的，但仍去參與或甚至學習、將各種現存的宗教儀式發揚光大，這也不是非理性的——雖然現今世界各主流的一神論宗教的信徒大多數都會對此行徑感到奇怪或甚至覺得有悖常理。在群體中，宗教儀式行為很可能有某種特殊地位，因為它們可以支撐成全群體內成員的認同意識；它們也可能培養促進了團體精神，增加了群體成員之間的團結性；同時它們也會被認為可以提供了其他無數的益處，例如使人們的精神能夠平靜下來，或提供人們一個保護的、非功利的空間，好讓人們在過度俗世煩囂的生活中，有個靜靜的沉思反省的地方。這好比卡夫卡的故事《女歌手——約瑟芬，或耗子民族》[9]中的主人翁，老鼠約瑟芬是著名的歌唱家，當她演唱時，必有大群老鼠從四面八方來聽她唱歌，但她其實不會唱歌，她根本不比其他的老鼠更懂得唱歌，她只是吱吱叫著（正如其他老鼠一樣）。但是，大量的老鼠（聽眾）繼續從四面八方湧來，因為當約瑟芬只不過在舞台上無聊地吱吱地叫著時，正給予

記》中出現。

廣大的老鼠聽眾一個群聚的機會，牠們坐在觀眾席上，貌似在聽約瑟芬唱歌，但其實是在靜靜思索，不受打擾。

反面的現象也同樣會發生。那些在神學上而言，根本是抱持無神論立場的猶太教拉比或基督教牧師，無論如何，皆是很投入專注於宗教的禮儀，以及為教區社群的道德與靈性上的福祉而努力——這些神職人員在文學作品中或真實生活中皆是很普遍常見的人物。天主教的教義甚至有特別的規條（ex opera operantis與ex opera operato[45]兩者清楚分別）去保證「聖事」[46]的真確性，使其不會過度緊密地依賴主持（聖事）禮儀的神父的當下心理狀態[(r)]。一個心底裡是無神論者的神父／牧師主禮的浸禮儀式仍可以是合法真確的，只要他以最基礎的專注地去實行便可，這就正如瑞典物理學家尼爾斯·波耳[47]堅持要掛一隻馬蹄鐵在大門上，雖然他並不相信這種迷信習俗真的能保佑他的房子安全。他這樣做是因為有人告訴他這很有效，雖然他（房子的主人）根本不相信。原則上，縱使全體信眾有可能皆（在神學觀點而言）是無神論者，但只要當中沒有人知道其他人都是這樣便可以了。在十九世紀，費爾巴哈[48]提議，基督教的禮儀祭典可以保留，但

---

[45] Ex opera operantis 是一個專門概念，直接意思是「由做工者的作業而得」，它與ex opere operato成對立分別，後者的意思是源自基督本身透過宗教聖禮儀式而賜授恩寵的力量。Ex opera operantis則是指涉信眾及神職人員的德行，由此而有條件主持布授及蒙受神聖恩寵的慶典（譯自：https://www.encyclopedia.com/religion/encyclopedias-almanacs-transcripts-and-maps/ex-opere-operantis）

[46] 聖洗、堅振和感恩（聖體）聖事是基督徒入門聖事（方濟會思高讀經推廣中心 https://www.ccreadbible.org/Members/Bona/For-Bible/catechism-chinese-english/53774e8c57fa776359678de1768461765178-5171878d670d52d9768480564e8b）。

[47] 尼爾斯·波耳（Niels Bohr, 1885-1962），丹麥物理學家，1922年因「他對原子結構以及從原子發射出的輻射的研究」而榮獲諾貝爾物理學獎。

[48] 費爾巴哈（Feuerbach, 1804-1872），德國哲學家。

要明顯地以一種自然主義的意義去重新加以詮釋，例如領聖禮的儀式可以代表在一個團體中共享食物的重要性，另外其他基本的宗教禮儀祭典也應有諸如此類相應的重新詮釋。很明顯，從長遠來看，這種種的宗教典禮、儀式及其實踐，確實可能對社會的團結凝聚及對群眾福祉有貢獻並產生正面影響，如果在群體內有足夠多的成員，持續認為他們所屬的群體，的確是建立在屬靈真實的信仰基礎上^(s)，而不純粹只是一個體制，只為去培養團體關係及精神性的增益。分析至此，這已跟現正討論中的問題有異——這是一個社會學上的問題。

盧克萊修在長詩《關於事物的本質》的開首，向女神維納斯祈求，可以被視為進行了某種文學性－宗教性範圍的儀式。雖然這個儀式表面看來，盧克萊修是為了祈求維納斯的支援，即是說，去插手凡間的事務，但盧克萊修本人的神學思想是排斥這個想法的。但是，我們不需要排除，那祈求的儀式可能在**事實上**，正指向他自己本身及他的讀者，其意義正在於，將兩者放在正確的思想範圍中並且啟發他們。這祈求，正好比現代世界中，縱使是無神論者，在法庭中也會手按著聖經宣誓必定說出真話，宣誓者這樣做並非對某個神靈之信仰的表達，而是去顯示這宣誓行動的目的之嚴肅性，同時，透過實行這項普遍被社會所肯定及珍視的儀式，正有助於營造及維持一個明智而審慎的關注的氣氛。

至於「被動接受的道德規範」這課題，盧克萊修一定拒絕他所稱為「religio」的所有形式，亦即他不能接受基於聲稱為「必然的要求」而去行事的形式，而這行事形式的原因，正因為某位神靈的命令要求。此拒絕「religio」的立

場，正與他所堅持的信念，即是非壓迫性的道德形式的重要性並存，這即是說，道德，原則上並不是基於神的意旨而「你必須」要這樣那樣做，反而，那是個提議：你這樣做，是基於「這是較佳的行動或生活方式」。這種不以壓迫為原則的道德觀，或者，可能含藏某種神學方面的因素，這即是說，（正確地被詮釋的）諸神雖然甚麼都沒有做，也可以被視作可以考慮的指導範例——縱使祂們對凡人的事務毫不關心，也從不會去插手，但祂們也可以在道德倫理上有一個角色，因為祂們以明確的途徑、用具體例子示範了凡人應該渴望追求的，乃是寧靜致遠的心境，那和平的形式，正是凡人應仿效的模範。諸神甚麼事也不做，但**我們**（身為凡人）可以憑著冥想靜思去改變自己，又或甚至以正確的方法去崇拜祂們（這包括不去想像諸神會以甚麼途徑去「束縛」我們）。

　　盧克萊修詩作《關於事物的本質》的整個計畫（目的），有一半是企圖（使人）免除對諸神的恐懼，他採取的討論，已在本章節早前部分的陳述中提及。而其另一半的目的，乃是將人從對死亡之後所會發生的事的恐懼中解放出來。在《理想國》的尾段，柏拉圖敘說了一個神話。這神話其中的一個想法就是「良善的行動受到獎賞，而邪惡（或最低限度最醜陋的邪惡）的行為就會受到懲罰」，而這賞罰的程序在人死後發生，因此，在這一生中，我們基於「善」（the good）的知識去修練靈魂的和諧是至為重要的，也由此，我們會對來世生命做出聰明的選擇。盧克萊修對柏拉圖的這個說法卻唱反調，他認為「我們」是無數原子的偶然相遇連結，到了死時就會澈底斷離分散，所以根本沒有那個死

亡之後可以被懲罰，或被獎賞的「我們」。「我們」也不會受到痛苦，或享受，或對來世做出聰明的或錯誤的選擇。死亡，對我而言，不會是邪惡的，因為死亡就是一個再沒有「我」的狀態。

在離開盧克萊修之前，請讓我稍稍糾正，我向各位提供有關盧克萊修的初步看法。我曾強調，對盧克萊修來說，倫理學在其本身不會純粹是要求我們去發展某種物理功能，能夠讓我們備受困擾的思想得以平伏——這種思想的平靜之所以可達到，是因為實在不存在那所謂和我們相關的「死後生命」。同時，事實上，諸神基本上對我們作為凡人，或對凡間的事務毫不感到興趣。這意味著，我們稱以下想法為對所有自然現象做出「唯物論」解釋是很重要的：它的終極原則，乃是世界正是在虛空中浮游的無數原子之隨機連結，這想法是有可能的，而且，這種對世界的解釋是正確的。到目前為止，這解釋是可行的。不過，雖然我們會傾向於接受上述的解釋，但另外也有不同的看法：雖然，真正的唯物主義對所有事物的解釋這立場是存在的，並且很重要，同時我們也相信「情況就是如此」的見解，但是，究竟**哪一派別**的唯物主義做了以上的解釋（這世上可能有好幾種不同派別的唯物主義），或者我們是否正確知道哪一派唯物主義做此解釋，卻不是很重要。關於芸芸唯物主義不同派別所提供的不同解釋我們應該做何種選擇，我們無須執著，或者說應該不必執著。說到底，盧克萊修沒有任何意願、偏執地去追求對自然做最細緻、最精確的理解，並由此而使人們產生另一種心理上或精神上的焦慮，以取代對諸神的恐懼。站在盧克萊修的立場來看，原子不斷隨機偶發地浮游移動，也即是說，

原子的移動是基於某種程度的不確定性，或（最低限度）不可預測性。原子不斷「突然轉彎」改變方向或「偏離」原來的軌跡，因而在任何情況中，人類所做的計算、解釋及預計的可能性都會有其限制。我們應該以冷靜沉著的態度去接受這種不確定性。這種對於自然現象的解釋及預測所持的讓其隨意自發（laissez-faire）的觀點，現代人會傾向認為這或許較適合於古代形式的社會。因為在古代社會中，對自然的探究，乃是一種靜觀、冥想性的思考活動，這種思想，對於我們所處的、非常依賴科技的社會，實在不適合。

第4章
奧古斯丁

　　本書所介紹的哲學家之中，只有奧古斯丁受過語言修飾的教育。在他身處的社會，對於受過教育的人而言，修飾語言成為讓人愉悅的形式，是一項「專業」訓練：他正是一個成功的修辭學者，既是實踐者也是教授──這個專業在羅馬帝國十分受到尊崇。儘管如此，對現代讀者來說，奧古斯丁的著作實在特別難讀，這樣說基於很多理由：其中部分的理由是（根據現代人的評價）：奧古斯丁極之讓人厭惡的性格，這可從他的作品的字裡行間很清楚地掌握──奧古斯丁是個完完全全欠缺幽默，極度自我迷戀，又報復心重的人，且十分憎恨女性，但同時他又不正常地依戀其母親。在晚年，他是異教徒的揭發者，也同時擁護（宗教上）只執著原則毫不寬容的立場。奧古斯丁乃是呼籲國家打壓宗教叛徒的首批基督徒，有某些資料記錄了奧古斯丁是宗教審判的支持者。

　　奧古斯丁的思想模式及寫作風格，對我們現代人來說是非常陌生的。我們覺得他的文筆風格有悖常理，其中一個理由是他很多文章都好像是直接無修改的**口述**紀錄，他的著作，簡直是以近似意識流方式，去對一系列（他認為有特殊典範「經典」地位的）文章所作的詮釋。奧古斯丁稱這等文

章為「經文」，亦即那些現在於歐洲普遍上總稱為「聖經」的文章結集。奧古斯丁將這些文章的某些段落，做出極度細緻但同時也極其乏味的審查：他的分析就好像（聖經中）最微細的每一字一句、或甚至連標點符號都含藏著很深層的意義似的。於此，奧古斯丁更用了最奇特迂迴曲折的文筆，去「揭露」他認為這等經文所含藏的「意義」(a)。更加離奇的是，他並不是研讀原著，從而提出詮釋，而竟是採用翻譯版本，在某些情況中，他參考的竟然是翻譯的翻譯（亦即從希伯來語或阿拉米語翻譯成為希臘語或拉丁語的舊約聖經）。這一狀況，再結合（聖經內的文章）經常出現的不同風格（原因是在古代要忠實地複製文章是非常困難的），於是，在現代讀者眼中，奧古斯丁正在處理一些好像是隨意拼湊的文章碎片，它們似乎隱藏了宇宙之謎的答案一樣。奧古斯丁對聖經的「詮釋」，若比對我們現今所理解的所謂「詮釋」的涵義，似乎更是接近（弗朗索瓦・拉伯雷的作品）《巨人傳》[1]內其中一個角色巴努希沉迷去做之事（《巨人傳》第三卷：此章節述及主人公龐大古埃（Pantagruel），以及卡岡都亞〔Gargantua〕之事蹟）：他細讀著古羅馬詩人維吉爾（Vergil）的詩——但他所參考的應該是一個訛傳的維吉爾詩集的版本，目的是想從中找尋他應否結婚的理由，而不是我們公認為「詮釋」的研讀(b)。

再者，我們對文學的欣賞品味，與較為晚期的古典文學時期已經很不同，當時的羅馬人很崇尚口述誦讀的流暢度，

---

[1] 《巨人傳》（*La vie de Gargantua et de Pantagruel*），法國文藝復興時期的重要文學作品，由法國作家弗朗索瓦・拉伯雷（Rabelais）創作，共有五集，1532至年1564年陸續出版。

於此時期，「Copia」[2]——即對同一事物可用各種不同方式去表達出來的能力，以及不會結結巴巴、不會中斷，或者不會說著話時偶然忘了字詞、能滔滔不絕口若懸河地高談闊論——是非常受到尊崇敬佩的美德。然而，在現代人的眼中，完全不覺得這種風格讓人愉悅、能喚起美的聯想，以及使人有滿足感，反之，現代人多數會覺得這種高超的口才，只不過有如一個學藝不精的獸醫，卻被命令去以仁慈的方法，去了斷那些傷得太重不能救的士兵的生命，然而，那個獸醫企圖用針重複刺進士兵頭骨的底部，但卻不能刺中那在脊椎某部位致命的死穴。奧古斯丁的文章，字跡非常潦草，文章行文也常離題、重複，同時，作品內容經常都好像缺乏清晰的整體結構，也沒有任何美學特質；其文章風格也非常腐杇——這即是說，文章的個別細節，總是不受控制地擴增，結果文章整體的結構往往沒辦法被掌握辨認。更有甚者，個別句子的組成都很矯飾，並且只是很鬆散地聯繫串成一行。勉強來說，奧古斯丁的作品，大體而言只是某種不停地往後向那宣稱為中心主題的永恆循環，由此而拼湊為一個整體。上述的寫作風格在《上帝之城》[3]這著作中尤為明顯，第一眼讀這本書，那是洋洋數十萬字，一盤散沙般毫不合理地堆砌而成的長篇大論。無可置疑，奧古斯丁的獨特的宗教感觸，的確含藏了根深柢固的一致性，但卻以有如病態的多言癖、滔滔不能停頓的文字表達出來，這確實需要大量的精力及集中力，去掌握其一致性。可能正確的想法是，對於奧古

---

[2]　字面意思：豐富，眾多

[3]　《上帝之城》（*The City of God*），著於公元413年，當時羅馬城已被哥特人攻破。人們把羅馬帝國的衰退歸咎於基督徒離棄傳統多神宗教。奧古斯丁覺得有必要著書回應此攻擊。該主旨為上帝之城最終將會戰勝大地之城。

斯丁的文章而言，只有神才配得起成為其讀者；神可以讓他的文章有意義，對於我們凡人，閱讀奧古斯丁的作品確會使人很懊悔。無論如何，奧古斯丁仍然可引起我們的興趣，部分原因，是他高超的知性能力，總會使人們敬佩他，雖然他總表現出那種使人討厭的自我，以及他的寫作風格實在毫無吸引力且軟弱無力。

在奧古斯丁的芸芸著作中，唯有《懺悔錄》[4]直到今日，依然是一本重要的充滿知性的巨著，並且還能夠吸引很多人持續去細讀。其中的原因，毫無置疑，在於這本著作的內容，相對地容易配合現代時期對於主體性、個人心理學及個人發展等課題之特殊關注。若視奧古斯丁為盧梭[5]及佛洛伊德[6]的先驅者並不為過，但讀者從這本書所學習到的，對其所提及的課題，卻是非常片面及扭曲的圖像：閱讀它只會使我們將注意力從那些重要及突出的主題移離。雖然奧古斯丁的皇皇巨著《上帝之城》，若評它為一個文學作品，的確有很多缺點，但是也發展了一條關乎人的生命歷程，及對世界的反思之路徑。這種思想方法跟其他哲學家嘗試教給我們的思考模式，十分有趣地截然不同。正是基於這個原因，我以下的論述會專注於《上帝之城》的分析。

讓我們從一個也許是瑣碎及表面的觀察開始討論吧。

---

[4]　《懺悔錄》（*the Confessions*），於公元394年至400年奧古斯丁用拉丁語寫的自傳體回憶。

[5]　盧梭（Rousseau, 1712-1778），啟蒙時代的法國與日內瓦哲學家、政治理論家、文學家和音樂家，出身於當時還是獨立國家的日內瓦。

[6]　佛洛伊德（Sigmund Freud, 1856-1939），奧地利心理學家、精神分析學家、哲學家，精神分析學的創始人，二十世紀最有影響力的思想家之一。

《上帝之城》的作者很明確清楚地說明，這本書乃是對一件獨特具體的，在真實時空中發生過的歷史事件的回應：那就是在公元410年，西哥特人在國王亞拉里克的帶領下，所發動的「洗劫羅馬」[7]事件。相對於柏拉圖及盧克萊修的著作，奧古斯丁的作品的骨幹就是一系列的故事，或一系列的個別事件所組成的歷史的陳述：亞當[8]的墜落、羅馬的建立、洪水氾濫[9]。先不管人們如何衡量這些故事的地位，認為它們是到底虛假的故事還是視為事實，或可爭議，然而（在本書記載闡釋的）其他事件，卻無可置疑是在歷史上真正發生過的：幾次布匿克戰爭[10]，猶太人的流亡，尼尼微被摧毀滅亡[11]。奧古斯丁在《上帝之城》中嘗試去發現的，並不是這些事件的直接起因，而是它們的涵義。因此，他不會在書中記錄，西哥特的國王跟羅馬帝國內各個勢力派別代表，所進行的冗長複雜的，皆以失敗收場的談判過程，及由

---

[7] 公元410年8月24日，西哥特人在其國王亞拉里克一世的帶領下洗劫了羅馬。當時，羅馬不再是西羅馬帝國的首都，羅馬帝國早在286年就已遷都至梅蒂奧拉努，402年又遷都至拉文納。此次洗劫是近八百年來羅馬第一次落入外敵之手。410年羅馬洗劫被看作是羅馬帝國的衰落的一個重要標誌。

[8] 亞當（Adam），按照希伯來聖經的記載，是神創造的第一個人，神按照自己的形象所造有靈的人。神告訴亞當他可以吃園中各樣的果子，只是分別善惡樹的果子不可吃。後來亞當和夏娃違背神的命令，吃了果子，二人從此被逐出伊甸園。

[9] 神用大洪水殺死了所有人，只留下了塞特一系的挪亞一家的故事。

[10] 布匿戰爭（Bella punica，或譯布匿克戰爭），是在古羅馬和古迦太基之間的三次戰爭，名字來自當時羅馬對迦太基的稱呼Punicus（布匿庫斯）。第一次布匿戰爭發生於公元前264年至公元前241年；第二次布匿發生於公元前218年至公元前201年；第三次布匿戰發生於公元前149年至公元前146年。

[11] 尼尼微（Nineveh），為古代新亞述帝國的重鎮之一，於底格里斯河東岸，在今日伊拉克北部城市摩蘇爾附近。尼尼微於公元前8世紀至前7世紀最為繁榮，但於公元前612年，伊朗高原強國米底和新崛起的新巴比倫王國聯合圍攻尼尼微，並成功攻陷尼尼微。公元前605年強盛一時的亞述帝國正式滅亡，尼尼微隨之沒落。

此過渡到羅馬城被占領的過程；奧古斯丁嘗試的，乃是去理解及掌握這些事件的「意義」。正好比其他許多上佳的哲學著作一樣，他的論述以「我們如何理解洗劫羅馬這事件？」這問題作為開始，但是，在回答這問題的過程中，他逐步轉而為探究這問題的預先假設，於是他漸漸將這些假設的複雜性揭示出來。在最後完結時，他問了一條後設問題：「怎樣才會算是被確認為『理解』真實的歷史事件？」——去理解某事件，即是去掌握它的「意義」，然而，如果我們不知道，應該努力去掌握的是何種特殊的「意義」，這樣追問對我們的探究是沒有任何幫助的。圍繞這主題的論述，最有哲學方面趣味的部分，就是去闡述某真實事件的「意義」究竟為何，亦即，如能掌握其中意義，我們便能夠獲得對這件事的全盤理解——這就是奧古斯丁這本著作所想達到的目的。

除了對歷史事件的討論，《上帝之城》陳述了很多人物的生命歷程——雷古魯斯[12]、馬其頓的亞歷山大[13]、米蘭的聖安博[14]、保祿與巴拉帶兩兄妹[15]、蘇拉[16]、雅各[17]和以掃[18]、

---

[12] 雷古魯斯（Regulus，公元前？年－公元前213），古羅馬軍事活動家，第一次布匿戰爭時期的統帥。

[13] 馬其頓的亞歷山大三世（Alexander of Macedon，公元前356年－公元前323年），世稱亞歷山大大帝，古希臘馬其頓王國國王，是古希臘著名王室阿吉德王朝成員。

[14] 聖安博（Ambrose of Milan，約340年－397年），任米蘭總主教，四世紀基督教著名的拉丁教父之一。他也是天主教會公認的四大教會聖師之一。

[15] 保祿與巴拉帶兩兄妹（Paulus and Palladia），《上帝之城》第22卷所記載的治病奇蹟之其中一個個案。

[16] 盧基烏斯‧科爾內利烏斯‧蘇拉（Sulla，公元前138年－公元前78年），古羅馬政治家、軍事家、獨裁官。他贏得了羅馬歷史上的第一次大規模內戰，成為羅馬共和國第一個通過武力奪取政權的人。

[17] 雅各（Jacob ），天主教翻譯為雅各伯；是聖經裡的一名族長。

[18] 以掃（英文：Esau），天主教譯為厄撒烏。根據聖經《創世記》的記載，以掃是以撒和利百加所生的長子，得到父親以撒的歡心；以掃因為「一碗紅豆

漢尼拔[19]、西普良[20]、羅穆盧斯與瑞摩斯[21]、亞當和夏娃——作者更深入描述了這等人物生命中特殊重要的時刻。我們首先可以說，這個人物列表所包括的，並不全是「真實」存在過的人物，例如其中所提及的，羅穆盧斯與瑞摩斯，就純然是屬於「神話」中的角色。奧古斯丁很明確地將「神話」（myth）與「寓言」（fable）的類別區分開——空想的人物是不存在的；但在和平祭壇[22]所供奉的神靈卻是存在的——他十分滿意自信地去確認，其中某些人物可以說是充滿「傳奇性」的，亦即是說，那些傳誦他們的故事，可以是真實的，也可以是虛構的。很多真實存在過並充滿魅力的人，例如馬其頓的亞歷山大、腓特烈大帝[23]、列寧又或者我以前的老師——美國哲學家薛尼・摩根貝瑟[24]，都被廣泛地傳誦，許許多多野史小故事傳誦他們的事蹟，還有據說是出自他們口中的雋言妙語（他們其實從未講過），或者從未做過，但謠傳曾做過的事，但這並不代表這些人物不曾存在過。且不

湯」而將長子的名份「賣」給了雅各。後來雖然為了繼承權兄弟反目，但最終和好重聚（《創世記》25:29-34）。

[19] 漢尼拔・巴卡（Hannibal Barca，公元前247年－公元前183年），北非古國迦太基著名軍事家。

[20] 西普良（Cyprian，約200年－258年），基督教會殉教聖人，是對基督教教會論影響深遠的拉丁教父。

[21] 羅穆盧斯（Romulus，約公元前771年－公元前717年）與瑞摩斯（Remus，約公元前771年－前753年），是羅馬神話中羅馬市的奠基人。

[22] 和平祭壇（Ara Pacis Augustae），供奉和平女神的祭壇，公元前13年7月4日由羅馬元老院修建，以慶祝羅馬皇帝奧古斯都從西班牙和高盧凱旋，公元前9年1月30日羅馬元老院進行祝聖，以慶祝奧古斯都勝利後為帝國帶來的和平。

[23] 腓特烈二世（Frederick the Great, 1712-1786），史稱腓特烈大帝，普魯士國王、軍事家、政治家、作家及作曲家。

[24] 薛尼・摩根貝瑟（Sidney Morgenbesser, 1921-2004），哥倫比亞大學的美國猶太裔哲學家和教授。

說我們怎樣去衡量雷古魯斯、雅各、漢尼拔、羅穆盧斯，又或者夏娃等是否在歷史時空中真實存在過，但很清楚，奧古斯丁完全不會認為他們的存在，會如獅頭羊身蛇尾的怪獸（喀邁拉）[25]或飛馬佩力索斯[26]那般子虛烏有，雖然奧古斯丁可能是誤判，但對他來說，極為重要的是，如雅各或夏娃之類的聖經人物，是事實上存在過的，這等人物不會只是文學性的虛構，或幻想中創造的人物。

　　這種特殊的意向，亦即傾向於肯定某些人物的具體歷史性及真實性，使得《上帝之城》跟大部分人們可能讀過的其他哲學著作顯著不同。很多資料都顯示，在盧克萊修的哲學詩作《物性論》（*On the Nature of things*）中，伊比鳩魯[27]的名字只出現過一次（III, 1042；在這本著作其他章節中，伊比鳩魯只是簡單地被稱作「一個希臘人」）。盧克萊修沒有提過伊比鳩魯的生平事蹟，只提及他是在希臘出生而已；因為盧克萊修認為這與該書的內容的討論沒有任何關係。同樣，盧克萊修只是即興地引用了布匿克戰爭（III, 830 ff.），他只是透過以此作為舉例，說及這三次戰爭在過去曾舉世震驚；盧克萊修沒有詳細提及此歷史事件，是因為這三次戰爭發生在他及其同代人還未出生之時期，他們自然不曾認知這等事件，因此對他們而言是**毫不相干的**。問題重點正在於，

---

[25] 喀邁拉（Chimera），希臘神話中會噴火的怪物。牠居住於安納托利亞的呂基亞。是為母獸，其名字來自希臘名詞χίμαιρα，意思為「母羊」。

[26] 佩加索斯（Pegasus），希臘神話中著名的奇幻生物，是一匹長有雙翼的馬，通常為白色。

[27] 伊壁鳩魯（公元前341年－公元前270年），古希臘哲學家、伊壁鳩魯學派的創始人。伊壁鳩魯成功地發展了阿瑞斯提普斯的享樂主義，並將之與德謨克利特的原子論結合起來。他的學說的主要宗旨就是要達到不受干擾的寧靜狀態。

縱使這三次戰爭客觀而言在歷史上是很重要的事件，但是與盧克萊修著作之宏旨毫無關係。在柏拉圖的《理想國》中，實在發生過的歷史事件沒有任何角色，書中所提及的人物，也只是簡單如人形模特兒般，他們只是重複一些例行的應答對白：「對的，蘇格拉底。」「果真是正確的，噢！最厲害的友人。」又或者：「超乎尋常偉大的老師，你說得真是正確。」或這些人物是扮演展示某些例子及論點的角式。相比而言，《蘇格拉底的申辯》可能是一個例外，因為這歷史事件發生的地方及其中細節，皆與本書主旨緊密關聯，事實上很多對話涉及的背景，實在非常複雜，因此不可能宣稱，對話內容與所參照的特殊事件完全不相干。然而，如果人們毫不重視柏拉圖本人實際的行事實踐，而將焦點只集中於他那些（已成為典範的）觀點想法上，那麼的確會促使人們罔顧柏拉圖個人的生平及其身處的歷史背景。在柏拉圖的其他對話錄中所出現的蘇格拉底，重複強調他本人（身為一個體），相比於其思想的反省進程，其實是多餘的。蘇格拉底認為，究竟是否他本人，在帶領著對話的進行發展是無關重要的；蘇格拉底這個人在歷史上某段時期存在過這事實，也是無關宏旨的，因為辯論討論（logos）只會依照自身的規律去發展、進行。在《泰阿泰德篇》[28]一段著名的對話中（148-150），蘇格拉底形容自己，在導引別人的思想的工作之過程中，只不過扮演一個「接生婦」的角式。所謂接生婦，即她自己不是懷孕的那位婦人，她只不過幫忙別人將（萌生孕育著的）思想推動、並生產／體現

---

[28] 《泰阿泰德篇》（*Theaetetus*），泰阿泰德是希臘哲學家、數學家。《泰阿泰德篇》是柏拉圖的對話錄其中之一篇，記述他對知識論的看法。

出來。一般而言，人們（憑自己）最終也會將思想推動表達出來，雖然或許不如有人協助那般快捷、安全及舒適。由此，接生婦本人的生活的種種情況細節，或她的生存或死亡狀況，都應該不重要。在原則上，蘇格拉底的角色就好比接生婦那般次要。然而，可以（如上述所說）那麼輕率地對待某些人的真實存在，以及他們實際上所做的、所講的，或所受到的苦難，似乎令人非常難以置信。

　　如果我們將蘇格拉底以及耶穌兩人臨近死亡的那段日子做個比較，我們會發覺耶穌的故事對奧古斯丁而言很明顯重要許多。讓我們嘗試在標準版本以外，幻想或創造另類的耶穌臨終故事之的版本：比如，第一另類版本：假設有某種混亂出現，被釘在十字架上的那位，不是讓猶太人議會非常惱火的加利利的拉比[29]（即耶穌），而是，譬如說，古利奈人西門[30]。因為西門是被羅馬士兵強迫幫耶穌背十字架上山的人，他被人們誤以為是耶穌並不難想像（請看電影《布萊恩的一生／萬世魔星》[31]）。又或者，我們又做另一幻想，假設在客西馬尼園中，出了亂子，彼得[32]殺了猶大[33]，因此讓耶

---

[29] 拉比（Rabbi），猶太人的特別階層，主要為有學問的學者，是老師，也是智者的象徵。猶太人的拉比社會功能廣泛，尤其在宗教擔當重要角色，為許多猶太教儀式的主持（但他們多有日常正職）。因此，拉比的社會地位十分尊崇。他們經常與常人接觸，解答他們的疑惑。他們是一群觀察生活、思考生活從而獲得智慧的人。

[30] 古利奈人西門（Simon of Cyrene），根據聖經記載，為在耶穌前往受刑途中，被羅馬士兵強迫替耶穌背十字架的人。

[31] 《萬世魔星》（Monty Python's Life of Brian），又譯《布萊恩的一生》，是一部1979年的英國喜劇電影。可說是惡搞喜劇的開先鋒之作，中譯片名嘲諷了1973年的宗教歌舞片《萬世巨星》

[32] 彼得（Peter, 1-67），基督教奠基者耶穌所收的十二使徒之一。

[33] 加略人猶大（Judas），又稱猶大、背叛者，在《新約》中是耶穌最初的十二門徒之一。他受猶太公會三十塊銀錢賄賂，以親吻為信號，背叛耶穌。

穌逃走了，到了以東國[34]，從此在那裡生活下去。又或者第三版本：假設那些羅馬士兵在混亂衝突中殺了猶大及耶穌。又或者我們可考慮俄羅斯（東正教）的版本——如果神的兒子**真的**為了救贖所有世人而渡成肉身，化身為人，他於是背負了「人的本性」的所有意義，亦即祂必要包攬人世間之種種不足、錯誤、從心而發的道德敗壞、墮落等所有弱點——這一切都是的人性內在本質固有的構成部分。因此神的兒子，為了可以成為「將世界的罪惡清除的羔羊」，必須要從內心去知道這等等（道德）墮落，亦即是說，不僅對其他人（的行為）的觀察而掌握墮落，更是透過自己本身（作為凡人）去實踐而直接體驗。然而，沒有甚麼比在法律判審中將無罪清白的人判處死刑這情況，更加道德敗壞墮落：那麼，這可說是唯有那出賣耶穌的猶大，因他當真正深入探索了人類的罪惡的意義，才能為了凡人彌補其本性，因此猶大才應該是救世主。那麼，到底哪一個人是被釘十字架呢？那個純潔無罪的（但同時是溫溫吞吞的）名為耶穌的拉比（第四另創版本），還是猶大（第五版本）——即是那潛在的救世主？哪一種命運是對猶大而言是較差的（因此是對那個潛在可能的救世主是較好的？）很清楚，站在奧古斯丁的立場而言，如果上述之事件發展的天馬行空另創版本其中**任何一個**落實成真，這確會對他企圖提出的真理的本質有深遠影響。

讓我們現在同樣嘗試替蘇格拉底的故事另創版本，並跟前述的聖經故事天馬行空的創作，做出比較。首先，（試幻想）如果陪審團宣判蘇格拉底無罪，那後果可能會嚴重嗎？

---

[34] 以東（Edom），一個位於外約旦的古代王國。希伯來聖經以及埃及和美索不達米亞的文字紀錄曾提及這個早期的王國。

如果蘇格拉底沒有喝那杯毒酒，而將之敬神奠酒，之後已不夠毒芹去調製另一杯酒給蘇格拉底，讓他自盡死去，又會如何？如果蘇格拉底的朋友克力同[35]不小心喝了那杯毒酒；因此而代替了蘇格拉底犧牲了自己，而蘇格拉底本人卻去了色薩利大區[36]的酒肉場所尋歡作樂？這些改動於文學性效果而言，當然是會與原來的故事有極大不同，但對於柏拉圖的「官方」的文本／故事之主旨而言，如果依上述創作而改動，實在沒有甚麼不同，或對於柏拉圖的著作的目的，有任何相關影響之處，當然先決條件是，蘇格拉底本人終極而言，不會做出不道德或作奸犯科之事。蘇格拉底那一套基於自我知識，繼而衍生的對智慧的追尋的計畫，都會維持為真確的。這正好比如果有朝一日發現歐幾里得[37]本人根本不存在，又或者《幾何原本》並不是由一個生活於公元前三世紀亞歷山大城的希臘學者所作，而是由一個比這時期較早二百年前（或較後）出生的斯基泰的牧羊人所寫，歐幾里得所著的數學經典名著《幾何原本》內的各個命題不會有任何改變，也不會受到甚麼影響。

於此，早期的尼采如果可以插嘴，一定會指出正統的柏拉圖主義[38]者，最低限度，是不夠誠實坦白的，同時，基於

---

35 蘇格拉底的朋友克力同（Krito），請參考柏拉圖對話錄《克力同篇》。

36 色薩利大區（Thessaly），位於希臘中部偏北。

37 歐幾里得（Euclid，公元前325年－公元前265年），有時被稱為亞歷山大的歐幾里得，以便區別於墨伽拉的歐幾里得。希臘化時代的數學家，被稱為「幾何學之父」。他活躍於托勒密一世時期的亞歷山大，也是亞歷山大學派的成員。他在著作《幾何原本》中提出五大公設，成為歐洲數學的基礎。歐幾里得幾何被廣泛的認為是數學領域的經典之作。

38 柏拉圖主義的普遍核心思想，乃是承認抽象對象的存在（existence of abstract objects）。抽象對象並不依賴於時間和空間而存在，因此既非經驗物理的，又非內在心靈的，而是存在於第三域度。

他們不誠實的想法，他們的主流思維藍圖由此會出現顯著的限制。柏拉圖一定要集中地投入，去成立那「只單獨憑理性就能推動思想」的論點，但是，如果蘇格拉底的生命歷程大致上是沒有甚麼改動，但到最後他不是飲藥而死，而是落荒而逃到色薩利，他會不會（對後世）有相同的影響？尼采的想法，就是柏拉圖需要用另一個英雄的形像，去代替那（原本）的悲劇英雄，而這一個取而代之的英雄形像，應是同樣充滿力量，並且在美感層面是不能被抗拒的：那就是理性的英雄。這個「英雄」若要成立，他必定要實踐「英雄式」（heroic）的行動。尼采以此論點強烈地提議，有關理性的整個計畫自身是有限的，同時實踐上是自我低貶的。「理性英雄」這個形象之所以能夠成立，並能維持下去，唯一理由是它與無數強力鮮明的美感形象聯繫起來，但在表面上卻要刻意地對它們拒絕。如果這個「理性的英雄」真能達到對自身清晰性地掌握，就會體察自身前後不一致的本質了[c]。

奧古斯丁並不需要讀過尼采才能掌握這個論點，他也能夠掌握相同的思想，並且以不同的文字措辭去鋪陳出來。柏拉圖所沉迷堅持的最主要想法，就是人基本上是能夠說話、創製概念及以理性思考的存在——這是人最重要的特質，同時，人所擁有的這些特質（即語言、理性思維能力）一定要接受教育栽培、發展及被精煉。然而，奧古斯丁及尼采卻會同意，上述柏拉圖（有關人）的想法，是過分狹窄及膚淺的理解。對尼采來說，人的衝動、欲力（drive）、欲望，再加上人特有的，先於概念形式之前那創造影像的能力，是比概念及理性，更為基本和重要的能力。另外，對奧古斯丁而言，人不是以理性推論能力所定義的存在，而是愛的存在。

如果以奧古斯丁的修辭方法，去陳述尼采的論點，就可以說：柏拉圖努力去說服人們，給予某些「理性思考」形式優越地位，但底子裏，他只是透過使到人們去愛上蘇格拉底（的影像），而去成就此事。

尼采（在他某些情緒及心情的氛圍中）視那「創製影像的能力」為人的基本特質，這能力（其實是人的一項需要）乃是去創製屬於個人化的圖像，而非普遍的概念[d]。（以我為例）在我回憶中，或當下見到，或幻想中，我那隻名字為「塔比莎」（Tabitha）的貓兒，不會是「一隻在普遍概念而言的貓」且不說牠以甚麼樣子呈現，但也不會是「貓的概念」。所謂概念，只能從初創初現的影像出發，經過了第二層次構造衍生而成立。對奧古斯丁而言，「愛」於其對象及其孕育發展的過程來說，也同樣是個體化的，以及經具體的發展成形，並且，對於認知（cognition）而言，這個體化及具體的歷程，乃是必然的預設條件。這即是說，並不是我最初不認識、不了解，然後萌生愛意，反而是，除非我去愛──這即是說，除非在開始之際我對某個人「產生了感情牽絆的關係」──否則我不能知道了解的。

在奧古斯丁的人生中有某一時段，當他還未轉信基督教之前，他很強烈地受到柏拉圖主義（或新柏拉圖主義──這對我們的討論而言，兩者的分別並不重要）影響，然而，最重要的是，我們要正確地去了解奧古斯丁成熟時期，他的思想跟柏拉圖思想的分別那兩個重點，我們必要掌握這分別，就算累贅一點去重複說明也是必要的。奧古斯丁和柏拉圖兩者思想的第一點分別，乃是奧古斯丁認為「愛」比理性重要，第二點，奧古斯丁所持的觀點，就是歷史在人的生命流

程中所扮演的建構角色的重要性。

　　無可否認，奧古斯丁當然接受那已至少流傳了二千五百年，人所共知，非常通俗的柏拉圖思想的「要義」：人是使用語言，能夠建構概念，能夠辯論，運用理性的動物，因此人應該使用理性去……（今時今日，任何一個大學本科生都能夠依照眾所周知的說法，去填充這句子的後續，至少可寫出好幾個段落的文字）。這廣泛流傳的柏拉圖「要義」，並不是完全錯誤的，但對奧古斯丁而言，這並沒有達到問題的核心。不錯，事實上我們的確能夠理性思考，同時理性思考在我們的生命中扮演一個重要角色，然而由這等並不能（邏輯地）推論到理性是一項獨立（不受其他條件左右）的能力，更不能由此立論，宣稱理性構成了「人的本質」，也不能終極定言，真正的我就是一個「理性思考的存在」，或肯定地說我生而為人最高的目的，就是必定是、或能夠，去培育理性。奧古斯丁所相信的乃是，人的必然本質，並不是一個運用理性的個體、或一個有理性的主動行動者，反之，奧古斯丁認為，人是一個有感情的組合體，正確而言，每一個人，就是一個奧古斯丁稱之為由愛（amor）所組成的個體化的構造。於此處，「愛」之所指，乃是設定在十分普遍的意義層面，亦即任何形式的「投入的注意」，同時，「愛」整體上包括了人的生命中的欲求、期望，及熱切渴望的全方位各個面向：也包括了（上述種種欲求渴望的）正面及負面的形式。這即是說，一方面包括了衝動、傾好、偏愛、吸引、不同方式的仰慕、共鳴同感，以及承擔投入；而另方面也包括了（負面的）厭惡、嫌棄、強烈反感、藐視，及怨懟仇恨。奧古斯丁極為認同，有某類的留意及感情牽絆，及某種

第4章　奧古斯丁

163

「愛」（當然，可能也包括了，憎恨），乃是任何形式的認知（cognition）的必然條件，並且，這種「愛」所採取的形式，會對可能成立的認知之類別及涵蓋的廣度，有著某種程度的影響。很清楚，一旦我愛上了（某對象），這會帶動我去認識（這對象），這認識會在不同途徑／不同層面增強我的愛意，如在幸運的情況，不斷增強愛意，同時不斷增強認識了解這（雙向）循環會得以成立——這情況可說是《懺悔錄》的中心思想，尤其是當奧古斯丁論及對神的愛及對神的知識（的發展）[e]——不過，愛卻一定是較認知為基礎的，並且是首先考慮的，雖然愛的優先性的本質是甚麼，愛與認知兩者之間的真正關係為何，仍必要地維持著是個謎。人們可能會認為，愛並不必一定是知識的先決條件，因為愛本身也是某種認知過程的形式。

　　無論如何，我（生而為人）是一個有限、容易犯錯的主體行動者，因此，我的自我知識通常都是零碎的、有限的、扭曲的，並且，如我要獲得自我知識，只能使勁透過極大的努力，姑置勿論事實上我總會認為我是極之接近我自己的：「quid autem propinquius meipso mihi?⋯Ego certe laboro hic et laboro in meipso; factus sum mihi terra difficultatis et sudoris nimii.」（還有甚麼是比我自己更接近我自己的？⋯⋯我現正在努力著並在我自身之內工作，我為了自己而將自己轉化為一塊田，我就在其上艱辛地汗流浹背地耕耘著。）（《懺悔錄》，X, 16）[f]「我自身是一塊田，必須在其上流汗辛勤耕耘」這個想法，正好與那早期現代哲學的想法——亦即「我對於我自己而言是當下直接的透明」的論點正好相反；「Nec ego ipse capio totum quod sum.」（我不能全面整全地掌

握我自身是甚麼。）（《懺悔錄》，X,8）再者，對奧古斯丁而言，人是有罪的存在，他的意志因其對自身的愛而被扭曲。人們不能透過簡單直接的內省，而能達到任何目的地，因為任何如此的內省過程，都會因著墮落的自戀的種種形式，而不可救藥地被扭曲。同時，如單純靠更深層的內省，是無法化解或糾正任何形式的自戀的。

如果，我聽從了蘇格拉底的話，就會以正確地認識自己作為我的計畫，但是，如果我依從奧古斯丁，我就會以正確地愛我自己（奧古斯丁認為「愛自己」的條件就是去學習正確地去神愛）。再者，在這過程中，認知（knowing）當然有其所要扮演的角色，但這並非是這過程的開始點或其基礎，也不是啟動這歷程的基本推動力、或最終要達成的目標，認知只不過是那更為龐大的發展愛的歷程的其中一個建構部分。在這個（對神的愛之發展）的過程中，某些特殊的人與事件會扮演著主要的角色，因為愛不會由掌握抽象（的概念）開始，也永遠不能夠遺留了對某些特殊的人和事物的依戀而仍然發展。於此，這是一種魔鬼式的複雜發展過程：你只能夠以你有限的對神的認識的程度作為基礎，去正確地去愛神，但你之所以能夠認識神，唯有因為你已經愛祂。那麼，這「愛之發展歷程」究竟如何才能夠被觸發開始呢？奧古斯丁的回答——這個答案成為了往後二千年的基督教主流教義路線的基礎——就是：基本上我獨自不能做甚麼，去成就這個愛神的歷程；我必須依靠神的恩典充滿著我，由此給予我啟動這歷程的動力，促使我能夠開始去愛祂。我的能力或許可以配合這歷程的發展——其中的細節是高度隱晦及十分具爭議性的——但是我的確不能啟動這歷程。究竟神會或

不會恩寵予我，乃是完全是祂的意旨，如果從我們凡人的角度來看，恩典的降臨是百分百隨機不可預計的。這種意義之下的「人」的存在——亦即本質上充滿種種激情、欲望及愛（而不是理性）的存在，總結而言，正是對我自身之愛完全不能控制、亦即對我自身的生命完全不能控制的——這就是奧古斯丁（對人的）看法的特點了。

　　一旦神將其聖寵恩典充滿了我（以我個人的能力的極限範圍內所能將之接收），我首先能夠理解的，就是（我身為凡人）去「愛」神是可能的。又或者說，若清除了讓人頻生誤解的（凡間的）時間性結構——即「首先」神賜我恩典，「然後」我知道去愛神是可能的——我們就領悟到，蒙受聖寵之當下就正（同時）等如知道去愛神是可能的。這或許是項奇怪的立論，因為我們作為在後——一神論的文化[39]其中的參與者，對我們來說，**如果**神存在的話，那麼很明顯，去愛祂就會是可能的。這即是說，我們是站在某種概念革命的一方：在基督教出現之前，希臘人會將榮耀獻給諸神，恐懼祂們、拜祭祂們，對祂們有強烈的情欲，或和祂們結合。甚至，在某些非常特殊的情況中，例如在史詩《奧德賽》中的奧德賽和雅典娜，或在歐里庇得斯的劇作《希波呂托斯》[40]中的希波呂托斯和阿爾忒彌斯——在這些作品中，凡人（的角色）都和神或女神維持了很久及親密的友誼關係。但這等凡人跟神靈的關係，卻沒有奧古斯丁所提出那種對神的「愛」的關係：奧古斯丁這種「愛」之關係，絕非情色的欲

---

[39]　在宗教哲學及神學的脈絡中，「後－一神論」（post-monotheism）這個述語所涵蓋的，乃是在現代或後現代時期中，關乎信仰及宗教經驗的一系列不同的意義。（http://www.artandpopularculture.com/Post-monotheism）

[40]　《希波呂托斯》（*Hippolytus*）古希臘詩人歐里庇得斯的著名悲劇。

望、（平起平坐的）友情、互相贊同、親切樂於相助等等的關係，也不是基於長久聯誼、有共同興趣或利益而建立的友伴關係。當奧古斯丁宣稱，只有透過對耶穌道成肉身的真實歷史事蹟（亦即，站在基督教的教義的立場，肯定耶穌本人由神轉化成為人的實存史蹟）的認知掌握，以及對這件事正確地詮釋，人才能夠理解到人是有可能去愛神的。這個想法同時肯定了奧古斯丁那頗為離經叛道的「對神的愛」的概念，同時，他基於這觀點做為對「神」（deity）的概念的建構，或者，這兩個觀點都同時包含在奧古斯丁的「對神的愛」的概念中。

對於自我的（可能的）知識、對神的知識，以及去愛神是可能的這個意識，（這三者）皆聯繫到對在歷史上出現過的一些真實事件所持的正確理解，其中，有兩件真實事件是特別重要的：一是人的原祖亞當的墮落（the Fall），二是耶穌道成肉身（the Incarnation）。原祖亞當被給予兩條路，可讓他自由選擇：依從他自身的本性最深處的指揮，從而去聽從神的命令，或者故意地選擇去歪曲他自身的本性，嘗試去愛自己多於去愛神，並且依隨自己的愛欲取向，而不聽從屬靈的命令。亞當選擇了那錯誤的道路。這就是所謂「原罪」。奧古斯丁認為原罪乃是從亞當開始流傳，繼而被所有之後出生的人所承繼。因為原祖亞當的罪，我們的本性都是變態的（《懺悔錄》，XIV, 1）。這情況衍生了一個兩難：我們通常會認為「自然」（natural）及「變態」（perverted）（於此我們將這兩個形容詞作為名詞使用）是兩個相反對立的詞語，但是，如果依照奧古斯丁的解釋，所有在亞當之後出生、活過的人，也即是說、所有自「原祖的墮落」之後，

存活過的人，都擁有變態形式的愛，而且這是自然的。第二件偉大的事件，就是耶穌道成肉身，對奧古斯丁來說，這也是一件在歷史上真實發生過的事：在時間之流中某一時段，神轉化成為一個具體的特殊凡人，他生活在羅馬帝國的東部邊境，他死了，但卻從死亡中被復活──或自身自行復活了。於奧古斯丁所處之歷史時期，基督教的教義是相信耶穌是自身自行從死裡復活，而不是由於其他力量將祂從死亡返魂復生的，這實際上已成為了基督教教義的一部分。「道成肉身」改變了所有事情；特別是它給予凡人力量，把亞當將人的本質特性扭曲了這罪孽，完全翻轉了。根據某早期的基督教文獻的詮釋，道成肉身給予人「成為神的兒子的力量」[(g)]。擁有這種力量就即是擁有一個轉化了的本質。這不是理論性的真理，或者可說，這不單是理論性的真理，而同時是歷史上真實出現過的真相。正如上述，對柏拉圖而言，某特殊民眾是否真正存活過，或某事件是否曾經發生，相對而言是毫不重要的。究竟那是希臘戰士「爾」（ER），仍或其他任何人，曾否有地下亡靈世界的視景是不重要的，事實上，他是否「真正」親眼見過地下亡靈世界也是不重要的；問題重點在於這個（以爾為主角）的神話的深層意義中。柏拉圖在《理想國》所陳述的這個故事是獨立存在的，其作用是要表達一系列普遍的真理：這真理之重點，乃是關乎人應該將自身的靈魂安排得井然有序，同時要透過學習研讀哲學，來將這靈魂的秩序適當安排。「爾」自己本身及其人的「真實」的存在，是沒有任何重要性的。他只是作為一個文學虛構的角色，其存在目的，是將一項訊息廣傳。然而在另一面，對奧古斯丁而言，亞當之原罪是被設定為在歷史上真

實發生過的事件，並且對以後存活的所有人，皆有具體真實的後果影響。同樣地，如果神並沒有在歷史之流程的某時段**真實地**轉化為人，或者我誤認了這個（由神而變的）人為別人——例如，誤以為這人是本丟·比拉多[41]，猶大、提貝里烏斯·凱撒[42]或馬尼斯[43]——整個（信仰的）建構就會被認為失去了所有意義。歷史及在其中的某個特殊民族的具體特殊的行動成就了真正的分別——所謂認識自己，就是去認識我在這具體的歷史事件延續發生過程中所占的位置。去認知掌握被認為是真實的、有名有姓的具體人們的歷史是必要的。

我們一定要知道的歷史是真正的歷史，但我們也必須正確地理解過去所發生過的真實事件，這即是說，絕對重要的，乃是用恰當的概念去突顯那些曾經發生過的事，而不是將焦點放在這些事件的表面／片面的角度。我們要理解，曾經發生的，不是希臘人對抗波斯人（希羅多德[44]的陳述紀錄），也不是羅馬人對抗古迦太基人（昆圖斯·恩紐斯[45]敘事詩的陳述）的故事，而是那個上帝之城（City of God）對

---

[41] 本丟·比拉多（Pontius Pilate），羅馬帝國猶太行省的第五任羅馬長官。他最出名的事蹟是判處耶穌釘十字架。

[42] 提貝里烏斯·尤利烏斯·凱撒·奧古斯都（Tiberius Julius Caesar Augustus，公元前42年－公元前37年），提貝里烏斯繼承自奧古斯都（屋大維）締造的帝國，藉由聯姻關係，成為史學家所稱的朱里亞·克勞狄王朝之繼承人。。在塔西佗的《歷史》和新約聖經中提到，耶穌基督是在提貝里烏斯在位任內，被當地羅馬總督本丟·彼拉多判處死刑。

[43] 馬尼斯（Manes），在羅馬時期是地下之神的稱號，又或被奉為已故親密的人的靈魂。（引自英語維基百科）

[44] 希羅多德（Herodotus），公元前五世紀的古希臘作家，他把旅行中的所聞所見，以及波斯阿契美尼德帝國的歷史記錄下來，著成《歷史》一書，成為西方文學史上第一部完整流傳下來的散文作品。

[45] 昆圖斯·恩紐斯（Quintus Ennius，公元前239年－公元前169年），羅馬共和國時期的詩人、劇作家，其代表作敘事詩《編年史》，敘述了從埃涅阿斯流亡至詩人所在時代的羅馬歷史。

抗凡人之城（City of Man）的故事。然而，上帝之城或凡人之城的本意，跟羅馬城、帕加馬城[46]，或亞歷山大城作為一個城市的本質或意義絕不相同。上帝之城或凡人之城兩者，皆不在經驗的空間時間中具體真實的存在過。重要的是，兩者皆首先是理論性的建構，其作用或目的，就是提供一個角度，透過它去審視評價那些在歷史上真實發生過的事件，而不是將焦點集中在所敘說的故事的個別部分上。

我們在上文已了解，對奧古斯丁而言，人的本質乃是「愛」的營構組織，我們因此不會感到驚訝，上帝之城與凡人之城皆是以「愛」的不同形式所定義（《上帝之城》，XIV, 28；XV）。上帝之城的全部「居民」乃是那將其所有的愛都必然地奉獻給獨一真正的神；反之，凡人之城的「居民」的愛，都不會那麼一心一意全心嚮往信仰獨一的神。於當時的歷史時期，信神的人，都分散地存活在棲居地（oikoumene）[47]——即那些環繞著地中海盆地，已知的各個國家中不同族群聚：例如居於敘利亞境內、或分布於卡帕多奇亞的各個城市的人，或在義大利各地及希臘各個島嶼上的小型聚落，當然還包括北非的城鎮的居民——這實在很需要成立一種強而有力的理論，去將這些人群凝聚，（在思想上）突顯他們屬於一個獨特的族群。再者，上帝之城並不只是包括那些可實在被看見的、活生生存活著的「人民」，這

---

[46] 帕加馬（Pergamum，現代土耳其語：Bergama），現在是土耳其境內貝俪加馬的一處歷史遺蹟。

[47] 「普世」（ecumenical）一詞是從希臘文的「oikoumene」而來，原意是「整個生存或居住的世界」（the entire inhabited world）。（台灣基督長老教會總會鮮知啟示http://www.pct.org.tw/article_apoc.aspx?strBlockID=B00007&strContentID=C2017061900021&strDesc=Y）

個城更包括那些曾經敬愛神但已亡歿的人（但他們已在主內享受著永恆生命）。

正如上帝之城只會在那些曾經受過奧古斯丁神學所訓練的人之視覺範圍中「現」形，對比之下，凡人之城之能成立，就是我們如學習去擱置不愛上帝的各族類的人（例如公元六世紀的希臘人，公元四世紀的波斯人，位處歐洲北部的異教徒部族）之間的琳林種種的表面分別，並將焦點集中在這些人的單一必然特質，如此就可明顯地將他們聚合（成為凡人之城）：他們全部（各適其適地）都沉醉投入於（層次或高或低的）尊崇自我（self-glorification）之中。奧古斯丁的計畫，可說是將自己的一神論凌駕於其他的一神論之上，他這想法迫使他將其他（一神宗教）統統看成不相伯仲的單一偶像崇拜的信仰。正如奧古斯丁只信奉一位神，則其他（信仰），不管表面樣態如何，也只會信奉一位神。不管有多少個不同形態的神靈，不管凡人所愛或欲望的對象有多麼不同，所有「異教信仰」事實上都有統一性。所有異教徒都只是崇拜他們自己，雖然有時會時不時出現千變萬化的假相。異教信仰所供奉的許許多多神靈，終究都會萬化歸一，那就是：人。因此，異教信徒所愛的各個對象，在表面上似乎是可延伸至無限樣態的系列：神、巴力[48]、阿波羅[49]、朱庇特[50]、家庭、自我、名譽、羅馬、歐洲聯盟、人道、理性等等——但這範圍系列，並不是無限延伸的，因為如果正確地

---

[48] 巴力（Baal），古代西亞西北閃米特語通行地區的一個封號，表示「主人」的意思，一般用於敬稱神祇。

[49] 阿波羅（Apollo），希臘神話中的光明之神、文藝之神，同時也是羅馬神話中的太陽神。

[50] 朱庇特（Jupiter），古羅馬神話中的眾神之王，相對應於古希臘神話的宙斯。

理解，這種種的可能性，都會跟隨處於首位者融合為一：神靈的無限樣態，說穿了，全部都只是人嘗試去膜拜自己之種種不同方式而已。因此，要做的選擇很簡單：要麼就去愛上帝（因此歸屬於上帝之城），要麼就去愛凡人自己（因此歸屬於凡人之城）。

奧古斯丁之「上帝之愛」的概念，是站在大一統之立場而設定的，這信仰（要求）全心投入、有強烈目的論導向，並且集中要去達到歸向（愛的）對象最高的統一；這「上帝之愛」的想法，通常最低限度稍稍地傾向於，有時更是名正言順地推崇極權主義：唯有你只獨愛某「東西」，才會體現**真正**的愛，因為這「東西」擁有那最為值得去愛（祂）的所有因素。再者，如果你以正確的方法去愛這「東西」，才是真正的愛。這即是說，愛的對象一定是只有「一」個：神。一方面，這「東西」／神一定會將所有可能被愛的對象都包攬在其自身之中，而另一方面，這「東西」／神在某意義下，也一定會被理解為排斥了所有其他（可能成為愛）的對象，除非這些對象會成為（這獨一對象）的附屬部分。唯有依據這獨一真正愛的對象（即神）所訂立的規條，某事物才可被接納成為祂的附屬部分。奧古斯丁（所構想的）神，跟德國大文豪歌德所想像之泛神論中所出現那些柔弱軟心腸的神靈完全不同，奧古斯丁的上帝是個充滿狂怒的神，祂那無止境的怒火，被認為是跟祂無限的愛，自然而然地相輔相成。如果要回答聖經學者哲羅姆（Jerome）[51]的著名

---

[51] 聖哲羅姆（St. Jerome，天主教譯聖熱羅尼莫或聖葉理諾，約342年－420年），古代西方教會領導群倫的聖經學者，他完成了聖經拉丁文譯本《武加大譯本》。

問題：「我能夠同時愛上帝及西塞羅[52]嗎？」答案當然是：「不。」[(h)]當然，哲羅姆可以閱讀西塞羅的著作，這並不是因為他能夠由此獲得閱讀本身的愉悅感，而是他能了解到，這閱讀過程，正扮演了於神的大愛之宏圖其中一個附從次要的角色——舉例說，（透過閱讀西塞羅）就可學習到流暢地書寫拉丁文，如此則可以將基督教的典籍翻譯成為正確、容易被理解、文筆優美吸引讀者的拉丁文版本。

以正確的方法去愛神，就是根據「真正的宗教」的教義去愛祂，但「真正的宗教」之可能出現，一則，要先確立正確的神學；二則，要去認識並接受那正確的歷史故事：即關於上帝以獨特而不能預見的途徑去干預（凡間的）歷史；三則，要參加神在地上成立的群體（即教會）所訂立的正確的宗教儀式。究竟哪個行動能符合稱為道德善行，就要看這行動的動機，是否由「真正宗教」所提供，這正是判斷行動是否道德善行的最終極標準。

奧古斯丁的立場乃是，唯有真正的宗教才是善行的最終極標準，這立場的後果可說是高度「反直覺」的：奧古斯丁身為一個有足夠智慧的人，應能洞識這些後果的；同時，他是個誠實並且在思考上是有一貫性的人，很明顯他是能夠推論得知這等等的後果。這裡的意思就是，除了天主教教會，在此之外不單沒有救贖，並且連道德德行皆不可能成立。於此，成為一個有德行的人的意思，就是做應該要做的事，同時，「做應該要做的事」的意思就是：人的行動正是由於對神有正確的理解及有正確的愛，亦即是說是由「真正的宗

---

[52] 西塞羅（Cicero，公元前106年－公元前43年），羅馬共和國晚期的哲學家、政治家、律師、作家、雄辯家。

教」所推動，並且落實進行，那麼，依此邏輯地推論，如果不是被「真正的宗教」所推動而實行，任何行動都不能夠稱為道德的善行。

> Quod non possint ibi verae esse virtutes, ubi non est vera religio... Proinde virtutes, quas habere sibi videtur.... Rettulerit nisi ad Deum, etiam ipsae vitia sunt potius quam virtutes. Nam licet a quibusdam tunc verae atque honestae putentur esse virtutes, cum referuntur ad se ipsas ne propter aliud expetuntur; etiam tunc inflatae et superbae sunt, ideo non virtutes, sed vitia iudicanda sunt.（《上帝之城》，XIV, 25）

> 如果沒有真正的宗教，就沒有真正的善德。一個擁有的高尚德行情操的人，除非其所實踐的善行，是依靠神在其背後給予支持，否則他的所作所為只是惡行而非善行。很多人認為個人的善行，若只是憑著自身無條件地實行而不是為了別的目的而實行，就能夠成為真正誠實的善行。然而這些被宣稱為善行的，只不過是自我吹噓膨脹及傲慢的表現，因此它們只能被評價為惡行而不是善行。

因此，如果一個（不信奉「真正宗教」的）羅馬人為了她的兒女而犧牲自己，她都不能算是實踐了善行，因為她的行為的動機是錯的；我們可以說，這行為其實是一種較高層次的自私行為而已——這位母親只是為了**屬於自己**的兒女的利益而行動。如果一個羅馬人，他為了「人類整體」而

犧牲自己，他所做的也不是善行，因為這個羅馬人是為了人類整體（而不是為了神）的利益而行動，他所憑藉的乃是一種虛假的信仰而去實踐（此行為），這虛假的信仰並不能體會到對神的愛必定要全心全意投入。一個羅馬人如果犧牲自己，是因為這犧牲是「最高的理性所指導的行動」（這個人如果是古代的斯多葛哲學學派的信徒，便可能會如此地理解陳述），他也不是實踐了善行，因為他選擇了基於錯誤的理由而行動，其動機也是錯的——亦即憑藉理性的要求而去行動，而非基於對上帝的愛的命令。我們若依從理性自身作為動機去行動，說到底，也只不過是我們（身為凡人）崇拜自己的迷亂行為。

奧古斯丁以上述之人間的愛及屬靈的愛的分析，嘗試去表達，唯有透過神（對凡人的）愛及浸潤在神的愛之中，凡人才能達到快樂幸福。奧古斯丁認為，如果幸福快樂的意思是得到我之欲求，那麼，很清楚，我所欲求其中一樣東西，就是永遠生存下去。凡人的愛與欲求，在其自身而言，乃跟神的愛一樣，專一沉迷狂熱及專橫，這裡的意思是，能夠滿足我們的那個愛的唯一對象，就是那可被永恆地去愛的對象，更深一層而言，這個愛的對象也是那可以**賜予**我們永恆生命者，因為，若非如此，我們終歸會死去。許多詩人可能都談及「恆久的名譽」，但在凡間沒有任何事物是永恆的。在《上帝之城》這著作的開始，奧古斯丁用了幾百頁的篇幅去表達異教的諸神都不是真正的神，不值得我們去敬愛，更肯定地說這等異教神靈並不能給予凡人永恆的生命。故此，奧古斯丁推論，於這部分的結論就是：唯有上帝的愛才能是人的快樂幸福的載體。

許多哲學家的立論，都有可能對於上述論點衍生出很多反駁。奧古斯丁對其中一個論述認真地討論過，那就是盧克萊修的立場（《上帝之城》，XIV, 25）：盧克萊修提出，人們總是承認接受那些隨時隨刻偶發而生的各種欲望，然後就考慮如何在能力範圍內滿足它們——盧克萊修認為這種做法是不應該的，反而，人們應該以一種批判的態度去審視自身的欲望，在隨時浮現數不清的欲望中，人應該釐清那些是合理的，那些是迷亂毫無條理的，那些是不可能去滿足的。再者，我們不應該將「幸福」理解為理想地能滿足**所有**欲望的境界，而應該是對那些合乎理性的，合乎邏輯一致性的，及可能的欲望的滿足。於此，由於對永生的欲望並不是一個可能滿足的欲望——異教徒必定是如此假定的——由於凡人皆死，因此如果我們如妄想欲求永生，是非常不理性的，我們應該嘗試去控制而不是去順應這欲望。在任何情況下，這個欲望在事實上是無可能被滿足的，因此，我們不應該認為，不能滿足此永生的欲望，於人生幸福而言，就是負面的。然而，奧古斯丁對此論點表達了一個含義極多的反駁點。他說明，盧克萊修這種言論所達到的，就是叫我們（身為凡人）還是甘心接受悲慘的人生算了。如果以「非理性」或「不合理」之稱去貶低及詆毀凡人某些欲望，那正好比「將水搞得更混濁」，於事無補。有些人會認為這等批評，出自奧古斯丁那樣充滿爭議行徑的人，可說是五十步笑百步，但現在且讓我們暫時（將此討論）放在一邊吧。奧古斯丁繼續說，我們的確有種種欲望，任憑怎樣地過分誇張地訓斥，也不可能把這等等欲望清除或改變。如果你認真地去討論幸福，你就要去接受欲望的本來面目而去處理它們。凡人其中一個欲

望，就是永恆的生命，這對我們來說的確是非常核心的欲望——如果這欲望不能被滿足，這就意謂人生充滿不幸悲慘，沒有任何空洞的理性推論會改變這厄運。唯有尋獲那可以滿足這核心欲望那種愛，才可以將此厄運改變。

然而，這仍然未曾真正回答到問題，因為我們還可以追問，究竟那論點背後兩個假設是否正確。第一，是否真的所有人都總是期望著永遠生存下去？在我本人的經驗中，完全並不是如此。我認識的很多人，都認為如果他們一旦達到某個年紀，他們都會感到已準備好去死，而且其實不願意讓生命無終止地繼續下去。以我的雙親為例，他倆都一再地這樣說，他們的表達方式讓我感到，他們並不是隨便說說而已。然而，對永生的渴望，或許是個假象，我們只是誤陷其中。情況可能是，（實際上）在任何某時刻，我都會傾向於寧願繼續生活久（一點），亦即不是在當下那一刻就立刻死掉。雖然邏輯上，我這個想法似乎可推論至我是欲求永遠地生存下去，但情形可能未必是如此。在任何時候，我可能認真地希望，不要在當下一刻突然死去，然而，我卻會否認，這意味著我有永遠生存下去的欲望。奧古斯丁有一段非常著名的名言：「我長年祈求神使到我變得心淨純潔，但『尚未是時候』。」（《懺悔錄》，VIII , 7）當然這不是百分百可相提並論的論點，因為奧古斯丁在他漫漫一生的禱告中，到最後期也刪掉了從句「尚未是時候」（but not yet）。但是，奧古斯丁沒有否認，長年以來的確真誠地渴望著純潔，雖然他憑籍了一種人們不會察覺（這欲望）的方式去表達。就算他到了生命的盡頭，都沒有明確地推翻刪去「現在尚未是時候」的從句，但是否就有理由去完全否定奧古斯丁實際上是

對純潔（有某種形式的）欲望？論點的第二個假設就是，我的生命將會**整體上**淪為不幸悲慘，如果我沒有將我有的欲望一一滿足。縱使不說這是近乎神經衰弱般的態度，但卻似乎真很極端及極難以立足。

那麼，本質性的歷史，就正是陳述神和凡人關係的故事，或者上帝之城和凡人之城的關係。所謂上帝之城，就是一個眼不能見的無形聚合，在其中，「住居者」跟那正確的愛的對象建立了正當關係——這就正是教會的真正本質，於此，教會並不是被理解為一個由社會學所詮釋的具體真實組織，而是一個在生及已過世的聖人共存的理想信仰團體。然而，可完全明白，我們是很容易被引誘，去將這無形的理想中團體，跟經驗中實存的天主教教會等同為一。再者，對奧古斯丁而言，我的「不同層面的愛」是不會脫離肉體，不會只是精神內在的或一種心理狀態，愛的各個方面只能以外在的、建制組織所建構的行動形式去體現，而這種種的外在形式，一定是屬於天主教教會整個建制的。

上述之由外在形式主義及社團主義的取向而構成的（愛的）概念——即是說任何個人對神的愛都不是個人獨特的，從內在心理形態所鼓動的感情，反而是必要透過外在存在的教會所建立的社會結構，才得以成立——於此，最貼切的表達就是「Extra ecclesiam nullus est salus」（在教會以外沒有救贖）。這句口號，它另一個意思就是，沒有任何凡人是真正有能力愛自己和愛神，以及自行得到救贖，除了在教會之內及透過教會。很明顯，這句口號的意義很模稜兩可，我們很容易忽視兩方意義之間的距離；這就正是意識形態的組成構造的特質。如果「教會」的意義就是上帝之城（因為上帝之

城的定義正是愛上帝者的群體），那麼「在教會以外沒有救贖」正是一個同語重複的命題。但是，如果「教會」（這概念）的意思是指設一個在經驗時空中實存的某個社會建制／機構，「在教會以外沒有救贖」這口號就不是一個同語重複的命題。於此，基督教的大部分歷史根本正在這兩個「教會」的意思的距離之間而衍生發展。

在柏拉圖或盧克萊修的思想中，沒有甚麼是會做出轉化的。如果世界及人類一直存在，（肉身死後的）靈魂就會飲那麗息河（遺忘河）之水，又會返回世界回後重生。某組列的原子聚合成為了一個人，散離後，某些原子又會合體組聚成為另一個人：Eadem sunt omnia semper（所有事物都是永恆相同的[盧克萊修，I, 945]）然而，在奧古斯丁的世界中，所有事物都很肯定**不是**永遠都是同樣的。不同的人們或群族都有各有真實本質上的分別，各式各類的人不能單單「一言以蔽之」地定義：例如用「我們作為人類普遍一般的特質皆是……」去統稱所有人的本質或去蓋過不同人的分別。在「墮落」前的亞當，有著跟他墮落後很不同的人的本質：在墮落之前亞當是不會經受死亡的；但墮落之後他是生命有限的存在。基督徒和異教徒兩者的本質是完全地根本地不同的，因為基督徒擁有成為神的兒子的能力，而一個生命有限的基督徒，因他是罪人，其本質是跟一個已過世的、但卻被提升為聖人，並已在享永生的存在，是百分百不同的。亞當完全不會像寧錄[53]，寧錄也不會像雅各[54]，雅各也不會像提貝

---

[53] 寧錄（Nimrud），聖經《創世記》中記載的一個人物的外號，是挪亞的曾孫。聖經傳統說他總是跟神作對。

[54] 雅各（Jacob），他的故事可見於《創世記》。相傳他是以色列人的祖先。

里烏斯[55]或聖保羅[56]。真正的改變是可能的：只要看看亞當，看看聖保羅（你就會明白了）。

---

[55] 提貝里烏斯・尤利烏斯・凱撒・奧古斯都（Tiberius Julius Caesar Augustus，公元前42年－公元37年），羅馬帝國的第二任皇帝，在位於公元14年至37年。

[56] 保羅（St. Paul，約公元3年－約67年），他是早期教會最具有影響力的傳教士之一，基督徒的第一代領導人之一。

第 5 章
蒙田

很多哲學家都是糟糕的多管閒事的人，對他們來說，沒有甚麼比窺探別人的事更開心，總喜歡去責備別人，又企圖將別人帶回正途，糾正其錯誤，也喜歡不請自來地去給予他人意見勸告。如果事情是順他的意思，明顯地，蘇格拉底可以是個容易相處的人，甚至可以是頗風趣的，但是，他同時會可以變得很過分、很令人討厭的可鄙可笑之人。如果柏拉圖對蘇格拉底的記錄是可信的話，蘇格拉底對人對事總是（不是偶發的）散發著那種借著自己的老練睿智，而常露出欺凌他人的氣燄[a]。他最偏好的姿態，就是扮作一個不起眼、（純粹只是）好奇的旁觀者，「碰巧」、「剛好」不是很明白（眼前）發生甚麼事，於是開始去問人們幾個（表面上）天真（甚至幼稚）的問題，這其實都是偽裝，更令人惱火的，就是他所表現出的立場，毫無清楚的焦點：他不會斷然表示他到底是想否定或反駁。試舉以下例子說明——當某個預言者（向眾人）呼喊：「重擊那些阿巴庇立德斯人吧！將他們還在腹中未出生的孩子殺掉！」如果有人回應：「不！今天我的心情不想重擊阿巴庇利德斯人。」或者：「喂！我的兄弟的老婆曾經請了一個阿巴庇利德斯人做廚師和保姆，她人很不錯呀！」以上的回話所表達「反抗」語氣

是絕對行不通的——「反抗者」好像以很有禮貌，甚至是卑躬屈膝，對敵人以「請開導」的口吻去懇求：「尤西**弗倫**[1]，閣下是神職人員，在宗教知識事務上是專家，不知可否請教閣下甚麼是虔誠呢？在下（蘇格拉底）從來都沒能力去明白，敬請不吝**賜教！**」上述話語，正是蘇格拉底所找到的，絕對巧妙的方法去問問題；他的問題很簡單，但往往都是對他人生活的不尊重、不禮貌的干涉，這等問題其實都是暗地誘導他人陷入完全失去平衡及方向。在《會飲篇》（215-223）中，阿爾西比亞德斯說道，蘇格拉底的追問方式，甚至讓他這麼一個因越級成功並對自己的行為從不感到愧疚而聲名大噪的人，也覺得自慚形穢。蘇格拉底那種（先假裝對某事無知而不斷追問，誘導被追問者陷於自相矛盾）的諷刺手法（Socratic irony），簡直是創立了一種極端地使人感到非常討厭的手法。

你不能漠視蘇格拉底的追問或拒絕他的問題，也不能去處理它們，（因為）它們總是卡住你，令你感到越來越苦惱。在柏拉圖的著作中，蘇格拉底形容自己有如一隻虻蟲。他並不是蟬，只藏在綠葉叢中鳴叫，令人感到愉悅；也不是蜜蜂，打一份有貢獻的工；甚至不是一隻黃蜂，有美好的身形（只不過附加了一隻尾後針）；也不是一隻毫無害處的螞蟻。蘇格拉底正好比一隻害蟲，又肥又醜，被牠刺中後頸，只感到**毫無意思**的疼痛。當然，蘇格拉底將城邦比喻作一隻（良種）駿馬，牠想拍打驅走那隻**令人煩厭**的虻蟲，虻

---

[1]　《尤西弗倫篇》（*Euthyphro*），柏拉圖早期的一篇對話，大概著於公元前399年之後，內容記錄了古希臘哲學家蘇格拉底和尤西弗羅之間的對話，在柏拉圖的記錄下，蘇格拉底運用了辯證法追問尤西弗羅關於他控告其父親一案，從而帶出何謂「虔敬」的定義。

蟲卻**窩囊**無恥地硬說自己不僅是有用的，對駿馬更是必不可缺的，這真是荒謬。駿馬根本不需要虻蟲騷擾牠從而保持活躍，在沒有虻蟲存在的地方，牠們都會優美地四處馳騁奔騰。但是，如果有一匹馬總是懶懶散散地耍廢，又有甚麼錯呢？如果馬兒不喜歡馳騁奔跑，為甚麼硬要牠去奔跑呢？如果說，宙斯**一定**是那個派虻蟲去刺痛駿馬使牠狂奔的神，這只不過是某人想出來的特種辯護。我們可以倒過來想，假設蘇格拉底的敵人提出這種借神話包裝的廢話，去支持自己的論據，蘇格拉底又會做出甚麼（去反擊這個敵人？）

如果，一方面，蘇格拉底沒完沒了地執意追問查探，亦即等同於那稱為「哲學」的起源，並且這種「追問到底」的（思想）形式——且不說它是如何蒼白無力——能以某種形式延續下來，於是就成為了哲學的內在動力，那麼，另一方面，相比於蘇格拉底，柏拉圖的立場，則似乎是他宣稱自己甚麼（重要事）都一概知道，他所創建的，就是在西方稱為「哲學家」的範式。所謂「哲學家」，通常是一個經過了長期的、高度依從嚴格紀律的智性訓練的人，學習到進行複雜的理性思考，進而漸漸掌握擁有某些不會變易（「永恆」）的真理，而此等真理對人的生命及行動的結構有所影響。哲學家一定會努力依著此等真理去營構其生命歷程：如果哲學家成功了，這等真理便能培養其性格特質，使之達到最高的穩定性、一貫性，更給予其目的肯定性及實質性，以上種種都被認定為哲學家上好的特質。如果學有所成，更會使哲學家攀上權威地位：基於理解掌握了正確的「真理」，並且在自身的人生歷程中去體現它們，哲學家由此更獲得了權力（或者也有義務的成分）去向別人提供建議忠告，去糾正別

人的意見，以及去管控別人的行為。對柏拉圖來說，哲學家就是一個帝王，他的責任就是去訓導他人，並同時有發施命令的權力。

在這情況下，正如我們以上之討論，那個未曾取得既定制度承認（合法）牌照的欺凌者／多管閒事者，竟可以蛻變成為學校老師－並兼任－政治專員，亦即柏拉圖構想中的哲學王，又或者蛻變成一個尤其騷擾人的令人生厭的角色：亦即，由基督教哲學家轉型的傳道者，奧古斯丁正是其中表表者——這人對其所展示的宗教聖典，只不過做出（大概）「合理」的詮釋，他卻毫不感到羞怯地用最直接的方法告知人們，甚麼是應該相信的、甚麼是應該做的，更甚的是，他會過分熱切地催迫那所謂「俗世的威權」出動，去助他強化他所認為正確的信念或正確的道德觀。

相比之下，蒙田是幾乎完全不受此等（哲學的）病態發展所限制。我們完全無法想像他豎起食指橫搖，毫不禮貌地或刻意地追問種種令人尷尬的問題；或「砰！」的一聲擲下聖經；又或者，在沒有他份兒的場合插嘴。蒙田對自己及其作品的評語就是：「'Autres forment l' homme; je le récite et en représente un particulier, bien mal formé, et lequel, si j'avoy a façonner de nouveau je feroy bien autre qu'il n'est'.（其他人都會以一個形像去塑造別人，而我則只是去描繪他，視他為一個具體特殊的人來表述，他並不是有完美形象的人，不過如果我必須重新再培育他，我就會讓他成為跟現在的樣子完全不同的人）」[b]。法語「former」這個動詞的意思是「給予……一個形象」，這裡的意思是哲學家所肩負的教導及提供勸導的功能：亦即哲學家透過寫作、教育、勸導、傳教、訓斥、干

預等動作，去給予人生歷程——哲學家自身（的生命歷程）也好，其他人的也好——某個形態。然而，蒙田的企圖卻並不是做這些工作。反之，他是簡單地期望描述（réciter）自身的思想的流動及不同反應。基於他對自己的性格的平庸，及他平平無奇的生活完全無過分的幻想，他在描述自己的生命歷程時，他不會以為自己在構想甚麼理想，也不會妄想自身的生命歷程可能成為他人的模範，甚至連做為間接的典範的效果也沒有（III, 2; III,13）。

　　大部分的哲學家，總是傾向於訓導別人及把某種模式套在別人的生命歷程上，但蒙田知道還有些哲學家是例外的。「懷疑主義者」庇羅（Pyrroh）[2]就是其中一個。他沒有任何教義去宣揚傳播，他的行事方式很簡單：細心地衡量考慮事物的底蘊，對那些還未清晰確定的事情，暫時擱置而不加以判斷[c]。這想法包括了所有未曾解決的理論問題，但庇羅不會一口咬定某情況就是肯定如此或永遠不會變；「他面對可能出現的情況，只是不會讓自己以某種方法採取一面倒的判斷。他不會給其他人下指令，也不會宣稱他的行事方式會比其他人的為佳。」蒙田很明確地稱許庇羅，他認為庇羅實在值得景仰，因為他常偏離於既存的思想範圍。經過了對「哲學」在人的生命中所扮演的角色之長時間反省，蒙田相

<hr>

2　庇羅主義是懷疑主義（Scepticism）的同義詞，由古希臘哲學家庇羅（Pyrrho of Elis，公元前365－公元前275）的主張發展而來。庇羅認為人類的理性有限制，無法了解事物的實體（reality），只能知曉事物的表象而不能把握絕對的真；同樣的事物由不同的人看，便會有不同的面貌，很難確定誰是誰非。在這個前提下，庇羅認為聰明人最好不要妄下斷言，與其說「某事某物是如此」，不如說「某事某物就我看來是如此」，只有這樣，一個人才能得到內心的平靜。（國家教育研究院網頁https://terms.naer.edu.tw/detail/1305629/）

信，成為一個傳統模式下的「哲學家」，並不是他所欲求的。他有數個理由支持這個想法。首先，眾多哲學家皆宣稱可以塑造人們的生命「形式」，因為他們以為自己擁有關於世界及人的生命的某種知識——如果這套知識，亦即指那有系統的、互相連結的、在理論層面上皆為清楚建構組織，並且是真確無誤的命題的一套知識，那麼，蒙田對這套「知識」的可能性，實在感到深度懷疑。世界並不是一個系統，反而是一堆混亂的毫無秩序規律的事件，它們只是零星地、偶然意外地彰顯某種規律，同時人其實並沒有和任何一種形式的「存有」有所接觸。所謂存有，亦即任何實體性並且延續存在的物體或結構（II,12）。很清楚，我們的五官／感官讓我們直接當下與世界接觸聯繫起來。這種接觸，可以說，產生當下感覺感受是很明確的：「火會燃燒，那是無可否認的」，但有關「確切無誤」的**印象**，就肯定是一個無法確切無誤的徵兆，同時，感官所能提供給我們的實在太不能確定，不能將之看作為「知識」（II, 2）。這即是說，對於當下感官所接收而刺激起的感受，是可肯定為確切無誤的——如果有人期望這樣講——但陳述它為某種形式的「知識」，便不是正確的。

我的雙目有視覺的能力，它們能接受合適的波長的光進入，如此可能會引致或推動我去做某些事情，這是個直接而單純的事實；但是，只有當那些似乎在我們感官中出現的內容，被文字所稱謂，並且以命題之形式所組織，我們才可以稱之為「知識」。但是，在如此的建構過程中，感官的內容原本所有的確切無誤性就總是會消失了。「知識」一定要在知識主張（knowledge-claim）的語言的形式中才得以體現

成立。只有當我有所承擔地去說「這是紅光」或「這是光亮的」或「太陽正照耀著我」時，我才是正在建立著某種可能的知識主張，同時，當從當下直接（透過感官接收）而產生的感受、轉化成為語言的組織時，任何可能程度的確切無誤性便會無法挽回地失去。同樣地，蒙田辯稱，如果「理性」只單獨存在，則不會有哲學家們所認定其所應有的力量及一致連貫性；理性並不能給予我們，有關生命的清晰的導向規則，因此，它並沒有特殊的權威。再者，如果像哲學家那樣生活，亦即包括例如給別人忠告意見等行徑，那，這根本是一個不好的（生活）方式，因為這樣正破壞了社交禮儀以及文明社會之溝通形式的基本原則。蒙田有此態度，部分原因是由於他自身對行為端正、高尚品味及慎重行事的態度的立場，但卻**不僅止於此**。很弔詭的是，在一般情況下，「實行」倫理學範圍的行動，對於追求過一個「好」的生活而言，既是完全無意義，或根本是個障礙，甚至，這是應稍微受到指責的行為（因為這常常都是去訓導他人或擺布他人的行動方向的緣由藉口。）

首次開始翻閱蒙田的名著《散文》的讀者，如果是基於一向閱讀哲學作品的習慣，因而養成了某種先入為主的觀念，那麼在閱讀這部作品時，不免會很快感到失望、不知所措及迷失方向。這本書並不包含任何一套普遍的、理性的原則，或確定無疑的道德律例、自然定律，或甚至沒有一般的指引準則、概括的經驗法則，或可作為人生座右銘的睿智格言。這本書所說明的，就是這些普遍的規則根本不存在（III, 13）。反之，每當打開這本書，讀者便會馬上面對一連串具體歷史事件（並加上某些神話及文學性質的案例）的細緻

討論。

　　開始閱讀《散文》的第一卷，讀者馬上會留意到，至少在這本書開首的階段，蒙田似乎對在狹窄範圍內某些狀況十分迷戀。於此，他所描述的例子，總是被敵人圍攻的城鎮，或被攻打的駐防城市內的民眾之困厄情況。在被圍攻的城鎮內的民眾，是否應該持續抗敵？還是欲拒還迎地與敵方周旋？抑或縱使那城鎮已被完全打敗，也該頑強抵抗到最後一兵一卒？抑或是向敵人跪求仁慈對待呢？在甚麼條件之下，跟敵人談判才是適當的想法？敗方的使節、大使或談判專家如何去預計他們將會受到甚麼對待？蒙田述說這些故事的理由，似乎是在清晰地去說明，人們在不同境況底下所採取的行動的多樣變易性，尤其是面對於其他人、及他人的行為的種種不同的反應。人世間跟非人間世界根本是同樣混亂，且不能被預計。若以蒙田所舉的「被圍攻的城市」的例子來說，敵人有可能會正面地回應那些卑怯可憐的投降者，赦免那些放棄抵抗的民眾，但也有可能，那些勝利者會覺得投降是懦弱的表現，因而更加憤怒若狂（去屠殺投降者）。有時，被征服者不顧局勢如何絕望，還是百折不撓地去死命抗爭，卻會贏得勝利者的佩服；但有時這樣頑抗卻會激怒敵人，更加刺激他們去進行比慣常更為猛烈的攻打。由是觀之，人們如何反應根本不能（在事件發生之前）預見。那麼，如此看來，那些所謂普遍的道德行為規則指標，究竟會用得著嗎？

　　或者，普遍的規則其實是不存在的，例如：「在任何情況下都不要說謊」，或「在任何情況下，都不要在別人未同意之下拿取其所屬之物」；但往往，好些（根據種種條件

而成立的）行動指標、或概括經驗之談之類的行動法則，會指導人們去行動：例如，如果那圍城攻擊者本人是一個有無比勇氣的強者，他很可能尤為欣賞抵抗者的勇氣——那麼，好吧，你就死命抵抗至最後，而攻擊者也不會對你手軟；如果你不能這樣做，最好就投降不要抵抗了。然而，縱使明言在條件之下才能成立的規則，蒙田都馬上引據反證例子，做出反駁。或者，有些規則需要更加細緻地陳述，並且是在非常特殊的脈絡才能實行。但是，假若在依某規條而行動時，預設的特定條件越多（不斷加上「如果……」的條件句），這規條可實行的狀況就會顯得越狹窄，也即是說，這規條的應用功能或用處就越少，不如表面展述那麼有效力了。且不說情況是否確是如此，在某種程度而言，如成立一項「規條」，卻附帶一大堆實踐的條件，那麼這規條一定會變得非常複雜，實施時受到諸多掣肘，因此，對人而言就會毫無實用價值。

有人會認為，還算是不錯啦，但蒙田的《散文》，並不是以建構或保衛某抽象及普遍的道德系統，或一套行動的規條為主旨的。或許作者是個極端的「特殊主義者（particularist）」，他可能會認為所謂「倫理學」，不外乎去探究具體實例，以及憑藉某種個人的洞察力，對這等實例中產生的種種問題提出解決方法。可能，只硬性依照原則、法規、戒條（有條件的或無條件的），個人的判斷就完全不會行得通；反而，如果是因著某種看法或直接的洞察力，去理解某特殊狀況的特質，個人的判斷則可行成立——這就是某些哲學家所謂的「直覺」（intuition）（III,13）。或者，問題正在於，學習去**察覺**在某情況下甚麼是重要的，本質性的或

顯著的特質，或者，這是接近於觀察的，而不是理性推論的能力，亦即基於理性化推論以外的直覺反應，去對一個特殊情況的洞識及掌握。或者你可以透過探究許許多多的具體例子，去學習及精煉這種能力，縱使你不能提供一套「遵照實行便成功」的指導守則。在此脈絡而言，《散文》可以說是一本以具體實際或典型的決疑法進路寫成的書，書中內容乃是對不同個別案例的討論，在討論過程中我們對不同個別事例的分辨及判斷力會變得尖銳，雖然（這本書）沒有提供過這方面的準則——事實上它也斷言指出這等規則並不存在。

當然，在某些意義下，《散文》肯定是一本討論有關個人判斷的著作。仍然，一般人對決疑法的想法就是，有某些個別有問題的案例，因為種種理由，都不能依照某些簡單的行事原則便可解決處理，但是，如果對每個單獨的個案所有細節都微觀細究，就可以漸漸推考得個案內出現之問題的「解決方法」。然而，蒙田的《散文》卻沒有明顯的指示，如何達致「解決方法」，它只是提出了作者討論的各個問題，卻沒有留下答案。「我應該（與敵方）談判還是抵抗？」《散文》給予讀者很清晰的印象，那就是蒙田不僅沒有對這問題提供任何答案，更進一步，他其實是認為「答案」或「解決方法」皆不存在。這裡的意思並不必然是指，考慮在不同情況中出現的（構成）因素，都是無意義的，相反，這其實是指，無論正在發生的是甚麼事情狀況，都不會出現「對應於每一個獨特成立的『難題』或『問題』，都可尋得一個單一的、較合適的解決方法」這種結構。對具體個案做細心反省，在某些時候（但不會經常）可以讓我對此事達致合理的決定，但縱使這情況可能出現，然而在具體情況

中發生的事情，完全不是「將個別案例套進某套普遍通則（便可理解）」那麼簡單。

第二，讓我們先返回先前所提及，蒙田不僅僅認為世界所展示的，乃是無限的多樣性，並且總是千變萬化，他甚至覺得人的判斷（包括他本人的判斷），也是同樣地充滿變數。他認為這個說法對大部分人都是真確的。例如，某年所收成的蘋果是甜的，但在下一年的收成卻是酸的。然而，某幾年我可能偏好吃甜味的蘋果，另有幾年我卻喜歡酸的，但有幾年我卻可能甚麼蘋果也不喜歡。世界不斷在變，我也在變，（世界與我）根本沒有必然的對應協調。可能有些異常出色的人物例如蘇格拉底（III, 12）以及加圖[3]（II, 1; II, 28）確實是與眾不同，但我們應該肯定不去假設我們跟他們相似。蒙田甚至說明，如果他對事物的意見，或大概他的判斷，**的確**顯出了邏輯一致性，這只是一個可喜的意外（II, 12/F428）。因此之故，當我們一旦投入小心地探究，我們就不可能預設對（探究中的）個案，會達致一個穩定的判斷，更遑論達致一個高度有理據支持的判斷了。

如果蒙H並不是一個學者、一個有識之士，或一個科學家，如果他自己也不承認這等身分，如果他也不是一個哲學家、提供指導者、傳道人、教育家，那麼，他在做些甚麼？我們見到他有兩個意圖，似乎是特別清楚的。第一，人的判斷是很脆弱的、總是常變的、不可信賴的，但這不是馬上就意謂，人的判斷無論如何都不可能透過重複的練習或觀

---

[3] 加圖（Cato，公元前95年─公元前46年），又名小加圖（Cato Minor），以區別他的曾祖父─老加圖。小加圖是羅馬共和國末期的政治家和演說家，是一個斯多葛學派哲學的踐行者。

察而被改良。雖然，經如此方法而達成的改良的效果，很有可能是極其有限的。第二，若我細心研究我本人所堅持的種種意見、所做的各項判斷，以及它們如何改變，就會使得我更意識到我本人是個甚麼人：（透過此等反省探究）我不必然會下「更好」的判斷（先不說「更好」是甚麼意思），然而，我可以達致了解，我對各式各樣的情況，會傾向如何做反應——這其實可被喚作某類的「自我的知識」。因此，蒙田是否也肯定了多數哲學家的既定觀點，也即是說「自我知識」是一個目標，或甚至是人生的「**獨一無二的目標**」（*the goal*）？

若談及「人生獨一無二的目標」，通常來說，意思是對所有人來說，都有如此的**獨一**的目標（*one* such goal），而所有其他的事物都應該從屬於這一目標。然而，蒙田雖然嘗試盡最大能力去認識他自己，都沒有這樣提議過。無論如何，蒙田的著作最迷人及最吸引人的特質，就是作者心胸之廣闊，能夠去仰慕許許多多不同的人的生路歷程。他對很多古代的哲學家、政治家、軍事專家及文壇名人都非常欣賞：加圖、蘇格拉底、庇羅，伊巴密濃達[4]、亞歷山大大帝，盧克萊修，還有維吉爾；尤利安[5]、法國亨利四世[6]；甚至在法國

---

[4] 伊巴密濃達（Epaminondas，公元前419 / 411年－公元前362年），古希臘城邦底比斯底將軍與政治家。其領導底比斯脫離斯巴達的控制，並且使底比斯躍升為一等強國。

[5] 尤利安努斯（Julian the Apostate, 331-363），君士坦丁王朝羅馬皇帝（361年至363年在位）。他在位期間，由於對希臘哲學的熱愛，讓他贏得了哲學家尤利安（Julian the Philosopher）的稱號。尤利安出生就受洗，在嚴格的基督教育下長大，但後來卻轉向希臘與羅馬的傳統多神信仰，因此被羅馬教會稱為背教者尤利安（Julian the Apostate）。

[6] 亨利四世（Henri IV, 1553-1610），法國國王（1589-1610），法國波旁王朝的創建者。

的雅文邑區的一個賊（III, 2）也是他仰慕的對象，因為這個賊只是「合理有限度」地偷竊，他還做了安排，自己死後會將部分贓物歸還原主。他敬佩印加皇帝阿塔瓦爾帕[7]，也對在瑞士的隨軍同行的女性表示敬意（I, 14）。還有法國亞奎丹區的農民，他們沒有對死亡表示誇張、大驚小怪的關注；同時，蒙田對巴西的各個民族部落的生活，也是讚賞不已。在這許許多多備受蒙田仰慕讚賞的不同人物中，的確是有某些共同特質：這包括了忍耐力，對逆境咬緊牙根而沒有怨天尤人；思想及行動有一貫性，同時更不會自視過高，自命不凡。當然，這些人物沒有一個擁有著上述的**所有**優點，他們大部分也沒有高層次的「自我知識」。很明顯，那些農民絕對沒有丁點兒類似自我知識的特質，在某種層面而言，蒙田甚至說（II, 13）我們需要的是一間（教授）愚蠢的學校。

　　仰慕過著某種方式的生活的人，或者欣賞那些期望去實現、或已高度地實現了某種「理想」的人，並不就等如將那種方式的生活或那個理想，尊崇為生命中「獨一無二」的目標或目的（或甚至不等如將其視為人生其中一個目標）。其他人各式各樣不同的生活方式，及種種不同的性格特質都可以使我感到敬仰，但這些不同的生活方式或性格特質，未必會有任何明顯的共同特點（或者，除了它們都是我所仰慕的對象）。當柏拉圖筆下的蘇格拉底詢問美諾[8]甚麼是「超卓」（excellence）之時，美諾的回答是：「所謂『超卓』，

7　阿塔瓦爾帕（Atahualpa, 約1502年－1533年），印加帝國第十三代薩帕‧印卡（皇帝），也是西班牙殖民征服之前的最後一代薩帕‧印卡。1532年至1533年在位。

8　《美諾篇》（Meno），柏拉圖記載的蘇格拉底對話錄，以蘇格拉底對話體寫成。其主旨是試圖確定德行（virtue）的定義。

在不同的情況脈絡中，會表現為不同的樣態[d]：例如，廚師的超卓跟木匠的超卓不會相同。」蘇格拉底於此打斷了美諾的話，他插嘴說，如果我們將兩者都稱為「超卓」，那麼，在任何情況出現的被形容為「超卓」的事物，也一定有某些相同的形式。為甚麼蘇格拉底此言必定為真呢？蒙田大概不會贊成蘇格拉底。蒙田說，「distinguo」（區別）就是他最基本的邏輯（II, 1）。靈魂的平寧，自我的知識，思想及行動的一致性，自我表達，「斯多葛式」[9]的克制堅忍，對痛苦與不幸的忍受，依照自然而生活[10]，在曾經歷的生路歷程沒有感到懊悔、悔恨……，以上種種就是蒙田在其他人身上找到，可以敬仰的部份特質，它們是否為相同的東西，或可辨認為同一的特質，實在並不明顯。當然，我可以仰慕某些人的某些特質，但我卻並不希望自己擁有此等特質，又或者我會讚賞其他人的生活方式，然而我卻不期待自己會過同樣的生活。這種多元主義不僅出現在我所仰慕的其他人的特質上，更擴展至我本人覺得寶貴有價值的物件上。蒙田除了非常熱切地嚮往更深入地認識自己，更對發展自己個人的自由十分熱衷，尤其是其本人的行動自由。但是，他完全不會認為自由與對自我的認識是同一件事，他也不會假設上述事物對其他人而言，就應該或正如對他自己般同等重要。

或許有人以為以此進路去理解蒙田是不正確的，因為

9　斯多葛主義（Stoicism），斯多葛又譯斯多噶或斯多亞，古希臘和羅馬帝國思想流派，哲學家芝諾於公元前3世紀早期創立。斯多噶派學說以倫理學為重心，秉持泛神物質一元論，強調神、自然與人為一體，個體小「我」必須依照自然而生活，愛人如己，融合於整個大自然。斯多葛學派認為每個人與宇宙一樣，只不過人是宇宙縮影。

10　斯多葛主義的其中一個信念是依照自然而生活。

他的確逐漸接受生命中，確有一個支配所有的目標，那就是「依著自然而生活」。說起來，這格言是個十分傳統的口號，很多古代的哲學家都用過這口號去指涉那所謂「生命的目的」。然而，縱使當蒙田似乎是最接近採用這原則作為生命的指導格言，他仍表明了必須符合兩個條件（III, 12）：第一，這並不是一項普遍皆適用的原則，而只是粗略的經驗之談，只是可做為初擬的指引，亦即是說，正如所有類似的規條，它包容很多例外的方式；第二，所謂「依照自然而生活」的某部分導向，就恰恰是不會逼迫自己去依從任何既定一套的處方（Ordonnances）去生活，反而只是讓自己從容地無拘無束地去過活（Je me laisse aller, comme je suis venu, je ne combats rien ——我隨緣而往，正如我隨緣而來，我不會為了任何事去爭鬥）（III, 12）就算我們暫且將上述兩項條件放置一旁，只是先細心考慮蒙田的論點，我們也會了解到，他是非常清晰地認為根本沒有「自然法」（natural Law）或「自然的法則」（Law of Nature）[11]存在的——這是在任何意義下也不會存在的，於此，如有哲學家堅持此一定律乃是在倫理上最基本的定律，並且出此獲得如「定海神針」般的安穩，實在是不可能的。

有關「自然」的討論，可回溯到古希臘經典時代：普

---

[11] 自然法（英語：Natural law, Laws of Nature；拉丁語：ius naturale, lex naturalis），為獨立於政治上的實在法而存在的正義體系。通常而言，自然法的意義包括道德理論與法學理論。根據自然法的道德學說，在某種意義上，支配人類行為的道德規範起源於人類的自然本性或和諧的宇宙真理。根據《大英百科全書》，natural law（自然法）在哲學上是主張，正當及公義的系統乃是普及適用於所有人，自然法是基於人的自然本性而不是社會的規條或實證法（人為外加的規範法律）而衍生的。（https://www.britannica.com/topic/natural-law）

遍都認為詭辯士[12]乃是首先將「自然」（φύσις）與「習俗／定律／傳統慣例」（νόμος; θέσις）分別開來的哲學派別，亦即是說，他們把甚麼是「自然的」（natural）與甚麼是「人造的」（artificial）分開，並且，他們某種程度上以此「分別」，作為批判的工具去分析當時雅典的種種社會建制[(e)]。我們可以說，根據（某）「法律／傳統慣例／習俗」（的定義），某群人乃是（古）希臘雅典的市民，而另外的人則不是；然而，這個習俗上的分別在大自然的範圍內是不存在的，因為是希臘雅典市民也好，不屬於雅典市民的人也好，兩者都是人。為了要讓這批判性功能顯得有意義，人為習俗與自然，必須是非常清晰地區分開，而「自然」一定要被理解為某類型道德取向的正面根源，亦即是說，在某種程度上，一定要假設依據那所謂「自然的」去生活、行動就會是「好」的，而與之對立的，則是純粹從人為習俗而衍生的生活方式與行動。

很明顯，這種「自然－人為」的分別，根本由開始就已有困難，其中主要難處就是，如果你是嚴肅地對待這分別，並且以最一般的意義去理解「自然」這個名詞：亦即「自然」等如「活在人類世界控制範圍以外的那些動物的生存方式」，你（那「自然的」的生活）大概會變成有如錫諾普的帝歐根尼[13]所過的人生一樣：亦即在公開場合進行所有

---

[12] 詭辯士（sophist）中的許多人善於哲學和修辭學，但也有人教授音樂、體育和數學，狹義上專指從事教授修辭學者。他們自公元前450年開始興起，直到公元前380年，他們通常聲稱自己傳授Arete（各種方面的「卓越能力」），學生主要是年輕的政治家或者貴族。

[13] 錫諾普的第歐根尼（Cynic Diogenes, 約公元前413年－公元前323），古希臘哲學家，犬儒學派的代表人物。

最「自然的」生物性功能，甚至或者會實行亂倫、獸姦以及人食人的行為[f]。上述種種行為在動物王國中皆普遍通行。然而，這等行為好像只是在「人為傳統條例」範圍中被視為錯誤不當的，同時，在（人訂立的）自然法（natural law）的範圍中，它們卻正被排斥拒絕，被設定為「不自然（有違人的天性）」的行為。帝歐根尼並未曾受到駁斥，他只是被漠視，因為「自然」這個概念，其實充滿著「正常／標準規範」的意涵，實在非常有用，要放棄它實在太可惜了。因此，一般而言，在這種情況下，就會訴諸「形而上的結構」的支援去解釋「自然」：這並不是指動物（包括人類）一般通常（在沒有外在逼迫之下）進行的行為，反而是包含某類完全不同的行為——這類行為，例如，與暗藏著的本質性的目的論有關聯。在基督教的傳統所主導控制下，這等滿滿地含藏著形上學意涵的「自然」概念，及其律例，被迫要穿越那由高度怪誕的宗教感觸所編織而成的「篩」，它的意思於是漸漸變得越來越扭曲迂迴[g]。

當然，「自然」有一個比較無關痛癢的意思，也許可以此做基準，並且說明我們一定要依從這意思：我們可以說，如果人類在兩星期內完全不喝水，就不能活下去了——這是一條「大自然定律」，因此，如果我所計畫的某個行動，沒有考慮到這「大自然」定律，這計畫多數會不成功。蒙田當然沒有否定這類自然必然規律，然而他也同時重複提醒我們，如何去判斷在屬於我們的構想中，甚麼是可能的、甚麼是不可能的；在我們身處的社會中運行那些偶然出現、約定俗成的規條，其實很強烈地影響著我們判斷甚麼是可能、或不可能的構想，而我們也不能操控這些規條或修正它們。因

此，縱使「自然律例」真的存在，我們都不大能察覺認清它們，及將它們跟那些被認為是「自然的」規律，但其實只是基於我們慣性的思維方式所定的規條，做出分別。再者，比如說，人要飲水這等「大自然事實」，對我們（作為生物而言）只能是作為條件而運作，即作為一項要考慮的條件，而不是一項正面地**規定**我們，應該去做的事情。進行絕食抗議的人士有時會有合理的理由——亦即在道德上有合理理由——去拒絕飲水。

　　假使這世上真有「自然法」存在的話（II, 12），但不是以普遍常識的角度去理解它們（例如：「順其自然，不要勉強做那些你有理由相信不可能的事」），而是以某些哲學家的觀點立場去理解，亦即，自然法乃是本質性的、依標準而指定的、正面的規條，這些規條會規範我們應如何去行事，並且是透過對自然之探究而得以理解掌握，於此，我們只能依著兩條路去發現這等規條。第一條路乃是透過某種理性推論的形式去發現這等「自然法」——然而，蒙田寫了一篇長文：《為雷蒙・塞蓬德辯護》（*The Apology of Raymond Sebonde*）去說明理性實在太弱，如要憑理性去說明甚麼該是所需的，所得結果實在太反覆無常及充滿矛盾。另外一條進路去掌握那「自然法」，就是對它們普遍一致的認同，但事實上這種認同並不存在。不同的社會，對於它們各自所容許及認定作為「自然」的事物，皆非常不同，每個社會都有著自身成立的禁忌，為自身所訂立的種種律例都非常不同多樣化，因此，那所謂（大眾共同確認之）可正面指導各人行事的「自然法」，根本不存在。

　　對於蒙田來說，「依隨自然而生活」其實並不是與「依

隨（傳統）俗例而生活」相反或相對立的，因為每個社會皆有其自身的俗例，我們不論生活在哪一個社會，如果是依照當地的傳統習慣或俗例而生活，我們便會被認為這是依照「自然」的生活。蒙田在另一篇散文〈論食人族〉（*Of Cannibals*）中，他很強調地宣稱，沒有甚麼特殊事物，習慣行為或社會建制，是會放之於四海皆會恆常地被視為「自然的」。所謂「自然的」這個概念，根本是一個社會性之建構，它之所以得以成立是基於（在這社會生活之居民）普遍習慣的行為。因此之故，蒙田說明，對他來說，說拉丁文比起說法文，似乎是「更為自然」（Le langage latin m'est comme naturel, je l'entends mieux que le François [拉丁文對我而言是很自然的，我對它的理解比對法文更佳][III, 2]）。但這並不意謂他是天生自然地（born "naturally"）就會說拉丁文（他也曾告訴讀者，他之所以成為一個「自然地」說拉丁文的人，皆因受了父親對他的嚴厲兼獨特教育之所致[I, 26]）。

對蒙田而言，自然是沒有定律的，或者，不管怎樣，沒有任何我們（作為人類）可以察覺辨明的「定律」——頂多，大自然會偶然有一些（可被人類辨認的）慣性現象出現，但這些（慣性）現象也是常常有例外之情況——因此，對一個人來說，最好的生命歷程，就是不會以任何稱之為「確實無誤的清晰性」做為基準的生命歷程，亦即，最好的生命歷程是不會依從任何原則的（II, 12）。依據法令及紀律（ordonnance et discipline）去規劃／度過有生之年，那確實是可能想像之中「最愚蠢」（III,13）的[(h)]。我要說明，這裡的意思，並不是說任何規條都可以不需要，或任何法規都是沒有用的；例如，造鞋或航海，依據規定程序而實行是（在某

限度而言）是可能的，並且是有效的，但如果有人認為，人們可以依循某些規條去度過整體生命，那真是非常愚蠢的想法。

那麼，「依照自然而生活」，對蒙田而言，並不是另類生活方式選擇，可讓我們偏離身處之地那些不斷改變、偶然而成立的俗例或習慣去生活。這種種習慣構成了我們稱為「自然的」的一部分。反之，人生於世，所謂「依照自然而生活」，正是被假設為相反於「依隨**法令與紀律**而生活」。如果事情是如此的話，真正對立的兩方（的最佳例子）就是：一方是基督教的修士及某些眼中只有教條的哲學家——這些人只依照「規條」而活，另一方就是其他每一個人。這裡所講的「其他每一個人」，很清楚，並不是一個真實而有清晰可辨之特質的群組，於此，這個概念（依照自然而生活）沒有作為生活的指導準則的真實正面的價值。「依照自然而生活」的意思就是：**不會**（透過**法令與紀律**）而將一個生活模式硬性套在任何人的生命歷程之上，而這個硬繃繃的生活模式乃是透過某種知性的見解被掌握，並是完全當地的俗例是互相矛盾的。

上述觀點及態度，在很多情況下都可能被認為是不能被接受的。尤其是我們可能懷疑，這不過是委屈去接受，或是唯唯諾諾而同意的觀點，但這肯定不是一般意義下對「自然法」的觀點。因此當蒙田說，那些在巴西的食人族比我們「更為接近大自然」，意思是他認為這等巴西食人族成員的整體生命，相比於他本人（身處於十六世紀法國亞奎丹區的社會中）的生命，所受到（由知性掌握的法令及紀律的所結構的）系統之營構，比較薄弱。這論點大概與以下想法相

若：我們可說沒有任何方法可以將巴西食人族成員的生命歷程中不斷累積的人工文化，如削果皮般一片一片消除，繼而讓他們回歸那真正的、純淨基本的「大自然」。然而相比之下，我們本身的生命歷程，則更難以做到「回歸大自然」了。

　　蒙田不會充扮從「零」或從「無」而開始思想。他是一個屬於其時代及其身處的地域的人，對此，他是很清楚的，所以，他從他已擁有的意見開始思考，而這些意見，乃是植根於蒙田所屬的法國（巴黎以外）的省份地方、他所屬的生活圈子所習慣的思想方法，由此他對這等意見做反省（'L' homme ne peut ester que ce qu'il est'〔人只能是他本來那樣〕〔II, 12〕）。蒙田以及他所屬的社會階層的成員，於所處之歷史時期，所接受那公認的、既定的智性結構的其中一部分，就是一套有關「自然」（nature）及「自然的」（natural）的立場與觀點。然而，經過了反省思索，蒙田漸漸理解到，一般大眾所接受之有關甚麼是「自然的」之看法，竟完全缺少了大眾原先賦予（這概念）的性質。事實上，與其認定甚麼是「自然的」和甚麼是「習慣俗例」兩者之間，有一清二楚嚴格的對立，倒不如看清楚，平民大眾只是單純地以「自然的」去**稱謂**在他們身處的社會所出現的「約定俗成」的慣例。《散文》這著作正是記錄了蒙田對上述看法越來越清晰的理解，他企圖接受這看法。然而，縱使他看清楚「那自然的」（the natural）這概念的標準定義，這也並不會一下子抹煞他對這概念一貫的解釋的堅持，但為甚麼人們要假設他一下子就會改變這想法？那些處於社會內重要及核心位置的概念觀點，可說是使人煩厭地牢牢地黏著所有人。普遍而

言，人們不會單單覺得這等概念確實沒有甚麼意義，於是便拋棄它們。無論如何，透澈地看清楚「自然」這個概念的意思（亦即同時期的人對這概念的理解），並不會自動地讓蒙田得到一個另外的、更佳的思考世界的方法，或另外一套概念；再者，他還需要跟身處同一歷史時空中，其他社會成員**共同**生活——對其他的社會成員而言，這個概念（一貫的解釋）有著結構性的重要地位。因此，在《散文》中，我們見到作者，有如在一延續的循環中思索，對「自然」各個觀點詳做解釋，但漸漸看見它們根本沒有甚麼意思，於是嘗試以各種另類的進路去反覆反省，由此也回歸到推考種種談話模式——這等模式仍然是基於某些非常不確定的對「自然」的定義…蒙田的反省企圖與這些不肯定的定義保持距離，該書的內容，就是這樣周而復始地不斷思索探究。《散文》一書，其宗旨並不是要訂立典範的標準，而只是思想反省過程的記錄；這就是本書的不同章節，好像在一動態的（思想）轉變中，也由此使我覺得，蒙田跟我們在二十一世紀的情況特別相近。縱使蒙田了解到，主張「自然」與「傳統俗例」之間有清澈地分別的論點是非常錯誤的，但他仍然繼續去討論甚麼是「自然」及甚麼是「自然的」（好像真的有人會知道其中真義是甚麼），同樣地，我們作為（現代人）於深入反省過程中，我們漸了解到，和我們身處相同歷史時空的人，對於（特別是）民主、人權與自由市場的許多想法，都是無可救藥的胡言亂語：他們所表達的，皆是前後矛盾不一致的、完全虛假的陳述，扭曲的片面真理，完全不合理的妄想的大雜燴，然而發表者卻假裝這皆為不可反駁的事實去廣傳。舉例說，歐洲人已**確實**不再談及「自然法」——這並不

是基於透過分析有關這概念內部各論點之間，是否有內在的前後矛盾（而做出此否定），反而，真正原因是歐洲文明經過了數個世紀的不斷發展，日益依賴科學的探究，並且醉心投入其中，因而不再給予「自然的目的論」任何（思想上的）位置，因此，同樣，我們對於「自由市場」或「人權」等概念，也不會透過分析人們對它們種種說法及想法，考察其中論點有沒有前後矛盾或邏輯不連貫，然後做出廢棄這等等想法的決定，相反，我們只是因著悠長的歷史中時有爆發的經濟災難，然後復興，之後再次陷入災難，再加上在我們社會中出現的極端的巨大的、我們在不能細緻地分析的轉變，由此（外在歷史因素），而使得「自由市場」或「人權」這等概念變成過氣失去效用。因而，如能回顧反省，就很容易看到，這等觀點是多麼地可笑荒唐，同時，大家都會很好奇，為何我們竟然那麼久，也不能由掌握，這些概念內部，其實很明顯的前後矛盾，於是得出一個正確的結論。對於這個問題，答案就是有某些人的確看到問題之所在，但光是看到是不足夠的。

某種程度而言，我們仍然依賴著在我們所屬的種種建制、同代眾人所共用的語言，以及在身處的社會與其他人共同生活，因而衍生的普遍共同意見。於此，蒙田對語言所扮演的角色是非常敏感的；庇羅應該可能需要新的語言去正確表達他所創立的哲學，因為我們的語言總是被肯定性的命題（affirmative propositions）（II, 12）所建構。相對而言，蒙田沒有任何企圖去創立一種新的專有詞彙，但我們可以見到他將那些被公認為重要的概念的重要性比重不斷轉移。在閱讀某思想家的著作時——縱使是如蒙田這類完全不將自己展

述為一個系統性的哲學家也好，如果我們嘗試去辨別作品中，（其一）哪些是有較重份量的概念，這對理解這位哲學家會十分有用。所謂份量較重的概念，就是指那些常用及占核心重要性的概念，它們容許了思想的流動得以開展；（其二）哪些是只是扮演裝飾、修辭、擺姿態角色、或既定風格詞藻、歷史緬懷的語句，或通俗的說話語調——文章內此等行文皆不需嚴肅地去對待，它們皆是因為某種理由要不斷重複，人云亦云的陳腔濫調（通常是政治或宗教範圍的詞彙），或裝飾門面的說話。在蒙田的思想中，其中一個最有趣的方向，乃是他將一套另類不同的概念，去代替那些常用的。在這裡，「代替」的意思不是說，蒙田完全迴避既存舊有的概念，或和它們澈底一刀兩斷，並且刻意地發明、介紹或使用一套煥然一新的說話方法；反之，這裡的意思是，某些老舊的詞彙，還有種種與之相關的概念，其實似乎已經慢慢失去了其本有的重要性，於此，蒙田傾向於使用另一套其實已經存在詞語、單字去陳述，這套語彙其實早已存在，但從未好像在蒙田手中那麼肯定地運用——他越來越經常地運用這些詞彙及概念，並且加強它們的重要性。

那麼，那已存既定的（舊的）進路——為了簡單及方便討論起見，我稱之為「標準化」的進路——其焦點就在於那很複雜的一套（手術）工具（a complex *instrumentarium*）：亦即包括了一系列互為關聯的概念，例如：「意見／信念（看法）」、「論據」、「觀察」、「確認」、「驗證」、「理性的」、「科學／知識」、「權威」，以及「真理」。上述各個概念絕不僅是一套芸芸可供選擇的其中一組概念，它們之組合正是傳統主流的哲學家所認定，如果是一個嚴謹

的人，**必定**要將注意力集中於此，同時也要在討論時，必定要使用的一套概念。傳統主流哲學家有此觀點，是因為（他們認為）人的主要任務，首先是嘗試去將（單純的）意見，轉化成為關乎真理的正確知識、再者達到有堅實基礎的自我的知識，還要明瞭如何去行動及生活；當要履行上述的任務時，就一定要用這一套概念詞彙。這套專門詞彙及概念，是緊緊互為相關聯相扣的，甚至可以說是互為定義的：所謂「知識」，就是經過驗證為正確的真正的信念／看法」──這正是其中一項廣泛被接受的定義。然而，在蒙田的《散文》中，有關「自我知識」的述說，卻並不緊密地與上述那套複雜概念網絡中的概念（例如真理、論據等等）扣連起來。反之，蒙田的「自我知識」，卻成形於另外一個由不同面向反省而組成的網絡中，構成這網絡的核心概念乃是：經驗、判斷、實習／練習，並且，還有一個非常重要的概念──我稱之為「與……相處融洽」（getting on well with）或「與……關係良好」（being on good terms with）[i]。法語「s'entendre」一字正是這個意思。這並不是說蒙田會認為「論點」、「理性」或「真理」不存在，也並不是指他認為指涉這些現象的概念是完全錯誤的。蒙田的想法反而是，這等（傳統的）概念，不是一般人所認為那麼清晰無誤、那麼權威性及充滿威力、處於核心及重要地位。蒙田將它們的重要性降低，指出它們只不過是次要的課題，只有二等或三等重要性。我們不需要借助這等概念所提供的複雜脈絡，來分析人的生命歷程；實際上，還有其他（概念網絡）可借助來分析，並可能是同樣好或更加好。又或者應該說，其實不一定是只有另外單一套有清晰定義的概念，可取代那標準化

的概念工具網絡（standard instrumentarium）的，在原則上，有許許多多另類的概念網絡，它們可以是多重不同的組織配搭，可給予人的生命歷程的某種結構。因此，我們並不需要過分拘泥於那標準化的概念（網絡）。當然，去討論「驗證」、「確認」可能是重要的，還有其他概念也需要深入討論，因為它們都深深滲入了人們普通一般語言說話中，因此，準確而言，對這些概念做探究，從而找出對它們錯誤理解，的確是重要的，但是，這並不等如將它們視為人的生命歷程的方式或系統的核心點。

法語「s'entendre」的基本意思就是「互相留意對方，聆聽對方」，由此而達到「互為了解」，到最後就是大家漸漸「相處融洽、關係良好」。蒙田說：「比起跟西塞羅相處，我應該寧可跟自己相處及了解自己。（J'aymerois mieux m'entendre bien en moy qu'en Ciceron [III, 284]）」如果說，我跟某位朋友們「相處融洽」，或者我和各位朋友「關係很好」，其意思並不是說，有關這些朋友將如何行動，我可以成立邏輯地真的命題，也不是說我們在任何事情上都保持同一意見——如果這是真的，那會是何等無聊！對蒙田來說，友誼乃是各式各樣人的現象的「核心模範形式」。我的朋友可能會做出使我感到意外驚訝的事，但通常來說，我都能夠預計他們會如何判斷某個情況，或他們將會做甚麼，然而，我是不能清楚細緻地詳列我為何能有如此預計的理由——這些預計可能要面對仔細的檢查，才可證明是對的。與眾朋友「相處融洽」的另一意思，就是我可以繼續過我的生活、輕鬆處理和這些朋友的關係，縱使朋友轉變了（人總是會變的），也無傷我們的友誼。事實證明很多人都可以跟和自身

的世界觀、處世之道皆完全不同的人相處得來。如果不是這樣，人類的群體生活就根本不可能了。這就是為何當在思考在人類社會之時，要小心有沒有過分強詞「意見一致」（consensus）這個非常危險地充滿了歧義的字詞的角色。

　　我可以與他人相處融洽，也可以與他人合不來，跟我自己相處時，這兩個情況也會出現。事實上，對蒙田來說，在達到認識我自己的過程中，社會面向／因素是非常重要的。透過正視其他人所提供的「鏡子」，或者透過以自己本人為主題的寫作，我是比較容易看清楚我自己的。蒙田與他的朋友拉波埃西[14]所建立的真正友誼、他與芸芸古時作家在文學上締結的「神交」、他自己的寫作出版歷程，以及讀者對其著作《散文》的各種回應的記錄，正是蒙田與自己相處，逐漸熟識了解自己及感到從容自在的其中部分方法。這正好比我不會嘗試去強迫我的朋友，去採取有違他們的欲望意向、一貫生活態度的生活模式去過活，同樣，在我自己的情況也是一樣——理解我自己的意思，就是不會硬要強迫自己去接納採用某種既定被給予的、同時與我的種種偏好取向相違的模式去生活。「我存在的方式」、以及「他／她／她（他）們所選的存在方式」成立的原因，一部分可以是個人自然天賦能力或癖好所構成，另一部分則是其身處的社會內的俗例傳統，然後就是其本人的生活習慣。這三個因素乃緊密地互相纏繞在一起的，因此，無人能夠在任何個別情況中，可確定的鮮明清晰地分清甚麼是「自然」，以及甚麼是「傳統習俗」。如果，在某些重要的緊迫的情況中，我確實必須認真

---

[14] 拉波埃西（Étienne de La Boétie, 1530-1563），法國作家，法國政治哲學的奠基人、反暴君論的重要代表人物，是蒙田的最好朋友。

辨清不可，縱使我的判斷不是任意偶發的，但也不代表，會永遠不產生錯誤。判斷、決定會終止懷疑，但是，當蒙田借用「天秤」來作為他的座右銘（II, 12）時，這個比喻卻很容易使警覺性不高的讀者誤會。蒙田有一名言：「我知道甚麼？我將這句話刻在我那鑄有天秤的紋章上（'Que sçais-je?', comme je la porte à la devise d'une balance）。」在市場上常見的天秤有兩個托盤，它可用來量度兩個有重量的物體是否等值（相同重量）。如果一個托盤所承載的物件與另外那托盤所承載的物件重量相等，兩端就會達致平衡（level）狀態。但是，如果我嘗試放兩件不相同的東西在天秤兩端托盤上，例如在一隻托盤放上「希望」，而另一隻放上質數「7」，我就不會得到甚麼結果。的確，（在這種情況）我可能連如何開始嘗試做出比較也不知道。然而，在蒙田所設立的「判斷」的模式中，所量度的並不是商品的重量，而是法律的判斷──無論如何，直到退休，蒙田的職業都是法律界的官員──故此，在蒙田的《散文》中，充滿了許許多多案例，於其中所要求的判斷，都是要處理在某情況中，一些不能等值地比較量度的面向。究竟我如何對以下的種種因素做出衡量考慮──罪犯的意圖動機，所犯的罪惡的具體嚴重性，社會秩序紀律的需求，減輕罪惡之嚴重性的環境的條件究竟存在與否，還有在面臨決定法律判決時，所要考慮的基督精神的慈悲寬恕？如此種種的考慮因素，皆各自屬於完全不同的範圍。我們沒有任何計算方程式，將以上所提及的因素做出比較：它們之間實在是互不相稱等值的。這裡的意思不是說（唯有在天國）才會有那理想的天秤（可衡量這些事態），而是**我們**（身為凡人）只有薄弱的能力，去高攀達至那理想

天秤所給予的判斷定奪。反之，凡人的判斷的本質，就是努力將那些實在不能放在一個天秤上做等價量度的東西，放在一起去考量。我所知道的所謂「判斷」就是這個意思。在很多情況中，我需要去分辨去決定，我所做的判斷未必是任意、無根據的，但它們就不可能是永遠不會錯的。

那些受到傳統主流的堅持精準分辨之想法所控制的人們，通常會偏向認為蒙田所言的「判斷」或「和某人某情況相處融洽」的意思，只不過是以一套模糊及大約、差不多的語言，去代替那更為精確的知識論詞彙／概念：例如「看法／信念」、「意見一致」、「同意」，與及去代替「技術性」或「實踐常識」的語言。這即是說，「我和她關係不錯」這句話，意思只能是「有關我與她兩人的看法與行動，可以說於足夠數量的觀點上，我都同意她，並且有恰當的談判技巧，去和她達成妥協」。人們會懷疑，對這看法有甚麼論點可供參考。首先，普通一般的哲學家所偏好的詞彙，是否真的比蒙田所運用的詞彙更為清晰，實在並不明顯。普遍一般的哲學家所使用的詞彙，對那些曾經上課學習，受過思考分析訓練的人們來說，可能只是較為熟識習慣，但這另外一個議論題目。

讓我們回到一個蒙田在其著作的導論中所提出的問題——對於《散文》的讀者來說，既然各篇散文都沒有提供某種有普遍性的倫理學作為參考，閱讀這著作是否浪費時間呢？只有讀者本人才能為自己回答這問題。如果你閱讀這著作的目的，是期望自己可以和蒙田「相處融洽」，進而想憑藉文學達到優雅高尚的氣質：這可以是對此問題其中一個答案。如果你的閱讀這著作，不是以上述為目的，那麼就是另

一種回覆。（以上回覆的態度）可能會使到某些人感到某種不暢快：「如果我們站在蒙田的角度來看這個世界，我們如何能夠找到那鐵一般堅實的，合乎道德的證言理由，去強迫他人去做我們認為應該做的事呢？」對於這個問題，我覺得，蒙田的回應該會是：「對呀！正是這樣！」於此，我們可能傾向於再附加以下看法：感到上述問題很有壓力的人們，可能會考慮這個問題所討論的會如何牽涉到他們，這著作所言的未必有讚許奉迎的意思。其他的人也可能會反省，這著作所論及，乃是有關於我們需要持續和他人融洽地相處的樣態。或者，更重要的是，我們可能會去追問：如果能足夠深入地探究，見到在他人身上我們並不讚許的行徑態度，是否也在我們自身中尋到明顯的痕跡。

第 6 章
霍布斯

　　由於討論及行動的不同目的，我們通常會用各種方法把人們分類。我可以在世界整體人口中，隨機將某數量的人歸為一個群組，去研究他們。又或者，我不是完全任意地去取樣，而是依據某種條件，去選取一群人並成立一個組別，例如所有左撇子，或患上某種類別的色盲的人，又或我可以組合了講葡萄牙語為一群體、或印度尼西亞語（Bahasa Indonesia）、或（江蘇）吳語的人，或者將所有住在法國諾曼第區域，或歐盟國家內的人在理論上組成群組。我又可以不管好壞，預設一些條件去做選擇，將某群人組合在一起。在此之後，或許經過回顧反省，我才發現我所憑藉的分類原則，幸運地是適當的及有用，又或者錯誤不當的——我分類的理由究竟是「幸運地」恰當，還是相反，乃是基於我所嘗試在找尋的是甚麼：某方向的組合方法，可能會讓我在研究工作中，較容易（或相反較難）獲得所需要發現的資料。如果我研究的是嘗試去根除庫魯病[1]——一種因吃了含有「普

---

[1] 庫魯病（Kuru），是一種不可治癒的退化性人類傳染性海綿狀腦病（Transmissible spongiform encephalopathy）。症狀主要有頭痛、關節疼痛和四肢猛烈顫抖，後期症狀則與脊髓小腦共濟失調症相似，患者會精神分裂、失憶、大笑，且往往在哈哈大笑中不治死亡，常被誤會為笑死，故俗稱哈哈病、笑病、笑死病。

里昂[2]蛋白」為病原體的（人類）腦子而患上的病症，那麼，如果我選擇左右兩手皆可靈巧運用或講葡萄牙語的人群作為研究對象，我的研究將不會有甚麼進展。但如果另一方面，我聚焦於棲居於新幾內亞某地域的住民作為研究對象，我就很可能最終察覺理解到那些染病的人，就是參加了以食人為喪禮的宗教儀式的部落族群的成員，這些人染病成因就是因為吃了帶此病原的屍體的腦子。初步看來——在澳洲殖民地官員禁制這（食人）宗教儀式之前——似乎是這些部落的女性及兒童成員，認為死人的腦子是上佳的餚饌，但男性成員則認為吃腦子會使他們變得孱弱及軟懦，所以盡量避免去吃。因此，患庫魯病的女性及兒童的比率比成年男性高很多。然而，如果我所做的研究，沒有一個高度特殊的目的（例如庫魯病），而只是期望「普遍地」去理解人與人之間如何溝通互動，那我又應該如何去將人群分類呢？

　　對於上述問題，霍布斯提供一個很清楚的答案：你可以去觀察某群人如何去「服從／順從」另外某些人（的意願），而另一群人則如何去拒絕屈從。在英國東盎格利（East Anglia）地區的農夫，有系統地依從英國國家農業部的指示去行事，但同時卻有系統地罔顧祕魯的國家礦產部的裁決。透過將某方對另一方的順從關係抽絲剝繭地追索，你就可以勾畫出一系列的群組，然後將你的研究對象聚焦於你所選擇出來的群組，這樣就會掌握到在人類不同社會中，正在發生之種種狀況最扼要的特質。對他人的意向「服從」的意思，並不只是我乖乖地做你想我做的事——我如此服從，

2　普里昂（prion），是一種具感染性的致病因子，能引發哺乳動物的傳染性海綿狀腦病。

有可能全是因為我自身的理由，或者基於其他跟你的意向期望完全無關的理由。另外，意思也並不是，在其特殊情況下，你的權力完全控制我，因而強制我跟從實行你想我做的事。例如，如果你名副其實地將我整個人拋擲出飛機之外，我並不是服從你的意向（而自行跳出飛機之外），而是我不能抵抗，被外來的強大的（物理氣體）力量拋擲推出。但說真的，強大物理性的暴力，其實到處都存在，而且是在我們理解以外，更頻繁地出現，只不過在我們身處的社會，很多都是在公眾目光以外祕密地進行而已。然而，在任何人類社會中，純粹直接的威逼，很明顯是一種極端貧乏技窮之**普遍**的壓制形式。在某個層面而言，直接的物理性暴力威迫乃是極度沒有效果的。從這某一觀點來說，如果不同社會可視為各式各樣的系統，其目的是嘗試去增加及累積人類的力量，那麼直接並一再地使用武力，肯定不會是達到如此目標之有效方法。如果你需要在每一架汽車中配置一名警察，以武力逼令司機去服從交通規則，那麼你真的需要超多警察去執行任務。你被屈從的意思，並不是指某人需要在每一個情況下都直接威逼你，雖然歸根結柢，直接以暴力威逼作為最後的手段的可能性仍是保留著的，在某些個別的情況（例如：美國警隊與黑人群體）直接使用武力是近乎赤裸裸的，在此脈絡中，聲稱「（武力）作為『最後』的手段」可能會誤導大眾。但是，事實上，人們可以駁斥，在某些情況中，如果不見到有公開明顯強制威逼，其實更可能是極端服從的徵兆，因為那裡已沒有人膽敢考慮反抗[a]。

所謂「我服從於你的意向」，就是意味著不對等的權力的關係持續存在著——這權力扮演了合適的角色，使我基

於有效的動機去配合你的意願而行動，在某層面而言，我也已經「內化」了那對我可能的威逼。這並不排除，你會命令我做某事，而我自己本人也覺得做此事本身是合理的，或者是符合我本身的利益這可能性。在這些情況下，威逼實際上很可能未必是必需的，雖然，如果只有我獨立地去考慮，我未必會實行那些有理由應做的、或對我有十分好處之事。因此，被他人威逼應該仍是有用的——（透過被逼迫）我較能夠集中精神，下定決心開始行動。但問題是，所謂內化了的依賴關係，並不會基於上述推動我去行動的那兩個因素而產生，即是：其一，我理解到我被命令去做那件事背後的理由；其二，我了解到做這件事是於我有利。於此，基本的問題正在於，我在權力關係上處於弱勢低等的位置的這個意識，是如何變成「被內化」的：例如，因為內化了的服從，政府不需要派遣一個稅務官到我書房監控著我（縱使他能忍受在這麼一個垃圾堆中執行任務），我也會自動自覺每年定期正確地填好報稅表。

　　所謂內戰，就是那既定的屈從者與主導控制者兩方的關係已破裂，又或者正在破裂的過程。霍布斯於有生之年，經歷了英國的內戰[3]，他認為內戰就是一個社會可經受最糟糕的災難，他的著作《利維坦》[4]本質上就是一個企圖指導

---

[3]　英國內戰（English Civil War），是指1642年至1651年發生在英格蘭王國議會派（「圓顱黨」）與保皇派（「騎士黨」）之間一系列聚焦於管理體系和宗教自由的武裝衝突及政治鬥爭。

[4]　《利維坦》（Leviathan），托馬斯·霍布斯於1651年出版的一本著作，全名為《利維坦，或教會國家和市民國家的實質、形式、權力》（Leviathan or The Matter, Form and Power of a Common Wealth Ecclesiastical and Civil，又譯《巨靈》、《巨靈論》）。「利維坦」原為舊約聖經記載的一種怪獸，在本書用來比喻強勢的國家。該書系統闡述了國家學說，探討了社會的結構，其

人們如何避免這終極恐怖經歷的專題論述。對霍布斯而言，並不是只單純地跟隨自然，或略微修改或精煉我們自然的傾向愛好，或稍稍改良一下我們本有純真的「自然的」群居生活模式，就能成就那所謂「和平的政治」。反之，我們需要成立、以致持續維持那高度人為的建構，即「國家」（the state），才能達致和平的政治。《利維坦》的主旨，乃聲稱去示範為甚麼憑藉這人為建構是合乎理性的，並且指出，若讓它崩潰，或容許放鬆它對國民的控制，就會出現種種危險。如果不想陷落在如煉獄般永無止境的戰爭中的命運，霍布斯指出「國家」就是一條逃離這厄運的生路。

在《利維坦》中，霍布斯論述了三種讓「對他人意向的服從」變得明確具體的組織形式。得以確立的主導控制權這三個形式為：經家族世代之關係、經武力、經制度。第一種形式，就是家庭。於此，基於自然生養關係的緣故，子女乃是由出生便要「天生地」順從於雙親，受其全面控制（父親對子女往往施行全面性控制，至於母親對子女之全面性控制則較罕見），同時，子女自身，也是願意在屈從的情況下長大成人的。對於嬰兒或幼童而言，完全聽命於他人的意向似乎是合理的，在大部分情況中，嬰幼童對父母的附屬關係，會內化為那可被稱為「自身意願的屈服」是可能被接受的，但在這一點，霍布斯宣稱這實在是荒謬的。霍布斯肯定地說，父母對子女有控制權，並不是因為子女是他所生，而是因為控制權並不只是在某個別情況下才施加於子女身上（即便是只在逼不得已的情況才出現，例如要阻止孩子

中的人性論、社會契約論，以及國家的本質和作用等思想在西方世界產生了深遠影響，是西方著名和有影響力的政治哲學著作之一。

將手伸向火焰），所謂「控制」，其實是要逼使子女「順從」（submission）。然而，這「順從」乃是某種內在心理狀態，於此霍布斯用了「同意，順意」（consent）這個奇妙的字來說明。父母得到對子女的控制權（I, 22），因為「子女透過明言或其他充分的理據，表達同意受雙親控制」。於此，事實上，所顯示的就是「同意，順意」只不過是一個沒有任何用處，空洞的述語，其作用就是散發某種充滿迷人的「可接受性」的氣氛，去籠罩遮蓋（若從另一觀點來看）可能是超乎想像地醜陋的，或無論如何，不能避免但使人沮喪的真相[b]。如果我們離開霍布斯的構想框架去考慮，這情況可能很清楚顯示，子女真好像沒有「真正」的選擇權；但這不是問題之所在。任憑理據是如何複雜，大概不能使多數人信服，如果沒有真正實則的選擇（權），自由也依然存在。若依照霍布斯所說，支配控制的形式的第二個面向，就是藉著武力去控制支配他人：假如我正面對「被痛擊至死亡」的威逼，為了要逃過此劫，大概會順著那目前正揮著利劍向我的人之旨意，說出他逼令我說的話，如此，我「同意」了他對我的控制，並答允向他承諾。上述例子說明了，第二種控制，以其典型性及特質觀之，可以被視為某類型的奴隸制度。為了保全性命，我變成了持利劍指向我那個人的奴隸。霍布斯認為，在某種意義層面而言，這是個「自然而然的」現象，正如我屈從於父親是個自然的現象一樣。這是因為在上述兩個情況中，我都是屈從於一個比我權力更大或武力更強的「自然人」，即我的父親或那持劍的人，他們都直接恐嚇威脅著我。當然，我不會願意身陷於那預計會被痛擊至死亡的危險狀況，但是，我若已面對此死亡恐嚇，我只能「自

由地」、「出於自願」向那揮劍向我之人屈降自身的意志。對此論點，有人會不同意，認為以此脈絡來詮釋「自由」這概念，根本是歸謬法（reductio ad absurdum）的論證：在這脈絡中，一方面把「自由」及「同意」視為極端及核心重要的概念，但另一方面，卻同時將它們本有的內容完全挖空。或者，這反駁本身，乃是太過嚴謹地看待「自由」這個概念。

然而，霍布斯的著作《利維坦》主要的旨趣，並不是關於前述的「自然的」現象：家庭成員生活在一起，或以武力或戰爭掠奪得來，所獲得的對他人的控制及支配強權。反之，霍布斯期望將焦點集中於那所謂特殊的「人為的」建構，即他稱為「公共財富或國家」（the Common-wealth or state）。這情況並不是當某個人或某群組，屈從於某個自然的既存的個人（即父親或征服者）而發生，反而正當一個新創造出來之人工構成的「人物」——亦即「國家」的「最高統治者」——出現才會發生。如此一個嶄新的、人工化的「人物」被創造出來，那是從未存在過的，其得以誕生，就是由於所有人集體順從，而這「所有人」，乃正是透過這順從，成為最高統治者管控下的子民，也即成為了如此被建構的國家內之成員。

本章節開首時，說明了如果我想理解人類世界，一個有效方法是選擇某些群體做研究，於此，所選擇的就是向最高統治者集體順從之各個群體的聚合。這種「順從」是基於「同意」（在此處，霍布斯之所指的「同意」是完全失去意願而無力之「同意」）。如進一步分析，這「順從」的基礎乃在於恐懼。我向奴隸制度屈從，是因為我對主人感到恐懼，同樣，我同意建構一個國家，並且在一個由最高統治者

掌控的國家之內平和地生活，因為我（底子裡是）恐懼著那些在我周圍的本國人。這些人能夠或會做出甚麼來對付我，如果我們（所有人）不是受制於同一個最高統治者的管控？我們對人際之間權力、武力的存在、對武力的使用所帶來的恐懼，可能覺得非常鮮明真實——就算在家庭中成員也是以暴力來建構維持關係。於此，相較於許許多多的理論家，總是立論強調家庭總是溫暖、親密，成員之間互相讚賞，相親相愛、暖意滿溢的窩，並且褒揚家庭是對抗外在冷酷的社會及政治世界的堡壘，霍布斯這個論點，實在值得尊敬，因為它非常誠實。

霍布斯很清楚指出，他的政治哲學預設一種哲學人類學，這在其著作《利維坦》的第一至第九章有詳細說明。他的假設乃是，我們所有人都是單獨個體，我們是天生地各自分離而存在。再者，我們生而為人，皆是天生地在生理上體質與他人相同；最低限度而言，正如霍布斯所言，最弱的人在原則上是可以殺死最強的人。我們對死亡的恐懼是高於其他所有事物，因此，我們與生俱來被賦予了最高程度的自我（生命）護衛的敏感度。與此相關的，我們其實可說是有自我（生命）護衛的天生權利。然而，我們不僅用盡方法去避免死亡，同時每一個人都被一個強烈的欲望推動，去追求那些似乎是「好」的事物，雖然甚麼事物是「好」的，對每一個人而言都不一樣。與柏拉圖相反，霍布斯並不認為有關於「好」的知識存在；這樣的一門學問在他展示的知識類別表列中並不存在。霍布斯的理由是「好」（這概念）並沒有確定的內容；每一個人在說話時使用「好」這個概念都是相對的，說話者只是用這個「好」字去簡單地指涉其心中所欲

求的事物。由於人的欲望皆是浮移不定、朝三暮四的，沒有
兩個人，當談及對甚麼事物可引起欲望的（desirable）會意
見一致，因此，世上沒有一個穩定不變的事物是肯定地被這
個「好」字對號地指涉。同時，基於權力恆常是得到某些
「好」的東西的手段，因此有關「正面的動機」（去得到
「好」之東西）的可能普遍的理解就是，人們一般而言是傾
向於不斷地追求更大更多權力（第11章）。然而，再一次重
複，那「好」的就是我所欲求的那個甚麼，不管它是如何反
覆無常、怪異，或者意料之外地也好，沒有人能夠知道我所
欲求的對象可能會是甚麼（第6章）。

最後一點，我們每個人，對於其他人來說，在認知上都
是互不透明的。如果我遇上某人，我不會知道這人的欲望是
甚麼，亦即，她認為好的東西是甚麼、她的意圖為何，以及
她如何使用她所擁有的權力。因此之故，我也不會知道她會
如何追求她的人生道路，也無從知道在我與她共處於的情勢
中，哪方面她會判定為最顯著重要的。其他人（Other），
於任何（被給予）的情勢中（縱使是當下身處的景況），所
提出的種種的判斷，總是變易而多樣化，由此，除了其他人
之欲求與意圖皆是不透明之外，更添一層的不確定性之因
素。究竟其他人視這次會面，是商業交談、是在鬥爭過程中
掠奪光榮的機會、是表達特殊崇敬禮奉的適當時機，抑或基
於她所信仰的神靈所要求的，敬拜或奉獻的儀式呢？她如何
判斷我的行為、身體姿勢——是尊敬禮貌的表示，還是冒犯
行徑？抑或對方完全不明白我的表情、姿勢意謂甚麼？又或
者視我的行為是有潛在威脅性？我如何能預先知道她的想法
與反應？以上種種問題，皆顯明了人與人之間相處時，不停

變易的、各自的盤算，並且是互不透明的各自有關「好」的判斷，同時更加上有關（共同）身處的情勢或對方意圖的衡量猜度——這正是基礎性的問題，對此可提供的答案，就是發明／創造一個單一的全方位至高無上的統治者，而我們所有人就接受其主宰控制。最高統治者掌握所有權力，並且是任何情況的最終極決定性的判決者。

這一建構並不預設每一**個人**都是邪惡或充滿攻擊性，或其他人都是有計畫刻意去謀害我。在一般情況中，我都能夠知道，所遇見的其他人都會追求某程度的權力，籍此他可得到他認為「好」的事物，但如果，舉例說，面前的人認為「好」的事物是「幾何知識」，那是完全有可能的，如果是這樣，對我而言，實在沒有即時直接的威脅。問題的核心其實在於，面對這個人所持的「好」的概念及他的意圖為何，我完全無知。我完全不**知道**我偶然相遇的某人，會打算如何對待我，或究竟他是否是個威脅。如果一旦有任何可能，他的企圖是敵意的，那麼我在此設身處地的情勢下，是有理由感到恐懼及不敢信任的。如果對方是個沒有敵意的幾何學家，他不妨預先表達自己的意圖確是無害的，但人心難測，假如這幾何學家同時也是個奴隸販子（誰知道呢），那麼，如我能夠在他未見到我之前就躲藏起來，就可以避開沒完沒了的痛苦及被傷害的災難。

然而，一般普通的情況應該會比以上所形容的更差。如果我不預先知道其他人的種種意圖，不知道她對我們共處其中的情勢會如何解讀，我對她不信任是有道理的。然而如果我沒有任何方法，去簡單直接地迴避或躲藏起來，而一定要跟她對峙、應付她，那麼我確有理由「先下手為強」，先

行威脅她，為的是去阻止她從我身上得到好處。很明顯，只要稍作反省，也可想像得到對方可能會如我一樣，在考慮著相同的問題，這是很顯而易見的，因此，就算她本來的意圖是和平而沒有敵意的，但如果她在這個情勢下，她並不了解我的動機，她也是有理由去用威脅性的行動來對付我，這是絕對合理的。如果這情況發生了，我與她雙方在當下的相處都不是因為自己的做事方式是偏向於小心翼翼，反而是基於一個潛在的「理由」而變成具有攻擊性：對方不單是一個不透明的黑盒，而且還很明顯地嘗試威脅我。在這情況中，雙方正處於互不明瞭對方的結構中，由此互相對峙的敵意不斷增強，這的確是可理解、合理的反應。霍布斯認為，以上所述，正是人類存在所處的「自然狀態」，也就是在「國家」的機制未出現的狀態。如果「國家」的機制在某情況中嚴重地潰敗，人們也會再次回到這個單獨個體人互相對敵的狀態。霍布斯的貢獻，恰恰就是勾畫出人與人之間相互不信任及預先萌生攻擊意圖的理性分析。霍布斯這項貢獻，幫助我們對人間世界的理解，實在是首要的，也是最有威力的。

這關乎人的本性的觀點，直接使到某些廣泛被接納的行事方法不可能：根據霍布斯的觀點，人與人之間的自然天賦的感情或相互的同情心毫不可靠，我不能憑藉它們去建構種種的社會關係；人世間是沒有共同承認的「好」可被憑藉──「好」得以成立，只是剛巧其他人於不肯定的隨時隨刻，無預計而偶然心生的欲望的經驗中萌生。於此情況，實在很難去知道如何才是對你有好處，因為我對你所欲求的是甚麼，完全不能有任何預設想法。我甚至不能肯定我本人（如向你）施壓是否有效──因為預先的假設，正是各人皆

有大約相等的力量（意思是縱使最弱的人在原則上都可以殺死最強的人）。霍布斯認為，在這情況下，唯一可解決的方法，就是訴諸於理性。之前的段落所描述，對峙雙方的敵意不斷升級，在原則上，雙方都能明白，共處情況下，勢均力敵的邏輯，縱使他們不知道對方心中的特殊欲望為何，或對當下情勢的其他想法，又或其意圖為何。

如果我們能同意去授權某人，即一個「最高統治者」，代替我們去行動及管治我們，並託付這「最高統治者」我們所有的權力，那麼我們就可創造一個嶄新的、在以前未存在過的結構，即一個整體地極為強大的「利維坦」，如這可成事，建構「利維坦」的眾人，就不再是在處於稱為「自然狀態」的原始情況中。於此我就不會再遇見那「不透明的其他人」，即那些或會、或不會威脅我的，或潛在地有足夠強大能力去使我蒙受致命傷害的人。或許其他人持續隱藏其個人的信念／看法、動機或意圖，表現極不透明，但我如今已知道他們與我相交時，其行動要嚴守於某套規則範圍之內，而這範圍乃是由一個比他們力量更高者所設立，而這力量會保護我，使我能避免被那些逾越這個範圍的人傷害。如果全人類都真是在體力方面是相同的、有能力進行理性思想，同時全部人都是基於維持自我生命的欲求之推動而行動，再者，如果所有人對所有其他人都不信任，因為人人都毫不清楚，其他人的千變萬化的動機（除了維持自我生命的欲求之外）、欲望、意圖為何，究竟想對其他人做出甚麼，那麼，我們所有人都會理解到，同意授權予最高統治者是個理性的選擇。

最高統治者一定是絕對的，沒有任何人會有力量去抵抗

他，沒有人任何比他有更高的權力。他能夠也一定要作為最終極的權威，去判定在社會上甚麼應該稱為「好」，並且，他是其統治下的所有本國成員的行動的最終極詮釋者（第6章第26節）。當然，甚麼是「好」，就像甚麼是「對我好」一樣，總是依隨著我那朝三暮四的欲望浮游不定，但那最高統治者，可以在社會之上套上一個有關「好」的公共定義，以及擬定哪種行為模式可被制定為被容許的，哪些是被禁止的，哪些是具威脅性的。這等規條在公共環境範圍中強制施行，乃是最高統治者可能行使的暴力**行動**。概括而言，最高統治者將其立下的法律之本人的詮釋加諸眾人頭上的途徑手段，就是直接將那些不順從**他個人的**想法的人大刑伺候，又或者，如果國家政權已經是非常穩固，最高統治者便能向那些不遵照他對法律的詮釋而行事的民眾恐嚇，他會對他們施以極刑或其他同等公共刑罰。在那些只不過是時刻變動的，源自個人的欲望的所謂「好」之上，現在增添了一種公共承認的「好」，即那被最高統治者訂立的法律所定義的「好」。

然而，在此討論中，有兩個要點值得深入探究。首先，縱使只是在理論層面，假設有某個人是「沒有自信的」——亦即此人因不了解周圍的所有人的意圖，因此合理地去對周圍的人產生警剔戒心（第13章有關「缺乏信心 [diffidence]」）——如果以此為討論出發點，是否正確呢？很肯定地說，這跟我們所知的，實際人間的真正情況是互相矛盾的。我們全部人，都是做為不同形式或結構的「家庭」成員而成長。如果離開了（無論是哪種形式的）家庭，沒有一個人類的嬰兒可以存活下去[c]。這裡的意思其中一部分，

乃是縱使身處的家庭，並不是依據充滿善意、以利他主義為尚的模範形式而成立，但至少，在家庭中我們總會學習到，要依賴他人才獲得食物、保護、最低的限度的支援；又或者我們會學習到去依靠其他家庭成員，去得到可靠、適當及足夠的推動力，去使我得到最基本需要的滿足[d]。這樣說並不是將事情感性化的理由。舉例說我所遇到的（現在稱為）主要照顧者（primary caregivers），可能在各方面都待我很差，更逼迫我去依從由種種經錯誤判斷而成立的，或甚至會毀滅我的命令。但是，如果我從其他人那裡得不到最低限度的關注，我不可能在生理上延續生命。再者，除非我（在成長過程中）能獲得不同形式的**可預計的**情緒上的支持（縱使那只是最低限度的支持，或甚至在某方面是壓制性的），我都不可能成長為一個能夠運用理性思考，能參與討論及對議題做出（合理地）贊同的成年人。嬰幼兒如果對其照顧者不能建立某種程度形式的信任——照顧者或許是在預計上是壞心腸的也好——就不可能正常地長大成人。上述所言似乎已簡單說明，人類的發展，除了生理方面，心理方面的培育也是十分必要的。上述所言之「對他人認知上的不透明」似乎並不是以自然而然的方法，去詮釋人與人之間的關係。例如說，我那隻名叫塔比莎（Tabitha）的貓知道（knows）每天下午六時，就是牠享用晚餐的時間，但當在冬天時，英國夏令時間[5]轉為格林威治標準時間之際，最初牠會預計（冬令時間）下午五時就有晚餐吃，但經過一段時間，牠又會適應那

---

[5]　英國夏令時（British Summer Time, BST）是英國國內的夏令時間制度，比格林威治時間（GMT）要早一個小時。英國夏令時在3月最後一個禮拜日的格林尼治標準時間01:00開始使用，10月最後一個禮拜日的格林尼治標準時間01:00（英國夏令時02:00）結束。

新的時間規律——我知道牠是知道這時間規律改變了，雖然牠只能喵喵叫，不能以（人的）言語表達牠這方面的知識。可靠的知識及由此而衍生的各種方式的信賴，似乎是人類生存的必要條件，因此澈底的「不信任」並不大可能成為人類的基本特質。心存戒心，事事感到可疑，對他人不信任，應該是人類（文明）高層次的而非基本的心理狀態。所謂「沒有自信」是需要經學習而得的。亦即，當面對某人或事物時，如感覺到投入那稱為「信心」的心理狀態似乎過多了，才會開始感到動搖而沒有自信，但很肯定這並不是一開始就是主動的不信任。沒有人會受到百分百不信任／缺乏自信（的感覺）所支配，也可以存活下去的。庇羅也需要一個他能全盤倚靠的學生，帶他到處去；同樣地，縱使人類所組織最簡單的家庭單位，也需要與其他單位通力合作，一同謀生工作，才能活下去，縱使所謂謀生只不過是一起在森林中採摘成熟的果實。若如霍布斯所言，人乃是一隻年輕的動物，被解釋為一個（缺乏自信）的個體，在「家庭」這個功能單位中，只能屈從／同意於父母的主導控制權之下而長大（第20章），似乎是一項由高度臆測而生的構想，我們實在需要確實的證據來證明所說為真。那稱為「聯邦」或「國家」的組織，為甚麼會被構想為由一堆各自孤立的個體所組成？為甚麼不能是由一系列互相合作的群組或隊伍統一而成立，而這些群組或隊伍乃是倚靠對彼此堅固的（如果不是不可被擊破的）理解知識及信任而聚合起來？如果是這樣，國家的成立動力，就會以一種跟霍布斯所構想完全不同的形式來推行。群組並不需要組員們皆是各自孤身獨存的個體人，並且勢均力敵（互不能欺）地組成。隊伍所可能擁有的力量，是

基於內部成員的能力、力量，但同時也是基於這隊伍內部共用的凝聚力集合而成，並且，各成員透過一起工作及協同合作而得到的經驗，還有各人之間的互信關係，因而使列隊伍的力量更大。

　　信任、信心、團結、可靠的預算——我對這些概念的理解，乃是它們大致有相類似的意思，或是在功能上是可以互通的，同時我可隨意地從一個概念轉到另一個。當然，這等概念個別的意思並非完全相同，成立全面的分析，並且更廣泛地處理它們是需要的，由此可說明各個概念在哪個情況可以重疊匯合，而在其他場合則意義各有不同。然而，如果要尋取霍布斯以外的觀點，這也並不一定是硬性的反駁——我們需要做的，就是證明人與人之間，肯定有一套非明文規定的方法，將人們聯繫起來，因此，人們感到完全沒有自信是不理智的。再者，這聯繫必定**不是**（霍布斯意思所指的）「人為」的；這即是說，不必是霍布斯所構想的那樣，個體的人因為本身孤立，與他人互不透明，缺乏自信，對他人充滿戒心，由此，因感到充滿恐懼，於是理性考慮之下而產生與他人聯繫這個結果。問題之關鍵所在，就是霍布斯所宣稱，在還未建構「國家」的機制之前，這種聯繫乃是眾人對普遍情況的唯一的理性的解決方法。

　　既存的不同組織（很可能是類別十分不同的組織）聯盟而建成國家，其所憑藉的「理據」，很可能是跟霍布斯在《利維坦》中所構想的完全不同，這著作認為，國家乃是基於無數單獨孤立的個人之連結而成立。擁有不同性質的能力／力量的組織所同意的條件，會否跟「假設為擁有相同力量的單獨個人」所贊成的相同，去建構一個國家？我要

再次指出，這些論點完全沒有意圖貶低或減弱，純粹武力、或運用不同程度武力之後果的計算，此兩者在政治上扮演的角色。關鍵不在於，所使用的武力的量度大小，而是在於武力對於那些已經與其他人締結複雜關係的人，在不同方面之衝擊。

當然，人們可以回應：「大自然的狀況」的理論，永遠都沒有企圖被解釋為「事物如何真實地與人類並處」的描述，這理論只不過是一個思想的模式，或者是對一系列恆常地威脅著我們的可能性的探討。這不是說人類身為生物的其中一類，其成員皆是缺乏自信、孤單獨存的個體，但是，這正是人類要面對的命運其中之一，它會於任何時刻降臨，因此，它必須被視作開放的可能性而被列人考慮範圍以內。假設以下情況：由於氣候改變而使到主要糧食農作物全部毀滅，而我可能成為最後一個倖存者；又或有某種傳染疫症爆發，而使到我周圍所有的人蒙難，而我作為倖免於難者，在災後遇到另一個死裡逃生的人，我從未見過他──如以這種極端情況來構想，以孤單個人來做設定，似乎是合理的，但根本情況是，縱使在此（幻想中的）極端的形勢中，那些「孤立的人」，其實本來都是在社會中與他人恆常連結的樣態下生活的社會化的人，只不過在極端災難狀況，陷入了這孤立的局面。如果認為人們這種缺乏自信的特性（假設他們真的是缺乏自信），不是因為其特殊人生經歷而淪落至這田地，反而可能是人普遍的「本性」的一部分，這看法實在絕不是明顯自明的。總而言之，這種情況若存在，我們也不清楚如何去勾畫如此的狀態。說實在，縱使上述極端災難情況真的出現，那些倖存者可能被預計，會互相結盟而成立某一

套特殊關係，但這樣會對我們產生甚麼參考價值呢？

　　由此推斷，我們看到霍布斯的人類學會產生第二個問題：根據霍布斯，我恆常追求的，乃是自我生命的保存與維持，並且將此放在人類所有（生而為人的）目標之首，然而，事實上是否真的如此？如果認為這觀點，總結了人類在經驗層面上普遍化的一個行為，實在是極其不可置信的。試舉馬堤卡的加圖[6]為例，他是羅馬共和國的忠貞不二的支持者。當時，凱撒橫渡盧比孔河[7]而開始了內戰。凱撒對於自己作為「仁慈寬宏」的勝利者之名譽十分重視：他對敵人沒有報復仇恨之心，反而寬恕了他們、並且善待他們，他對自己這樣做感到十分自豪。然而，對於羅馬共和國的擁護者來說，凱撒的「仁慈」姿態尤其使他們感到十分震怒，因為仁慈是「王者」的高尚德行，對於一個掌握其腳下子民生死大權的極權統治者，仁慈是受萬民景仰推崇的德行。但在另方面，共和國的擁護者則認為所有人皆是平等的，如果有某人於高處優越地位，寬宏施恩予眾人，實在是絕不妥當的[(e)]。因此，當加圖認為「共和」的大業已經潰敗，於是自殺，這事件卻惹怒了凱撒——他原本想藉赦免加圖，來展示自己的高尚超凡的地位。當凱撒得悉加圖自殺，他說了一段值得記下來的話（根據普魯塔克的紀錄）：「加圖，說到你的死亡，我對你實在感到忌恨（envy），因為你嫉妒（begrudge）我有赦免你死罪的權力」（這句話在希臘原文是更為有力的，在原文中普魯塔克／凱撒用了相同的字，而

6　加圖（公元前95年－公元前46年），又名小加圖（Cato Minor）。小加圖堅定支持羅馬共和制，強烈反對凱撒將羅馬帝國化的企圖，當凱撒違背元老院的意志，進軍羅馬時，他堅決抵抗，戰敗後自殺身死。

7　於公元前49年1月10日。

我則將之翻譯為「envy」及「begrudge」）[f]。由此可見，加圖寧願自殺，也不要墮進那充滿多重意涵的「屈從」行動中——如果他願意接受凱撒的赦免，凱撒幾乎是百分百恩賜他保命偷生的。霍布斯十分希望去說服眾人，跟隨欲望及跟隨稱為「好」的種種構想去行事，根本是很壞的意念——如果你以為個人欲望和任何定義為「好」的事的價值，是高於自我生命的維持的話。所謂意見、看法（或信念）皆是輕如鴻毛、漂忽不定的、不清晰及膚淺表面的；試問怎麼會有人會為了一些全不實際及毫無把握的東西，而將自己的生命明顯及直接地投去冒險？但當然，其中的困難是，事實上真的有人會這樣做。對於人們行事的動機為何這問題，如果有其他人的論點，與霍布斯不同——例如蒙田的立場，霍布斯可會如何辯駁呢？蒙田認為，有些人為了堅持某些相對地無關重要的信念，而從容讓自己接受虐待或甚至被殺——這等信念可能只是從其他人那裡聽來的，或甚至他們自己本身也未必完全明白[g]。蒙田有此意見，似乎是他基於對世界的觀察而得的，簡單直接的經驗觀點，於此當然不是指，任何不同看法都會導致衝突，或甚至賭上性命的鬥爭——這裡的意思只是，我們不能排除，有些不同看法或意見衝突，會導致破壞性的後果的可能性。

霍布斯觀點的支持者，或會於此做出以下的辯駁：加圖所認定並堅持為正確的政府形式的高度精煉的意見，及其倫理方面的後果的看法，是應該由以下的推理而得：他一定曾在一個文明的聯邦政制管治下的社會中生活，因為他是絕不可能在「大自然狀況」的弱肉強食的殘酷生存條件下，學習得共和體制的種種優點。這是全對的，但針對這說法的人

們會追問，在「大自然的狀況」中其實會是甚麼模樣？於此我們不可能得到一個肯定的答案。一個較合理的答案就是承認，「比起其他考慮，人們總是偏向認為維持自我生命最重要」這論點，並不是人類學中一個確定的普遍真理，這只不過是一項初步的粗略估算。無疑，在多數情況下，如果有足夠的人數，去成立一個聯邦政府是可能的，或者無論如何都可以嘗試去成立，這是合符理性的。當然，沒有甚麼可以保證可確定，在聯邦制管治下生活的人，不會承認有某些宣稱是「好」的價值（包括對某些意見的斷言肯定）會超越維持自我生命。霍布斯認為，奉行一神論的宗教乃是毒性特別高的危險，因為很多人傾向認為一神論宗教（對凡間）擁有超越經驗世界以外的保證，由此，一神論宗教會宣稱，不管其他條件是甚麼，都應該以特殊力量、不變的信念及猛力去篤信堅持，又或者對其他宗教都應該以同樣暴力對待。如果只是偶發地有一個或少數的異見份子，他們覺得某些信念或習俗的價值高於自我生命的維持，這些份子就會被最統治力者處置，或甚至行極刑。如果對最統治力者而言，異見份子的人數過大，他就會動用所有資源去對付他們，這樣就會導致內戰的發生。我們不需要誤以為霍布斯的立論，乃是去證明一些說法明確地虛假，例如凡實行聯邦制的國家都不會陷於內戰。霍布斯的著作《利維坦》可以被解讀為：它斷言多數人都會是以維持自我生命為最優先考慮的價值，因此從此觀點出發，可去開展某種**可能的**民間和平的模式，條件是你有運氣去遠離，或你能堅守規律去迴避宗教或其他形式的狂熱主義。

若將這兩項對霍布斯的駁斥暫且放置一旁，我們或可仍

然看到霍布斯對一個重要的社會現象的分析，實為十分有說服力的述評。人類的政治社會（對霍布斯而言，就是任何文明的社會），並不只是一個人為的建構，反而是（有助於）自我提升，或透過一個人的獨自努力而能提升自己的機制。政治社會的規劃宏圖的重點，就是將社會秩序盡可能獨立於任何個體主觀的判斷來建構，但，當然，這要在高度特殊的環境中才能成事，同時，這構想不會得到絕對的實現。那些被視為「侮辱」、「襲擊」，或「不公義」的判斷言詞，由每個單獨個人的判斷，轉移成為最高統治者的判斷，而最高統治者的判斷是有實質效力的原因，以及這是眾多個人將這類判斷委託給最高統治者是合乎理性的，就正因為最高統治者有震懾眾人的權力。但是，當然，最高統治者的威懾眾人的權力並不是他個人所擁有的體力——蒙田對食人族的觀察（I, 31），已告訴我們，部落的首領並不是在體力上比他的下屬騎士強壯，他之所以能成為首領，是因為他有能力去命令那些臣服於他的民眾去行動。正如霍布斯所言：「在權力方面有威望就正是權力本身的增進」（第10章）然而，「威望」在本質上乃是一個社會現象，它在原則上不僅獨立於至高權力者的個人體力的強弱，更是與社會各成員的基本初級（對世界的）看法／見解無關。

　　讓我們借凱因斯[8(h)]所提供的例子來理解這方面的討論。凱因斯指出了不同類型的比賽之分別：在最簡單的比賽中——假設我（參賽者）被要求去回答一條題目：究竟某個瓶子內的豆子數目為何？或，某個城市某段時期的降水量是多

8　凱因斯（Keynes, 1883-1946），英國經濟學家。

少？這類問題雖然常會碰到反問：問句中出現的各個概念應如何定義？例如，上述所詢問的「城市」有沒有明確的地域界限？但是，我們都有理由認為，這類的問題皆可有一個客觀的答案。與之相反，另外一類比賽就是，我（參賽者）被要求去判定在眾多詩篇中哪一首是「最美的」。然後，第三類比賽就是我被要求去決定哪一首詩是本國人民最喜愛的。

一般人都會認為，「美」的判斷乃是「主觀的」、這是屬於個人品味的問題，就正如霍布斯對有關（甚麼是）「好」的分析。去評定某人或某物是「美」的，是一個個人偏好的表達，而不是有關某事態的客觀陳述。我們如此假設是因為我們都有經驗，眾人的品味實在各有不同。一般而言，社會大眾對有規律或對稱的（事物／東西）都默契地有共同偏好。但是，我們也知道有某些民族或社會正給予「不對稱性」及「有瑕疵缺陷之物」很高評價。據稱日本最佳的俳句的特質，就是缺乏絕對的文法正確流暢。十八世紀末期在歐洲某些地方，身體上有美人痣是備受讚賞的，如果有仕女沒有（天生的）美人痣，就會借助化妝技術製造有美人痣的效果。再者，我們都知道，如果要求人們對某物做出例如「美」之類的整體判斷，我們其實是要求各個評判員去對不同面向都做考慮，而各個評判員對各個面向孰輕孰重的衡量都會不同。你和我都會覺得不同的詩都很美。我喜歡龐德[9]的詩作《詩章》（*Cantos*）；而你就偏愛豪斯曼[10]的《一個什羅普郡的少年》（*A Shropshire Lad*）。那麼，如果借用霍布斯

---

[9] 艾茲拉‧龐德（Ezra Pound, 1885-1972），美國著名詩人、文學家，意象主義詩歌的主要代表人物。

[10] 豪斯曼（Housman, 1859-1936），英國國學家和詩人，以詩歌集《一個什羅普郡的少年》為世人熟知。

的分析，《詩章》（對我）是好的，而《一個什羅普郡的少年》也是好的（對你）。如果沒有最高統治者的終極判決，我們可能會透過大家一起討論，以求排解雙方之間的意見不合，但如果其中一方不能去說服對方，改變其本身想法，大家只是拉倒，沒有甚麼可以再講。在第二個情況中，首先是每人都是**單獨地**被問及其本人的特殊偏愛之詩作，每個人去對自己的偏愛的詩投下一票，由此獲得票數越高的詩作就是受較多人喜愛——然後，在這情況下，我被要求去估計，投票結果會為何。於此，我多數會猜，《一個什羅普郡的少年》很大機會獲得最多票數而成為「最美」的詩作，縱使此詩篇並不是我本人之所愛。我做如此判斷，是因為我覺得事實上大多數人都是喜歡這詩作。但是，如在第三種情況中，我是被要求去估計，「本國人民最喜愛的詩作」的選舉結果的話，那麼重點就不在於，究竟哪篇詩作是**我**覺得最美，而是哪一個作品是**廣大民眾**覺得最美。在這個情況下，我的嘗試估計就不是每一個個人其實最喜歡哪一首詩，而是究竟哪個作品是大多數民眾認為是「最多人」所喜歡的。於此情況，我投票時的考慮，就是我不謹是把票投給一首我不喜歡的詩作，事實上甚至是會把票投給一首實際上沒有人喜歡的詩作（但有足夠人數——亦即「大多數」——去猜想／認為其他多數人都會喜歡那篇詩作）。如果政治權力就正好如上述，即是說，如果所要去判斷的，乃是究竟大多數其他人會否認為社會上大多數人都服從最高統治者（如果這就是對他們的命令），如此，這種憲法是極度脆弱的，因為這種憲法是依賴於一個事實：它之能成立，乃是基於社會上有「足夠」數目的民眾，估算認為有「足夠」數目的其他民眾持續

地授權予至高統治力者及對他支持。如果情況確實如此，至高統治者就能夠壓制個別異見份子了；但如果眾人不是這樣想，情形就不一樣了。如此的政治結構的脆弱性，根本就是基於在某特定情況下，我對其他人的偏好及意見，缺乏直接資訊。

霍布斯對社會秩序及公民社會的觀點，在哲學範圍中有著絕大的優勢，因為他的看法不要求人們去接受那些如果不是澈底狡猾的，也會是高度有問題的概念——例如合法性的「自然的」原則、公義、權利，又或人所共享的好處（common good）等等。不過，二十一世紀對霍布斯並不友善，因為現今出現的大事，即那些驅使人們起來行動的極度重要的現象，都是屬於霍布斯的理論十分困難去識別或論述的範圍。霍布斯對宗教狂熱主義不陌生，這包括了以宗教的名義合理化對他人施加的暴力，但他對烈士犧牲精神，卻不甚理解——亦即有些人自願地為了理想而犧牲其生命的精神；又或民粹／國族主義——包括種族、民族或宗教版本的民粹主義，他也不大了解。這些都是霍布斯的理論的明顯限制。

第7章
黑格爾

　　哲學，根據黑格爾所言，就是將其所處的時代以一個概念來包攬掌握，但它的本質也同時是回顧性[a]。「知道你身處的當下」的意思，就是理解當下做為由過去累積／演變至今的後果。如此，若某時期有某個哲學思想出現，可不是對另一新時代黎明伊始之展望，反而，是某個歷史時期面臨結束之際，哲學就登場，成為這時代所發生之種種的總結。柏拉圖之所以能夠寫下他的《理想國》——希臘城邦（政制）的終極哲學，正是希臘全盛時期已瀕臨完結的象徵；將來乃是屬於亞歷山大大帝及其承繼者所建立之覆蓋廣大地域的帝國，當然，再後的將來是屬於羅馬帝國的——這種想法在歷史上持續了很長時間。馬克思[1]相信，如果他能夠全面並正確地掌握資本主義經濟（運作）的構成，就會成為階級鬥爭很重要的武器。然而，他也認為，如果他能夠將《資本論》[2]的寫作成功達致結論，也即是實際上他能夠整體地掌握當時期發生的所有事情了，這其實正是（資本主義）生產

1　馬克思（Marx, 1818-1883），德國哲學家、經濟學家、社會學家、政治學家、革命理論家、新聞從業員、歷史學者、革命社會主義者。

2　《資本論》（德語：Das Kapital），原名《資本論：政治經濟學的批判》（Das Kapital: Kritik der politischen Ökonomie），由卡爾·馬克思所作。第一卷初版於1867年。

系統已經進入了它的結束期的徵兆。正如在公元四世紀的希臘城邦，可能會繼續苟延殘喘了好一段時間，但它只如一隻喪屍。於此期中，希臘的各城邦仍然訓練青年人們成為精銳裝甲兵團，但當從馬其頓而來的大軍兵臨城下，希臘步兵就完全不能抵禦了，之後，馬其頓軍隊方陣也在羅馬軍團的侵略中兵敗如山倒。

　　傳說中，黑格爾在1806年其實在耶拿[3]，正在完成《精神現象學》[4][5]的寫作，當時他親耳聽到，宣告耶拿和奧爾施泰特的會戰[5]開始那連續的隆隆炮聲。在這場戰役中，拿破崙軍隊於耶拿城外幾乎殲滅了普魯士軍隊[b]。黑格爾認為，這一場仗，象徵著法國大革命肯定地戰勝了古舊王朝制度。縱使後來拿破崙被打敗之後，出現了復辟，維也納會議[6]都不能夠完全恢復舊時局勢，因為為了成功地穩住復辟的局勢，維也納會議也要採納部分大革命成立藍圖所釐定的部分核心原則（雖然沒有明顯公開地說明此源頭）。為要能及得上志氣高昂的法國「民眾軍隊」並與之競賽，普魯士人需要創造屬於自己的相類似的民眾軍隊，因此他們也廢除了農奴制度，並且開始探討「愛國精神」，即普遍來說，他們著手進行了一連串的行動，這些行動對任何正統的封建制度都意

3　耶拿（Jena），德國中部薩勒河畔的城市。
4　《精神現象學》（*Phenomenology of Spirit*），是黑格爾最為重要的哲學著作，初版於1807年。
5　耶拿和奧爾施泰特會戰（Battle of Jena-Auerstedt）發生於1806年10月14日，在現今德國薩勒河以西的高原，拿破崙一世率領法軍和腓特烈·威廉三世率領的普軍之間的戰鬥。
6　維也納會議（The Congress of Vienna），1814年9月18日至1815年6月9日在奧地利維也納舉行的歐洲國際外交會議。本次會議的目的在於解決由法國大革命戰爭和拿破崙戰爭導致的一系列關鍵問題，保證歐洲的長久和平。參會者主要是保守派，反對共和主義和革命。

味著災難。上述就是黑格爾身處的時局實況。十九世紀的二十至三十年代，就正是黑格爾親身經歷的時期。

《精神現象學》乃是黑格爾的第一部重要的著作，這作品在黑格爾全集中有著甚為特殊的地位。他形容這作品一方面是他的整個「哲學系統」的「導論」，另一方面也是他的整個「哲學系統」的第一部分[c]。如此雙重焦點及雙重意圖所顯現的多義性，實在非常難以掌握，也難以清楚說明。因此，我們必須稍微退一步，略偏離主題從另一角度看，才能真正明白這個黑格爾的作品。我們已很熟識在柏拉圖的《理想國》中，有關哲學的發展及演進的構想。在其「洞穴說」中，那些被關在洞穴裡的「囚徒」，困囿著他們的，正是那些他們以為是普通常識的世界觀——亦即面對（眼見到）投射在牆壁上的影子而生的意見。但他們一旦開始投入辯證的討論，就會漸漸從這些影子幻覺中解放出來，當繼續討論，便會對真相及他們的世界有較佳的掌握。透過由理性推動的思辨層層遞進的歷程，囚徒們終於由洞穴底部爬上來，達到一個可以直接見到有關「好」的理型（the idea of the good）的地方，並且，由這地方俯覽，便可以測量到整個境況。現在讓我們構想一個與上述從黑暗洞穴底提升至光明真理類似的文化發展：亦即由幻影幢幢的混亂的原點開始，經歷一系列的步驟，層層遞進，每一層級皆是有關社會、智性、精神及文化生活的某個面向的組織。若我們依著此「梯階」提升，可以說是逐步邁進、越漸達致澄明、自我透明以及理性（的境界），最後就是昂然進入那十九世紀的已充分發展政治及社會世界。由此，讓我們更深入構想，把以下兩個層層遞進的觀點平行地檢視：一則是個人由普通常識的層次發展

提升到全面的自我知識及哲學性的清晰思想；二則是我們（西方）的文化逐層提升，達至當下全面已發展的形式。上述兩個方向層級的遞升，就是黑格爾的《精神現象學》嘗試達到的發展。

在之前我說明了《精神現象學》有雙重焦點，但其實更正確來說，它有三**個**很分明的面向。第一，假設《精神現象學》就是（柏拉圖的）洞穴裡，其中一個囚徒的日誌或日記，其內容就是記錄其以辯證法方式攀登的歷程中，每提升的一層級，所看到的世界的景觀——亦即，如何看穿每一個幻影的經歷：由看到在牆上的幢幢幻影，並信以為「真相」的起步點，繼而如何看破在不同階段上所出現的幻影。在每一階梯上，那囚徒反省、詮釋著自我、環繞著自身的世界、其與世界之間所存在的關係，每踏上另一層級，就用稍微不同的角度去做出反省及詮釋。第二，這一本記錄了（個人在不同梯階上的）討論及信念／看法的改變的「日記」，也**同時**是西方文明所經歷的不同文化形式，最終達到（在十九世紀的歐洲）那完美的階段的歷史發展。亦即，我們目睹，社會開始由乃基於奴隸制度，之後衍生了斯多葛主義，斯多葛主義崩解而成就了懷疑主義，再進一步也衍生了不同的宗教生活方式（黑格爾稱為「苦惱意識」）等等的發展，直到達致當時時期（十九世紀）。黑格爾的《精神現象學》勾畫了這發展的動力與動向，同時，這轉移變易，也具體地展示了在其背後支撐的理性結構；第三，個人的發展歷程之上升軌跡，與社會文化的發展之上升軌跡，在最終極的階段是被視為兩者重疊融匯成為「絕對知識」。由「好」的理型的立場出發，去理解，（達致最高階段的）「哲人王」

（philosopher kings）於此便會擁有那容許他們清晰地看清所有事物的視野，這包括了看清由那幻影幢幢的洞穴、一直攀升上（達到其真相的）光明之境的整體途徑，而不是在囚徒眼前不停空間轉移的攀爬行動。因而，已充分全面發展的哲學家，由絕對知識的終極視域可回望曾所經歷之路徑，並且可確認此經歷為曾經或目前的真正存在狀態（what is truly is [and was]）。

　　黑格爾這本巨著的其中一項偉大的複雜性，同時也是其魅力之所在，就是努力將上述那三個方向的視野向度綜合於同一個文本之中。當行文繼續進展，黑格爾指出，在文中呈現那個「我們」之所指涉的，其實正在系統性的轉移：舉例說，在某一刻那個「我們」代表了斯多葛主義者：在討論過程中，在某一環節上，「我們」會堅持某特殊立論點，但因著這論點不完滿性及矛盾性，於是在辯證形式的討論中糾纏掙扎。參與討論的斯多葛主義者，說明其分析是源自所持的理論之內部主張：他的想法，他如何觀視世界，他可能見到的種種問題，他如何去辯論。在另一刻那個「我們」，所指涉的，已不是參與辯論的某個斯多葛主義者，而是一個主張黑格爾立場的哲學家，他完成了辯證討論的整個歷程，並達到了「絕對知識」，同時也能在這「局外」的境地去評論在斯多葛式的討論的進行歷程中所發生的一切，並指出在參與討論的斯多葛主義者（在其階段）不能見到的方向。

　　黑格爾的《精神現象學》是名副其實的傑作──它同時是黑格爾哲學系統的導論，並且是這整體系統的第一部分。它是其導論，因為它陳述了從普遍常識（亦即我們所有人被設定在開始時所處的位置）開始，而循序直達絕對知識這歷

程，從「辯證式的朝聖之路」這進路去展示，由一層級遞進至另一層級這個循序漸進的歷程。這同時是黑格爾整個系統的其中一部分，因為它同時是站在絕對知識的角度，去對這條邁向絕對知識的路途的評述。

黑格爾認為他並**不僅是**個歷史紀事者，只記錄了歐洲中部的古代王朝完結所帶來的後果，他同時也是一個哲學家。黑格爾對於「哲學的任務」的詮釋，可說是從傳統主義者立場出發：人於其生命過程中，需要導向及意義，理想而言，當然是最全方位的了解，因此，哲學一定要為我們確實說明，我們在這世界（作為一整體）裡面的位置所在，同時在萬事萬物中，為我們指示方向。要注意的是黑格爾說及「世界作為一整體」時，他並不是只談及物理宇宙，更談及了包括人類社會及其文化。黑格爾認為，他的哲學，就是有關所有事物的意義的確定性理論——這就是「絕對知識」的形式，這知識就正是人不斷在其藝術、宗教、哲學的營構中，努力去爭取的。黑格爾認為，這「絕對的知識」，在某一意義下，在人類的不同的社會中，根本是持續存在著的，雖然所展現的或許是片面的、或扭曲的、或部分隱藏的形式。在哲學與世界的必然關係這脈絡中，（正如黑格爾在其有關哲學的格言中所言）哲學正是「它的現前在概念中被掌握」（its present grasped in concepts），尋索意義的任務的履行之所以可能，唯有如果真實（reality）事實上展示意義，並且以正確的途徑去展示，這即是說，意義乃在人可以掌握的範圍內展示。黑格爾認為，於十九世紀初期，新基督教主義（Protestantism）和法國大革命聯合所產生的影響，改變了社會，由此，世界的「意義」乃第一次變得可被觀視

（visible）。因此，黑格爾認為，他能夠第一次將「絕對知識」以其完滿並且合適的表現形式展示出來。

對黑格爾而言，哲學對「人對導向的需要」的回應就是，這「需要」是思辨性（speculative）的，即理論性的，而不是具體實際的需要（7.12-15/10-13）這即是說，哲學的任務，終極而言，乃是去尋找意義，達致理解，或對世界進行概念性的掌握，而不是告訴我們究竟要做甚麼，或對可能的行動的歷程發出命令、提議或阻撓。人們轉向哲學求理解，乃是當人們希望知道世界究竟是甚麼模樣，並且想去明白世界，而不是當他們陷入面對著道德選擇而進退兩難，或倫理問題上遇到難於抉擇的困惑時刻。黑格爾以下所說的，實在值得記下來：「如果你的問題是究竟怎樣做才好？你應去問你的拉比、你的律師或一個好朋友；若以此問題去問一個哲學家，是無意義的」（7.13-14/11-13; 7.27-28/22-23）。這情況就好比你去請你的牙醫推薦一本小說（或者，相類似情況就是，請一個小說家推薦一個牙醫給你）──那個牙醫可能是一個很有文化的人，或者很了解你的品味的好朋友，但這牙醫所有的人類牙齒的靜力學知識，在其本身而言，並不涉及判斷文學（作品）的優劣的資格。將哲學定義為思辨性的（speculative）而非具體實踐的（practical），並不是說哲學必然地對人們如何行動不會有任何影響；（事實上）所有事物都會對人們如何實際地決定其行動有影響的：例如，有些人會拋擲硬幣，有些人會觀察雀鳥的飛行形態，來決定下一步如何行動。大部分人都會受到他們對世界所能掌握的大致理解之影響，而選擇行動的方法。說明哲學為思辨性的，僅是因為哲學對人們的行動的影響只是間接的，並且，哲學

內容有部分，並不是去指示甚麼是「應該」做的事，或將「義務」強加在人們頭上——哲學的任務，是去理解這種種（「應該」與「義務」的）現象，就有如它嘗試去理解屬於人的所有現象一樣。

哲學所追尋的絕對（思辨性）知識，乃是被假設為是完整的及終極確定的，但其所包含的意義，並不是指它涵蓋及指涉了每一項具體個別的事實或法律。反而，我們生而為人，透過使用種種普遍概念及概念類別，努力嘗試去視世界作為整體，同時去尋取其意義。這種種概念／概念範疇可以包括：「實體」、「有生命者／生物」、「原因」、「意圖」、「見解／看法」、「藝術作品」，「國家（nation）」、「美德」、「法律」、「神」等等。我們使用這些概念去思考，目的是讓「世界」對我們來說是有意義並可理解的。但是，上述所有概念，沒有一個（的意思）是百分百清晰（自明）的，因此，如果我們要在世界中尋取到我們的定位及方向，就要完全明白這些基礎性的概念的意思，它們如何被運用，以及它們如何相互連結起來。黑格爾認為，此乃終極的任務，其重點就在於將概念互相聯繫，這尤其重要，因為事實上，若要真正明白這等概念的意思，在很大程度來說，**正是**要知道每一個概念如何跟其他所有概念關聯起來。這就是黑格爾所創的整體論：如要正確地明白這等等基本的概念或範疇類別，所要求的就是將（那需要了解的）概念正確地放置在所有概念的整體系統中，去考慮它的意義。因此，這整體一套的概念範疇，一定要很明確地被關聯統一起來，同時這套概念必須是原則上是充足適切地去解釋及釐清所有事物。這「絕對知識」就是人一直在孜孜追尋

的，同時它正是黑格爾（因著他所存活身處的局勢環境）終極地可能提供的——這絕對知識，因此就是一整套完備、有連貫一致性、互為關聯的概念或範疇，並且，它正涵蓋著所有形式的意義性（meaningfulness）。這「絕對知識」，正是在世界中任何事物之意義產生的所有途徑，及可使到任何事物對我們身為人而言是可以理解。所謂概念之間的「互相關聯」（interconnections）之性質即是可辯論的，推論性及「邏輯性」的，同時，此處所謂「知識」，乃是對互相關聯的所有概念能掌握理解，並可將之運用的熟練能力，再者，更是運用此等概念，去對世界做出有意義的理解及詮釋。再者，所謂擁有恰當充分的「知識」，其中一部分就是能夠解釋為甚麼過去的哲學家（同時因身為其身處的時代的一份子），只可以看到真理的某一面向，而不是全面的真理，然而，另一部分，就是能夠解釋為甚麼十九世紀的人們為何最終能夠了解到，真理作為整體，並在其恰當正確的形式之被揭示。

於此，假設有一群人正努力去弄清楚如何能夠理解、分析或解釋他們的「世界」——對黑格爾來說——「世界」不僅包括抽象的世界（如數學及邏輯）、自然的物理世界、社會及文化世界，「世界」也同時涵蓋了人類的歷史。這群人會以各式各樣的方法，去進行解釋的工作，但假若他們一旦完成了初步預備的工作——即對自己的審視，將他們所見過的動物以物種做分類，學習如何去以長除法（long division）計算，成立編制了基本法制去管理人與人之間的各種相互的社會關係，建立藝術與宗教各種制度形式等等，這群人除了考慮他們的世界的各個不同面向是如何構成之外，還會探究

這各個不同的面向是如何環環相扣地連在一起。黑格爾深信，盡力奮鬥營構知識的整體性、完滿性以及互為聯繫性，正是人之所以為人的本質不可逃避的面向。努力去觀視及理解世界作為一個整體，人可能嘗試不同的進路：舞蹈、繪畫、神話、故事、宇宙的故事等等創造，都會被部署展開。到了最後，它們會與蘇格拉底與柏拉圖所實踐的「辯證法」相勾連，而這「辯證法」，正是達致兩位哲學家熱切渴求能達至全面理解的一個方法。這即是說，辯證法的進行方式就是：有些人會成立某些知識性的特殊論點，以及提出了所運用的概念術語的定義，而另一些人則對這等論點及定義提出批判性的質詢。我們特別有興趣想去知道，究竟這些論點是否清晰及可被了解掌握，但同時也想知道，這等論點是否能夠被普遍化，及能否與我們期望成立的其他的主張互相兼容。柏拉圖的對話錄，看起來，是那麼超乎尋常地生動逼真，描述了非常接近真實情況的細節——在《會飲篇》[7]中甚至提及阿里斯托芬[8]打嗝（185c-d），所以輪到他發表講話時，他不得已要推遲——如此寫實的描寫，使到讀者傾向於相信柏拉圖的對話錄根本是真正發生過的討論的筆錄。然而，當然，事實不是如此。對話錄所表象的，正是論據可能正確（或錯誤）地發展的辯論過程的理想化的建構。

現在讓我們構想一下：黑格爾提出，有一種辯證的討論形式是比柏拉圖那種**更為**理想化的。試假設在某歷史時空中存活的某一群人，在其所處的環境中，得天獨厚地可以得

---

[7]　《會飲篇》（*Symposium*），柏拉圖的對話錄其中一篇，約在公元前385年寫成。

[8]　阿里斯托芬（Aristophanes，約公元前448年－公元前380年），古希臘雅典喜劇作家。

到有關他們身處的世界最大量度的資訊及知識，同時他們更具有最大程度的自制力、理性、寬容及堅持不懈，不隨便放棄的優點。如果這一群理想化的精英，可以完全不限時間，並在最佳環境中，參與一場完全自由並且是不須達到任何預設結果的開放式討論，那麼，這場討論就會好像柏拉圖的某些對話錄般，循序漸進地進行：論點提議被構成提出，被考慮，被發展，被批評及被改良。有瑕疵有問題的立場會隨著討論的進程而被放棄，取而代之的就是較完善的論點：它們不會好像之前提出的論點般受到類似的批評。

很清楚，黑格爾認為，如此的討論歷程，如果在過去歷史中任何時期中舉行，縱使能在最高度理想化的環境中進行，都有可能會碰到某些不能清除的限制或阻礙，任何在經驗中進行的深入研究、邏輯理性推論，或辯證討論都不能將它們清除。舉例說：如果你活在一個古代的封建社會，你是永不可能真正去對你身處其中的社會組織及營運狀況，給予理性的意義解釋的，因為它們**的確不是**百分百理性的。你所屬的政治建制形式，皆會被意外突發的、（與內在因果）毫無關係的事態所包裹；與它們密不可分的，更是與古舊的思維形式：生物遺傳的幻想（王朝憑血統傳位制度，賦與了某個家族偶然誕生的子嗣的統治某地域的合法權力），又或宗教神話的運作（中古時代的天主教信仰），還有那完全欠缺形狀及連貫結構的藝術作品（例如有關亞瑟王[9]的傳說及聖杯的追尋[10]的藝文創作）。因此，在如此的一個社會中，你

---

[9]　亞瑟王（King Arthur），英國傳說中的國王，也是凱爾特英雄譜中的圓桌騎士團（或譯圓桌武士）的騎士首領。

[10]　聖杯（Holy Grail），在公元33年，也就是耶穌受難前的逾越節晚餐上，耶穌遣走加略人猶大後，吩咐十一個門徒喝下裡面象徵他的血的紅葡萄酒，藉

永遠不能發現到那一套完整並且是合適充分的概念範疇，亦即那套在自身本質上完全有意義的，同時也可以讓你的世界產生意義的概念範疇。原因很簡單，這套概念範疇根本不是基於經歷了一個理想而自由的討論而呈現。如以黑格爾的立場所憑藉的整體性此假設為出發點，以上所言——在中古時期不會存在的辯證討論——不會是一項孤立的缺陷，它會影響當時人們所能運用的**所有**概念與範疇的意義方向及充分合適性。因此，在中古時期研習哲學是必需的——任何時期的人都不能避免去尋找意義，亦即尋找「世界作為整體的全方位的意義」——但同時，這找尋是必然的失敗。上述之失敗結局，在希臘古典時代的哲學也是共有的，因為希臘世界是一個奴隸制合法的社會。黑格爾認為，如此的一個社會是不可能出現一個完整連貫一致的「自由」的概念，或甚至連提出對「人」（human being, homo）的法律上正確的定義也不可能，因為在「人」的正確定義下，奴隸究竟應該被分類為「人」（因此是自由的），或不是人（因此奴隸不需要對自己的行為負任何責任）（7.31/26-27）？基督新教信仰（Protestantism）透過捍衛個人自主的道德判斷的權利，因而在現代歐洲堅定地確立「自由」（的定義），同時，法國大革命讓之後，使得歐洲不可能忽視，縱使社會的或政治的建制，也要展示理性的這（普遍）要求[d]。法國大革命的理想——自由、平等、博愛——具體地實現為合適的制度化政治形式，正緊密地連結了後基督教信仰（post- Christian）的

此創立了聖餐禮。後來很多傳說相信這個杯子具有某種神奇的能力，如果能找到這個聖杯，喝下其盛過的水就將返老還童、死而復生並且獲得永生，這個傳說廣泛延續到很多文學、影視、遊戲等作品中，比如亞瑟王傳說中，就有人說他終其一生的最大目標就是找到這個聖杯。

文化及人與人的社交方式——後基督教信仰，主要基於「後路德」（post-Lutheran）形式的內在精神，其根源尤其在於自由個體的良知。在十九世紀，於歷史上第一次出現了，人的社會乃是實在明顯地、清晰地及有意圖地向著「理性」發展，這一取向乃是普遍地受到承認，同時，最低限度是初步的，成立了制度而將之體現。當這情況出現，也於是展開了，對既定現存的世界（the-world-that-is），與及對這世界賦予意義的實踐之適切的哲學反省形式。

有時，黑格爾會被視為一個過度的理性主義者，這不是完全錯誤的，因為他確實認為，理性及人的理解力有非常廣泛的力量。在其著作中，他甚至說理解力與分析力就是「絕對的力量」（3.36/18）。這即是說，理性，終極而言，自身提供屬於自己的法則及標準，同時，理性若可以被評價（或被批評）的話，必不能離開其自身的法則及標準，並且，皆要與此相關。在「長遠而言」（或許真的很長遠），人沒有任何其他的力量是比理性更強大，並且可以與之對抗。在黑格爾的哲學中，還有一基本信條，那就是理性（the Reason），即那全方位強大的力量，**並不是**任何個體人的主觀能力，也不是屬於任何特殊的組群、或在歷史中存在過的社會的社會性力量。哲學，正如我們剛剛提及，不能提供給我們某個十足滿意的世界觀，如果世界（本身）不自身傾向於這世界觀的話。哲學自身不能讓世界作為一個可被理解的地方，假若世界本身不是如此，這即是說，哲學成功地能夠表象世界為理性的（rational），因為它倚靠了某種外在力量，亦即世界本身，才可成就此大業。這裡的確實意思即是，哲學倚靠了歷史。長遠而言，社會總不能抗拒理性的

威力，但是，這只是當我們回顧反省才會明確地見到／掌握的結論。在（歷史的）發展至此的盡頭，亦即歷史發展臨到我們目前當下一刻，我們正享受到，在之前存在過的社會從來未經驗過的完全的自由，並且，我們現在會有意識地達致理性，而此理性，在之前，只是運作性的理性；儘管如此，在之前的社會，也只能夠偶然模糊地，透過各式各樣扭曲的鏡子反照，才瞥見這理性的運作。基於柏拉圖身處的是奴隸制合法的社會，因此，不論多少純粹的理性推論力量，都不能容許柏拉圖去建構一個內在地連貫一致並且是滿意的哲學思想；同樣地，於1300年的巴黎，縱使集合了當時整體的大學（studium generale）的力量，也沒有辦法成就那內在地連貫一致的哲學，因為此時期基本上是封建制度所統治的。如果你生活在一個沒有自由的社會，**你真的沒有甚麼可以做**。貴族階級比農奴「較有」自由，但這只是一項比較上相對的判斷，雖然絕不是說這判斷完全無關重要——對於那些生活在封建主義中的人們來說這是極其重要的——也不是說這判斷是錯的，但它沒有揭露，我們經過回顧反省而看到的完整故事中最重要的一部分：那就是，在這個歷史（封建制度統治）時期，所能享有的「自由」——如相對於法國大革命之後，人人都能享受到的自由的情況而言——確是暗淡而沒有活力的前奏。當然，說它是前奏，並不是對從前的農奴、奴隸、城堡主人、貴族、國王或皇帝的安慰。意圖並不在此。在黑格爾的哲學中，從沒有打算提供「回顧性的安慰」。我們沒有理由去認為，我們的祖先能夠了解我們對自由或我們對現行制度的想法，雖然，事實上現代時期的自由（在某意義而言）是從祖先的

世界（及其應得的破落潰敗）承繼而得。縱使如果（其實實際上不可能）祖先對將來有所認知，亦即知道他們存活的歷史時期終結後，會出現我們現代的世界，儘管如此，他們也仍然活在自身之歷史時空之中，就正如我們是沒有選擇地活在現今當下。有某些偶然情況黑格爾會稱他的哲學為「真正的神義論」[e]，然而，我們將會見到，這個論點的意思，並不是它會給予在過去曾存活過的犧牲者任何安慰，也不會以回顧方式，或在現今當下去「正面確證」（justify）任何事物。很明顯，黑格爾所努力的，乃是提供對人的所有範疇一個普遍有系統性的總覽，並且由此，需要為所有事物都找到一個（合適的）位置，也因此我們會預計在不同時期中展開「正確／正當的證明」（justification）的討論。然而，讓各位讀者驚異，意識到其重要性的，就是（在黑格爾的《精神現象學》中），直接意指「確證為正確（justify）／正確／正當的證明（justification）」（rechtfertigen/ Rechtfertigung）的字詞數量竟是極其缺乏的。這情況好像顯示，黑格爾是有意識地迴避這組詞彙[f]。這概念（證明為正確／正當）在原初，是屬於個人的行動範圍：亦即對應於正常規範法規，有些行動是另類偏離的，並且，它們被安排與（與它們有別的）正常規範規條比較。這也可擴闊到其他方面被運用：例如，判斷某人（他堅持著某個獨特主張），然後是，判斷這主張本身，可被形容為已證明為正確的（justified）（這即是說那個堅持這些主張的人，是被證明為對的／有理據的）。最後，這個概念在原則上，可以被擴展來形容那些現在稱為「非自然」（nonnatural）組成的機構的行動，例如協作機構、政府或國家機關；或甚至用

來形容那些監控行為法則或規則系統——如將它們置於更普遍或包容更廣的法律脈絡中做比對，便有可能被證明為正確或不正確。如要更進一步有效地運用「正確／正當的證明」（justification）這個述語，所要求的就是將它與「法庭」、「聆訊過程」、「管治權力」、「法律（法規）」及「判決」這等概念聯繫在一起（運用）。在某個預先清晰劃定的**特殊**範圍中，例如某所國際象棋俱樂部的內部運作，或交通法庭的訴訟的常規處理，這系列的術語全都有恰當的意思，在上述例子情況中之運用沒有甚麼不對。但是，如果要由此而更普遍地去使用「正確／正當的證明」這個概念，或改良它相連的概念系統，以致毫無限制地擴展它們的用途，而沒有意識到使用範圍的限制——這些限制其實給予這概念具體意思，那就會是一種思想上的癌病：它本來是附屬性的思想模式，然而卻被容許去無限制地擴充，即將它置於它永遠沒有能力去處理的界域中被運用，這樣處理不僅是失敗，更是毀滅性的失敗——這情況就好像一個官僚或一個文員盜用了哲學家的任務。

　　無視限制地使用這概念是一項「毀滅性」的失敗，因為「正確／正當的證明」這概念的其中一個要點，正是強調管治權威、法規、訴訟過程，或某些行政組織的固定不變性。但是，對於哲學性的目的，或如黑格爾所說的「理性思維」、「思辨性」的目的來說，這實在是錯誤的，這即是說，如果是去問及關乎世界的「整體性」、世界如何互相聯繫在一起成為一整體，以及在其中我們應該如何安身並尋出方向的種種問題時，使用這概念的確是錯誤的。根據黑格爾，在哲學中要學習到的第一件事（或應該說是最後一

件事）就是固定不變性（fixity）根本不存在：所有事物都正在運動變化及流動當中。「那真正的」（the true）的終極影像並不是有如在一個記帳系統中整齊的條目序列，甚至也不是以理性為原則的，高等法庭中所進行的依照程序規矩的審判流程，反而，這「那真正的」的終極影像，卻是如酒神祭祀中的放縱狂醉的喧嘩狂歡，當中沒有一個人是清醒的（3.46/27）。這狂醉喧嘩的光景並不是**完全沒有**任何形式的秩序，只不過它真正展示的秩序，實際上並不能被證明為正確（justificatory）。所有個別形式的權威，皆會消溶在哲學的概念中整體流動變易之流中。這變易巨流沒有一個正確／正當的格式，可作為典範權威，以致任何個別的行動都可以參考此典範根據，因此可依此要求、或給了證明（這裡的意思是，人們會認為需要如此一個典範權威，及由此而要求的「正確／正當的證明」）。哲學所能夠提供的，一則就是在那變易巨流中有某種秩序的感知，亦即，某些形式的權威乃是從其他不同的權威浮現出來；二則就是可去探測量度那變易巨流的**整體**的能力，並且能夠標示勾畫在變易巨流當中，你所可能遇到的每一個權威的形式；三則，就是感知道：上述種種，就是我們合地預期可尋得及掌握的全部了。哲學不會，或不能夠提供給你的，就是任何那稱為「正確／正當的證明」的肯定，或為任何個別行動或信念／看法做出的保證。很多哲學家，還有非哲學家，都期望或甚至要求哲學一定要對現存的各種建制提供「堅實的基礎」，**或者**提供一個可比喻作自由流動的高空掛鉤的設置：如果鉤掛在它之上，就可以確證某些行為形式——縱使它們獨立於任何現存建制的——為正確（或者可以基於此而澈底地將其他的行動形式

判定為不合法）。黑格爾肯定地拒絕這兩方面的要求。如果你牢牢地維持「正確／正當的證明」（這概念）與現存建制的關係，你就永遠不會得到一個獨立於任何條件脈絡而能成立的「正確／正當的證明」的概念。如果你將「正確／正當的證明」這概念與任何個別的或高度特殊的歷史性的形勢結構及建制分割，你也會甚麼都沒有了，因為「正確／正當的證明」的真正內容，正是建基在上述之兩者的具體互聯關係的整體之上。如果你把兩者脫鉤，你可能只保留了一個高度抽象及普遍的故事：這故事訴說的，就只是萬事萬物作為在世界中的整體，於普遍意義下如何運作及關聯在一起；然而，基於這個故事我們看不到任何個人的行動可被具體地保證為正確。

黑格爾對活在十七世紀晚期／十八世紀早期的哲學家萊布尼茲[11]開了一個大玩笑。萊布尼茲發明了一個專用術語「神義論[12]」。黑格爾認為萊布尼茲這創作，在哲學史長河中屢屢出現的愚蠢可笑的錯誤概念中[(g)]，實在是其中一項最巨大之荒謬。萊布尼茲認為，神在自己面前見到，乃是一個充滿著各種不同可能性的抽象空間，在其中有許許多多承載著各種可能性的副空間（subspaces），可以共同互相引據例示，這即是說，這等等副空間在那同一的可能的世界中可共同實現。神面對這無數的可能性，祂揀選了那「最好的」，並基於此創造了我們的世界。我們可以發現，我們在其中存活的那個世界，正是所有可能世界中最好的那個。黑格爾將萊布

---

[11] 萊布尼茲（Leibniz, 1646-1716），德意志哲學家、數學家。

[12] 神義論（theodicy），這一術語由德國哲學家萊布尼茲於1710年在他的著作《神義論：關於上帝美善、人類自由和罪惡起源的論文》（*Theodicy: Essays on the Goodness of God, the Freedom of Man and the Origin of Evil*）首次被提出。

尼茲這個構想跟以下情況做比較：某人打算去市場購物，於是準備了一張購物清單，或者應該說是一張預先草擬，記下可能會去光顧的各個店鋪的「優點」的列表。那購物者於是將市場上供應的琳琅滿目的商品，跟自己準備好的清單列表比較，然後購入了市場所提供的品質最好的東西。黑格爾認為，如果有個稱為神的物體確實存在，有一點是很清楚的，那就是祂與世界的關係，絕不可能被想像為上述比喻（手持清單到市場購最好的物品）那個樣子。很多現今世代的哲學家使到這荒謬的主張更惡化，他們成立了相類似的「可能的世界」的理論，但去除了神靈那部分。萊布尼茲研究中對神的構想——神嘗試去決定甚麼是應該／可能是「好」的，或在**未進行創造之前**，草擬了一張列表或規例或議定書——這實在是銅器時代的幻想，不管其論述的建構是如何精煉。

黑格爾認為，沒有人會以一套抽象的可能性去作為開始；人人都是以一個實況開始。所有當下正存在著的，就確實是存在的；真實就是現正存在著或正在發生的一切。「可能性」乃恆常是由實際存在或正在發生情況而衍生的抽象，並不是在之前可以構想的，縱使是全能的神也不可能做此構想。正在發生的事情的其中部分，正是人們在行動，在行動中，人們當然會有不同的複雜的倫理方面或標準既定的想法，人們會將這些想法實行於他們的世界，同時，他們可以將這些想法擴展於他們所有的幻想之上（這也是完全合法的）。沒有甚麼能阻止人們這樣做，但若是認為如此便有重要意義，那就可能是個錯誤了。例如，現在的中學老師對於古代的奴隸制度，表達了這是道德上很恐怖的事，這沒有甚麼不合法／不合理的；但這樣做，卻沒有任何哲學上的特殊

意義。這即是說，我本人，或任何其他人，對奴隸制有任何基於道德上的反應，可說是一個思辨（邏輯）的理解上可能的主題，但這並不「確認」任何事為正確。「證明為正確」這概念本質地與實際**行動**相關，意思即是保證某行動（的合法性），但生存於2016年的我，甚至在原則上也不可能對一個已湮沒了二千年的古代社會有任何行動或影響。當然，在一個完全不同的情況中，因為奴隸制度依然殘留在地球上某小塊地區，我可以進行抗爭，我也反對在我所身處的社會中重新施行奴隸制度，在此情況中，我會部署所有我可能掌握的道德理念及理性思維上的資源，包括向本地的政治管理機構提出抗議，基於本地脈絡及制度，在地進行與本土關聯的辯論，以及用任何我可以想得出來或發明的手段進行抗議，我這樣做是因為要對我可能實行的行動做出辯解。我當然可以鄙視那些在羅馬時期生活的奴隸主（無人可以阻止我），但於這情況，我是不可能有任何實際行動的脈絡環境，這即是說，我對羅馬時期的奴隸制度的反對，只是一個形同虛幻影子般的行動，這只不過是一種使我感到自我良好的廉價行為。

然而，無可置疑，黑格爾仍然覺得他的哲學也提供了某種「神義論」（theodicy）；對此他很明顯有所提及。但是，神義論在黑格爾的構想中的意義，乃是企圖提供「和解」（reconciliation）而不是「正確／正當的證明」（justification），兩者是完全不同的論點。舉例說，若我和某人（或對某事情）「和解」，意思是我是跟這人／這事情狀況達致溫馨的和平感（warmly at peace），這即是說，在未達成和解之前，我曾認為和對方疏離感到陌生，或感到

這人／這事情情勢對我有敵意、侵略性（7.27/22-23）。這（可以說）是一種態度（的轉變），而不是以理據去確定甚麼為正確。事實上，我們甚至可以這樣辯駁，我需要與你和解，皆因你對我所施行的行動，乃**不能**被證明是正確／正當。那些實行和平及和解的團體的行動，其行事方式，不是去展示，曾經已做了的**似乎**是極嚴重的錯誤的某事，之後能被證明為正確或正當；相反，這些團體的行動乃是先承認，某些證明為完全不正確的損害已發生——既然情況已是如此——倒不如尋取可行方案，謀求和平共存。這不是說「和解」**只是**某個層次的感覺的問題，也不是說，分辨虛假的和解（例如因幻覺而產生）與「真正的和解」之不同是不可能的。黑格爾的整體工作，可以說，就正是建構一個龐大工程，去提供高度細緻的分析、並置在精密的脈絡中去進行此「分辨」工作。很明顯，這也不是說，那不管是已和解與否的情況，都不會對人的行動有任何後果，但是，其所產生的後果，是非常間接及分散，所以不大可能將出現的某「後果」與某一組特殊的行動過程連接，從而滿足了「證明為正確」這個概念的要求。最後，我們也記得黑格爾所言之「和解」不僅只是遵循著哲學的途徑去完成，藝術或宗教的也是可能的途徑。雕刻、展覽一尊希臘阿波羅神像並對之恭敬俯拜，這雕像將阿波羅神表象成一個美麗的人，而不是一頭怪獸[(h)]——這藝術行動並不是（在任何有意義下）提供任何特殊的社會組織或政治制度性質之正確／正當的「證明」，更加不是為某特殊的行動過程提供的「正確／正當的證明」，將阿波羅神表象為一個美麗的人（像），乃是「和解」的其中一個例子。

如果要論及「絕對的正確／正當的證明」（absolute justification）的話，就是將某些個人的行動跟某種規範標準做出比對——但兩者的性質卻是原則上完全不同的，否則這只是循環論證。但是，一個「獨立」於世界作為一整體（the-world-as-a-whole）之外的標準會可能從哪裡而來？同時，它的立足點可能在哪裡？我可以憑著我那微不足道的道德觀念去判定事情，沒有人可以阻止我這樣做，但我不會愚蠢到認為我主觀的道德標準，會有全世界通行的或絕對標準的地位。上帝自動當選，贏得至高地位，原因是沒有一個獨立的「法庭」有資格去對世界的「正確／正當的證明」下判決。哲學的重點，就是去告訴人們為甚麼沒有甚麼是在絕對意義下被證明為正確／正當的，然而，無論如何，以「溫馨的和平」去擁抱世界卻是可能的。再多，哲學也不能提供了。

　　黑格爾的「非個體主義」（nonindividualism）乃是他的思想進路的另一個突出的特點。理性思維除非透過個體人的實踐，否則它不可能出現或只可能是運作性功能——這是正確的——但理性思維也同時永不能純粹從個人的觀點完整的被掌握，很肯定更不能在個人心理學的脈絡去理解它。如果人們生活在類似十九世紀的歐洲社會，在其中辯證法正完滿地及成功地運作著，人們甚至可以理想化地構想，如此的「辯證法討論」，未必一定必須由兩個**獨立不同的**人去互動地進行。如果要讓一個哲學性討論（例如一個關於「仁慈」[benevolence]的討論）更加完整理性，各參與討論者的個人性格的重要性會越來越低。在理想情況中，出現的思想要點和考量，會一個接一個地連接依討論進程產生，於此，誰是

參與討論者已沒有關係。因此，如此看來，討論乃是思想／概念自身之續漸轉化，自身開展，展示了自身內部的結構，它甚至會透過明確的相繼衍生的相反意見而自我批判，思想也由此持續轉化自身。然而，如果沒有活生生的人出現並開口討論，這思想轉化進程是不會發生的。但活生生的人，乃是潛在可能有種種特徵怪癖的，或潛在的非理性思想的主動行動者，對於正在自我開展循序漸進的討論的結構，可說是毫不相關的。這個結構是（如果有人想用這個術語）「客觀」的。參與哲學的討論的意思，不僅僅是參與表達意見的行為，更且是努力以理性地表達，亦即基於理性上可被接納的條件脈絡，去展示自己的立場，因此，這也等如承認有被批判之可能。這情況可以是真確的，縱使參與討論者在之前不知道「理性可能要求的是甚麼」。事實上，哲學討論最重要的部份就是——如果這場討論是正確地展開的話——在一方面，所表達的論點立場正在被討論、批判或改良之同時，在另一方面，理性思考所憑藉的標準（the standard of rationality），因為經過了討論、批評或糾正，也隨之而被澄清及改良。因此，在一個真正的討論中，縱使某人表達了某個哲學立場，但並不能夠預先就知道自己到底堅持的是甚麼。參與討論者只能在討論過程中找出答案。然而，以上所有之陳述，都可以被解釋為，（在討論中出現的）概念之內在轉化過程的本質之其中部分。在黑格爾的哲學體系的典範形式內——例如，在《大邏輯》[13]中之詳細陳述——顯示了

---

[13] 《邏輯學》（*The Science of Logic*），德國哲學家黑格爾的重要哲學著作。通稱《大邏輯》（*Greater Logic*），以區別於《哲學全書》（*The Encyclopaedia of the Philosophical Sciences*）中的第一部分「邏輯學」（通稱《小邏輯》[*Lesser Logic*]）。《邏輯學》共分為「有論」、「本質論」「概

《精神現象學》中所展示的雙重角度觀點，已不再需要了，也不再合適，同時，所謂概念及立場，在此被解釋為：它們會從所有特殊的討論者（之陳述行動）中被抽取出來，在討論過程中，它們被提出，並且被表象為客觀的、完全自動開展轉化的運作。

　　黑格爾的「非個體主義」（nonindividualism）還有另外一個面向：個體心理學在他的哲學中，扮演著一個明顯的附屬的角色。對黑格爾來說，「我」並不是一個本質為生物的個體、不是一個擁有意識或其他的心理能力的個體、也不是能夠思索及成立命題、或有理性思考能力的個體；反之，所謂「我」，乃是「精神」。「精神」是黑格爾專用術語，它並不指涉一個個人或一個群體。他認為，這個概念正是手持鑰匙，憑藉它便可理解，為何他的哲學跟其他所有之前出現的哲學不同。在黑格爾之前的哲學可分為兩類。第一類就是形上學。形上學家研究的就是在世界中外在的「客體」（objects）：理解它們的特質，並且嘗試去以一些術語／概念去解釋所有客體。之前的哲學家承認並定義為「客體」的事物，可說是在世紀轉換歷史流程中，越來越變得精煉，但不同的哲學家所持的觀點，大概也離不開源頭那個想法，繼而衍生複雜的發展。這源頭想法就是：一個客體就是一個（相對上）不會轉化變易的東西或實體，這個東西／實體，不管它的性質會如何改變也好，總會恆常維持自身的同一性。例如，一隻貓就是相同那隻貓，就算牠某些特質變了（牠的毛不斷脫落、牠打完架一隻耳朵受傷了、牠懷孕了生

念論」三部分，前兩部分合稱客觀邏輯，分別出版於1812年和1813年，第三部分稱主觀邏輯，出版於1816年。

了一窩小貓）。除此，在黑格爾之前出現的另一種哲學，基本上是屬於知識論性質，其焦點正在於人作為個別主體以及其模態，尤其是意識及知識。這一類哲學所研究的不是客體，而是人類認知的過程。其基本問題不是：「那裡存在著的是甚麼？它如何運作？」而是：「我們可以知道甚麼？我們如何知道這甚麼？」黑格爾認為這兩種哲學都必定會陷進死胡同，沒有發展前路。沒有一個形上學家能夠真正透過研究在世界中究竟有甚麼東西存在，而能夠提供關於人的主體性的基本現象的分析。這即是說，意識的形上學、人的主體的形上學，或知識的形上學是不存在的。第二類的哲學，也不會有出路及發展，因為如果我們若僅僅以人的個體意識及其運作的模式，作為研究開始，並且將焦點全部都放在這處，將它看作一個自主獨立的領域去研究，我們將永遠再不能從此抽身而出，而回到真實世界。我們永遠不能解答那知識論的基本問題，也不能只基於有關意識的事實或意識的構造，去展示一個（如我們想像那般）的外在世界存在。

　　相比於形上學者所提倡的「維持自我等同的實體」的概念，或知識論學者的「有意識的主體」的概念，「精神」被認為是一個較為全方位地涵蓋的概念。根據黑格爾所言，「精神」，即「那真的」（The True），既是實體也是主體（2.23ff/9ff），「精神」不僅超越了這兩方，更且提供了一個空間，在其中形上學的及知識論的問題都可以被討論，雖然這往往是附屬的、有限形式的討論探問。我們如何去理解以上對「精神」的述說呢？黑格爾指出，「精神」有兩種特質：

1. 精神乃是一個「我」，即是一個「我們」，並且，是
一個「我們」，也即是一個「我」（3.145/110）

這裡的意思並非認為「精神」是類似某種形上學形式的
群體心靈，它是站在理論層面去描述某類人的現象，但這類
人的現象不會簡單地被分析成為純粹的個人心理學，也不會
被單純地分析為某群體的某些特質。所謂「精神的現象」，
其中一個上佳的例子，就是語言，或者，可以說，任何借助
語言來體現的事物。某種語言，例如英文或土耳其語，只會
作為一種集體社會性的存在體，並由個體使用者啟動運用而
體現：「我」以此方法去說話，很大程度是因為「我們」皆
以此方法去說話（或相反亦然）——的確，如果從來沒有任
何個體說話者去講英文，英文就不會存在，但是，任何語言
皆先於任何個體說話者而存在，也是真確的；每一個說話者
都知道語言總是已經存在了。若只從理性思維本身所涵蓋的
各個普遍結構，或從我個人的意識及行動出發去探究語言，
就永不會達到對語言作為社會現象的整體理解。普遍結構
不會解釋英語及土耳其語的分別，同時，任何個人的意識的
反省，無論多麼深入，也不能讓你理解到那個個人（在那時
候）不懂得的語言的字彙。再者，如果你不明白我的主張，
你就不算認識我（作為一個個體），但是，這些主張，是透
過一個語言來組織表達出來，而這個語言（終究）並不是我
個人自創，而是一個社會現象；這即是說，你只可以理解我
作為某種形式的精神，作為一個「我們」群體內，其中個體
化了部分。最後，除了作為「我們」（群體）的一部分，
「我」不能理解我自己，「我」也可向這個「我們」作出認

同為一體，但同時「我」也跟「我們」分別開來。因此，在這意義之下，縱使是自我理解也是一個「精神性」的現象。

「精神」的第二特質也是同樣地非傳統的：

2. 精神是一種（社會）的構造，並且總是處於正在期望創造／製造自身成為（一個比當下更好的版本的）的自己的過程中。黑格爾不斷重複說明：精神「不止於」任何事物；而總是在「變化」之過程中，或者應該說：正在「不斷創製自我成為某事物的」過程中。

「成為一個更佳版本的自己」這個觀念可不會只是空洞及虛有姿態，它也可以有高度個別持殊化的內容。你不會明白公元前五世紀的雅典，除非你了解伯里克里斯[14]的〈葬禮演說〉[15(i)]。這〈葬禮演說〉介紹了有關雅典的一種十分特別的理想化構想：雅典是一個對個人的種種怪癖都能容忍的地方；在此，大眾市民成為一個整體，去組織及行使政治權力；同時每一個市民都有如一個「情人」那樣對待自己城市。以上在〈葬禮演說〉所表達的，並不意味著這是對雅

[14] 伯里克里斯（Perikes，約公元前495年－公元前429年），伯里克里斯時代（波希戰爭至伯羅奔尼撒戰爭）具有重要影響的政治家、演說家、將軍。他在希波戰爭後的廢墟中重建雅典，扶植文化藝術，現存的很多古希臘建築都是在他的時代所建。

[15] 伯里克利的〈葬禮演說〉（Funeral Oration）是由希臘哲學家修斯底德（Thucydides，公元前年460-公元前395年）撰寫的，他說他自己引用了伯里克利。伯里克利在伯羅奔尼撒戰爭的第一年（公元前431年）結束時發表了講話。其中，伯里克利（或修昔底德）讚揚民主的價值。（https://zhtw.eferrit.com/%E4%BC%AF%E9%87%8C%E5%85%8B%E5%88%A9%E5%82%B3%E8%A8%98%EF%BC%88%E5%85%AC%E5%85%83%E5%89%8D495-429%E5%B9%B4%EF%BC%89/）

典曾經存在過的景況的「寫實性」描述，這是（某部分）雅典人所期望著的雅典特殊的（其中一種的）構想。但在另一方面，這也不是純粹幻想的或憑空杜撰的期望，而是，正如黑格爾認為，或多或少是基於雅典生活的真實性而衍生的構想。除此之外，其實有很多更為原始或初階的方式，去表達人們企圖去將自己創製成為更好的版本。現在，讓我們回到語言那例子——縱使於最基礎程度地使用語言，都要了解語言「正確用法」跟「不正確用法」之分別，於此，如果我們稱語言內某運用方法為「不正確」，就已經是正在表達最低程度的期望，去清除這種用法或至少去避免它。如果適當地去抽象化這種運作，我們可以見到，這就是所謂將語言「規範化」的源頭。

上述所言之人類族群之自我再造，可說是既是一個實體也是一個主體。公元前五世紀的雅典正是「精神」其中一個環節，因為當時這個城邦之組織的目的，就是在經歷其性質處於不斷改變的時期，更藉此去維持自身的同一性——無數個體人出生，以及死亡，但，如果政治社會建制延續地運作，無數單獨個人都會以雅典人的身分出生及死亡。由此，雅典就是一個主體，因為雅典人可以，及事實上集體共同自稱為「我們」；這個城市，可以說，能夠知道很多事情，例如它本身行使的法律是甚麼模樣，也能夠去行動及做出反應等——例如向斯巴達[16]宣戰。雅典自己本有其特有的建制／制度——國會、法庭、宗教組織、議會（boulé）等等——

---

[16] 斯巴達（Sparta），是古希臘的一個奴隸制城邦。斯巴達以獨裁專制、軍國主義和嚴酷的紀律而聞名，實行奴隸主階級的貴族寡頭統治，與當時雅典的民主制度形成鮮明對比。

雅典的各個建制的工作就是成為上述的知識及行動的真實軌跡，並且嘗試保證做到，城市能符合和實現市民的各種不同的期望，例如成為一個更強大、更有公義的城市，並且能夠對任何意外事情都能作更好準備的地方。

現在讓我們返回去看看，正在後革命社會（post-revolutionary society）中，討論著「意義性」（meaningfulness）的這方面的課題的那些「理想群組的成員」。在他們的討論過程中有甚麼會發生？如果一切順利，終歸這個討論將會對所有關乎以人為本位的「意義性」的形式，統統進行辯論──黑格爾認為，所有這等「意義性」的形式，皆是系統性地互為關聯的，因此，不可避免的是，投入參與這個討論的所有人（的立場），皆終歸會匯集於某穩定之觀點之上，同時（這觀點）也不會再遭受反對、不同意或批評。然而，這「穩定的觀點」卻不會是單一的命題，相反，這正是參與討論者所剛剛共同經歷的、那互相辯論的整個過程，而之後，這歷程也將會再度在他們前面展現。如果回頭去看柏拉圖（的洞穴說），並與黑格爾的論說比較：對柏拉圖來說，在辯證的歷程中，「由洞穴底部」拾級而上達到最終極頂層就見到「好」的理型的視野開展，但對黑格爾而言，卻不會是這樣，即「辯證」所經歷、終歸攀登到最高處，不會是見到一樣「另外別一個東西」在眼前出現。在黑格爾的系統裡，當達致頂峰，會見到的，就會那曾經經歷的旅程的整條路徑，永恆地接連地再次重現。我們於此，終於明瞭的，就是在某意義下，除了這旅程之外，別無其他，而整個過程，就是首尾相接的圓形途徑的無限重複。這圓形途徑只會當我們在其中移動經歷才會體現存在；它不是個可以用「在其自

身」（in itself）來形容談及的、分離獨立的東西——我們應該用甚麼語言（來說明它）呢？——然而，在這路途中，所經歷的每一步都不是隨機、偶然或主觀而生的，這路途的序列的一步接一步的序列也是互相關聯的。

很清楚，對黑格爾來說，在某一意義下，那關乎世界的「終極真理」是存在的，但這不是一項命題；它是一個概念性的形式，並且是辯論性的過程的運動，一種敘事或一個故事，在其中沒有任何一部分是可以刪除或做出簡化的。這「終極的真理」（the Truth）就是「系統」（the System）本身，也同時是「精神」（Spirit），無限地，被一階段連著另一階段的經歷所構成。這個故事（以及在這故事中所包含的思想的真實運動）正是向著目的而層層遞進（teleological），因此，它乃是依循著某序列的模式及方向而移動轉化，再者，它是被設定為依著某條途徑，並向著某個目的而邁進。而這個目的，就正是故事被說出來，以及這運動被實現展示；因此，這個運動不僅有「目的論的」（teleological）的更且有「自我目的論的」（auto-teleological）的特質：它的終極目的就是它自身正在存在（意思即是說，它就正是那個它正在持續著的運動）。在某意義下，宇宙的整體可以被視為：它正存在，**為的是它要正在呈現發生**（in order that that takes place）。黑格爾整體的哲學就是：他詳細地說明——為了這個故事能夠緊密連貫地說出來——「另外其他的甚麼」（有別於現存之事物／事態）一定會發生（例如：人類社會必定會廢止奴隸制，等等）。所謂意義的終極框架範圍，就是上述那敘述性的運動，同時，去尋取任何事物的終極意義，正就是在那個以自我為目的之故事／運動（auto-teleological story/ movement）流程當中，於這事物之合適的位置上，掌握它之所在。若依據這假設（Ex hypothesi），你著意地提出的任何事物，在那個故事中都有一個位置—若非如此，這個系統就不會完整（我們提出這「不完整」的可能性，只是為了討論，這情況其實不會存在的）。

當黑格爾形容他的立場是「絕對理想主義」（absolute idealism）時，這裡的意思並不是他認為任何人現時、或曾經對任何事物擁有「絕對」為正確／正當的證明（'absolute' justification）。反之，絕對理想主義所肯定的，大概是，如果任何事物或每一事物都**能夠被化為理念化**，這即是說，被理解為一個系統性的整體所涵蓋的其中部分，而這系統性的整體，就是那以自我為目標（autotelic）的運動——亦即剛剛展示的那有著普遍涵蓋的敘述性故事的訴說。這處的意思並不是指外在世界不存在，或者它是某種純粹的虛擬物；如是這樣想，乃是完全不同的立論，這看法是完全不會進入黑格爾的思想，他永不會以自己的名義立此說法。絕對理想主義，作為一種思辨的形式，所達到的結論就正是：「絕對的正確／正當的證明」（absolute justufucation）（就所有人可知的有關「正確／正當的證明」的意思而言）一定不存在的。

較早前我已提及，現代人若依據黑格爾的立論，由此而避免使用「正確／正當的證明」這概念去觀視世界，實在十分困難的；同時，我也曾提議，這種想法內可能包含某些不甚名譽、可恥的涵義；當生活在現今這麼一個極度使人不滿意的世界中，如果放棄懷恨在心的感覺，或避免有如法利賽人般偽善的自我滿足感（並利用「正確／正當的證明」這

概念為手段去將之合法化），我們會感到實在很困難。如果黑格爾是對的，而我們的世界也就是眼前如此的樣子，那麼我們當下的樣態，就已是我們所能夠成就的那個模樣，那麼，去感到上述的困難，實在沒有甚麼是本質地可恥。然而，還有一問題存在：細讀了《精神現象學》，並細心觀察了我們身處的世界之後，究竟我們是否沒有感到自己有動機去改變它？

第 8 章
尼采

尼采的基本的思想藍圖規劃，可說是基督教理論的一種另類變體，——如果尼采見到他的哲學被如做介紹，或者會不甚滿意，但這是他自己也承認的。尼采對基督教的詮釋，乃是一個稍微降格的柏拉圖主義的形式（即大眾可理解的柏拉圖主義）[a]。如果基督教宣稱，自身是一個普世的宗教，宣揚著無條件的愛，那麼尼采即從另一方向詮釋基督教，強調它的另外兩個特點：第一，基督教對它所稱之為「真理」之投入，是甚為奇特的。於此，尼采認為，那是源於由道德要求而衍生的「要講真理／真話」的命令，即是說，要服從「我不會對任何人說謊」的禁令；然後，這禁令甚至擴展至我不會對自己說謊，最後，更越來越嚴格，變成要主動去尋找「真理」的命令（KSA, 5.395-401）。由於「真理」通常是使人不舒服的，尼采認為這基督教的思路的根基，乃源於某種「苦行主義」（asceticism）的形式——亦即對產生讓人痛楚及厭惡的事物的積極偏好（KSA, 5.339-367）。尼采認為基督教的第二個重要特徵，就是對內省這精神特質的培育（KSA , 5.408-411）。這個特質到最後成為非常嚴格的心理學分析及詮釋實踐的根源。對於基督徒來說，好的生活，並不是在生活中僅是進行某系列之表面的行動，而是將憑

著純粹的愛推動的行動實現出來。身為生命有限，非屬靈（nondivine）的存在，我們在此生，永遠都不能具體地完全實現那絕對的愛，但我們要變得儘可能清晰地意識到，身為凡人於那絕對的愛之體現，是永不會成功的——這對我們的精神性增長是很重要的。因此之故，基督教鼓勵我們對心理內在狀態，做出持續強烈的、越來越精確及細緻自我檢查，是可以理解的。尼采有時會喜歡裝扮成一個「心理學大師」[b]，他其實是上述那種基督教的承繼者，當他形容自己「不是人而是炸藥」時（KSA, 6.365），他的意思是，事實上他所傳播的真理，實在是特別讓人感到困擾，總是引起混亂，而且具毀滅性。但在某個意義下，對那些苦行主義者來說是極大享受。

基督教的錯誤之所在，正是在現在社會中，它變得極度難以置信。或者，正確而言，它毀滅了自身；在某種意義下，那些最虔誠的基督徒，正就覺得他們也無法再繼續相信這宗教。其中理由，尼采認為，在於基督教的真正歷史——即它的權力的本源，以及它的結構之根源，尼采在其著作：《道德系譜學》[1]將這種種理由做了最清晰的展述。基督教的根源，乃在於高度濃縮的怨恨；它之所以能延續其威力，乃是由於它衍生憎恨的能力並以此為焦點。同時，其獨特的習慣及實踐方式，正就是（對著自己及其他人）虐待狂式苦行主義失去控制的的表達。如果持續實行基督教的內省，及奉行只說真理的實踐，就實則確認了上述所言之「失去控制的虐待狂式的苦行主義」。那麼，那些（曾）是基督徒的人

---

[1]　《道德譜系學》（*Genealogy of Moral*），初版於1887年。

——例如尼采——不可避免地漸漸了解這個情況，他們會做甚麼？一旦他們看穿了這宗教如此毀滅性的特質，簡單地繼續慣常的基督徒的宗教實踐及信仰，實在再也不可能了。或許除了少數例外的人——這些人都是在苦行主義式的自我憎恨，及認知上行動敏捷的殿堂級大師（例如齊克果[2]）。

因此之故，雖然說尼采認為他自己已經「否認」了基督教，不會是完全錯誤，但這樣表達他的看法也不大精確，理由是基督教在原則上不是一系列（邏輯）命題；反之，它是經悠長歷史所累積的習慣、習性、主張／信念、價值取向及行動實踐的複雜交錯：並由此被組織去給予人的生命一個結構，好使人可處理（人的生命中）某些不是那麼可以接受的面向。因此，以下的問題 「它行得通嗎？」「你在數玫瑰念珠唸經時是否可以平靜下來？」「一起唱聖詩、在教會進行『操縱蛇』、『舌音』的儀式時，能驅趕你內心的邪魔嗎？」——相較之下，實在比「基督教是真的嗎？」來得重要。尼采認為，基督教在幾乎二千年間，曾經運行得很好，而於現今世代，它僅對於那些古怪的隱修士、偏遠農村社區的村民、流浪漢、離經叛道的藝術家、思想幼稚的成年人及宗教狂熱者仍然有效。

之前我形容尼采的思想規畫，乃是基督教信仰的一個變奏、另類版本。但他可能會較喜歡將自己的思想稱為某種「戰勝、克服了」（overcoming）的基督教形式。然而，基督教本身就不就是全關於「克服」的嗎？我現提議，我們可以從三方面去反思尼采所建構的「戰勝、克服了」的基督教，

---

[2] 索倫・奧貝・齊克果（Kierkegaard, 1813-1855），丹麥神學家、哲學家及作家。

以對應傳統基督教信仰結構中的三個面向：第一，那在基督教中稱為「普世的愛」，在尼采則稱為「無條件的確定」；第二，尼采期望與對那背負著過度苦行意味的基督教主張（即「真理」及「只說真理」的概念）保持距離；第三，雖然必須要承認這是三個面向中最不清晰的：但很肯定，尼采的確是期望跟基督教的重要信條——內省——清晰分割。現在讓我們開始對「真理」討論吧。

尼采認為，哲學家以致普通群眾談及「真理」時，所表現的未經深思的輕率態度，是很有問題的。有一些人認為尼采表達了某些明顯的難以置信的看法，例如（他們認為尼采主張）沒有甚麼是可稱為真理（Truth）的，或者連不同種類的真理（truths）也沒有，又或者事實（facts）也不存在；由此推論，科學不是別的，只是巨大的幻覺，同時，在信念的層面，甚麼都是可能的。這些看法或主張，雖然並不連貫，但在某些讀者的心目中，它們甚至根深柢固，所以將它們一一澄清而消除懷疑實在是值得的。在哲學中，有某部分對於「真理、事實、科學」（同時還包括「知識」）的詮釋，皆會到最後回索至柏拉圖，並且，經過了二千年，這個觀點也深深滲透影響到我們的「普通常識」層面的認知，於此，尼采非常積極地反對。然而，去反對關於某些概念或現象而成立的哲學理論，並不是必然等如去否定與此相關的概念，或宣稱那現象不存在；我可以拒絕承認，那些我認為錯誤或誤傳的植物學理論，但不會認為花卉並不存在。我也可以拒絕認為（有關燃燒現象而成立的）燃素說（phlogiston theory），但卻不會否定燃燒這個現象存在。尼采所反對的普及的哲學主張，正是那包含了十分執著的清晰

二分的想法——亦即「真理」及「（純粹）意見」的二分、「事實」或「詮釋」的二分、「科學」與「不受控制的主觀意見的形成」的二分，還有「知識」與「思辨」的二分。這普及的哲學主張還會贊成另一觀點，那就是如果沒有持續並嚴密地監督上述的各個概念及其對立面的鮮明分別，並極力強化之，那麼，我們的世界除了認知上的大混亂就甚麼也沒有了。調查探究、觀察判斷、成立假設、確認及價值評估這等等結構，乃是「科學」成立之必需基石。再者，「科學」之建構，一定要特別嚴格地與感性感情的範圍、所有衍生自個人欲望的現象，以及對不同結果所產生的「詮釋」（例如：「鑑於人類之需要及對人類有益處」而生的詮釋），保持清晰硬性的距離。「真理」以及「意志」各自屬於完全不同的範圍，如果不能以有如密封及完全隔絕的手段去維持「真理」獨立，使它跟所有的形式的意志力及價值評估分隔，所得的結果就唯有混亂。最後，「真理符應理論」（correspondence theory of truth）所宣稱的，就是真理應該被理解為，命題與世界的事件／事實的對應。

認為上述的分析（至少有某部分）不能使人信服的哲學家，尼采是其中之一，但同時，他更進一步整體地反對不接受這些分析。他相信，「真理」較佳的定義是「（邁向）真理的意志」（will -to -truth）的附屬概念。「（邁向）真理的意志」這概念，其實是在（可被分析的）歷史環境下運作，這即是說，如果它在如此脈絡中被分析，它會被視為自身是有歷史的。「真理」並不是隨手可得的；它是需要被發現，這即是說，一定有那「（邁向）真理的意志」存在並推動，才會起而追尋及發現它，也因此，在此脈絡中，真理才

是值得被探求的。這「（邁向）真理的意志」，在歷史上，以不同方法發展。然而，無論是哪種方法的探求，都不會意謂「真理」會基於人的主觀意願而生、偶然隨機的運作而構成，雖然，我們將會見到，這樣講的意思正是，如果「真理的概念」是置於抽象的範圍（例如真理符應論）中去理解，便不能對它提供有趣的**哲學性**的分析。尼采完全沒有「事實不存在」這個想法，正好相反，他認為獲得「對事實的感受／觸覺」，正是人最寶貴，並且是最先進的人的成就（KSA, 6.247-248）。然而，他也認為，在某些確切定義的研究範圍中，將「事實」與「詮釋」清晰鮮明地分辨開來，是絕對適當的，但這卻不能如某些哲學家所主張那樣，推至絕對化，或依原教旨主義之方式做鮮明劃分，那是不可能的。當然，「事實」是存在的，但沒有一項「事實」是本質地或絕對地沒有受到任何詮釋的。這即是說，一個赤裸裸的、完全沒有受過詮釋的事實，是沒有意義的。因此，真理符應論要麼是假的（如果它假設「完全不經詮釋過的事實」存在），要麼就是同義反覆（tautological）的（如果「事實」與「分析」永遠不能被斷然清楚地分辨開來）。

於此，有待討論者，乃三個面向，在不同脈絡中，「真理」呈現成為問題，我們一定要細心處理。第一，問題就是那許許多多的「真理」（以小寫字母「t」標示的truths）：這即是說，有關世界的各式各樣說明陳述，這種種說明都非常堅實地被保證（為真），並且是值得被確定的。這些說明／陳述真的存在嗎？它們是否跟「非真理」分別開來？又或者，是否所有的皆不過是一些「意見」、即任何一個意見都不會比其他意見更為優越？對於這些問題，尼采的答案

就顯然是：「對的，它們的確存在。」這類小寫字母「t」的真理，包括了許許多多瑣碎事件的陳述，例如：「現在正在下雨（而不是陽光普照的晴天）。」「珍妮剛才狠狠地打了約翰的頭（而不是約翰打珍妮）。」「我的貓咪塔比莎（Tabitha）喜歡帕爾馬乾酪多於喜歡貓糧（雖然對牠是無益的）。」「噢，這古代手抄本寫的是est，不是esset。」這類真理說明也可原則上包括了在某個脈絡中的陳述，例如：「氣壓下降了。」「這種金屬的抗拉強度為……。」「這個有正電荷。」我們可以說這些句子都在陳述某些「事實」，雖然我們都要把聲音壓低地加上「這等等事實都是很**正確地被詮釋**了的」這句話。亦即，陽光要多強才可稱得上是「陽光普照」（sunny）呢？陽光普照與下雨天真的是唯一的、無其他另類的對比嗎？（你去過東安格利亞 [East Anglia]沒有？）那些在某個脈絡中可以百分百直接地被判定為「事實」的，卻可以（在其他另一些脈絡中，卻應該）被說明，由此而顯出（那不能避免的）與之相聯的「詮釋」：例如，陽光要多強才可稱得上是「陽光普照」？這樣追問，並不是意謂（那在問題中被質疑的）事實的存在是沒有意義的，或者我們與世界的的認知關係，是完全不可被確定或偶發隨機的。我們並不知道陽光到底要多強才可以稱得上是「陽光普照」，並不意味著我們竟會相信龐提烏斯・彼拉圖斯[3]是歌劇《美麗的海倫》（*La Bella Hélène*）的作曲者，跟相信這是賈克・奧芬巴哈[4]的作品一樣可行。所謂「詮釋」，對於一

---

[3] 龐提烏斯・彼拉圖斯（Pontius Pilatius, ?-36），羅馬帝國猶太行省的第五任羅馬長官（公元26年至36年在任）。他最出名的事蹟是判處耶穌釘十字架。

[4] 賈克・奧芬巴哈（Jacques Offenbach,1819-1880），出生於德國的法國作曲家，歌劇《美麗的海倫》（*La Bella Hélène*）的作者。

個生活在十九世紀，受過文獻學訓練的學者來說——即是尼采——其意思不可能是指單純的杜撰，或完全放任隨意的編造。文獻學者嘗試做的，就是成立判斷準確的詮釋，而絕不會隨意亂作。甚麼才稱得上「判斷準確的」詮釋，是一件複雜的事，大概沒有人可以提供一套有意思的、**普遍的**理論，由此讓人們可用機械化的方法直截了當地去決定，如有某兩種註釋方法供選擇，何者為更佳。再者，脈絡是最重要的，因為脈絡正包含了與判斷最有直接關係的參考標準，由此，判斷正可是憑這些標準去成立，同時，在有利的情況下，可以開放讓普遍的反省及批評進行，如此更能容許這等直接關連的標準可以被改良。同時，當然，我們也可（更後設地）再討論「改良」（在某個指定的脈絡中）是甚麼意思。以上所述，並非意味著所有詮釋皆是同樣準確的判定。因此，如果說「事實」只能作為被註釋過才能存在，就是對某種素樸實在論[5]的否定；這即是說，這宣稱只是確認了，對「事實」的決定之形式，比起日常（對事實的認知）的意識，是更為複雜的——但是某些哲學家實在太過傾向於對事物的日常認知了。尼采讚賞「對事實的感知／領悟」（a sense for the facts）（KSA, 6.247-248）乃是人的精神最高的成就其中之一。如今，若將尼采這句讚美語擴闊至包含「對各種模式

---

[5] 陳文祥解釋：僅僅著重「感知」（perception）的認知，即是眼見為憑的認知（knowing as looking），或「面對面的認知」（confrontational knowing），重視眼見為憑，亦即「陷入一個沒有理解存在的認知泥沼」，也就是陷入素樸實在論（naïve realism）」。
「素樸的實在論的世界即是直接性的世界：直接性的世界可以說是孩童的世界，即看到、聽到、接觸到、嚐到、聞到與感覺到的世界。」
陳文祥，〈知識論體系的糾結與理智復歸〉，《哲學論集》，40（2007）：57-77。

的複雜性感知／領悟的讚美——因為我們其實是透過此等模式，才能理解事實」，可說是同樣合理的，於此，模式的複雜性，意思就是「詮釋」所扮演的角色。

以上就是對「真理」的討論之第一個面向。第二個面向，就是有些哲學家，因依循著柏拉圖思路，可能會稱以下的問題為「較為嚴謹有關『真理』的『哲學性』問題」：真理的定義為何？它是否即是（例如）命題與現實的對應？又或者，真理是否應該被定義為最大範圍的一套的觀念其中的內在連貫及一致性？又或者，我們是否應該成立一套以「實用主義性」理論為基礎的真理？又或者，尼采根本不會贊成上述各項有關真理的定義，他自行成立了一套新的理論？

縱使只是簡略地研讀尼采的成熟時期的著作，尤其是《道德系譜學》，讀者們都應該會得到足夠的指引，了解到尼采主動自薦地去回答此等問題，反之，他所想做的，乃是去毀滅那些問題背後複雜的假設，因為那些問題乃是基於此等假設才得以有意義地提出來。一般通常的理解，假設了每一個語言的單位（例如「自我克制」、「知識」、「美」、「真理」等等），都被設定存有某單一抽象的屬性，而這單一抽象的屬性則有一「本質」。從事哲學思考研讀的正確方法，就是以純粹的抽象術語（即不借用例子）去「定義」那本質。如果不能成立如此一個定義，我們就不能理解這個需要探究的概念的意義，也不可能奢望掌握到，有關此概念的任何真正的知識，更不會知道如何正確地運用此概念，並且將正確的應用方法從無意義的應用分別開來，等等。尼采的晚期其中一本著作《偶像的黃昏》（*The Twilight the idols*），他以「埃及人主義」（Egyptianism）去點出哲學家其中一個

惡劣的特點（KSA, 6.74-75）。所謂「埃及人主義」，就是指哲學家所做的，正有如埃及人一像，將概念本有的鮮血和生命力排走抽乾，然後把它們製成木乃伊：哲學家將（要處理的）概念由其歷史脈絡中抽離／抽象出來，並將它們解釋為不會變易的及抽象的。之前所陳述的柏拉圖的運作模式，特別是它對於「定義」的強調，正是將概念變為木乃伊必要的準備及製作過程。歐幾里得的幾何圖形及算術數學真理，可能是沒有歷史的，但幾乎所有其他事物都是有歷史的，由此，「只有那些沒有歷史的東西，才能被定義」（KSA, 5.317）。這裡的意思並不是，如依照柏拉圖的假設，便沒有知識是可能的。或者，去反駁否定柏拉圖，即等如去承認沒有「清晰的知識」是可能的，但，是否可能這不是達到的正確之結論的情況？同時，為甚麼，在任何情況，都總是迷戀「確定清晰性」（certainty）呢？這裡要表達的正確意思到底是甚麼？再者，如果一個哲學家不遵循那總是迷戀著追尋定義的柏拉圖，仍然能夠合理地去反省及討論那種種現象諸如「自我克制」、基督教信仰，或「真理」，可把它們視作活生生、充滿動感的現象去理解掌握它們，而避免總是依賴柏拉圖的「標本製造術」之方式去「定義」它們——這個進路必須在歷史的脈絡中實行。我們事實上可以講很多「故事」，它們皆是很有理據，可幫助我們理解各種形式的「真理／真話講述」（truth-telling）在人類各個社會是如何發展，為了某特定目的而成立的探究方法，研究的技術是如何成立、演化；這等「故事」有時會和其他人的嘗試聯繫在一起，有時也會漸漸最終被遺忘。事實上，人類已積累了頗大量的知識，但對於與人相關的大部份最重要課題，卻未嘗能

夠成功找到全人類都贊同有共識的、正統的「定義」。對於「法律」、「道德」、「宗教」或甚至「科學」，我們有沒有普遍共同同意的定義？如果柏拉圖主義者堅持，對某些知識而言，以定義為基礎的形式是「必然」的話，那我們就應該問：「為甚麼？」尼采的懷疑就是：那「必然性」其實是一種需要，在終極而言，這是根源於哲王的「需要」，因如此可讓他去宣稱擁有不可被懷疑的知識，基於此，他的統治便可被公認為合法，他也能夠在那個理想的城邦中，向被統治的群眾施加威權，迫使眾人言聽計從。

如此反省馬上導引我們臨到有關真理的討論之第三個複雜結構。這方面正是尼采感到有最大興趣的。這就是我們可稱之為「真理的倫理」這個課題。柏拉圖的思想主張另一方向（後來的奧古斯丁為了適用於基督教而將之修改了），就是不須特別解釋，就可知道為甚麼人們為何要追求真理；很明顯，真理在本身已自有其價值，去找尋真理並不需要特別的理由。再者，認識真理總是本質上已比不認識更好。最後，追尋真理確實是或應該是沒有完結的一刻的，同時也沒有自然的限制的。然而，尼采卻不接受這思想路線背後的那個立場：亦即，於正確的算術計算、合理的法律思維推論、對自然世界細心準確的觀察，對人像描繪的評價、政治辯論等等的背後，總有那作為自我充分、自我完備的「一個」真理（大寫T「Truth」）的概念在支撐著。

如果我們很嚴謹地對此做出反省，便會質疑，知道真理是否永遠要比還不知道真理為佳？這完全是模糊不清的。有些停滯不前、永不進步的古板的人，會很想知道他們自身擁有的條件的真相，但另一些人則真的不想知道。在很多

情況中，如果知道自身正在處理的事情，大概是沒有成功的機會的話，對繼續幹下去的努力的推動力，當然會產生負面的潑冷水的影響。對我來說，縱使知道了真相（後果）並不是件壞事，但知道各種各樣瑣碎的真相，根本不會有可預計的好處，也毫無重要性。有時（對待各個瑣碎真理）的合理態度，是冷漠、置諸不理，而不是奮力掙扎去擴充知識的界限。我需要的是特殊的理由或特殊動機，去推動我負起那找尋有關某事物的真理的疲憊任務。因此，預設或默認的立場，不應該是讚賞某人「正在很明顯地犧牲他自身的及其家庭的，甚或朋友同事的身體或精神健康、前景機會，為的是要去發掘某一特項真理；無論如何，他所做的，是在找尋一個**真理**啊！」而是先去問：「他為何要這樣做？」「為何對他而言，發掘／發現這個真理是那麼重要？」「有何種（邁向）真理的意志（will-to-truth）正在推動他？」可以說，尤其是自然科學的領域中，人們不需要很費力便可找到理由（去找尋真理）。例如：沒有人想患上瘧疾，那麼就讓我們一起去找尋瘧疾如何擴散的途徑吧。日落時，當我們要從沼地草原趕羊回牧場時，為避免漏掉羊在外頭，先數一數羊隻的數目，是否一個好的想法？如果要過河，若能不用游泳渡過的確較好，如何可以這樣做呢？在上述的例子（問題）中，掌握真理確有著很明顯的實用功效，因此這是推動我們去尋找真理的充分理由。但是，換個角度來考慮：我知道我某朝一日就一定會死，或者知道我有極大機會不可能達成某個目的，這類的「知道」對我又有甚麼用處呢？於此，讓我再次重複，之前所陳述的反省之進路，對於很多已被接受既定的概念而言，並非不重要的挑戰，但是，這進路也絕非提

議，真理並不存在，或真理總是無關緊要，也不是說，星相學、古羅馬占卜術、順勢療法、古希臘抽籤式民主，正等同科學的真理——事實是正好相反的。

因此，在尼采的哲學來說，有關真理及真理／真話講述的概念的地位，跟它們在基督教原來的位置是很不同的（儘管尼采的哲學是從基督教理論衍生而得）。至於第二個元素——即強調那聚焦的、專注的及系統性的心理內省作，正是彰顯有關「真實的自我」的真理之鑰匙，亦即，這就是領向「好的生活」（a good life）的黃金大道——又應如何考量呢？

由基督教信仰而啟發的內省，不管是奧古斯丁式，還是盧梭式的，都是要遠離人們（日常）生活的表層：偶然出現的癖性小動作、瑣碎的習慣，或日常生活的慣規等等，從而深入去到那稱之為深層、潛藏的中心——即自我的「真實」深層處。內省，就是從表面膚淺層面向著深奧的內心邁進。然而，尼采有時會對「深奧性」表示強烈的厭惡。他明確地讚美於基督教信仰出現前的希臘人的膚淺特質（KSA, 3.352）。他敬佩那些不是去原諒，但卻會率直地忘記曾經受過的恥辱的人（KSA, 5.273）；他也讚賞fare bella figura（儘量表現得最好，讓別人留下好印象的做人態度）：這是讓十五至十六世紀文藝復興時期成為一個、生活愜意的美好年代的行為風範，他並不推崇馬爾西利奧·費奇諾[6]所主張的（星座學）臆測，或歐洲北部的修士（或之前的修士）所奉行的內觀沉思。尼采的著作：《瞧！這個人》[7]很廣泛地討論他

---

[6] 馬爾西利奧·費奇諾（Marsilio Ficino, 1433-1499），文藝復興時期歐洲學者。

[7] 《瞧！這個人》（*Ecce Homo*），尼采的自傳，完成於1888年，並在尼采死

本人的生活：他偏好的菜式、他所鍾愛的風景及他喜歡的天氣環境，尼采在這著作所表達的生活（及其價值取向），跟奧古斯丁在《懺悔錄》中陳述的其本人生平，實在天差地遠（KSA, 6.264-308）。

尼采對「深奧性」（profundity）的想法之攻擊，一直擴展到相關的「真確性」（authenticity）的理想。據尼采所言，人們與自己本身的關係，事實上，只是某種建構而已。向著「深奧性」的追尋之想法背後的寓意，就是如果我們越深入向我們內心的「底層」邁進，我們就越能夠更進一步去尋獲我們原初的「真正的」自己。同時，基於「真確性」所提出之至為緊要的（德行上的）要求，就是我們「在表層上」所有行動（或者說，尤其是我們的說話）都應該關於我們那「底層」的真正自我的表達。我們向世界展示的面目，應該是彰顯真正的自我的面目，而不是一個面具。然而，如果我們不斷深入自我的「底層」，我們更深入地接觸到的，不是甚麼原基及統一的自我，卻是意識到，我們可能擁有的任何統一性，都會自行解體成為一束束無組織、流動的、潛在的，或實際上正在互相衝突的本能衝動（impulses）——這即是說，被解體成為亂七八糟，有如百頭百眼時刻變幻的怪獸堤豐一樣的混亂，而完全不是一個「自我」，則如何是好呢？尼采的反心理主義（anti-psychologism）包括了兩個層面：第一，如果你持續嚴謹並且有系統地去進行內省，你會終於發現那是一堆一直流游變化著，（最理想）也只能局部地依循秩序的本能衝動。你越深入反省，那所謂「心理的統

後於1908年由其妹出版。

一或實體性」就越進一步在你手中消溶。第二，面具或面具的（文化）學習，可以跟有關面具底下的（真面目）的研究一樣重要〔如果確實有一個（真）面目在面具背後的話〕。

作為「真確性的理想」的反對者，尼采對戴上各種面具是贊成的。無論如何，任何統一的形式，只不過是有意識的對自我的營構造型的結果，這即是說，這統一的形式也是某類型的面具。或者，加圖又或蘇格拉底，他們有非比尋常的堅毅的意志力，於是，他們能夠恆常地帶著同一個面具，那麼，很清楚，這正是某類型成功的象徵，這是意志力的成功，但同時，這是他們身為哲學家的有限能力的表徵，因為他們需要弄虛作假，帶上了人為構造的面具，卻吹噓為其「天然」的容貌。真正的哲學家都很清楚，任何面具「底下」，很可能不會有一個（天然的）面目，而是另一個面具。事實上，一個面具背後可以有更多層層疊疊的面具，無論我們能力可以深探到哪一層，都是一個面具。這樣說並不必然是錯的。普遍來說，哲學家並不是沒有戴面具的人，而是一個知道怎樣將不同的面具玩弄於股掌之中，懂得「變臉」術的人——他們很懂得，基於不同環境所需，技巧地轉換要戴上的面具。要成為一個哲學家，正確的態度**不是**做一個嚴守某單一信條、不離不棄的人，而是要擁有一段（不斷）變化的歷史（KSA, 3.349-350）。一個哲學家並不是那個會「澈底地尋根究柢直達事物之根源的人」，反之，哲學家正是一個能夠從很多不同角度或立場去觀視世界所有事物，但同時也不會陷於混亂的人。也許，尼采會問，如果假設哲學家就是有著「終極」或決定性的意見的人，是否是一個錯誤（KSA, 5.231-232）？

對**不斷變換**面具所做的正面評價，正指出了「埃及人主義」的另一個版本的錯誤：西方哲學家的慣常的倫理學理想原則，就是以其哲學理論「系統」去將活生生的人（由哲學家自己開始）變成那些有如在埃及壁畫／繪圖中出現的硬繃繃的人像，也就是說變成一個個凝固在不舒適、不自然的姿態中，永恆不變的人形。尼采本人對這（倫理）的命令的形容就是：如果有人一旦決定成為斯多葛派之一員，這人就要在任何環境中從一而終地做一個斯多葛學派的忠實信徒（KSA, 1.813），這個決定甚至應該滲進他最細微的姿勢的表達中。尼采是蒙田的一個積極的學生以及崇拜者，他很贊成蒙田的觀察：普遍而言，恆久地在任何環境中總是用同一個方法去行動，並且永遠堅持作為同一個人，是我們（生而為人）範圍之外的能力。這實在不是一個有望達成的（人的）理想，其實，隨著環境的變化而做出相應合適的行動——究竟是依據哪條原則去判宣這是不好的呢？為何不能隨機應變去適應環境？為何隨機應變的能力，不應該如同在**所有**環境中都堅持硬繃繃一致的信念與行動那樣，備受高度的評價？人嘗試堅守忠誠一致從一而終的美德，但也嘗試隨環境而做出改變，但通常兩者不能同時實行。老實說，我們通常都不知道，在某特定情況而言，怎樣做才可被評價為「一個忠誠一致的人」或「一個反應機靈敏捷的人」。歸根究柢，我們總不能簡單地透過絕對化「一致連貫、從一而終」的價值（或者相反，透過澈底地漠視這個主張）而能夠解決那些生而為人所要面對的種種困難。

如果我們嚴肅地對待以上的討論思路，那麼問「哪一個才是**真正**的尼采？」或「尼采的**終極**觀點是甚麼？」這等

問題就是錯誤的。或者反過來，把這些問題當作是特別深奧的問題而去追問，就根本是錯誤的。這等問題（其實）只有一個平庸的答案：「你在他的著作中可以找到的所有意見，都『確實』是他的意見」，或者尼采所展示之不同觀點，複雜、過分精細而難以釐清，構成了一段歷史，在其中盡其可能詳盡的細節，堆砌成為他特殊的一生及其思想的組織，而在其中，每一個觀點被形成了並要表達出來。如果在此中去追尋「深奧性」或「真確性」就會完全看錯了尼采的想法。

然而，尼采對真理及心理學的種種主張，不是他所反對的基督教－柏拉圖的思想的簡單相反面。無論如何，他沒有正式說過「基督徒嘗試成為深奧（的人），而希臘人反對「深奧性」而偏好表面膚淺，這實在太棒了；讓我們「希臘化」吧！」相反，他所說的是，希臘人是表面膚淺的，但同時，這表面膚淺性質正是從他們的深奧思想浮現出來的。因此，我們不能只是簡單地將那（膚淺－深奧）兩極反轉，但卻同時讓這兩極對立繼續成為這討論的主軸，定義著這討論，反之，我們要嘗試去削弱這表面上的對立，或將之相對化，或無論如何削弱或相對化有關這對立的主流既定的詮釋。相同的主張也可應用到尼采所宣稱有關「正面肯定」的看法。如果持著主流的觀點，或粗心大意的讀者讀完《道德系譜學》（或尼采其他成熟時期的著作），都會大致認為尼采的主張是世界是很整齊地被二分為：說「是」的人及說「不」的人；（對生命的）肯定者及否定者；人們要麼是本質上主動的、有創造性的，要麼就是反動的、陰沉慍怒的。主人就是終極的說『是』的人──同時，尼采正在鼓勵我們去認同主人們的普世的正面肯定──好像如此我們才能回復

我們那備受威脅的生命力。然而這一種詮釋閱讀，正與這本著作的清晰意圖百分百相違背。《系譜學》的要點，就正是指出在歷史長河的過程中，憎恨與否定已變成創造力，而正是這樣才讓我們變得有趣及秉賦人之本性。那些表面上活潑好動的，像狼一樣的主人，其實只是自我滿足的笨牛，完全缺乏創造真正新穎事物的能力。將主人與奴隸、正面肯定與負面否定、主動與被動，如被詮釋為兩方完全互相排拒的對立面，實在毫不恰當的。《系譜學》內的第一篇文章第十二節，是最被嚴重忽視但卻是特別重要的，這章節指出，尼采的著作的目的，不是倡議回歸到（有如）石器時代那種無限制的「生命力」的形式，而是探究很不同的東西。主人（所代表的）美德及奴隸（所代表的）美德是對立的，同時，雙方正投入了持續不斷的互相鬥爭中。然而，這裡的意思是：「有你才有我」——兩者對於對方來說，皆總是面對面存在的，並很清楚地，相互皆依賴著對方。如果主人沒有奴隸做為鄙視的對象，就不會產生「級距的激情」（the pathos of distance），主人就不會存在；同樣，如果奴隸失去了主人做為反抗對象，奴隸也不會存在。縱使階級（文化）距離分野的內在化，並不再指涉不同的社會群組的分別，而是代表不同的內在心理的結構、不同倫理價值取向，但也不能抹走刪掉這種主人／奴隸雙方的互相依賴。很清楚，在任何既存的倫理結構中，必定是兩方的其中一方會控制另外一方，但沒有任何結構脈絡，會只得一方出現。純粹的主人的道德（或純粹的奴隸的道德）是不存在的。而正就因為這不能逃避的兩方的糾纏鬥爭，而使我們能夠成為了「人」。

Man könnte sagen, daß er [der Kampf] inzwischen immer höher hinaufgetragen und eben damit immer tiefer, immer geistiger geworden sei: so daß es heute vielleicht kein entscheidenderes Anzeichen der 'höheren Natur' gibt, als zwiespältig in jenem Sinne und wirklich noch ein Kampfplatz für jene Gegensätze zu sein.（KSA, 5.285-285）

有人可能會說，主人與奴隸的相互鬥爭持續不斷地向更高層次上升，因而後果就變得更加深奧及更加精神性：由此，在今時今日，除了兩方在如此意義下的分裂而對立之外，或不能再有更清晰的徵兆去標示那「高級的特質」，並且，這確實是對立兩方仍持續地爭鬥的擂台。

　　這一段引句，正好表達尼采的想法，絕對不是削弱兩方的對立，反而是正確地保存對立兩方持續短兵相接的態勢。
　　有時我們會聽到對尼采兩項頗負面傷感（但並不誠實的）相關的批評：第一項批評：「尼采不錯是個尖銳的批評家，他對某些錯誤觀點、道德上自欺欺人、精神上狹隘的論調，毫不留情地批判，但是，他只有純粹抨擊，沒有超越負面批評，他永不會介紹他自己**正面的**、建設性的理論，指導我們應該如何去過我們的生活，真是可惜[8]。」第二項批評則是：「尼采是個販賣高度有趣言論的供應商，但同時這些言論給予人們只是疏離的、破碎的、欠缺詳述的散記摘要[9]

---

[8] 原文是德語：Shade。
[9] 原文是法語：aperçus。

的印象。真是遺憾，他的行文思想從來不曾成功地組織得較為有系統性，他完全沒有能力把一個『系統』寫出來。」我認為這些以負面語氣寫出的批評，是完全被誤導的。這些批評所提議的，就是尼采很迫切地渴望成為黑格爾，但卻很不幸失敗了。然而，其實正好相反，在一定程度上，他的著作的重點，正是很迫切地努力**不要**成為黑格爾（或任何相類似的成立系統的哲學家），他的目的是，在思想上展示每一個陸續呈現的情勢，但從來不會將情勢簡約化成為一個已預設好的範疇，或將之放在某個論述網絡中預先分配好的位置之上。尼采認為，對「系統」的偏愛是人的一個弱點：如果一個人的性格越堅強，對系統的需要也會越低，系統對這人的吸引力也會越低。尼采主張，如果神真的存在，祂大概不會——跟十八世紀的觀點相反——是一個「掌握著世界的普遍系統」的幾何學大師。祂會對每一事物都看得清清楚楚，精確地看清它本身是甚麼，而不是其他事物，祂不會需要使用任何概念去掌握事物，及將事物化約為祂已知的其他甚麼東西。當然，凡人並不是諸神，人不能達到此神聖境界，但其實（產生「系統」）是失敗，而不是人擁有的優點，也不是甚麼值得感到驕傲或高興的事。

因此，在某種程度上，如果尼采的思想中，有人的確找到某些跟「系統」相類似的脈絡組織，毫無意外，這實在會使人反感的及很明顯是錯誤的，或對「權力的意志」無知的詮釋而得的理論。如果「權力的意志」被詮釋為類似屬於生物學範圍的概念，那實在使人反感，同時這理解是虛假的；如果「權力的意志」的意思被擴闊而被詮釋為包含「精神性的力量」，那麼就會變得空洞。假若尼采的思想真的墮

進「系統性」形式的思想，就正是一個象徵顯示，代表了他本人也同樣是「人性，太人性的」（human, all too human）[10]了：尼采是一個凡人，他對此是義無反顧地承認，但並沒有因此而感到驕傲光榮。將「系統性思維」視之為那是「我們就是如此」所基於的不幸的必要條件，還是視之為人所虔誠期待的「最高呈現」，實在有很大分別。尼采會認為，如果有人於上述兩種觀點之間，做出哪一邊之偏好選擇，就會深切地顯出這人是個甚麼人[(c)]。

　　當然，以上所述，皆未足夠清楚釐定尼采的著作的價值是甚麼這課題。他的種種批評可能原本並非如人們所想的那麼決定性、結論性，他的散記摘要（aperçus）也並非人們所想的那麼能激發靈感或有啟蒙效力，又或者，人們可能覺得尼采希望不要成立系統是錯的，又或者，尼采認為不要系統縱使是對的，但他卻不能夠從他自身的「內在系統製造者」徹底解放出來。以上所述皆是開放性的問題，但如果我們的預計，是為了對尼采的著作之了解能有所增進，而繼續提出問題，我們就必須首先正確地看清楚他究竟努力在做甚麼，而不要（就算是暗地裡也不可）將他的意圖的反面想法，加諸到他的思想上。

　　至於「埃及人主義」立場的最後一個面向，就是在哲學中，通常確認散文式論文體裁為主導的、標準及理想地合適之書寫方式，去展示陳述某單一的學說，而這學說之所以構成，乃是成為生命的指南。然而，哲學在過往曾有之實踐，正是完全沒有書寫記錄下來（蘇格拉底就是「甚麼也不寫下

---

[10] 《人性的，太人性的》（*Human, All Too Human*），副標題為「一本獻給自由精神的書」（*A Book for Free Spirits*），尼采的著作，初版於1878年。

來的人」（der nichts schrieb）（KSA, 7. 12; 7.17）；另外，有某些哲學的書寫，所用的是史詩的文體（巴門尼德氏、盧克萊修），又或者古希臘宴會酬唱的詩歌的文體（色諾芬尼、梭倫[11]），有時會採取近似戲劇的對話錄文體（柏拉圖、琉善[12]）、書信體（伊比鳩魯），或近乎幾何學的演繹系統（史賓諾莎[13]）或散記摘要、格言體（羅希福可[14]、弗里德里希・施勒格爾[15]）。以上種種不同的文學體裁，在羅馬時代之後的世界，都要讓路給論文式文體。理想而言，論文式文體能以一個在陳述上有組織、及論據上可做推論發展的形式，來展示報告整個學說。

如果對「埃及人式」的理論營構而言，正確合適的書寫，就是藉論述式的體裁，去將某個學說報告出來，那麼，如某作者目的是要否定「固定的學說（或教條）」這個概念，就會影響了他用來表述其哲學的文體。蒙田發明了「隨筆」（Essay）的文體，為的是要去迅速地捕捉他那隨意的漫無邊際的思想，然而，尼采則採用了更為廣泛、更多種樣式的寫作形式，除了隨筆、簡短雋語、歌曲、（酒神）頌歌、格言之外，他的作品更模仿了重視節奏的宗教散文（《查拉

---

[11] 梭倫（Solon，約公元前638年－公元前559年），生於古希臘城邦雅典，是古代雅典的政治家、立法者、詩人，古希臘七賢之一。

[12] 琉善（Lucian，約120年－180年），生於敘利亞的薩莫薩塔，羅馬帝國時代的以希臘語創作的諷刺作家。

[13] 史賓諾沙（Spinoza,1632-1677），出生於荷蘭阿姆斯特丹猶太人區，西方近代哲學史重要的理性主義者，與笛卡兒和萊布尼茲齊名。

[14] 法蘭索瓦・德・拉羅希福可公爵（François de La Rochefoucauld, 1613-1680），法國作家。

[15] 弗里德里希・施勒格爾（Friedrich Schlegel, 1772-1829），德國詩人、文學評論家、哲學家、語言學家和印度學家。

圖斯特拉如是說》[16]）、寓言、藝術作品的評論（尤其是戲劇與音樂），但有些著作則採用了一般的學術性論文體，例如《道德系譜學》。這正是尼采部份的嘗試，他想改變那個堅持只用唯一的、中性的及固定的（亦即有如從全能的神的）視角去鳥瞰世界的方法。尼采的立場乃是以一個「觀點主義式」的態度去看世界，亦即去將某個（要研究）的對象，盡可能放在多角度不同觀點去理解展示，也以此來定義何謂「客觀性」。

尼采所講有關「真理」的那個「故事」，最後還有一個轉折點：他認為追尋「真理」，並不需要成為全部涵蓋的人（生在世）的目的，再者他並不如以往的哲學家所想那般，很確切地主張真理與幻覺是對立的。「如果我真的看穿那是幻象，然後會怎樣？」這問題的答案似乎清晰易明——所謂幻象，就是我誤以為某虛假之說是真理，當我看穿了，即其實是我看錯了之後，我就明白了，於是放棄了之前錯誤的想法。尼采對上述問題十分關注，但同時也對這樣的答案很不滿意。對於生命的歷程而言，可能有些「幻象」是必需的，要放棄它們可能並不是一個選擇——對很多哲學家來說，這句話是沒有意義的。如果某個「幻象」對生命歷程是必需的，唯一可接受的狀況，是因為這幻象在某個意義之下，正是我們（生而為人）在認知中建構世界的方法中，這幻象是某個本質性部分。如果情況是如此，那究竟在甚麼意義之下，它是「假的」？我們會漸漸達致看穿某些想法是幻

---

[16] 《查拉圖斯特拉如是說》（*Thus Spoke Zarathustra: A Book for All and None*），尼采於1883年至1885年寫作的書。尼采假託古波斯祆教創始人查拉圖斯特拉之口述而作。

象，雖然對我們來說放棄它們是不可能的，例如：太陽還不是日復一日每天都「升起」，就算我們已經知道真相不是這樣。生命的歷程其實就是不斷看穿種種幻象，但又同時不能摒棄它們。一方面幻象不斷產生，另一方面我們也不斷看穿它們，企圖覺醒，企圖去摒棄那些已我們以為已被看穿的幻象，但總是失敗，之後又有新的或「改良了」的幻想相繼誕生，沒完沒了。在如此的過程中，實在沒有任何穩定的立腳點。生存就是全身投入這個過程，持續與之並肩而行。我們很迫切地想擺脫它，很想去停止這巨輪的運轉，但在此塵世的生命是不可能的。我們需要學習的最困難的其中一課，就是（理解到）如此就是我們生而為人的身陷之處境。尼采，恰恰是無論怎樣也要正眼面對著它。我們是無他路可逃的；我們一定要斷然接受這毫使人絕不滿意的境況——我們能夠看穿許許多多的幻象，但卻不能從它們那裡抽身而出——我們只能以不同方法，盡力而為、使自己好過。

第 **9** 章
盧卡奇

　　盧卡奇非常了解「哲學」並不是一個獨立自主的學科。反而，哲學是研究人的世界的框架範圍，在其中，人類的社會，在歷史進程的脈絡中，以不同的方法與自然互動，由此而努力地去維持社會運作及其自身不斷再生產：例如，人們去採摘各種漿果，在河流築壩——因為那樣捕魚比較容易，捕獵野生動物，將小部分樹林或森林焚燒以獲得農地耕種，之後就是建設工廠，等等。在生理生存方面獲得滿足後，便從事社會的再生產：人需要保證其在社會方面的安排組織會大概維持原貌，由此人們能一代又一代，準備充足地去繼承各個必需的社會角色。在這個生產與再生產的過程中，人會發展不同形式的知識及不同的思想概念結構。這知識和概念的（再）生產有很多用處。有些知識會支援生產的增進（泥土科學），有些知識會記錄資源的收支（會計），有些會維持生產者在其位置上的權利（法律），或者訓練新的生產者（教育）。不同的知識形式以各種方法去支援社會的運作，使之得以持續。因著我們於維持經濟及社會關係的持續運作有迫切的需要，故此我們在概念生產上往往是傾向於給予上述的知識合法性，這是毫不意外的。然而，這並不是我們唯一的需要。當社會變得越來越複雜，如果能夠對多樣化不同

的環境敏捷地反應，才會變得較有優勢。不同社會也會發展出某些知識形式，藉以容許某小部分有優勢的人或群體，可稍微跟當下既定情況所展現的真實世界，以及他們傳統承繼而得的互動形式，保持某種認知上的距離。某些知識形式的發展包含了自我反省或甚至批判性之潛在能力。一般而言，哲學所期望的，乃成為社會的認知性及概念化機制之中，較為普遍化及自我反省的部分，但哲學仍是處於非常困厄的掙扎中，其所面對的勁敵，其一，就是過去，那純粹惰性的（思想）重擔；其二，就是那以目標為本對現存認知工具之營構：兩者所為的正是協助將社會再生產的齒輪以最順暢的狀態推進。

再者，所謂「批判性的潛力」，正是一個複雜的現象，分析不是那麼容易。在初步看來，各種形式的批判性思維，似乎並沒有充當社會自我確認為正確的齒輪，使社會能夠繼續有效而順暢地自我再生產，然而，特別是高度發展的社會，卻是充滿能力去動搖破壞各方批評，並甚至以一個逆轉的手法，去將批判聲音轉化成為某種對社會正面肯定的形式。我們所有人都已很熟識了解，先進社會可以將明明已是自己也承認了的醜聞，變成自我吹噓的宣傳，例如美國的水門事件[1]，在事發當時——至少在美國各大報章——都廣泛地宣揚「那個系統是行得通的」，因為其中的罪魁禍首——尼克森總統，因犯了經典的愚蠢錯誤（把有損自身聲譽不光

---

[1] 水門事件（Watergate scandal，又稱水門醜聞），於1970年代發生在美國的一場政治醜聞。1972年民主黨全國委員會位於華盛頓特區的水門綜合大廈發現被人侵入竊聽，然而時任總統理察·尼克森及內閣試圖掩蓋事件真相。直至竊聽陰謀被發現，尼克森仍然阻撓國會調查，最終導致憲政危機。尼克森於1974年宣布辭去總統職務。

彩的某部分對話錄了音），最後被迫辭去總統職位。這件事所得的結論似乎是反面那邊更合理：你看看在這個政權中，人們是如何笨拙無能才會被揭發犯了錯。在1960年代，以致1970年代的早期，先進社會以某些研究方法去展開細緻分析，藉此去與批評「合作」（當時是如此說明），亦即將批評融合成為社會肯定自身及再生產的途徑，同時扭轉了批評（本來是嚴重或激進的社會改變力量）的影響。無論如何，容許或甚至鼓勵小規模的批評或揭露黑幕，是可以讓既存的個別建制（最終）變得更有效運行的手段，反對者也因此而更難於推翻此等建制的合法性。縱使是範圍較廣的批評，也可以被接納，如果該批評的內容正確地展示為「內部批評」——這即是說，如果該批評，其實是根據那被公認社會再生產的指導價值而進行，並對它默然肯定，還有，這批評是被認為為在任何情況下都是不能避免的。朱塞佩・托馬西・迪・蘭佩杜薩[2]的小說作品《豹》（Leopard）描述，於十九世紀時期，西西里島中有一大地主的兒子（名為豹），他說：「如果每一件事物都要保持原狀，（有時）事物都要變易才行。」再者，小說描述了短暫的「加里波底事件」進入尾聲之時刻，正是整個世界天翻地覆之際，但年老的地主卻仍然執掌政權[a]。因此，如果脫離了脈絡背景而去反思某既定的批判思想的形式，判斷它是否某既定的社會組織的再生產模式之真正威脅，還是相反，它其實讓建制合法化的日益精煉工具不可或缺的一部分，實在是十分困難的（如果不是

---

2 朱塞佩・托馬西・迪・蘭佩杜薩（Giuseppe Tomasi di Lampedusa, 1896-1957），西西里作家，唯一的長篇小說名為《豹》（Il Gattopardo），初版於1958年。

不可能的話）。

　　因此之故，哲學，就是人與自然互動的社會進程之其中部分，也是在社會的形式及經濟組織之範圍內爭奪戰的一部分。當然，哲學更是構成人之所以為人的重要元素：我們擁有進行「抽象」的力量，亦即將焦點放在世界某些面向，並同時忽視其他（面向）的能力，並且，原則上，我們是能夠無限制地在許許多多方向進行「抽象化」行動，例如，我可以講一個故事，將十九世紀的歐洲表象成為異國的奇花異卉陸續不斷進口的歷史，而完全忽視那更為寬廣的經濟、社會及歷史脈絡背景。或者我又可以將歐洲十九世紀歷史，表象為純粹的外交的（歷史）故事，或者只是平鋪直敘地描寫為連串的戰爭與戰役。上述將歷史抽象化（集中於單一方面）的陳述方法，沒有一個是本質上是完全不合法的；重點在於，究竟哪一個陳述方法能提供更多的資訊或更為有用（在哪個脈絡而言）？就好比我可視集郵、錢幣收藏、插花藝術作為獨立自足的活動和論述，同樣，在原則上我對待「哲學」，也可以完全不參考它範圍以外的資料，或者只是以最低限度的姿態將哲學與其他「現代科學的結果」關聯起來。然而，這樣做似乎是很不妥當的，因為哲學通常是宣稱──最低限度在期望上──自己是特別著重普遍化、特別著重反省性及自我意識的，並且是特別具自我批判的運作。集郵愛好者可以專注於研究郵票，而不會理會那些有關郵政服務得以存在及運作的基本條件的問題，已可感到滿足。但哲學家與集郵愛好者很不同，最低限度來說，對於那些仍然堅持「了解自我」這古老理想的哲學家，如不顧及這理想的問題是如何出現，或與它相關的各個概念從何而來，實在是不

能滿足的。「我（只）是個集郵愛好者，我對那些出版郵票的政府部門的內部組織完全沒有興趣。」——最低限度來說，這確是一個完全條理清晰的立場。然而，在另一方面，如果我說：「我是個哲學家；有關為甚麼人們問**這個那個**問題、為甚麼人們認為**這等等的**答案是那麼可信，為甚麼**這種那種**辯論的形式突然極度廣泛地被應用，為甚麼概念的**這個那個**形式突然到處都冒起來，或，的確，當我提出自己的理論後，及對之做出改良後，它們會變成怎樣，它們如何被接納，如何影響他人，我全部都沒有興趣。」——這話語的態度不會有可信性，除非哲學的概念及理論是從無處而來，往無處而去。首先，似乎很清楚這不是真的，第二，假使這是真的，那就會立即驅使人去追問：那麼、究竟為甚麼還應該去理會哲學？

無論是以何種方式，哲學總是在某個社會中產生及發展，並且與其產生關聯，有些哲學可能是透過冗長而且間接、拐彎抹角的方式逐步去跟社會關聯上，有一些可能比較論述性或辯論性，另一些較著重於語言詞藻上的，最後還有一些哲學理論可能與社會只幾乎有間接關係，或源於不同類別的歷史意外事件而衍生。「哲學問題」——例如外在世界的存在問題、自由及決定論、「信仰」與「理性」、（公共）義務責任與私下欲望等等之對立面的相容性，這些其實都不是「人類永恆的問題」，儘管有不合時宜的嘗試，去將上述等等問題作如此詮釋，但它們若經分析，終究結果皆會揭示它們是在歷史脈絡中產生的社會問題。縱使有某些相類似的問題是所有社會都會面對的，它們經受了特殊的整理，而被營構成為哲學思辨的對象，可以說變得十分多樣化，如

由此而「抽取」那不會因時間之流而改變的問題核心，卻又完全不提及它在何種特殊形式之中呈現，那是絕不可能的。在歐洲中古時期，人們都一面倒堅信理性與屬靈啟示，或理性與信仰是有關係的，因他們正是生存在如此一個社會，在其中無論有幾多理由，也不可能想像去避開傳播「基於信仰而蒙受『天啟』」的宗教的那個教會。在斯多葛派出現之前，沒有人會關注「自由與決定論的對立」，也絕不會用十九世紀時期（將此對立）所模構的方式去理解此問題[b]，因為古代社會信服著一個完全透明、確定既成的「自由」的主張：一個自由人就正是那跟奴隸相反的人。再者，雖然在決定論涵義之內的概念（例如命運）是存在的，但是，卻沒有一個概念去指涉沒有例外（exceptionless）的「自然定律」（即源自早期現代科學發展出來的『自然定律』概念定義下的意思）。「你的命運就是你是一個奴隸」——這種觀點並不會對有關意志自由的哲學，或拉普拉斯決定論[3]那類哲學問題，做出提議或貢獻。當獨裁國家（或其他類似制度結構）強逼人民去對抗他們可見到的，正是他們最內心的欲望之時，公共義務和私人欲望的衝突就會變成了一面倒執著的迷思。因此，普魯士哲學、還有之後出現的納粹主義哲學、

3　Laplacean determinism：拉普拉斯堅（1749–1827）信決定論，作者在他的《機率論》（*Essai philosophique sur les probabilités*）導論說：我們可以把宇宙現在的狀態視為其過去的果以及未來的因。假若存在一種智力，會知道在某一時刻所有促使自然運動的力，和所有構成自然的所有物體的各個情況，假若這智力是足夠龐大而將所有得到的資料做出分析，則在宇宙裡，從最大的物體到最小的粒子，它們的運動都包含在一條簡單公式裡。對於這智力來說，沒有任何事物會是含糊的，並且未來，就如現狀一樣，展現在其眼前（引自維基百科：拉普拉斯的惡魔[法語：Démon de Laplace]條目，本書譯者修改了部分翻譯措詞）。

學術性的及大眾的哲學，公共義務與私人欲望的衝突這課題皆為其主要部份，這並非是偶然的。當對社會監控的機制變得比較含蓄不明顯，更為潛藏，同時卻是更有效，人民就會開始擔憂的，並不是他們明顯易見的欲望，可能與他們的公共責任相衝突，而是這等表面可見的欲望，是否從自己真正的、「真確的」（authentic）自我產生出來。

如果宣告哲學並不是獨立自主的，亦即要提出（甚麼才是）正當的知識的組織，哲學應該如何實踐才是正確；這種宣稱並不是在其自身去否定哲學會有任何認知性的內容。盧卡奇相信，哲學應該被詮釋為社會其中一部分，而不是一項與現存的社會與經濟環境毫無關係，如同被割裂了肢體般獨立的活動；他更認為困擾了人們很多個世紀的大多數基本哲學問題，如果從其一貫的組織營構來考慮，根本就不會得到答案。這即是說，它們完全不會有純粹理論性的答案的可能。這等哲學問題，通常**看上去**有如語言上或概念上的謎團，理應有理論性或概念性的解答方法，同時，連哲學家們也是如此地處理它們，但其實，它們是基於真實生活中出現的困難而產生的表達，同時，很多真實、實際的問題，不會只有純粹概念性的答案。然而，這不是必然地意味著，哲學正完全缺少了所有種類的認知方面的重要性。盧卡奇寫了一系列文章，被編輯成為其著作《歷史與階級意識》，當時，作者身處在一個有代表性歷史時空——他在歐洲中部，而第一次世界大戰正臨到慘烈如世界末日一樣的結尾階段——於此刻，哲學顯然有著一個特別明確而鮮明的機會，去展現它與這歷史時空認知上的相關性。這本著作，乃是他早期的著作，出版日期正在於1918年，他剛參加了當時新成立的匈牙

利共產黨。

很明顯，經驗知識有時的確可給予我們解決實際問題的力量，例如，當船正在下沉，那些還留在甲板上的人，只想知道存放救生衣的櫃子在那裡；這知識不會改變船往下沉的事實，但它會幫助乘客繼續浮在水面。當然，那稱得上叫做「問題」的，是很多樣化的：這要看誰提出問題，和在哪個脈絡出現。對於船長來說，他的問題可能是如何延遲船繼續下沉，甚至幾分鐘也好，這樣可容許乘客及船員逃走；對於在甲板上的乘客來說，他們的問題可能是，下一艘救生艇在哪裡（或者，如果已沒有救生艇，至少要知道救生衣放在哪裡）；對於研究沉船原因的海洋工程師來說，他的問題就可能是如何避免類似災難在將來再次發生。更廣泛而言，如以上述沉船作為例子，真正問題的兩個潛在解決方法可以是：首先，支援人們生產救生衣的科學知識，其次是可讓輪船主管一方（無論如何，在鐵達尼號沉沒之後）提供（理想而言，分派）每一位乘客一件救生衣這類組織管理知識。然而，對於快要溺斃的人來說，最急切需要的是一件真正的救生衣，而不是一張救生衣的照片，也不是「救生衣」的定義，更不是有關救生衣的理論。在一個社會中，亦即在真實世界中，人們經常要面對必要負責，但又不能完成的公共義務，除非他們壓制了與自身生命力相關的一己欲望，才可勉強負責。對於這個「基本的倫理問題」，任何「理論性」的解決方法，頂多只是有如一幅優美的救生衣的設計圖：無論有多少概念上的再詮釋，或理論上**天花亂墜**的吹噓，都不會讓奴隸制或強迫婚姻的習俗消失，如果這等制度首先根本已真實存在著，或許它同時提供了我們（身為人）都覺得妥當

的，能忍受它存在的途經。舉例來說，在十九世紀奴隸制的「問題」，在其存在的地理空間，並不是一個關於如何將自由與必然性，或公共義務與私人欲望協調和解的理論性問題——這是一個不同的、另外的問題，一個具體的以及政治性的問題。這個問題是會消失的（就正如在中古時期所出現的「信仰」與「理性」能否和解這問題已經消失），如果**社會**世界整體上已經轉變了，並且已變得完全不同。這不意味著哲學性思辨是跟人們所關注的事物完全無關，只不過兩者的關聯之形式，並不必然是，對於那些於某特定時間出現，並定義為獨特的「哲學謎團」，提供方法做出解答。

假設我生活在一個社會——舉例來說，在早期現代社會，它對我的要求，就是要規律地及有系統地去做某些事，而這等要做的事跟我個人基本的欲望是極端不相容的。哲學家會在以下四個方案中，選擇其中一個，或湊合幾個方案去處理上述的矛盾：

一、定義：這是一個從某些概念性問題而衍生浮現的「謎團」，對於這些問題，一個訓練有素的哲學家則會為你解答：可能人們誤解了語言運用的方法，又或對那些核心概念，提供了錯誤的「定義」，又或者人們不能理解贊同哲學家所能提供的，有關公共義務與私人欲望可以兼容的論據。奴隸「真正」而言，其實是「自由」的，如果我們能正確地理解甚麼是「自由」（例如：做為藏在內心對世界的態度）。又或者，縱使自由的人，根本都是「奴隸」，如果我們正確地去理解「自由」與「奴隸

制」之對立：（自由的）人也是自己的激情的奴隸、或為了薪金而賣命的「打工奴隸」，或者是沉迷於其身處時代的幻象的奴隸。

二、形上學：或者，人在此生中，或會有公共義務與私人欲望的衝突；但是，卻有另一個世界存在，一個形而上的領域，我們會在死後認識它，於「死後的生命」中，我們會進入這領域，在那裡神會以相稱的，或甚至遠遠超出比例的獎勵，大大犒賞那些在人世間履行了公共義務的人

三、沒有實行可能的經驗性質的提議：例如，盧卡奇在其悠長的生命中，花了很多時間去研讀[c]的席勒[4]（詩人、劇作家及哲學家）的作品。席勒提過以下的建議：他並不深究極端狀況（例如奴隸制）所引起的衝突，他只會考慮在生命中出現的，較溫和的，公共義務與私人欲望不一定相容，並因而引起不滿足的狀況。席勒提出了「美感教育」（aesthetic education）來消解這溫和的衝突：我可以透過學習「藝術」以及積累美感經驗，從而去培育那些會推動我去達成承擔義務的欲望，並且認同它們。盧卡奇認為，這個論點無疑顯示了席勒對問題嚴肅關注及投入，但卻忽視了一個事實，那就是在一個社會中，公共義務與私人欲望之間的分裂，確實是基本的、並且已根深柢固，因而社會永遠都不能依賴大規模地制定合適的美感教育體制，來解決問題。如

---

4 席勒（Schiller, 1759-1805），十八世紀著名詩人、哲學家、歷史學家和劇作家，德國啟蒙文學的代表人物之一。

果這樣做，就只會損害削弱社會自身的運作及發展的條件。而且，如果如此一個「美感的」決議是真的可行的話，那就會顯示，那個所謂問題，根本一開始就不大是一個真正的問題。若對於真實的社會問題，如果認為提出純粹美感的「決議」便可成功解決，那其實只能靠罔顧或扭曲真實，或透過捏造假象，並做大規模宣傳，才能得以成就。

四、誠實坦白地承認：對於公共義務與私人欲望的距離及衝突，我們只需要學習，去容忍與之共存，因為這是人的存在必然的與本質的條件的一部分，說實在也沒有甚麼可以做，可以去改變這境況。

很清楚，盧卡奇對第四個解決方案特別地尊重，但他認為，那些贊成這個方案的人，犯了一個很深層的錯誤，因為他們將那在我們身處**這個**社會經濟組織的形式內，特定的絕對不可能的東西，與人類**任何**形式的生活方式的普遍的不可能的東西完全混淆了。

盧卡奇認為，「我們的」社會，即是說，我們所知的，從十八世紀末開始，一直延續到今時今日（中間經過了許多不同形式的變化）的資本主義社會，乃是一個產生不能解答的哲學謎團的特別強力機器，這是因為它（資本主義社會）基本上是不透明的，亦即正是個晦暗的滋生場地或培育空間，專門讓混濁不清的構思／概念與模糊不清的形式生長；再者資本主義制度是基於無數不能和解的衝突而產生出來的。盧卡奇認為，這情況出現的理由是根深柢固的：我們正活在其中的社會，其基礎乃是將生產的經濟資源的擁有權，

分配予私人／私營個體（包括了自然人及機構）——兩者在法律框架內所訂立的條件之下，被強制合作，這法律框架監控著它們，同時這對經濟系統的運作，也是絕對必要的（如此的經濟系統的重要性，往往被那些得到最大益處者所低估或詆毀）。無論如何，縱使是最嚴格的法律系統所頒布的協作規條，仍會留下選擇空間，給予私有資本擁有者，讓他們可自行選擇私有經濟資源的準確運用方式。這組織形式製造了對立及衝突，因為每一個私有資本的擁有者，都是被鼓勵去與其他人競爭，而他們每一個都會有效地運用自身的經濟資源而使利潤增長，從而將利潤擴充至最大極限，縱使這樣做，個別資源擁有者，會使到其他擁有者有所損失。這個社會的不透明情況最明顯的表達，就是所謂「隱形之手」[5]理論。這個理論是由亞當・斯密[6]提出並發展，其宗旨乃是論述這一種經濟形式的有何種特別的優勢。斯密宣稱，這個形式的社會的成立的規劃，正是可促使全民共同福祉能夠產生，原因是每一個個體行動者，皆是盡其所能積極地追求本身私人的好處利益。這就正好比有一「隱形之手」，將每一個個體的各種行動管理運籌，並且將其結果帶導致一個或許沒有任何個體想要達到的目的[(d)]。

　　盧卡奇，就像馬克思，對這理論做兩方面反對。其一，他認為這「隱形之手」並不如斯密所吹噓般，總是有效地運

---

[5] 隱形之手（invisible hand）理論出現於經濟學之父亞當・斯密所著的《國富論》第四篇第二章以及《道德情操論》第四篇第一章中的一個詞句。雖然在其《國富論》與《道德情操論》中該詞僅合出現過一次，卻被後人視為亞當・斯密所揭示的古典經濟學思想的核心所在，因而十分有名，廣為引用。

[6] 亞當・斯密（Adam Smith, 1723-1790），蘇格蘭哲學家和經濟學家，他所著的《國富論》成為了第一本試圖闡述歐洲產業和商業發展歷史的著作。

作。斯密不明言地假設，所謂社會的「全民共同福祉」的涵義，不會多於「物質繁榮」，但是，縱使在此最低層次的意義之下，其普遍結果也不等如容許私人個體，隨自己意願去運用經濟資源。反之，上述所論及的，乃是在以前，在某些條件限制下所發生的情況。這種制度，對某些國家——尤其是英國——而言，在十八世紀晚期至早期十九世紀，運作確是順暢無往而不利，但到了二十世紀早期，對敵性的競爭出現，很明顯不再生產那所謂全民共福祉了；相反，這競爭導致戰爭，帝國主義侵略及經濟衰退蕭條。有人或許會認為，正如斯密所言，所謂「全民共同福祉」的意思就是「**國家**的財富」，而所謂國家（Nation），乃是一個形式，在其中最富有國民的確可以變成異乎尋常地富有，但其他人部分國民的生活的條件，卻沒有太大改善。盧卡奇對斯密的理論第二個反對方向，就是不管如何物質上繁榮昌盛，社會如果是依靠「隱形之手」去實踐最高可能程度的人類社會的福祉，就一定注定是失敗的，因為這等社會只是將「完全自由的缺乏」制度化（合法化）。

對盧卡奇而言，「自由」是本質地只為程度上（多少）的衡量，不是澈底二元分割的概念；這即是說，「自由」與「不自由」的絕對對立是不存在的，反而，我們必須考慮的，乃是某主動行動者在某種情況之中，所能展示的「自由」的程度有多少。盧卡奇的主張乃是，在一個行動中所可供運用的（及可表達展現的）力量越大，其展示的自由度就越高。人的行動如果是有高度的自由，必有兩個特質：第一，自由，就是人的各種力量達至高度發展的表達。有自由，亦即等如有力量去做**某事**，如果是「更加自由」的話，

就等如有更大的力量去做**多樣不同的事**。「自由」在本質上是個負面的概念：它的意思就是，正在進行的某個行動的可能過程中，沒有任何障礙。然而，如此對「自由」的詮釋，只是正確觀點的側影，因為首先要追問的是：「甚麼是行動的可能進程？」然後是：「甚麼事物可能會被視作『障礙』？」這完全是要看人的力量已發展到哪個地步。如果要考慮「自由」（的程度），在任何情況中，「力量」是都是最首要的條件，（可能的）障礙存在與否還是其次。第二，如果一個行動之所以可被稱為「自由」，那是有賴於行動者能否預計行動的結果，及行動者之預想的結果是否確可憑所採取的行動實現出來，再者，行動者能夠憑這結果「肯定自身」。「肯定自身」（affirmation of self）可說幾乎是一個專門概念，但它基本的意思是：我承認我所實行的行動，乃是「屬於我自己的」行動（或我們承認某行動是屬於「我們的」），同時我（們）是自覺、出於己意地去創造某些明顯有價值的事物，並且也值得我（們）的認同及稱許。如果我們依據上述兩個方向去詮釋「自由」，那麼，似乎推論而得的直接結果，就是在普遍而言，集體行動正是自由的最基本討論核心，首先是因為在集體行動中，較大量的人群力量（比起個人行動）可被動員及表達出來──這似乎是無可異議的──但同時，因為縱使是個人方面的自我肯定，也可以在合理地組織的集體行動的脈絡中，達到更高層次的實現。更不必說，在任何一個類似我們身處的社會中，如果不是高程度地依靠社會的各種制度及提供各種服務，任何個人行動都是基本上不可行的，例如，我如要駕車去甚麼地方，我要依靠警察部門去指揮交通，我如要收／發任何郵件，我要依

靠郵局部門，我病了就要依靠國民保健署提供醫療服務。再者，如果不是依靠社會各種設施制度，我不可能使用社會所生產的各種事物（娛樂表演、書籍、電力）。

我們要清楚知道，如講及有關「自由的」集體行動，正要求成立那集體「主體」的概念，亦即那實踐行動的主體。盧卡奇認為，如此的一個主體，應該有最低限度的能力，擁有最低限度單一的意識，與不同形式的欲望及意圖聯合起來，成立一個單一的藍圖或計畫，在其中組成集體主體的所有人，都應該可以將此（集體主體）看作屬於他們的主體，並且向其表示認同（最低限度在某種程度上）。由此，一個足球隊，可以說是由一群人分享著同一欲望：藉著高度技巧能力，去參與某個比賽，甚至可贏得一場賽事或歐洲盃。他們也同時理解，所有組員皆會分享同一個行動的計畫，那就是跟另一球隊比賽，為了勝利，故此集體將此計畫實行出來。在這個情況下，這球隊會認為贏取球賽就等如他們集體力量的表達，也即是說，一個非常自由的行動的示範。

盧卡奇毫無困難地說明，如果一個社會是依賴著「隱形之手」，則完全不可能展示高程度的自由——如果「自由」的意思，即如盧卡奇所理解，因為「隱形之手」之所以存在，前設正是不同的個人，不會有相同的欲望，或相同的計畫。如果你說，經濟發展競賽者分享著「相同」的欲望，那只能當作是個笑話：競賽者只想用詭計去戰勝及擊敗其他人，從他人身上得到好處。如果你是個銷售商，你不會與我（假設我是個購買者）有著共同一個欲望——我的欲望就是占你上風取得好處，倒過來你也一樣。再者，根據假設，「全民共同的福祉」之達成，乃是大眾互動之結果，如果結

果確實如此，那「全民共同的福祉」就不是我或你個人的意圖。因此，沒有集體或眾人共同的「主體」，是可能承認那成就全民共同的福祉的行動為「專屬於」這個集體或共同主體的行動（就算有某些行動的確實現了這種「福祉」）。

　　盧卡奇認為，在一個如此的社會，如要發展壯大眾人的力量，單靠我們的能力是明顯有限制的，因為那些真正屬於群眾合作而實現的行動，是有很多限制的，除此，與這等行動相對應的認知也是有其限制的，這是基於對知識的平均分享，在經濟上必然的阻礙。如果競爭對手對我的情況、偏好及意圖並不知道太多，那一般而言，對我來說是比較有利的。盧卡奇在斯密的「隱形之手」的論述之上，加上了馬克思的階級分析。在（經濟）的流轉的範圍內，不同的經濟元素正在互相競爭（這種競爭宣稱為可成就全民共同福祉的途徑），但經濟流轉卻先假設生產，而有關生產的基本事實，就是它依賴著兩個互相對敵的階級的相互關係。其中一個階級是由資本的擁有者所組成（亦即這階級有能力去取得生產資料的主導控制權的）。而另一個階級，則是由孤立的個體人聚眾而成，他們由自己本屬的社會脈絡被割切出來：本來擁有的農地被他人侵占了（或相類似現象），因此被迫出賣他們的勞動力——這是他們唯一賴以保命生存的資源。他們就是無產階級。

　　如依照斯密的分析，在一個基於經濟競爭而成立的社會，在其中基本的生產方式，就是在資本家擁有的工廠中工作，然而其生產運作都是由無產者的勞動力去維持，盧卡奇宣稱，如此的一個社會，所有人與人之間的關係，還有意識的各種形式，都會變得「物化」。盧卡奇為了解釋何謂「物

化」（reification），他參照了資本論第一卷[e]馬克思對「商品生產的拜物主義」（the fetishism of commodity production）的分析討論。於此脈絡，現代的讀者都會記得馬克思所論述的「疏離」（alienation）的概念——這概念在他所著的《1844年經濟學哲學手稿》[f]中最全面地討論到，然而盧卡奇不可能對這方面有知識，因為當他寫《歷史與階級意識》[7]時，1844手稿還未出版[8]。再者，正如「物化」這個詞語所指，乃是一個過程，有些事物本來並不是一個客體（例如人的主體或某社會關係），卻被當作客體看待，或被轉化成為一個客體，或被概念化成為一個「客體」[9]。對於盧卡奇，主體與客體的分別／差異，一直都是最重要的關注。盧卡奇的政治哲學最終極的追求，就是主體和客體的關聯能成為合理，正確地統一，但是，他大部分的研究工作，都是投入去分析未能達成這「終極統一」的多得不能被量度、無數可能的，或失敗、或被防礙、或被破壞的因由，尤其是統一的方法因為太過粗疏簡陋或未成熟而招致失敗的原因。

一個主體乃是行動及觀念看法的中心，主體從一個特定的角度或觀點去看世界，並且會依計畫行事；這主體尤其是有能力去轉化自己（透過澈底地去改變自身主張信念、欲望、計畫），而成為其他存在形態。我是個主體，現在我沒有能力去以波蘭語閱讀，但我可用力量投入一個行動過程而將自己改變。這意圖可能要求我下定決心，擬定計畫，積累

---

[7] 盧卡奇的著作《歷史與階級意識》出版於1920年。

[8] 《1844年經濟學哲學手稿》是馬克思在1844年4月至8月之間撰寫的一系列重要筆記。馬克思生前並未發表。1927年，由俄國人梁贊諾夫（David Borisovich Goldendakh）將《手稿》第三部分整理後發表，在1932年首次出版。

[9] 譯者註：最佳例子為大自然。

我現在還不懂得的知識種類，但在原則上我如果有此期望，我就可以做到。實行一個學習波蘭語的計畫，實際上開啟了我對世界一個視野：我周圍去找懂波蘭語的人，去和他對話練習，閱讀波蘭語報紙，等等。相反，一個物件（object）是一個純粹被處置的東西，它不由自主被外力隨便擺布，它不能自行有創立新計劃，也沒有自身的觀點。之前提及的「物化」的三個意思——被當作一個物件去看待、被轉化為一個物件、被概念化成為一個物件——在以下列狀況是互相關聯的：（1）如果一個人（本為主體）被當作一個物件去對待之；（2）如果被看作為物件的人，漸開始有如一個純粹的物件般行動；（3）如果我將一個本來是個主體的人當作一個物件般將之概念化，我就可能把這人當作一個物件；（4）如果我被他人當作一個物件，也因此而漸漸在某種程度上真的變成一個物件；（5）如果我在思想中把自己「物化」。盧卡奇認為，對兩個主體的關係或有關社會關係，都可以進行相類似的分析。這關係也可以被看待為或概念化為有如死物之間的簡單的關係。

　　試幻想以下的情況：因為我曾經是非常全面地、成功地及長久地被當作一個機械人，連我自己也開始實際上有如一個純粹的物件般行動。然而，縱使情況是如此，我仍是一個人（雖然已被「物化」），而非赤裸裸地是大機器裡面的一粒小螺絲（儘管對其他人及對我自己來說，將自己當作單純一件物件是比較容易好過）。這情形就好像，布萊希特[10]在1930年代所寫：

---

[10] 布萊希特（Brecht, 1898-1956），德國戲劇家、詩人。

General, der Mensch ist brauchbar.

Er kann fliegen und er kann töten.

Er hat nur einen Fehler:

Er kann denken.[g]

將軍，這裡我們有一隻實用的小器具，

叫做「人」：他可以駕駛飛機飛行；

他可以殺人。他只有一個弱點：

他能夠思想。

（當然，很多高科技集團機構，現時正如火如荼地發展無人飛行器、機械人，或其他自動化武器系統，這些武器不會有布萊希特提及那個弱點。）

在表面的意思上，「物化」和「拜物教主義」好像是對立的兩個概念。「物化」這概念的意思是，一個人（或者人類社會關係）被當作一物件（或者物件之間的關係）；而在「拜物教主義」的意思則是，一個物件本來只是一個死物——例如，一塊石頭、一根木頭、一束羽毛、一塊骨頭，或一塊金屬——卻被視作有活生生的存在物的力量。這即是將能主動行動者的力量，賦予那不能主動地行動的東西之上：例如，一塊神聖的石頭可以讓天空下雨或者停雨，可以引發疫症，又或可治癒疾病，甚至可以把人們轟擊致死；或者它會發怒、充滿復仇之心、幫助凡人、會感到疲累、漠然不顧人間生死，又或有好生之德。當你進入祂的神聖領域，你要拍拍掌，把祂喚醒（聽你的禱告）。

正如人類學家指出，雖然被膜拜之物不能真正降雨，人們進行跟（神聖之物）溝通和解之儀式，其實可以有各種正面的社會性的效應，例如在危機四伏時期，可強化人們團結的意識。對我們來說，最有趣的就是那些被膜拜之物好像真確有靈驗的個案：例如某個人違犯禁忌去觸摸「聖物」，到最後**真的**會死於非命。在很多情況下，這（其實）純粹是意外。然而，縱使是我們這種自稱為已破除了迷信並且已被啟蒙的人，站在理論立場對這種靈驗現象觀察，都時有聽聞，而且，有某些情況，似乎所呈現的不像只是純粹意外。我們可以說，活躍的社會（關係）的力量的確存在，但卻是錯誤地配置在一塊石頭或一條木之上。在一個依賴強烈的共同信仰團結而成立的小型社會，尤其那是透過信仰聖物的靈效的「宗教」，在如此的社會空間中，所有信眾都在所有其他人面前，皆是非常明確「顯眼」地互相可見的，為了生存下去，互相幫助是必要格守的規條，如果明顯地反對共同信仰，必會被嚴厲懲罰，但這反對行為不會自動成為社會成功或甚至個人生存的配方。一個超自然並有特異功能的人，可能會逃得過因為違反禁忌的懲罰，但一個普通凡人就不可能了。據說在十九世紀，如果人們一旦**認為**你已經破產，或者有信貸壞帳的風險，那麼你**就是**一個活生生的「破產者」的體現：如果人們認為你在信貸上沒有信用，就絕不會借錢給你，縱使只不過是偶爾發生及實在不能避免的生意上的周轉不靈，也不會通融。這情況變得每況愈下的可能性會不斷擴大，這對你可能是災難性的，就算其實情況不應該是這麼糟糕（如果人們好像通常一般，對有困難的鄰居，都願意借錢助其解一時之困，借小量金錢給你，就可渡過難關）。但

是，「你大概會拖欠債務或逃債」的印象不斷擴散——由於這個想法而引致的相應行動（拒絕施加援助）——就會使那已預計的災難性後果出現。同樣，如果你身處於一個人數少而高度融合一體化的社會，你的朋友或鄰居覺得你是糟透的，並且會有很大機會陷入不幸的結局，那麼你陷進不幸收場的機會就會非常明顯地增加。就算人們不能在事前具體說明，究竟是因為甚麼運作會釀成這個災難。

於此，我們看到事實上有兩個稍微不同的理念正連結在一起：

一、那神聖的石頭被視為有天賦的「神力」（如果這神力是存在的，而不是偶發的或純粹幻覺）。——這「力量」其實是社會作為整體的力量。

二、對這種「神力」之存在的信仰，在某種程度而言是會不斷自行強化的：這其實是我們齊心釀成信仰的成立——我們堅信這被膜拜物確有如此神力，並且我們在行動上表現到，它真有此力量。

然而，雖然在表面上看，「物化」是「拜物主義」的對立面，但是，在盧卡奇對資本主義社會的討論中，卻認為理解「物化」與「拜物主義」為同一過程中，相輔相成的兩個面向，是比較合理的。「疏離」這概念的意思——並不如「拜物教」般，將人的力量賦予一個非人的死物——就是本來屬於我（或更重要地說：屬於「我們」）的力量，卻跟我們分離割斷，並且更經驗到（這力量）變成了「外來的力量」（alien powers），倒過頭來從外邊向我們施壓。生產大

眾使用的商品的工人們，只是被當作單純物件般對待，他們被「物化」，而他們生產的東西，即商品，卻被變成被膜拜之物，因為我們給它們獻上，只有主體才會擁有的行動上獨立力量。政治家們需要「服從」於市場所頒布的命令，好像「市場」就是獨立統治者或不受任何約束的君主，而不是如斯密所指，市場只單純是人們的行動的結果，除了我們所給予，它並沒有任何其他力量。很清楚，只要生產還是依循著「隱形之手」所頒布的法例，市場就會有某種自主性，因為它的流動運作，是獨立離開任何個人或群體的有意識的控制，縱使這是我們（透過我們所做的種種行動）主動給予那作為整體的系統獨立權力。盧卡奇認為，如果我們（現時——亦即1850年以後）真心期望，我們確能夠奪回（生產）過程的控制權，並且將它的虛假客觀性撤銷。本章節後段將會介紹盧卡奇如何證明這是可能的。如我們採用馬克思的術語，工人自身的勞動力被「疏離」，被凝固及埋入商品之中，而當商品向工人「回望」，就好比一個外來的（疏離的）主體，以權力壓制在工人頭上。

有一點很重要，那就是「疏離」與「物化」（在馬克思及盧卡奇之理解下），兩者皆非本質上、或首先是心理學的，或單純理論的範疇。首先，工人被「疏離」，並不是因為他們在思想上以某種方法去定義自己，而是，他們的工作，即生產的過程，以及所生產的物品，這三者理應被他們控制——因為這整體「生產工作」的過程，就是工人自身的生命活動——然而，這卻**不是**受到工人們控制，而是在工廠老闆的手中。同樣地，工人被「物化」，因為在工作過程中，工人被當作物件看待，亦即這是一個毀滅其主動性及主

體性的實際具體過程。當然,如果工人們真的被疏離及物化,那麼,正如我們所講,他們應該會很「自然」的意識到這個負面情況,但究竟他們有沒有意識到,以及後續會發生甚麼,就要留待更進一步探討。

盧卡奇相信,社會中基本的經濟與社會關係被物化,會必然導致意識形式及思想形式的物化程度不斷增強。於此,人的行動會被理解為(由於外在必然條件的壓力而衍生的)在孤立的個人單位之間發生的互動,但是孤立的個人對自己的生命/生活及行動的看法,正是(被社會)冷落忽視的。於此,人們感到了很大的壓力,只能將理論的焦點集中在個別的實際事件上,而不是去找尋較龐大的意義網絡,去給予人們的種種行動的方向,及提供人們對世界的不同看法。

如此的一個社會,會衍生思想上之悖論,對立矛盾及二律背反,而且這一切都不能被解決。這等等思想的困囿,可說是既有客觀也有主觀的面向。試舉例說:關於如何解決「公共義務」及私人欲望的敵對的謎團——首先,「社會義務」(亦即,社會為了自身再生產,而對在其中生活的民眾的必定要求)有一個很清楚的內容:工人一定要接受「貧窮工資」(starvation wages),以及在工作場所的「集體脅迫」(massive coercion),由此社會所依賴而可繼續存在的剩餘價值能夠有效地從工人的勞動力中榨取出來。工人如何被預期為其實是心悅誠服地欲求受剝削,而不是對剝削「硬著頭皮勉強去承受及學習去容忍」?這就是意識形態要扮演的角色了——意識形態其實使到工人去欲求他們必定要欲求的——亦即在疏離的條件下工作——如果(社會)系統作為一整體要繼續存在及再次自身生產。第二,在社會中,所有的

第9章 盧卡奇

313

意識的形式都已被「物化」，其意思是，縱使理論家也越來越不能明白，他們在其中生活的那個社會世界，因為縱使那些已被「物化」的人們，在全球市場的「棋盤」上被擺布移動著，汲汲營營地生活，事實上也不是純粹是一隻棋子或代幣，反而可能隨時嚇人一跳。

在這情況下，盧卡奇認為，哲學，鑑於其一向的運作，可以說是一種非獨立自主的探求，基於某些特殊的理由，它是無能力去處理，那些在資本主義中自然而衍生的概念上的衝突及矛盾。哲學可能做到的，充其量只是使人察覺到公共義務與私人欲望兩者之間隙與距離，並奉勸人們以斯多葛式的容忍，去面對人生中所出現的種種不能承受的苦難。我們應該清楚，這樣說不是一種化約主義，也不是證明哲學無關宏旨，雖然這的確要求我們改變焦點及思想進路。事實上，某些「哲學問題」的根源乃在於社會問題，但這並非表示，簡單透過**未經啟蒙的**社會行動，便可以毀滅社會問題對我們的控制。正好相反，要廢除讓很多不能解答的哲學謎團產生的社會條件，所要求的改革的行動，乃衍生自對人類社會及其歷史有正確認識及理解。對現代社會來說，這裡的意思就是，去理解拜物教主義及物化過程。盧卡奇相信，這種理解一定要有重要而顯著的哲學性元素在其中；（在盧卡奇的定義下的）「馬克思主義」，正就是這重要而顯著的哲學性元素。盧卡奇清楚說明，「馬克思主義」並不意指任何一套特殊的學說，而是詮釋社會普遍的進路：亦即認為社會並不是一堆個別事實的大雜燴，而是由正在行動及互動的眾人的主體所組成的一個「整體」[(h)]。「整體性」是一個哲學概念，無產階級之所以能起而行動，而終於實現他們自身

的權益，**唯有如果**他們將身處的社會視為一個「整體」，由此，哲學在現代世界中，則能扮演一個正面的、認知性的、具體的角色。

如果我們的社會要正確合理地做出改變，則必須要滿足一系列的條件才可能。首先第一個條件是，人的力量，尤其是我們的社會中的生產力一定要充分地發展，由此而提供合適程度的經濟的剩餘價值。第二，一個主動行動者必然要存在，而原則上他是有能力去實現這必然的改變。盧卡奇強調，馬克思已指出，如此的主動行動者，在一個先進的資本主義的社會中，正是以無產階級的形式存在。這一個（無產階級）群組，原則上是有能力去取締私人擁有生產資源的制度，並且更能開展一個沒有階級的經濟生產模式。然而，盧卡奇依從了列寧的理論，去修正馬克思那相對地不大嚴謹的主張：（馬克思認為）當經濟危機變得越來越嚴峻之時，工人們就會明顯地自動意識到，應該要做些甚麼。相反，盧卡奇認為，最重要就是聚焦地去反思，無產階級內的成員，必要採取何種特殊形式的意識，由此而使行動有實際效應。這並不會在客觀的情況中，簡單直接地自行浮現。客觀的經濟危機提供了一個機會，但究竟那機會有沒有被採取利用，同時，如果是有的話，也要考慮，它是如何正確地被掌握，這不是預料中的必然結局。要向著一個沒有階級的社會的轉化（在其中，不停地困擾著資本主義社會，那概念性及理論性的二律背反／矛盾將會消失），並且能將之實現，唯有如果無產階級獲得了正確的階級意識及依照這種意識去行動。正確的階級意識必然是在哲學思想上也是正確的——即是說，這就是前述之馬克思主義思想（非常有意識地以社會

作為「整體性」之中心思想）。這裡的意思就是，任何情況之中當下出現的細節，都必須要放在一個全面的框架內去理解，而這框架將任何情況中的細節連接到（作為整體的）社會系統。同時，這社會系統也必然要從「系統作為一整體」的研究，從而得出對無產階級真正的關注為何，同時這等等關注如何能夠成功實現的正確分析。列寧認為，正確的階級意識不會在工人階級的成員中間，在事件發生之正常過程（即日常情況）內出現；如此頂多只能形成一種類似「工會意識」的次等政治形式。因此，如果要成功轉型達到一個無階級的社會，就必須成立一個黨派，黨員為專業的、擁有正確適當的哲學思想的政治家，有能力將正確的階級意識傳達給無產階級的成員，這個黨派正是帶領群眾進行改革社會的政治行動的先鋒隊。盧卡奇認為，第一次世界大戰結束之後，正是合適時間，哲學透過轉化成為工人階級的自我意識，去扮演一個正面的歷史角色。而這工人階級，乃是由一個先鋒政黨所組織而成。

在資本主義控制下，是不可能有單一的社會性主體的，因為社會正是分裂為兩個不同的階級，並且，各個階級各有著完全各不相容的切身權益。沒有任何大規模的社會規劃，是可以同時滿足這兩個階級的利益。一個只是完全由資本家組成的社會是不可能的——如果是這樣，又會有誰會實際地到工廠工作呢？或許，有一段時期，例如在十八世紀，資本家扮演一個很重要或甚至掌握經濟命脈的角色，但在現今時期，他們只是純粹的寄生蟲。但是，如果一個只完全由工人組成的社會，卻實際上是可能存在的，這樣的一個社會，無論它要面對甚麼困難，都不用面對那固有的階級的矛盾

性。在一個無階級的社會中，在原則上，可能存在著社會性的「大我」（We），這「大我」是有能力去組織社會性及經濟性的生活成為一整體，並且會認定這全部都是其本身的集體行動的結果，因此，這社會經濟生活是被視為「自由」的。盧卡奇說明，如此的一個社會，在其中無產階級可確認自身等同於「歷史的主體及客體」。這即是說，主體乃是一個集體的主體，而無產階級理解到，在對社會世界（作為客體）的認識過程中，會同時逐漸了解甚麼是一個主體：亦即了解無產階級自身（以及其自身的種種行動所意向的後果）。這樣的一個社會特質，就是社會的完完全全的透明性。

左翼評論對於盧卡奇的著作《歷史與階級意識》的主要批評乃是：盧卡奇有時好像對找尋哲學內部的悖論之解決方法的關注，遠高於去審視現代社會人們基本的生存及福祉的問題，然而，在某角度而言，這著作的宗旨正在於宣告，上述兩個關注點（哲學理論內部悖論／現代社會民生福祉）絕不是二選一的。書寫《歷史與階級意識》的背景意圖，乃是關乎一系列的對道德倫理的關注：盧卡奇相信，例如，（共產）黨的力量正是一種**道德的**力量（集中在〈羅莎·盧森堡[11]作為一個馬克思主義者〉這一章節所展述之討論）。這即是說，黨的成員正是由知道「一個」（a）（或甚至「正是那個」[the]）歷史與政治的基本真理的一群人，而他們也做出了正確的選擇——究竟「正確的選擇」是甚麼意思呢？盧卡奇能給予這概念的解釋嗎？

---

[11] 羅莎·盧森堡（Rosa Luxemburg, 1871-1919），德國馬克思主義政治家、社會主義哲學家和革命家，德國共產黨創始人之一。

當盧卡奇在寫作《歷史與階級意識》期間，他寫了另一篇文章：〈手段與倫理〉（Takti und Ethik）[i]，在這文章中，他說明現代世界正處於內戰被壓制的局勢中，在此其中，是沒有選擇「中立」的立場之餘地的。這即是說，要麼站在**贊成**無產階段那邊，要麼站在**反對**的另一邊，嘗試保持中立，其實即是選擇了反對無產階級。每一個黨派的成員都要對他們所做的選擇負責，亦即要承擔做了某選擇後而出現的結果。沒有任何選擇是單純／純潔的。這一種分別，就是用來替代那種非常接近自由主義者所主張的分別：即是分別開全情投入運動之當下行動者，以及（不論以甚麼方法）支持投入行動者的那些人。這種「分別」的意思，並非指那些實際正在放炸彈的人、或正在籌畫攻擊的人，以及那些以其他種種方法去支持這行動計畫（或甚至事後的支持）的人兩方之間，不會有相關的道德上的分別，反而，這裡所指的分別，不需要被視作道德倫理思想的開始點，更清楚是，這不會是終極確定的結束點。如果世界正處於活躍的內戰的局勢之中，每一個人都要「選邊站」，沒有任何人可預期，靠攏哪一方是可以沒有罪咎感的。這是個道德倫理的要求：每一個人要了解清楚情勢，選擇哪一方時，都不要嘗試掩飾自己的（和誰）同謀，也不要匿藏這立場（連自己也不要蒙蔽）。當然，納粹主義者的立場，並不是認定每一個歐洲社會曾經是（或可能最低限度不明言地）陷入了內戰情況中，即在其中工人和資本家相互為敵互相鬥爭，或者，如果是這樣的情況，那麼就一定是馬克思主義者（或其他的社會主義者）的創作，他們為了自身的目的，於是透過宣傳將之實現。相反，納粹的立場乃是，工人們應該將自身視為一個國

家或一個種族的群體的其中部分，本質地（不管知道與否）為了自身而最基本生存，而和其他群體交戰。

在如此一個情勢中，人們應該如何確定繼續向著哪方向發展？盧卡奇辯稱，如果在無產階級先鋒黨中的生活，是唯一容許社會思想及行動有可能完滿地連貫一致的生活方式，因為「無產階級的立場」就是可以讓「社會作為整體」可以具體被見到唯一這立場，那麼嘗試留在黨中（生活）是有意義的，縱使這要求英雄式地犧牲，尤其所犧牲的是私下感覺良好那種個人良知。但如果實際上沒有哪一個黨派，能預先將無產階級的意識具體化體現（縱使是以錯漏百出的方法去實現），那麼，思想及行動的一致性就不可能，而人的命運就只能是完全是悲劇；做甚麼選擇會是是好是壞都差不多。在此情況中，我們皆只不過像一盤散沙、孤立地背負著道德心的單個原子，在虛空中旋轉。每個個人，都沒有任何標準做指標參考，只剩下不斷變易的孤立的判斷，直接地被迫在不相稱的、充滿矛盾的各種「好」及行動的流程中做出選擇：假設，我正面對A或B兩者要做選擇。如果我選A，我即是挑選了在一個沒有任何事情到最後終會產生意義的世界中生活，亦即，所有行動到最後都會適得其反，徒然毫無意義，理性思維皆是無用的，人們只是從一個困境蹣跚而行往另一個困境，更沒有任何希望逃離或做出改善。如果我選B，我即是選擇一個去建構一個有充足秩序的世界的機會，而這等秩序，使它可以成為人們認知及規劃未來的可能對象，並且，依憑這等秩序，人們至少有機會透過理性的集體行動去改善他們（目前）的情況。如果認為決定放膽一搏去選擇B——即贊成支持無產階級及其黨派——是「非理性」

或甚至「反理性」的，盧卡奇則覺得，這實在愚蠢可笑。當然，作為一個個體人，可總是嘗試選擇不顧世事，不參與歷史——這是大眾通常下的決定，這種決定在歷史層面上可被理解，並且也會在歷史留下其影響，但這是個基於絕望的決定，並且是茫然不知所向的[j]。

讓當今讀者感到震驚，或感到困惑的，就是盧卡奇對自然、人的主體的結構、靈魂、思想、心理及性格所主張的那一套不明言假設。就如他的文學批評所展示，盧卡奇沉迷於一套概念，而這套概念之所以使到讀者困惑，因它有著濃濃的畢德麥雅時期[12]之特色——這也是阻礙了盧卡奇攀升成為現代高檔文化的權威的原因。他對藝術不明言的理想，就是那些有圓融性格的人物角色，與其所經歷的全面發展及整全之生路歷程，彼此互動交織而成的作品[k]。他特別看重一個「有機」、整體一致的人物性格的概念。於今時今日，很少人會覺得這類文學人物角色可信或有吸引力。更甚的，我們多會傾向認為，縱使我們真的找到（如上述）統一性，不論是體現在文學中虛構的人物，還是真實存在的人，這種統一性都會被視為被強加的單一性，而不是「自然的」人物性格。

這大概會帶導我們去深入反省以下的想法：無產階級作為一個已統一的主體，亦即可達到掌握控制自己命運的層次，其原因是它廢除了那「隱形之手」，然後透過對社會的規劃，從而使到社會符合於它自身的期望。如果這個理想

---

12 畢德麥雅時期（Biedermeier period），指在1815年（維也納公約簽訂）至1848年（資產階級革命開始）的歷史時期，當時歐洲中部中產階級人數漸增，文化藝術的都傾向於表達中產階級的品味。（引自維基百科英文版）

狀況之可信性，乃是基於社會的主體、跟個體的主體兩者高度地相互類似，那麼，是否個體的主體，假設在最佳的情況中，就真的可以那麼豐富充滿力量，那麼統一，及那麼和諧？是否我的個人思想、心理狀態，以及意識總是（或從來都是）特別統一、一致？如果真是這情況的話，是否真是不可懷疑地確是比較好的？我是否真的總是（或從來都是）認識我自己的思想與心靈的？

當然，盧卡奇一定會認為，**我們的**文化所迷戀的不透明、不直接、內在精神衝突的種種方式、還有分裂（Zerrisenheit），乃是我們所存於的社會正處於不自然的狀態的反映，而不是對事物真相的深刻見解，或無論如何，不是事物所應有的本質。很清楚，當我們已排除了任何可能的懷疑之後，盧卡奇這想法，實在不可能接受的。

第 **10** 章
海德格

　　有夢遊習慣的人，常被認為可以超自然地，在那裏行走也如履平地，在清醒的人很肯定會摔倒的地方，毫不猶疑、安然無事地行走。跟這類一般的觀念相反，海德格認為，他的第一本最重要的著作《存在與時間》[1]的所有讀者，都誤以為自己有好比夢遊者所獨有的滿滿自信，以為自己對此書清楚了解——他們其實是完全誤解了這著作的重要論點[a]。海德格這本書的目標，其實是要達致最嚴謹程度的「形上學」；然而，讀者們都避開了該書最核心的討論：形而上的「存有的問題」（metaphysical 'question of being'），反而將注意力全部都傾注於書中那些次要的，或只是被初步處理的、類似於人類學方面的課題：焦慮、愧疚、本真性、抉斷性、死亡、在世存有（being-in-the-world）的樣態，又或作者所討論的那特殊的「詮釋」的形式。《存在與時間》全書超過四百頁，不論人們到最後會如何考量判斷該書所提出的論點的可信性，或其推論的方式，它的確是以高度複雜的手法寫成，其結構也有高度組織性。但是，為甚麼有那麼多讀者竟

---

[1]　《存在與時間》（*Being and Time*），德國哲學家海德格爾於1927年發表的一部著作，這本書沒有完成作者在導言中所宣稱的計畫，但這本書仍然是他早期最重要的著作，深深影響了二十世紀哲學。

會認為這一本大部頭，內含豐厚知識的書籍，竟是某類膚淺的自我療癒的手冊？

　　當然，對此問題的一個很直接淺顯的回答就是，要歸咎的就只有作者海德格，如果他著書的意圖是不清不楚。海德格是個對於故弄玄虛高度積極及有高超技巧的人，在1927年他所出版的《存在與時間》的版本，只不過是原本計畫的完整全文的部分片段；儘管這是篇幅較長的第一部份——原書預計本來有兩大部分（§8）。如果我們認為，對此作品做出判斷前，必須總覽全盤寫作計畫——這個假設並非不合理——海德格其實可以讓人們較容易地做出判斷，如果他將第一部分的結論及第二部分完整地出版。然而，事情的最終發展就是，經過（作者）幾十年地含糊其詞，人們所得到的強烈印象就是，第二部分已經被作者「收回」[b]，事實上，這部分從未存在過，即無論如何也未曾作為可出版的手稿存在過。因此，如果這著作，即那在1927年出版之（全盤計畫中的）部分片段，是廣泛被誤解的話，實在有理由去推斷，這可能並不完全是讀者的錯。海德格於此只是為自己的利益而考慮。他宣稱那些對這個著作的同時代的詮釋，往往忽視了其核心論點，亦即，追問存有（Being）的問題是必要的。然而，他繼續辯稱，這事實其實**確認**了他的看法：人總是對這「存有的問題」十分關注，但卻也同時總是努力去將這關注隱藏，以致連自己也忘記／看不到。要明白這扭曲了的聲言，實在需要稍作偏離，先回到哲學的歷史中去找尋解讀。

　　海德格重複聲明，基本上他是個基督教否定神學的學者，他的努力，就是去毀滅人的理性的傲慢誇耀，由此而去為「更始源的」的生命形式開拓空間，這種生命形式

乃是跟西方現存的，有組織的宗教生活不同，並且與我們現時的「後－基督教」（post-Christian）生存樣態完全不一樣[c]。人們會稱之為文化及歷史內之「啟蒙」或「進步主義」的，亦即強調趨向於發展、精密化、精緻化及洗練化的正面價值的觀點，對此海德格的思維是完全陌生的。海德格認為歷史是一個陷入衰落的歷史流程。他極其迷戀「本原」（origins），熱切地期望回歸到「始源的」（primordial）——在海德格的悠長生命的整體中，這立場持續是他的寫作之主要特質。海德格認為，對任何理解的形式而言，上述所提及的幾個概念加起來，正凝聚為形上學方面最基源的，並且是特別堅實的，以及認知上是必要的之合體。雖然海德格避開正面用「倫理學」這個概念，且讓我們他這個態度暫時放下，我們可以說，「始源的」這概念其實有著重重有關深層倫理學的，或無論如何，關乎價值判斷色彩的聯想：「始源的」就是指涉那名副其實的、誠實的、本真的、別具一格不矯飾的、有良好影響的事物[d]。海德格身體力行地體現自己創造的理念：他宣稱，對於他的（人生）發展所設定的目標而言，他的出身一直都是決定性元素，而他一生的奮鬥目標，不可能是別的，而正是返回那本原，並且是去正確地去理解及學習內化這「本原」。海德格在最初是進了天主教的修道院，學習成為一個神職人員，但卻因為健康理由被修道院送回家中。之後他做為「信徒—神學學者」（lay theologian）完成大學教育，其後在一間大學教授天主教神學，由此而開始了他的學術、教學事業。當時的神學課程，可說是尤其枯燥、上重下輕地傾重形上學的課程，所專注的是十六至十七世紀的晚期經院哲學的思想，海德格

後來形容這課程是天主教教義的「系統」；粗略而言，這課程所教授的是「托馬斯主義」（Thomism）[2]的神學。當海德格三十多歲時，他改信路德主義的基督教（Lutheranism），實在驚動一時。當時海德格很強烈地認同較為非理性的傾向的路德的「信理」教義。所謂「本原」的基督教的訊息，就是指公元一世紀的五十年代及六十年代早期聖保羅[3]所傳達的：基督教就是一生奉行的信仰，對猶太人來說這是引起公憤的醜聞、對希臘人來說是「愚蠢」行為；這信仰的生命正跟智慧的生命、冷靜清醒的反省、小心計算適可而止的行為這些做人方針背道而馳。路德稱呼「理性」為妓女，引起極大負評。他認為理性就等同於誰付錢給她便遵從誰的命令、便為誰服務的妓女，他又認為必須要衝破中古哲學教義的硬殼，從而回歸到一個更為有生命力的，始源的基督教信仰。海德格更進一步地宣稱，基督教的信仰趨於腐爛其實是在更早期發生：基督教的自我誤解並不是在早期黑暗時期[4]的陰霾之中開始，而早在聖保羅及《約翰福音》時期之間已出現。保羅在公元55年宣稱基督教是「愚昧的」，然而他身為《約翰福音》的作者卻在公元100至110年寫出耶穌就是 λογος

---

[2] 托馬斯主義（Thomism），由哲學家、神學家與教會聖師托馬斯・阿奎那（Thomas Aquinas, 1225-1274）的作品、想法中衍生出來的哲學學派。在哲學領域，他以對亞里斯多德提出的爭議與做出的評論而聞名。

[3] 保羅（Saint Paul，約3年－約67年），本名掃羅（Saul）又稱大數的掃羅（Saul of Tarsus）。基督徒的第一代領導人之一，他首創向非猶太人傳播耶穌基督的福音，新約聖經諸書約有一半是由他所寫。。

[4] 歐洲黑暗時代（Dark Ages或Dark Age），指在西歐歷史上，從西羅馬帝國的滅亡到文藝復興開始，一段文化層次下降或者社會崩潰的時期。黑暗時代的概念是由義大利學者佩脫拉克（Francesco Petrarca）在1330年代提出。之後的史學家把這個名詞的適用範圍擴大到古典羅馬時期和中世紀盛期之間。人們更擴大這個名詞用來描述中世紀時期的退步。

（道），即希臘哲學家長久以來持續去尋找之宇宙的理性原則。海德格宣稱，因著《約翰福音》，活生生的基督教「信仰」，竟被困囿在源自希臘哲學而來的、完全不適當的、以理性及形上學為主導的語言裡，被營構表達出來。在公元一世紀晚期，基督教所接觸到的希臘形上學，已經是嚴重腐朽的，包藏在經院派哲學的硬殼內的思想。然而，在六七百年前（即稱為「前蘇格拉底哲學」時期），希臘哲學家曾成就了充滿活力的思想傳統，他們努力去掌握那獨一無二、最始源的人的經驗。

海德格的原初理想，乃是將基督教信仰及基督教的生命形式，從希臘的形上學範疇解放出來，由此容許它以一種比起任何這些範疇都更為對自身合適的形式，去成長與發展。然而，這種形上學思想的形式，自從希臘古典時代開始，已掌握人的生命及思想的所有環節，海德格認為，我們唯一可以從其中解放出來之方法，就是從其內部去毀滅它。

基督教神學其中一條思想路線，海德格感到頗有同感的，那就是否定神學（negative theology）。否定神學家認為：世界上所有事物都完全是依靠神（才能存在），神是絕對的超離的（transcendent）的，意思即是，神是完全超離世界任何事物之外，並且與世界任何事物都完全不同。由此推論，人間正常的語言之所以成立，無論如何，乃是用來說及在這個世界的事物，因而，不是應用於說及神的。因此，我們對神甚麼也不能說，也無法知道任何有關神的甚麼，除了或者特別薄弱的負面方式的斷言，例如，祂跟我們可能在世界中遇見的任何事物**都不一樣**，同時，我們所加諸世界任何事物之上的任何性質，神都一概**不會有**。在某種程度上而

言，我們甚至可以說，神並不存在，因為「存在」本身的定義，就是在我們的世界中存在的狀態。同樣地，海德格認為任何現存的事物（everything-that-is），並不因著基督教的神（而存在），而是憑藉存有（being）（或者應該大寫作Being）而呈現存在，但這裡所言之「存有」（Being）自身既非一個東西（a thing），也非所有現存者／物（all-that-is）皆擁有的某項抽象性質。海德格認為，存有不可能是某種性質，很肯定地說，存有絕對不會有那在傳統上所詮釋定義的性質，亦即在某抽象性質的範圍內，由高至低程度的層級中，占著某一肯定及可明確指定的位置——例如，「紅色」是一個性質，但它可被配置於更為普遍的性質——「顏色」**之下**（即：紅色是顏色其中之一種），但「紅色」（red）卻是涵蓋了各種不同更特殊的「性質」的「紅」，即「紅」乃在於一系到各具特色的「紅」**之上**。換句話說，廣義的紅色（red）**之下**，有深紅（crimson）、緋紅（scartlet）、胭脂紅（carmine）、朱紅（vermilion）（這裡意思即：緋紅是紅色之一種）。因此，所謂性質，就是被配置在如此層級排列（「顏色」→「紅色」→種種不同特殊的「紅色」）之其中某個位置，因而獲得了自身特殊的內容。然而，於「存有」（Being）的情況而言，它並不能被配置在任何更為普遍的性質之下，因此，對於存有，進行有如上述對紅色作為一種性質的分析是不可能的（§1）。

在海德格晚年，他稱「在那現存的」（that-which-is）——亦即，任何現存的事物（anything-that-is）和存有（Being）的絕對分別為「存有論的差異」（the ontological difference）[e]。海德格認為，有系統地忽視這差異，就正是西方哲學的基本

的特質，又是其最基礎的錯誤。因此，人間的正常一般語言，只是首先指涉「現存」的事物（things-that-are）或在我們世界中發生的事件，如果伸延去述及存有（Being）是完全不適當的。於此，這即是說，由最原初開始，語言的種種問題在海德格的哲學計畫內正是最核心的。他對自身的回顧評價，就是在他的早期著作中，包括《存在與時間》，他以為可以衝破我們日常說話的方式，與及那些經過嚴格組織言語而構成的哲學概念，便可找尋另外的有潛能的概念語言，或可能可順易地去說及存有。因此，海德格嘗試去發明一套全新的，但得要承認，實在稀奇古怪的概念，由此而營構為表述的可能樣態，容許我們更加恰當地去追問及回答存有的問題。然而，於此處卻出現了不清晰性。海德格的立論，亦即，沒有任何正常、日常的人間語言可以應用於（講及）存有、也沒有任何現存的哲學詞彙，或者實在世間沒有任何語言可以應用於講及存有——這是否正確？在《存有與時間》中，海德格認為日常語言及由日常語言所衍生的、既存的哲學語彙，必定要被放棄及代替，但海德格藉以代替的，其實（又）是另外一套非常不同的概念及術語。儘管這套概念術語的確不同—例如：「在世存有」（Being-in-the-world）、邁向死亡（的存有）（running forward to death）、本真的（authenticity）、抉斷（resoluteness）——但是，這仍然是一套（所謂的）概念。在此之後，海德格認為《存在與時間》的整個計畫，皆是充滿缺點的，他更認為實在是沒有可能去找尋另外一種概念語言的形式。在晚年時期，海德格努力去探索他稱之為「詩的言說」（poetic speaking）的（語言的）形式，以成為接近存有的途徑，但卻沒有顯著的成功[f]。

歸根究柢，為何我們要對「存有問題」感到有興趣，投入關注？為何對這整個討論的最正確反應，不是漠不關心及大大打個哈欠？沒有人想見到自己最寵愛的研究方向被忽視，但是，海德格的立場，卻解釋這種宣稱「漠不關心」的態度為只不過是假裝的冷漠（同時，它被認為是好比某種近乎有違道德的態度）。海德格認為，存有的遺忘（forgetfulness of Being）並不僅指涉粗心大意、漫不經心（的態度），反而，是由有意的、強化的、主動的力量而形成的漠視毫不關注（disinterest）[g]。正因這種主動的「遺忘」力量，使我們持續地罔顧、無視那「本體性的差異」（ontological difference）。如果正如我所提議，海德格的形上學，其實就是那現已不復存在的「基督教神學」之學問領域被推薦的繼承者，那麼我們或者可以獲得一些指示，去理解在宗教歷史中，這起初來說是頗為奇怪的觀點成立的理由。

　　對於一神論者來說，如果對神學或宗教信仰感到漠視無感，可以被理解為，這是無神論的其中一種形式，因為漠視（的立場態度）對一神論者來說，是更為具威脅性：人們如發自內心地對宗教根本一點興趣也沒有，那是比起他們偏離誤信了（基督教以外的）其他宗教更為危險。於此，一神論者最低限度可將主流的、清楚表達立場的無神論者歸為一類，借用有意犯錯、罪，或人性慣有的固執這等觀點去對他們做出定義描述，因此，「漠不關心」／「冷漠」也是一樣，應該順理成章地被歸類為這等範疇的其中之一。如果我對神學信仰是夠堅強的，我甚至可以堅持說，人事實上不會或不可能是「單純地」對宗教問題毫無興趣。舉例說，我可以認為神創造了人，而人對神則有著天生的、不可避免的關

注，想知道和了解祂，因此，人總是會對宗教關注的。某一類的基督徒，尤其是奧古斯丁的追隨者，很明顯會這樣想：神創造了想認識及愛祂的人類，但亞當卻對神這個美意叛逆，自此之後，亞當的罪惡本性就被所有（後來的）人繼承。因此，宣稱對宗教缺乏**興趣實在是**尤其不誠實和惡毒的無神論形式，這是對神所顯明的意旨公然地拒絕。偽裝的漠視只不過是隱藏起來的主動的決定，去拒絕與神恰當地聯繫。

同樣地，海德格主張，人不可能對存有的問題（the Question of Being）——即，存有究竟是甚麼？存有（Being）與世間種種存在（beings）的分別為何？——沒有興趣，因為，無論在哪一方面，人一定要被理解為，透過他們最本質的生存樣態（最低限度是含蓄不明言地），去給予這問題一個答案。海德格認為，沒有任何人，對自己如何生存，或其生存樣態為何此等問題，可以**完完全全**沒有興趣不想過問。我們實在不可能想像，假若有人對生命所有經歷過的面向都是真正的冷漠毫不關心，如此的生命會是甚麼樣子。如果我只是最低限度地嘗試，在芸芸生活方式中選擇一種方式去生活，可以說是我已經不是（對存有的問題）毫不關心。我有意地選了某種生活方式，亦即我已選擇了某一個途徑去回答存有的問題。那麼，也可以說，這與前述的（對神是否能真正漠視）的宗教討論相對類似：宣稱自己的漠視正是刻意地去否定「人對存有的問題有關注及興趣」這真理，如此，其實已確有問過及回答這問題。人們會預期，相關討論會轉移到反省以下問題：「將每一種人的生活形式視作一個（不明言的）途徑去回答存有的問題，是否恰當？」

如果去問及回答存有的問題，就等如成立一個正統的及明顯的，有關存有的「理論」（theory），那海德格的立論就會是極度不可信了。實際上幾乎沒有任何人有或者曾經有過這一種「理論」，同時，如果在人間流通的「正常」語言，是假設不能應用於（說及）存有（Being）——正如那些否定神學家的論點：凡人的語言不能應用於（說及）神——那麼，這就是人們會預期的。另一方面，如果我們單純只是以某種方式生活（沒有必需**說出來**這方式是甚麼），那我們是否被眼見為（即沒有明言）已經回答了神學的問題（或，以平行的進路回答了那「存有的問題」）[(h)]？

於此，我們見到一個重要的分別：在一方面，我們可以嘗試透過分析、發展一個理論，或成立一套概念去解決某個生活上的問題，如此做可以說是使我們理解那個問題，同時提供了某種處理它的方法；另一方面，我們（有時）可以只靠某種生活的方式而將問題解決。因此譬如說，如果我有精神焦慮的問題，如果嘗試以類似海德格的理論進路來解決這問題的話，我可以提出基於一套特別的心理學的概念範疇而營構的、有關焦慮的理論，然後就嘗試以不同途徑來借用那套理論來治癒焦慮。然而，我也可以用我有的能力、具體實際行動，去展示我所理解沒有焦慮地生活的方式：我只是簡單直接地生活著，或者學習去生活，嘗試去減低我的焦慮，而沒有成立甚麼理論。海德格嘗試解釋上述兩種不同形式的「理解」（understanding）。有些人是直接簡單地知道或明白如何沒有焦慮地去生活。這一種理解，直接體現為其可達到之功效及成功的過程。除了這種身體力行地表達「理解」的方法外，人們於相關範圍內，可能擁有概念性及理論

形式的理解，以上兩種理解是不同及有所分別的。很明顯，這兩種不同的理解形式並不是完全相同，但它們並不會全無聯繫，反而，兩者之間是有著複雜關係的。那些要卑躬屈膝及失去安全感地過活的人們，當談及他們的生活時，多會傾向於借用「命令」、「服從」、「清晰」等的概念來表達。另一方面，（在英國）於幾年前，曾有提議要求所有中學生都要學習新古典經濟學[5]，這構思的目的是想改變學生們的行為，企圖教導學生們較為懂得策畫計算（也因此使到他們比較容易去預計將來發生的情況）。如果這提議真的付諸實行，正式教授這門學問很可能會使到學生們將所學的用在生活上，因而有實際的影響。但是，正式的教學模式並非能必然地達到其所預定的效果——天主教的教義學習班不會必然地培育出虔誠的天主教徒。然而，這也不能推論到這種學習班沒有任何效應；無論如何，受過天主教的教義學習的培育的人，總會跟（同樣不成功的）基督新教的教義班所培育的學生，有某些不同信念觀點。

有關上述兩個形式——粗略而言，亦即理解如何生活，及對「如何生活」概念化的理解——海德格很清晰的認為，兩者是相互依賴關聯的，因此，不可能說「一方是基本的方案，另一方是依那基本方案而衍生」。去衝破上述兩現象的互為並存，互為影響之圓形相扣，而去尋索那絕對的開始，是不可能的。因此，中古世紀時期的基督徒有很特殊的生活方式——他們「理解」如何去以某一種方法生活——他們也

---

[5] 新古典經濟學派（Neoclassical economics），興起於二十世紀初期的經濟主義思潮。是個鬆散的團體，繼承了古典經濟學的立場，共同的主張是支持自由市場經濟、個人理性選擇，反對政府過度干預，反對凱因斯主義經濟學。

會用某些概念及理論去說明這種生活方式,從而讓同時期的人們都可普遍理解。這兩方並不盡然相同,但兩方是互為依存的。如果我們從外圍去觀視「互相依存的存在狀況模式」這個現象,並且去營構相對應的概念:舉例說,假設我們是研究中古時期的現代學者,回顧這個時期,嘗試理解內中有甚麼事發生,這樣做,便會見到類似的循環性。我只能夠循著對我(身為現代人)來說是有意思的進路,去了解中古時期的人如何生活,這即是說,在我覺得可信的範圍內,去將中古時期的人的(人生各種)目的、欲望及態度放進我可運用的範疇概念中去解釋。如果我對中古時期的研究,能專注並且時間充足,再加上對當時的人有足夠同理心,我當然可以會漸發現自己所持有的、對那所謂「可信的」生活方式的想法開始改變。這相互依存的循環性關係,並不會使得「理解」不可能。如果我小心地深入研讀足夠的中古文獻,我所持的「我能夠給予事物的意義」的看法就會自動產生轉變,由此,起初對我來說非常陌生疏離的中古時期生活面向,便會漸漸可以被理解。海德格稱如此呈現的循環式結構為「詮釋學循環」(Hermeneutic circle),他認為這是人的所有理解力的基本特質(§31-33)。在上述談及的那個案例,我們可見到多個循環結構有根據地成立:例如有某中古時期的女性,她的生活方式是依照她對(例如)基督教信仰(一套概念及教義)而構成,但是,她(對基督教)的理解,在某方面而言,也會受制於及訴諸於她在實際生活中建構並累積的意義範圍。與此同時,她的生活的模式為何,由此她實際「理解」如何生活,轉過來也受制於及訴諸於基督教信仰所提供的概念。當我探索這位中古女性的生活時,我也

只能參考我所能明白的生活各種可能性的範圍，以及我所知道的的種種概念，去對其有所理解及產生意義。在上列兩個情況，「詮釋學循環」正是一個本質上動態的結構：如果這位中古女士**當時是個基督徒**，並且她更**努力去成為**（比現在）更好的基督徒，對成為一個基督徒的意思她的確是了解的，並且假設這是可以改變的（變得更好）。同樣，這「詮釋學的循環」，對我來說，情況也是相類似的：我正在努力，也可能會成功，去對這位中古時期的女性達到「更好」的理解，我慢慢看見那「可能性」，對她來說是可能性，對我而言也是可能性。因此，在某種程度而言，當我去註釋她之時，我其實是變得更接近她，與她相似。如果百分百完全「明白理解」她，**實際上是不可能的**（per imposible）的話，原因是在這「百分百明白」的情況中，我就根本上與她沒有分別，如果是這樣，根本就不需要「詮釋」。然而，這種循環性的運作是沒有絕對的開始，也因此，當然沒有絕對的完結。亦即是說，根本是沒有對基督教「完整及完美的理解」（對她或對我而言），也沒有對這中世紀女性完弊而全面的理解（對她或對我而言），最後，我對我自己，也未必理想上可達成「完整的理解」。然而，「理解」並不是那麼欠缺結構，以致談也不能談有沒有一個較完滿或沒那麼完滿的理解，或「較好」或「較差」的理解。這裡企圖指出，所謂「較好」或「較差」的標準，是與其脈絡背景有高度關聯的。

很清楚，我可能有時是想談論，舉例說，有關如何護理有需要的人（即病人）的方法之「前－概念」（pre-conceptual）或「前－理論」（pre-theorectial）方面的理解

——但是，所謂「前－理論」這等概念，只能在適當的脈絡中應用。這即是說，例如，如果我想講的，是關於護理師於尚未成為一項法定之專業之前的活動，於此情況，我可以說，人們對如何去照料病人，其實有「前－理論」的理解，但這裡的意思只是，人們在未接受任何特殊的專業理論（亦即護理程序的適當指引）的教導之前，其實也懂得如何去照護病人。這並不意指，未有專業理論指導之前，人們在照顧病人時，完全沒有任何想法或沒有任何概念做指引。

於此，海德格所強調的，正是蘇格拉底之哲學的反面。蘇格拉底是十分熱衷於去證明，人類任何形式的天賦的技能本領都有其限制，正因它只不過是未經理論組織的技能。為了真正認識人們之活動，就需要正式的理論。然而，普遍而言，海德格之企圖，乃是將焦點注意力放在以下的問題：如果理論及概念性的陳述是不足夠的話，將會如何扭曲，破壞干擾，或甚至危害我們過生活的方法？又或者，虛假的概念化會如何**窒礙**心領神會的理解？

為了方便討論，於此就讓我們先同意，假設所有人都會提問「存有的問題」，或最低限度，人們會（無論用甚麼方法）關注他們「現存」的狀態（the way they 'are'）——即關注他們在世界中存在、行動、表現的方法，以及所經歷的遭遇。這關注自身會表達為我如果處理安排自己，因此，我所選擇如何去過的生活，可被解釋為，以行動生活經歷對「存有對我而言是甚麼？」這個問題的（不明言的）回答。那麼，為甚麼我總是有那種根深柢固的傾向，因害怕而覺得最好逃避去意識到及承認這些事實（假設它們在某種程度而言是事實）？對這問題的答案，正在於海德格對

另一問題：「如何才算得上是過一個人的生活？」的回答論述中找到。

所謂「人」（human being），其實是一個頗沒有現存的確實固定特質的存在體，然而，人卻肩負著一堆已經存在的義務，及承諾，但也有著對未來的種種尚未實現的規劃及發展的可能性。當海德格說明「（各種）可能性」乃是生而為人的核心構成要素時，他的意思並不是在抽象的邏輯空間中，人可能佔據的不同位置。這即是說，他所指的「可能性」並不是，（舉例說）貓兒或有可能在閣樓（而相對於牠在廚房、花園、客廳等等的可能性）。海德格（幾乎）恆常地使用「可能性」來表示人「獨有的存在、行動、生活的可能方式途徑，或『在世存有』（being-in-the-world）的獨特可能性」。因此，（人的）可能性並不是上述「貓兒『可能』在閣樓」那種可能性，而是我的各種活動之可能：「牠睡在我的書上，我把牠抱起來取那本書。」「我去花園看牠喘不過氣地追趕雀鳥。」這些例子皆是明顯的行動，對海德格而言，任何「可能性」都的確總是嵌進「在世界中行動」這脈絡內。然而，海德格所用之「世界」這個概念，乃是衍生基督教神學的脈絡（seculum[6]），因此，「世界」並不指涉一個在我以外的實存的空間。因此，若說有些人「在世界中」生存／生活，在基督教的意義範圍中，即是說這些人並不將他們的生活投入去（舉例說）靜思冥想，反而，我們也

---

[6] seculum：意即大約等如人的可能壽命那段長度的時間。

據「系統神學與歷史神學筆記」：世俗（secular）源自拉丁字saeculum，意即今世（this age）。而saeculum與另一個拉丁字mundus，都是指世界（world）。aeculum是一個時間性的字，而mundus是一個空間性的字。（https://kk1591.blogspot.com/2015/01/blog-post_68.html?m=0）

可以這樣說，這些人只投入對塵世的關注及與其他人互動的生活。而這些其他的人也同樣是在俗世中過著汲汲營營的日常生活。因此，「世界」一詞，於「在世界中我行動或存活的種種可能性」這一句子內，並非指涉空間地形上某個位置——閣樓、花園、廚房，反而，是指涉屬於我的那一套現存的日常生活中的關注及籌謀計畫。

　　身為一個人，我總是已經「陷進」生活之中，投進了那些完成了一半的籌謀、計畫，也被種種承諾責任所束縛，而對這等承諾責任，我尚未有完整的知識了解，而我對之也未嘗完全地贊同。有關我正在進行中的計畫，大部分都附帶有不能被簡單化的意外問題，及欠缺支撐理據的缺點；我的親人或出生地不是我自己所挑選的，但是，因事實上我在某地方出生長大，而我的社會環境也基本上建構了我成長的狀況，於此地我漸漸累積成就了各項規劃，它們也構成了今日的我的。我可能會**幻想**我自己是個脫離肉身軀殼的、已啟蒙的主體，完全自由不受約束、又有足夠的知識，能夠在整體領域的所有可能性內做出選擇，並且可以對我的每一個選擇都能給予可信的理由，但這只不過是個妄想。去幻想我自己**並不是**如此地陷進塵世中，只是於我自身毫無益處的幻想練習。我的過去與我的關係是很重要的，但在當下的討論的脈絡中，更為重要的是去理解，人之為人的本質，就是面向著將來可能的行動模式及經驗。生而為人，我永遠是比起目前狀況中的自己走前一步的，我持續追求在世界中那尚待完成的籌謀計畫。當然，我可以回顧過去已完成的計畫，但是，在我的有生之年，我總是處於完成某些計畫的過程中，其結局也是尚未出現的。縱使於我臨終之時，我可能都會做最後

努力，環視一下房中的景況，或使勁聽聽圍著床邊那些預計是主要送終的人的低聲對話。（人）若**沒有**「未完成的計畫」，就等如沒有將來，也即是說，已經死掉。再者，我的籌謀計畫並不是一堆沒有聯繫的七拼八湊的我想做的事，它們總會形成有關聯的線索：我乘火車去機場，是為了搭乘飛機去柏林。去柏林是為了去亞歷山大廣場的土星（Saturn）電子產品商場，去買一部電腦，買電腦是為了去完成我的寫作計畫，等等。

當然，不同形式的幻想活動，是人的生活的不可或缺部分。我可以幻想，我存在著，未必有甚麼特定某個計畫，但如果我構想一下，我生存在世，卻百分百沒有任何籌謀計畫，會是甚麼模樣——這情況就是相當於去幻想一個沒有我的「我」。事實上，如果去相信我可以生存於世，但完全沒有**任何**籌謀計畫，正是一種欺騙自己的幻想形式。

最後，同時這是海德格的一個重要的主張，那就是我所有的籌謀計畫，都是結構上連結在一起的，它們構成不明言的及期望中的統一，或單一的整體，這計畫是關乎我的生命作為一整體；這大概是柏拉圖式那將所有事物都收攝於一個單一的理型「好」（the good）的海德格版本。雖然，這裡的意思是人的生命是必然地「不完滿」的。於此，我們可以見到，這幾乎是盧克萊修的論述的倒轉。盧克萊修認為當我們還在生於世，死亡並不存在（death is not）；但是，當死亡呈現，我們就不在於此世了。因此，恐懼死亡是沒有意義的。然而，海德格的主張是，我們的生命最必然是牽掛（care），而這種牽掛若經受最輕微的挑戰，就會變成焦慮，這正是因為，當死亡來臨時，它總是在不適當的時間出

現，因而威脅到某（展望將來的）籌謀計畫，最低限度會使到它不能圓滿完成（§39-41）。因此，我們所有的籌謀計畫，都本質上是脆弱的，這也是說，我們的生命歷程是脆弱的。於此情況，如果所有籌謀計畫都是（如骨牌般）互相關聯而終極會被死亡所推倒，它們的本質上就（被注定）是「尚未完成」或「失敗」的。這正是我們欲求去壓抑對「存有的問題」追問的原因。極端的虛無（radical nothingness）對立／相反於存有（Being），我們會在某類經驗（例如焦慮）中感受到這虛無。當然，我們自身的死亡，就是最後終極的對我們的所有存在的澈底消滅，面對我們的死亡，因此即等如面對屬於自身的可能的虛無。因此，對死亡的關注，就不只是純粹對我自身個人這般或那般的存在狀況的關注，反而是對我的世界作為一整體的關注，亦即，對存有作為一整體（Being as a whole）及作為其本身（as such）的關注。我們經常都要以這樣或那樣的方法，去面對處理焦慮，以及那可能的終極的死亡，而面對處理焦慮與死亡的方法，的確也包括了嘗試去停止想它們。當我們以這樣或那樣的方法去處理澈底的虛無、焦慮及死亡之際，我們同時展示了所擁有的**某種程度**對虛無的對立面／反面的理解——即對「存有本身（Being in itself）」並作為整體（的理解）。在這個意義之下，當我們還繼續存在的話，我們都會持續地追問及回答那存有的問題（the question of being）。

很刻意地去提出存有的問題，亦即同時等如提出有關我自身死亡的問題，因為我們正是面對著一個事實：「我」就等同於「我對可能將來的生活方式的種種籌謀計畫」。但是，我會漸漸變得清晰，察覺到我是不可避免地，將我的注

意力集中於我本人之死亡——那正是我那些籌謀計畫為何會不能完滿的終極的理由。於此，在這個意義下，西方哲學的整體，正是在死亡的籠罩中，對焦慮的反應，雖然這反應就是努力去全面遮蓋那現象反應。這反應所採用的形式，就是海德格稱之為「沉淪」（falling/ verfallen），又或者偉大的沉淪（the Great 'Decadence', das Verfallen[§38]）。由於我的動機是使勁地逃離對存有、我自己、以及我的可能性的思想——這即是說，到最後，從對自己的死亡的思想逃離——當我去理解自己之時，我會傾向於繞過這複雜的整體及去截斷它。我會逃避，並轉移焦點放在其他東西上，即那（聲稱）不會導致我在概念思維及存在上天旋地轉的事物上。這即是說，我之為存在，實際上是眾多可能性的不停旋轉、在世存有的各個可能面向，並向著我本人的死亡而邁進。但是，假如我的存在與上述情況完全不同，而是像物件般，有著固定不變的特質，就好像我在世界中遇見的許許多多的物件一樣——這情況的確真使人感覺踏實啊！於此，「沉淪」（Falling）的比喻，就等如從我那無數可能性所形成的漩渦中，被拋擲出來，而掉進那固定不變，亦即所有可能性都已全部實現的世界（但對於這個固定不變的世界而言，那些可能性的數量實際上不會減低）。這「沉淪」，有一面向是屬於個體，也有另一面向是屬於歷史。於此，相對應的哲學式類比，就是我嘗試用那些該用來定義世界中的東西／死物的範疇概念來形容、講及我自己。然而「我」，無論我是甚麼，都不是在這世界中任何一件「物件」，或完全不會與任何一件物件相類似。我們熱切地期望，努力去將自身詮釋為擁有著一套特質，並且堅定、整全、完整地在屹立於當下的存在，然後

在時間之流中（循序漸進地）向著將來邁進：即身為一個擁有著特質的存在（being-with-properties），經歷每一節時間段落，從一個肯定的情狀踏前向另一個新的肯定的情狀。然而，與這情況相反的，在任何既定、固定的時間段落中，當說及「我是甚麼」之時，僅僅對我現時當下的存在狀態做出本質性參考是不夠的，因為這當下的存在狀態的一部分，乃是一套「籌謀計畫」，即我所關注的事物狀態，並且，它們都是本質地與將來實行的行動關聯在一起的。於是，在某個意義下，將來並不是在我們前方，而是，其實我們已經在將來那方。相同地，過去並不是我們已「拋於腦後」的，而是仍然與我們同在，即為那**當下此刻、現前**的背景，而唯有靠在這背景之上（與之比較），我們的將來及現在才會有意義。由此而馬上衍生的後續，就是我們永遠都不會在我們目前、「現前」中圓滿完成，相反，正如海德格所言，那馬上續接的下一步總是在我們前面，在外面的世界那裡。這情況引起我們感到焦慮，我們安撫處理這焦慮的方法，就是嘗試去解釋我們身而為人，並不是永不停步地走向「外邊」望著將來，但卻又在某一點會突然死去，而是相反，嘗試去解釋我們是堅實的，以現前當下為中心（present-centered）、並且是屹立在此現前當下的存有，即有如椅子，撞球用球、水泥鑽具般，將自身的存在停留在固實的當下一樣。

另一方面，就是有關「沉淪」的歷史面向：希臘哲學發明了「概念」，或者更為精確，發明了「理型」（idea），意思原本為在世界中的事物呈現為某個模式，然後，又發明了我們學習認識在這個世界中的事物的方法—還有就是概

念性思維的發明。上述的發明就是在沉淪的過程中重要的歷史步驟。「概念」之發明，乃是視之為一個固定的結構，它處於人與世界之間，給予人的認知的（及生命的）穩定性，由此容許人與存有的問題可保持距離，不會過於直接的對峙（概念實為回答「存有的問題」之偽裝）。與其直接面對世界突發不測的澈底殘酷—意思即世界時時刻刻都可能（因著我個人的死亡）而停止存在，希臘人發明了「概念」，給予一個安撫我的方法，去緩和那無常突發性，並且容許我將焦點轉投到世界另外的個別發展的線索、或這個、那個對象上。由此，就不會有「焦慮產生」的混亂來侵襲我，也隱藏了可隨時變為非存有（non being）／死亡的存有（Being），於是，在我眼前的是有秩序井然結構的經驗：「噢！那是『一座山』；那是『一條河』；那是『雷』」。每一個概念（以及每一個客體）都是潛在可能地位處於可預計的位置，安全得很。然而，很不幸運，這策略並不行得通，再者，因著人的條件的特質，這策略甚至未曾完全行得通過。壓抑焦慮正是人的生命其中構成的要素，但卻不曾百分百成功過，然而希臘哲學所成就的，就是啟航那悠長的歷史歷程，並且，其中有著可尋見軌跡的內部邏輯。這是一個逐漸發展及慢慢沉積的腐敗過程，在其中，哲學的發展越發達，它所策畫建構的概念架構就越複雜，同時這等越來越複雜的概念架構也帶導我們越來越遠離那「存有」（以及我的死亡），並阻擋其與我們接觸。終極而言，哲學內各個概念架構會甚至慢慢滲進日常語言，由此，現在我們交談說話時，不用太多刻意反省，便會隨口說出「實體」、「主體」、「本質」及「原因」等從早期哲學性思辨所衍生的術語。當到了二十世

紀，我們都陷進了一個由許許多多概念組成的網絡中，受其纏繞不能自拔，而今，困囿我們的，正是這概念衍生規劃中，最新近的，以及最僵化的殘留：這規劃就是使人對世界上所有事物，皆是憑籍「客體」（objects）而衍生的概念、或與客體相配合的概念而去理解。更有甚者，這個概念網絡構成的規劃，就是盡可能遮蔽「存有的問題」，使它失去蹤影。這概念的組織網絡，使到我們去理解「如何去過一種生活，以致能正確地描述存有」十分困難。

那麼，我們如何可以從這種景況中掙脫出來？終極而言，海德格認為，我們若只單憑一己的努力是不能掙脫逃離的。在海德格死後，德國的《鏡報》（Spiegel）[7]出版了曾和海德格生前所做的訪問。海德格在這次訪問中說道：「我們的情況是絕望的，只能一位神才能拯救我們（only a god could save us）。」[i]於《存有與時間》（Sein und Zeit）的寫作時期，海德格仍然沉迷於年輕時期常有的，那企圖逃離的幻想中（海德格於晚期對自己的評語）。對於「理解」（understanding）的兩個形式——即概念性的理解，及那在具體生活以行動實踐來表達及體現出來的理解——實則上皆本質地互相關聯及互相強化對方，因此，假若改變其中一方之形式對存有的理解，亦即在同時地使到另一方之形式也隨即會改變，理想上，兩個形式是同時改變的。因此，這會形成兩個（互為連結）的方向，去嘗試脫離目前（根據海德格的立論之）本體上不滿意的情況。

---

[7] 《明鏡》（德語：Der Spiegel，英語：The Mirror），是一份在德國發行的中間偏左翼（center-left）的週刊，德國發行量最大的三份週刊之一。德國最重要的時事政治週刊。英國《經濟學人》稱《明鏡週刊》是歐洲大陸最具影響力的雜誌之一。

第一個方向乃是嘗試去找尋某種經驗的模式，或存在的方法，可以展示對「存有」理解，而不會掩藏「存有的問題」。海德格認為在他稱之為「本真性」（Authenticity）中找到這樣的方法。這「本真」，就是一種選擇的模態，即展開某些籌謀計畫之同時，更拒絕去罔顧以下事實：即人生種種籌謀計畫，皆終歸都被識破為沒有「根基」的（ungrounded），同時，是必然地接連上一個更宏大的單一計畫，但它因著我自身的死亡，所可達致的，就只能是不圓滿之完結。於此，「本真性」，不是指涉任何某套特殊具體的意見，或行動的選擇——舉例來說，究竟應否和維珍妮結婚，究竟應否成為某既定教會的牧師與否，究竟應否搬遷去柏林……，與此相反，「本真」所指的，是如何下決定的途徑：當我選擇去展開某些計畫時，我本人對自己、對這些計畫的態度為何。這樣的生活的態度就是：我做的任何選擇，或籌謀的任何計劃，都不會妄想有堅實的根基，也不會幻想我的計畫是依附於一個終有一日能夠「完滿地成就」的某更大計畫。

第二個面向是歷史性的。即哲學史的毀滅——所謂「destruction」（毀滅），在原本拉丁文的意義中，乃是拆毀／夷平（unbuilding）或化整為零（taking apart）的意思。哲學史展示的，就是在每一階段，基礎的哲學語彙，如何一步步地遠離那可容許我們去追問「存有的問題」的語言。這兩面向之第一個（即個體方面的）面向，在已出版的《存有與時間》之第一部（它可能不是完整的版本）內處理了；而第二個（歷史的）面向則應該在沒有寫出來的《存有與時間》的第二部處理，因此我們並不準確知道海德格會如何具

體地進行討論這部分，我們只能從他後來所寫的許多有關哲學史的著作中找尋線索，從而勾畫重建出他可能會如何處理這方面的問題。

海德格的著作《存有與時間》的題目的意思是，有許多哲學家曾經努力去抗拒承認「存有」是依賴於時間，因為如果是這樣，「存有」只能在某個**會死**（will-die）的人面前呈現。除非我們能夠有達到「存有」的途徑，理解它，及可以處理它，也即是說，我們是已經持續地、正在以這樣或那樣的方法，不明言地和它互動打交道，否則「存有」對我們來說，甚麼也不是。對於人來說，與存有互動打交道的方法，總是透過我們身為時間性地存在（temporal beings）這個必然本質為中介。「我們」之能成形構成，乃建基於我們種種籌謀計畫，它們總是向著那開放的將來開展，我們也知道，到了終極它們便將會在死亡中結束。縱使西方哲學，也含糊暗諷地承認在「存有」中時間的角色——西方哲學對「存有」最傳統的標準定義，乃是「那恆久『現』『在』的」（that which always *is*）。然而，海德格的回應就是，沒有任何事物是「恆久現在」的。

當海德格撰寫《存有與時間》之時期，似乎不曾有任何特別明確的政治立場，雖然，很明顯，他對啟蒙時代的思想及所有著作都十分激烈地反對，再者，海德格的生平背景，乃是德國南部鄉下地區某小鎮的一個工匠的兒子，實在不大可能他會被培育成為一個激進左派的支持者。海德格本人立場的政治化似乎是在1930年代早期開始。曾經有一段短暫時間，當希特勒剛奪得政權上位之時，海德格曾高度明顯地參與政治，公開並且活躍地為納粹主義發聲。他曾沉湎於

成為「德國某間大學的第一位納粹主義校長」的意氣風發中，但於此同時，海德格發現自己在政治上被邊緣化[j]。於1930年代結束時，經過深思之後，他覺得那官方的納粹黨之意識形態，不外乎是（他持續反對的）西方理性主義的其中一例。他尤其反對的是，將倫理及政治建基於科學（準確而言是達爾文生物學的版本，納粹黨借此理論去肯定它的種族主義教條）。根據某個納粹祕密警察的報告（**撰寫人為間諜，曾去觀察海德格的授課**），海德格「已退隱成為一個自己想像出來的個人納粹主義者」。根據海德格在晚年所接受的一個訪問中，憑其發言可以判定，海德格直至1976年他辭世那一天，似乎都持續維持這個「個人納粹主義」的立場。無論如何，大約1939或1940年之後，他的哲學思想經歷了轉變，最低限度，他所強調的論點有了明顯的改變。海德格早期的立場所強調集中的，乃在於個人的決定上，但之後，其焦點做了重大的歷史性轉移，於此，他認為人能夠做到的都沒有甚麼了。雖然，在某意義範圍中，「牽掛」（care）與「關注」（concern）皆是海德格早期及晚期思想的核心，但在晚期那「牽掛」的性質卻已改變。早期哲學的核心乃是個人於行動之投入承擔；於此時期，重複提及之「牽掛」的意思，乃是在「負責」（take charge）及奮勇向前邁進（forging ahead）之範圍內。然而於晚期的哲學，卻將此正面價值觀降低，漸而將所謂適切於人性的「牽掛」與近似佛家禪學的「泰然任之」（letting go/ gelassenheit）[k]的性質聯繫在一起。晚期的海德格思想是，人一定要保持開放，聽任接受存有可能對我們的召喚，及學習照顧存有，猶如牧羊人照顧他的羊群。我們要變成「die Hirten des Seins」（存有的牧

者）[1]。如果海德格的早期（思想）模式是積極行動型及無所顧忌型，晚期的立場則是強調人需要培育、照顧、撫育環繞人周圍的萬物。在海德格晚期某些著作中，似乎經常出現原基－環保主義（proto-environment）的調子。

《存有與時間》一書的風格，可說是充滿強力規勸的語氣，但它並沒有正面主張或污衊，任何特殊的生活方式或某方向的選擇。海德格常被問到，究竟《存有與時間》是否涵蓋著某一套「倫理學」，他總是以他慣常的狡猾方式回答：這不是一套「倫理學」，但這也不等如說，該書的內容跟倫理學毫無關係。我認為，去明白海德格這句話的最佳方法，就是用以下的意思去理解它：「倫理學」並不是純粹超離的利益考慮或純思辨性的運作，它通常總是對某人講訓令的話：「你，神的兒女，不要這樣做！」「身為一個有理性的主動行動者，你應該避免做那事！」「全世界無產階級，團結起來！」因此，在給予任何倫理上的勸告意見之前，你應該調查清楚，你要耳提面命、提供指導意見的對象是**誰人**（如果有指定某人）。《存有與時間》其中一條討論的路線，就是關於究竟「人」是否一個「個體」，即一「特定的某人」。然而，人其實不是作為個特定體而誕生於世，而是作為芸芸大眾之中，無名無姓的一份子。然而，我們都假設，芸芸眾生都有機會轉化而成為獨立個體的可能性。某一個人採取了某種個體化的「牽掛」態度，由此而投入於其自身的生命，因而成為了一個個體；這即是說，去投入於自身的生命，使其成為其籌謀計畫的組合，而此組合則展向死亡。要成為「本真的」，就正是去採取如此的態度，再者，成為本真的正是成為一個主體（subject）的先決條件，而身

為主體，才可以成為有條件聽取道德論述訴說的人。因此，《存有與時間》陳述形容了倫理學的其中一項先決條件，亦即，倫理主體的潛在可能的生成及構造。

由於人們普遍對納粹主義的強烈反感（這是可以理解的），而海德格與這運動緊密聯繫，於是很自然《存有與時間》會被人視作如萌芽種子一樣，推動海德格，或無論如何，容許他（在《存有與時間》出版後六年）發展成為一個活躍的納粹主義者。盧卡奇其中一本晚年著作《理性的毀滅》（*Die Zerstörung der Vernunft*）採取了庸俗馬克思主義的標準思想路線，認為海德格斷然拒絕「理性」，即等如海德格靠攏向右派政治，這幾乎是無可逃避[m]。倘若邏輯實證主義者如果願意費心宣示他們的立場，就會傾向採取跟盧卡奇同樣的進路（雖然他們對「理性」這個概念的進路，比起盧卡奇的觀點，更為傾向於現代自然科學的詮釋）。阿多諾[8]曾寫一本小書《本真性的行內述語》（*Jargon der Eigentlichkeit*），論述了海德格的風格所表達的專制主義及美學的缺點。他同時指出，雖然在海德格的著作中，有很多地方都是關於「時間」和歷史的討論，然而，其唯一真實的主題，乃是我自身的生命中的時間之流，以及我自身和它的關係[n]。在《存有與時間》中，沒有真正的歷史，亦即，沒有對過去的社會、政治，及經濟的營構組合的研究，也沒有探索它們如何改變，但該著作成立了一個高度虛弱的「存有的歷史」——即對過去出現的**各個哲學**的研究。最後，有不同的學者都指出，海德格恆久執著沉迷於「起源」（origins），這可以很

8　阿多諾（Adorno, 1903-1969），德國社會學家、哲學家、音樂家以及作曲家。他是法蘭克福學派的成員之一。

容易蛻變成對某種毫無吸引力的原始主義（primitivism）的肯定。我認為，公平地說，這種種關於海德格的討論，雖然絕對不是沒有用，但它們總是高度思辨性的，這很容易變成接近「引發法西斯主義產生的單一哲學性病毒的追索」這個想法錯處有兩點：第一，法西斯主義不是因某一個哲學性的錯誤而形成；第二，在我可以了解之範圍中，沒有單一個哲學觀點，是被所有法西斯主義者同意並持有的。毫無疑問，對於十八世紀哲學家康德的追隨者及尼采哲學的信徒而言，法西斯主義是極其吸引的，然而，黑格爾主義者及邏輯實證主義者[(o)]卻對納粹思想非常反感。然而，究竟康德及尼采的學說的追隨者有甚麼的共同特質，而導致他們跟黑格爾主義者及邏輯實證論者有所分別？

　　雖然，海德格在後來宣稱，《存有與時間》是個失敗之作，他卻永遠不會對它反駁，反而繼續認為這是哲學之路必要經歷之階段。又或者，相反來說，借用海德格喜愛的比喻來講，哲學本身**就是**「一條路徑」，而《存有與時間》就是這條路徑上其中一系列的梯階。「路徑」這比喻越是廣泛使用，海德格就越變得懷疑，不知道人的行動會有多少可能性，可改變自身與存有的關係，同時他就更加強調，我們實在需要以牧者的耐性去靜靜等候，存有向我們「呈現自身」。二戰剛結束時，戰勝的同盟國基於海德格參加納粹黨，而禁止他出版及教學，後於1950年代早期，終獲解禁，海德格所出版的第一本著作乃是一系列的文章的結集。這本著作的書名喚作《Holzwege》[9]。Holzwege的意思，並不是森

9　　《Holzwege》：英譯：*Off the Beaten Track*，即：遍離繁忙主幹大道的小路。

更改主題：哲學從蘇格拉底到阿多諾

350

林中小徑，英譯本的題目給予讀者的印象，正好比德國詩人艾興多夫[10]或英國詩人華茲渥斯[11]的某個靈魂伴侶正在（森林中）享受著清新空氣那種調調。正好相反，海德格自己也解釋，這題目Holzwege（直譯：木路徑）所指涉的，正是那些在茂密森林中，伐木工人為要將砍下的樹幹拖走而開拓的小徑。這些小徑從樹幹砍下之處延展至木頭堆疊之處便停止（往前）。因此這些小路不是普通人使用的。雖然不是絕對，它們也通常是不知領向何方。在日常德語中，有慣用語「auf dem Holzweg sein」意思是「處於**錯誤**的軌道，在領向**不知那裏**之高速公路上」。海德格自己很熱衷於將其著作譯為法文出版，這本文集的法譯題目為Chemins qui ne mènent nulle part（不領向任何地方的小徑）正掌握到作者正確的意思。我認為，如果這本著作的讀者將海德格本人（或普遍來說，哲學家）比喻作積極在森林中開拓道路的伐木匠，就完全錯了。無論如何，伐木匠很清楚知道自己在做甚麼，及他們要去的目的地：就是要去有待砍伐的那些樹之所在地。而海德格，或可以比喻他做一個很輕鬆隨意的牧羊人，在森林中遊蕩，並思量著，那偶然踏上走著的路徑，究竟會領向何方？如果這條路是Holzwege，那麼答案就是：很大可能不知它會領向何處。

越深入研讀海德格，就會越來越清楚，他其實完全等同於一個聰明靈巧、冒充內行的人，一個已無法改過自身的欺侮弱者的人，但同時是個極度有天分的現代主義知識份

---

[10] 艾興多夫（Eichendorff, 1788-1857），德國詩人、小說家。德國最重要的浪漫主義作家。

[11] 威廉·華茲渥斯（William Wordsworth, 1770-1850），英國浪漫主義詩人。

子。他大概是二十世紀最有影響力的哲學家，他的論述顯然也是被最多人評論的。很多人不歡迎這個事實，這是可以理解的，因為很多人對海德格是個納粹主義哲學家都很反感。海德格儘管扭動掙扎、左閃右避及徹頭徹尾地說謊話，都不能讓他有絲毫機會否定，他直到死的一天都是納粹主義者（雖然他希望成為一個自身單獨定義的納粹主義者）。在英語哲學界，海德格的影響力事實上是特別難以體現及受到讚賞，英語哲學界幾乎是把海德格看作只是個邊緣人物的唯一地方。縱使如果海德格不曾是個納粹主義者，但他對那些基於數學、自然科學、普通常識、日常語言，及其他英語文化背景為支柱的哲學思維的渺視，導致他的思想論述在這語言地區較難被接受。可以想像，當我們的生態環境越發崩潰，災難的影響開始變得嚴重，海德格的處境可能會改變：人們對晚期的海德格思想可能重新產生興趣，因為這時期的思想所強調之「牽掛」這概念，已從《存有與時間》被詮釋為人的本質的意思，轉化成晚期的讓物自在／泰然任之（letting-things-be，Gelassenheit），以及對環境的關懷為主軸的倫理學。但是，似乎情況應該會是，如發生了（環境）大災難，之後的倖存者對實際眼前情況，應該會有更多迫在眉睫的關注要處理，而不是那二十世紀中期的哲學文本。

第11章
維根斯坦

很多哲學家都覺得如要承認他們曾經改變過想法立場，實在困難，但承認了又怎樣？做錯甚麼呢？經濟學家凱因斯[1]曾這樣說過：「當事實改變了，我就會改變想法，而你會怎麼做呢？」當然，這是個藉口，之所以提出來，是因為政治經濟世界皆瞬息萬變，為了配合政策措施的訂立往往朝令夕改，說這話只是順勢作補救解釋，但確實是有力而振振有詞。如果認為決定某政策措施之前，應該先考慮評估世界真實情況，這絕對是合理的——的確，在真實世界內之千絲萬縷的細節，正時刻在變。那麼，如果一個人的觀點隨著事實轉化改變，沒有甚麼值得驚奇，因此，如果一個理論家隨時勢而改變思想觀點，實在不需要感到慚愧及尷尬。然而，哲學家的情況，卻不是與上述的情況相約，及同樣容易被接納。很明顯，有某些馬克思主義者，認為哲學思考活動，應該是時刻有意識，明確地與當下實際世界維持緊密的聯繫，並且一定要持續如此，因此，想法必定會隨著環境事態之變遷而改變。但這些馬克思主義者是一群小眾。大部分哲學家認為自己正在關注的，基本上都是關係到那些宣稱為不會隨

---

[1] 凱因斯（Keynes, 1883-1946），英國經濟學家。

著時間而改變的結構，或者在某種程度上是沒有變化的。可能有些細節可歸類為次－哲學性質的（sub-philosophical），即主流哲學對它們不會留意或不感興趣的：例如決疑論或應用倫理學的問題等，因此，在這等範圍中縱使犯了錯誤，在哲學上而言，也是毫無重要性的（雖然或會實際上是災難性的）；再者，在某種程度上，我們可能接受在政治、經濟、社會事實範圍內，出現了意外的、偶然的或不能預計的動盪，或在宗教、藝術或科學領域出現各種新發展，由此而使得人們轉向，改變所強調的立場。如此推論，如同其他學者一樣，哲學家縱使願意「紆尊降貴」，去成立某些關於世界的低層次的論點，而不僅是專注於事物的普遍性，也可能會無法去解釋不在預期的變化，或由於不合時宜地發生的事情，而被發現犯了錯誤。

再者，哲學家有時不僅改變個別的想法，同時還會整體地改變其「立場」；這即是說，他們放棄了一向確立的觀點，又或者修改了其所持的看世界方法的重要結構要素。對於某些只有一本著作流傳於世的哲學家而言，這個問題並不會出現；盧克萊修於在世時，連一本著作都沒有出版，他只留下未完成的詩作，有待（後人）加以「編輯」，在作者死後，才可較為完整地出版。或者盧克萊修有機會對自己的著作再三反思，又或有某些詩稿包含了「其他」的立場，但是，沒有人注意到這情況，或甚至在古代時期似乎也沒有人留意到。如果這假設情況出現，盧克萊修的不同著作，可能會包含了矛盾性，不同論點之間的爭論「張力」，那些尚未完成的章節可能會向不同方向發展，但這樣也不是必然的代表哲學家／作者立場的改變。

還有其他哲學家的作品，很明顯，在本質上或甚至刻意地，保持非常流動或開放，我即時想起的例子，就是蒙田或尼采的著作，同時，在某些情況中，舉例說柏拉圖的對話錄，其表達方式是非常辯證地轉化，並且更是深切地以反諷的結構為主導，因此，於柏拉圖而言，穩定不變的主張這種問題的形式，跟後來出現的、較為堅持教條主義的哲學家的形式，實在很不一樣。無論如何，讓我們重溫一下，蘇格拉底是何等熱衷於強調，他對將來的「期望」正是不變並且是堅定的。蘇格拉底之後，越來越多哲學家仍然是廣泛地被假設及被要求，對事物要採取相對肯定的、經認真細想過的、堅定不移的立場。如果他們真的改變立場，就會出現一個可能性，即人們要麼覺得他們只不過是適應當下——哲學立場方面、又或政治立場方面的當下——亦即轉眼即變（的情況），要麼認為這等的哲學家「善變」，在其著作中沒有堅持恰如其分的嚴格謹慎，或者——這樣說實在使人不快（horribile dictu）——他們在哲學這個被假設為受到適當監控的場域內犯了錯誤：如站在這「善變」的立場，有可能是很尷尬的。

　　一個哲學家如在其著作中，公開地表達了似乎是兩個十分清楚地不同的立場，當跟某人對峙辯論時，被對方指出他立場不專一，他可以在眾多立場路線中揀選其中一條，嘗試去解釋所發生的轉向。在某些情況中，當然，一個哲學家改變立場乃是一件要記錄下來的公開事件，例如奧古斯丁受洗成為基督徒，或盧卡奇在匈牙利參加了共產黨。這些行動公開的性質，使到人們不會以為內裡有甚麼不能探究的神祕因素。如此的轉向，可能有清晰的陳述去表達，同時人們也會

預期有如此的公布。這種表達方式可能已有很多先例及既定公式。非常受到維根斯坦（以及海德格）推崇的作家奧古斯丁，甚至專門寫了一本重要的著作：《懺悔錄》，去敘述他曾（多次）改變立場。在他臨終前，更寫出版另一著作《懺悔的囚犯》（*Retractationes*），回顧了自己的信念及立場的發展歷史。於此，不斷改變思想觀點立場的結構性陳述，自身成為了明確的哲學探究的內在對象，或者，這（改變）甚至是終極採取的哲學立場的其中部分：沒有人能夠一出生便是一個重浸派[2]，人一定曾經是站在某一角度，之後又轉變去另一立場。這種思想觀點的改變過程，對構成「立場」的本身是必需的。或者黑格爾的《精神現象學》，正是上述的層層積累的發展之最佳例子——在某個意義下，這著作所述說的，乃是立場過去的不停轉變，它同時被理解為，在回顧的經歷中，所有轉變皆是「理性的」，如果正確地進行，《精神現象學》自身就是最圓滿完整及恰當的哲學性反省的內容。

盧卡奇並不如黑格爾那般，認為哲學一定是回顧性（retrospective），他也不贊成哲學是思辨性（speculative）的，相反，盧卡奇認為哲學是實踐性（practical）的。然而，他在公開承認採取了馬克思主義立場之前的著作，即如今（被後人）自動地及直接地標籤為「前馬克思主義」時期的作品，可以毫無疑慮地（sans états d'âme）依照上述的指標詳加討論。另外某些著作（例如勃魯姆提綱——盧卡奇所草

---

2 重浸派：在歐洲的宗教改革運動發生時，瑞士宗教改革家慈運理（Ulrich Zwingli, 1484-1531）所領導的運動中成立的教派。重浸派主要特點是不承認嬰孩所受的浸禮，只認同信徒成年的浸禮。（https://www.lrip.org/churchhistory/Big5/history/10.htm）

擬，由1920年代後期開始的共產黨綱的概述）的性質，可以回顧地被定義為「順應了其發表的時代及情勢」[a]。更進一步而言，所謂「自我批評」，正是在某種有組織的馬克思主義，與及基督教信仰的形式內，受到承認的範疇。這裡意思即是，藉著反省討論之前所持立場，甚至所犯的錯誤，其實更可以與既定的思想模式準確契合，並且事實上，（透過自我批評）還可以被視為能夠支撐強化之後所持的立場。

然而，對於那些處於制度（可能只是部分制度）所公認的教義之外的哲學家，選擇是截然不同的。二十世紀兩個最有影響力的哲學家──海德格與維根斯坦，皆在同一年（1889）出生，他們的思想，在很多方面都十分不同，但有一相同的地方，就是兩者的著作，所展示的發展，都似乎分割為兩個截然不同的，在歷史時序上先後別異的時期：兩者（第一時期）的思想，都在1930年代暫止。但實在太多事物都在1930年代崩壞了。渡過了這中斷的時期，兩者的著作，所顯示的不僅是立場的改變，更幾乎是其本人前期思想的一百八十度大逆轉。這即是說，所謂早期海德格，所代表的就是由開始至在1930年代早期的作品，所展示的是人的（存在）情況的概念性分析，海德格認為，這思想若從個體的人的角度來看，或者可以稱為「哲學人類學」（或者更精確而言，應理解為那身為生物的存在，因擁有潛能而可透過掌握對自身及其死亡正確態度，而變成一個人的個體）。如果從足夠遠的距離（亦即如果要使勁瞇起雙眼）去看《存在與時間》，這著作可以被視為對那三大既定的哲學思想模式的其中一項，做出叛逆及偏離的貢獻。這三大既定哲學思想模式，第一項為傳統風格的形上學：其對世界的立場的觀視，

就是將焦點投向世界中的萬物，將它們分門別類，並描述它們所擁有各式各樣普遍的特質，同時發掘物與物之間的相互關係為何。這種哲學可視為科學的延伸。第二項哲學思想模式所強調的是嚴格管控，亦即以苛刻嚴格的標準，去建立正確思想及正確語言運用的概念。無論從那個角度，都應該要透過正確思想或正確語言運用所釐定之模式及結構去觀視整個世界，亦即，如果以「正確的」方法去進行反省思考，這就會被肯定為依循了認定的標準（如果不慎偏離了正軌標準，便會被稱為「錯誤」，但如果有足夠思考能力及應用技巧，糾正錯誤是相對容易的）。這種思考模式，將哲學看作數學與邏輯的延續。第三種哲學的思考模式，就是將人對世界的認知能力放在中心。其所問的問題再不是：「在那裡的是甚麼？」（what is there?）或「如果要貫徹一致的話，要說的會是甚麼？」（What would it be consistent to say?）而是：「我們如何有可能／有足夠的能力／事實上去知道？」（How could/ can/ do we know？）有關這第三種哲學思考方法，對其早期版本，有哲學家猛烈地提出兩個批評：其一，假設認為人的知識基本上一定是命題知識；其二，贊成這種哲學思考方法的哲學家，認為以下立論是合理的：身而為人的「認知主體」（human 'cognitive subject'），乃是一個個別的及基本的存在物，並且這是天賦的。《存在與時間》這本巨著仍然很明顯地是這第三種哲學思考方法的繼承者。但是，在海德格後期（即1940年之後）的著作，先不管是多麼難以明白、晦暗，或甚至前後不一致，它們已完全不屬於上述那第三類的哲學思考方式。它們企圖跟所有命題式知識的概念性分析保持距離，並且轉向追尋隱晦、難以理解的詩句

形式為其基本的取向；同時它似乎並不視人的個體經驗，或任何形式的人的認知過程，為思想所偏重的框架，反而是逐漸傾向於將人的所有作業放置於更廣闊的脈絡中——海德格稱此脈絡為「存有的歷史」（the history of Being）——進行思考，並將「存有」（Being）視作在歷史中基本的主動行動者（agent）。

維根斯坦的著作，也如同海德格的作品一樣，可劃分為兩個時期。他的《邏輯哲學論》（1921）[b]3，正是我所提及那三大傳統哲學思考模式的第二類（而非第三類）的最佳例子，這著作對語言的看法，就是語言乃是一個圖畫或一個圖像，表象著滿是獨立事實的世界的，所有獨立事實皆可用相對地簡單的命題形式表達出來；而所謂（一個）命題（a proposition）的意義就是，它以世界中萬千分明堅實的「事實（fact）」之其中一件作為對應參照。任何（事物）如果不是如此的一個事實的話——不論這（事物）是否很重要也好——都不可能成為討論的可能對象。除了《邏輯哲學論》，維根斯坦在他的生平，幾乎沒有出版過任何其他著作，但於1930年代，他成立了一個小圈子組織，追隨者是一大群學生及年輕哲學學者。在1951年，維根斯坦死後不久，他的一部分學生代他出版了《哲學研究》[4]，這著作維根斯坦曾用了好幾年時間去書寫。在這著作中，維根斯坦很清楚及明顯地反對他自己早年的思想論點（他認為是全錯的）——即語言的主要本質就是世界的一幅圖像（picture）

---

3   《邏輯哲學論》（*Tractatus Logico-philosophicus*），維根斯坦在其一生中出版的唯一的書籍篇幅的著作。本書在1918年第一次世界大戰作者服兵役期間寫成，首先在1921年以德語出版。

4   《哲學研究》（*Philosophical Investigations*），出版於1953年。

或一個模構（model）。他同時更反對「事實的形上學」（metaphysics of facts）：根據《邏輯哲學論》，這正是世界的結構之組成。他後期認為，語言的使用，並不是像一塊鏡子般反映世界，反而語言是各種各類不同的社會行動形式的集合體。對我們而言，嘗試「表象」（represent）世界，或給予一個世界的圖像，不是絕無可能，但是，這功能是非常特殊與奇特的，即首先要滿足高度特殊的條件的要求，才可以讓如此表象世界成為可能。陳述性的命題並不是語言的意義的範例：這即是說，意義既不是命題的純粹形式性或是邏輯性的屬性，也不是某種聯想性心理學現象（其軌跡只是限制在個別私人的思維內運行）。意義能夠成立，所倚靠的，或可被理解，就唯有以一套複雜的社會實踐模式作參照，這套社會實踐模式大大超越了「僅只」屬於語言運作的範圍。解釋至此，有人大概會認為，這確實是十分黑格爾式，但如此對黑格爾哲學的思想的傾向，已或多或少在1848年之後完全失傳（除了有某些派別的馬克思主義還做保存之外）。因此，事實上，維根斯坦在某種程度上，是浪費時間無謂地重複已存之理論，但這並不是贊成或反對這觀點究竟是正確與否的論據。

《邏輯哲學論》的意圖，是高度傳統的，無可置疑的哲學性論述，在其序言中，維根斯坦宣稱，該著作所包含的所有陳述，其體現的真理乃是「unantastbar und definitiv」（不容侵犯質疑及決定性的）。然而，在《哲學的研究》的序言中，他以最深度的誠實態度，去承認他在《邏輯哲學論》提出的立場是完全錯誤的。

然而，《邏輯哲學論》真的是錯了嗎？這個著作企圖展

示的，乃是「任何能夠說的，都可以清楚無誤地說出來」。反之，《哲學研究》所探索的，則是說話的可能的方法，那是沒有限制而多向度的，並且說出來的也不能肯定為「清晰的」表達。「清晰性」這概念，在《邏輯哲學論》中運行並有效，但在《哲學研究》中，竟然被揭示為自身完全混亂，並且同時又太過僵化，以及太過模糊不明確。對於那些廣泛流傳的意指為「清晰性」的概念的批評，再加上某些與此相關的其他概念（例如：「確定性」、「精確性」（§88）、「不含糊性」等）的批評，正是後來的著作（即《哲學的研究》）最有趣及威力最大的部分，它在廣闊的層面，批判了一系列認定語言必須為單一意義性及確定無歧異性的種種偏見。很多哲學家習慣上所確認之某些形式的「清晰性」，實際上不可能是必然的，因為這些「清晰性」的形式根本不可能成立。沒有任何世界的「圖像」可以是絕對地清晰或鮮明的（§71-§88），在任何情形下，它們皆不可能滿足哲學家們所定義的尖銳鮮明性及清晰性。我們所能期望對世界的「表象」之方法，皆充滿者模稜兩可及不確定性。唯有「慣性的社會行為」可以是讓甚至最無修飾直接的描述語句，和真實能扣上聯繫的橋樑，但它們其實名不副實，本質上都是多重變化，及不可預料的。

在文藝復興時期，語言被發現為無限地多義及充滿歧義，亦即，事實上任何陳述語句，皆可以從很多不同途徑去詮釋。弗朗索瓦拉・拉伯雷[5]的著作《巨人傳》的第三卷，

---

[5] 弗朗索瓦拉・拉伯雷（François Rabelais，約1493年－1553年），法國文藝復興時代的作家，也是人文主義的代表人物之一，代表作為《巨人傳》（*The Life of Gargantua and of Pantagruel*），1532-1564出版。

對語言的多義歧義性做了極致的示範：它陳述了主角巴紐朱（Panurge）為了一個實際的問題，努力去採集他人建議的經過——他的問題是：他應該結婚嗎？他去徵詢所有能夠聯絡到的權威專家，但結果就是，如果收集到的建議，和他原先的期望並不配合，他便用自己的機靈及聰明，將它們轉化為對他有利的鼓勵語。當那些被徵詢意見的專家（例如已死去的詩人維吉爾[6]——透過占卜維吉爾卦[一種西方中古時期流傳下來類似《易經》的占卜]得到提示，或者女巫，還有其他）都以絕對不含糊的言詞告訴他，他（將來的）妻子會毆打他，搶劫他的財富，還會紅杏出牆，但巴紐朱卻對那些專家所提出的勸戒話語的「意義」，不斷地展開了越來越複雜的詮釋，到後來，專家的勸戒被巴紐朱詮釋為：他的妻子將會是一個很小心的人、鍾愛丈夫、對丈夫忠誠，及誠實的人[(c)]。當基督教信仰出現後，這種意義的不確定性轉化為神仙故事的主要部分。**從來都沒有**人能夠以如此精準確切的話語，去表達一個的願望：由此阻止魔鬼去準確逐字無誤地依陳述願望的言辭，將它實現，但所說出來有關願望的話語，只會必然地阻撓聽取話語者理解這願望的真正意思[7(d)]，不論加上多少附屬的性質及解釋，額外的解釋空間仍然會出現，而這樣不斷增多的解釋，不會自然完結，只會永無了期地延續下去。進行詮釋之過程中，不斷衍生的詮釋會變得越來越

6　維吉爾（Vergil或Virgil，公元前70年－公元前19年），古羅馬詩人。

7　譯者注：這段有關魔鬼完成凡人的願望的典故，來自浮士德的傳說（魔鬼滿足浮士德的願望，以換取浮士德的靈魂），本書原作者於此處引據的是英國一套名為《迷魂陣》（*Bedazzled*）的喜劇電影（攝於1967年）的劇情。這套電影以1960年代的倫敦為背景，借用喜劇諷刺手法將浮士德的傳說演繹出來。

精煉，它們漸漸可能變得不大可信，這或許是正確的，於此，「意義」其實要依靠某種閱讀或詮釋的「可信性」來成立。然而，所謂「可信性」乃是屬於另外的一個論述範圍，這範圍跟認知性的意義的嚴謹分析完全不同。「可信性」可說是屬於修辭方面的構成，而不是語意學範圍之問題；最低限度，這是大多數的哲學家的看法。因此，雖然「那隻貓正在地毯上」，或「這溶液變了藍色」，或「現在正在下雨」這等句子的意義**似乎**很簡單，而且也很明顯地表達了其負載的意義，並不需要任何進一步的解釋，但其實情況未必如此直接簡單。基本範例（paradigm），還有進一步思考「意義」，或「**所有**意義」的出發點，就如同巴紐朱所面對的情形：他手中有一句維吉爾的詩句，對此他一定要做出「詮釋」，在這個情況中（人們大概都會說：「這是明顯不過的」），出現不同進路的詮釋是完全可能的，同時，沒有任何單一個詮釋是絕對地、清晰無誤地被確認為「緊跟內文本身」而生。

對於上述問題，霍布斯皆會承認，亦即所有語言的意義皆有開放性及潛在的不確定性，並且，人們可以對任何符號，皆潛在可能採取多樣不同的詮釋方法。霍布斯提議的解決這問題的方法，就是訴諸於當權者的權力——當權者可以憑他個人的意願，去制定任何字詞的意義，並且強制實行某種閱讀理解途徑。當權者以行動（acting）去強制他構想中的閱讀／理解（reading）：「如果你用自己的想法去『詮釋』某條律例，並依自己的意向去將之實行出來，當權者就會行使權力及有辦法讓你後悔（這樣做）。」霍布斯的看法，恰恰是正確地去強調在**行動**中的一致服從。如果當權者

制定一條法規，例如：明言任何人在堡壘外圍的草地上行走便會被捕並處以「極刑」（capital punishment），那麼，於此情況是否還有詮釋「極刑」涵義的可能空間？這裡極刑的意思，能否有可能是指「主要的、重要的、顯著的」刑罰，而不是指，例如說，「死刑」？或者，「極刑」的意思是否特別收窄為「斬首」之刑（而不是絞刑、穿刺之刑[8]，或以厚毯子悶至窒息致死、毒針注射、被亂石擲擊致死、電刑[坐電椅]）？霍布斯認為當權者可以只容許他本人以某方式的行動，以成立的單一詮釋，來阻止任何其他詮釋通行。如果當權者很想清楚地將「極刑」特別定義為「斬首」（而不是隨便任何其他古老的行刑方式），那麼，他就可以將那個將犯人施以環首之刑（而不施行斬首之刑）的行刑官的頭斬去。當然，一般而言，當權者不會親身去做這個工作，而是會命令其他人（例如另外一個行刑官）去幫他動手。然而，當權者如何準確地去指令那些其他的行刑官精確地執行任務？其他的行刑官是否需要受到更進一步的強制性懲罰的威脅管控，才能準確無誤地依指令而行？可以想像當權者手中有著無數的行刑官聽命於他，而這等行刑官，根據假設（ex hypothesi），全部都是威風凜凜強力震懾他人，但如果有在某個具體情形中，當權者不能精確清晰地傳達其命令，這群行刑官的功能會是甚麼？最近，我們所有人都常見到口號——「Brexit means Brexit」（英國脫離歐盟的意思就是英國脫離歐盟）——如果有人真心嘗試去進一步理解

---

[8] 穿刺是古代的一種酷刑，即將犯人的身體用一根木棒刺穿。穿刺之刑往往使用一根很長的木棒，插入人體的特定部位，如直腸、陰道、口腔等。如此的方法會導致受刑者在痛苦中死亡，有時候會長達數天。施刑的木棒往往會插在地上，任由受刑者在痛苦中死去。

或認真企圖去解釋，那麼這根本就是一句蠢話，雖然，這種情況就好比在演說辯論學會中，為了團結支持者或使敵方不勝其煩，於是不斷重複大喊，狂亂地叫出口號，意圖獲得咄咄逼人的效應。

在某種情況下，「解釋」（及其伴隨著的，唬唬嚇人的棍棒或鋒利短刀）一定要停止——要停止的臨界點就在於，民眾已幾乎只會即興地，或慣性或毫不反思地去回應或反應，亦即，民眾的反應，如我們所說，是**不經思索**的。這種自動反應的行為形式是因習以為常地產生，不須解釋或甚至不須討論（在其既定脈絡中）。它們不是由當權者無中生有（ex nihilo）地創造出來的，但卻是被預定（如此實行），及習以為常地被當作「自然而然」就是如此，完全不需要或甚至不接受論述評論。但，這等慣性行為其實是可以，或真會改變的。例如，有某人從法國（道路通行方向靠道路**右側**行駛）去到另一個國家，例如日本（道路通行方向靠道路**左側**行駛），或逆向從日本到法國，都通常會感到吃驚，原來（自己）有這麼多所謂的「自然」反應，亦即那些不經思索便自動做出的行為——例如過馬路之前會自動地先向左，或向右望——到了異國新環境，就需要糾正。當然，當人們警覺到慣性行為和環境不合，便會漸漸改變它們，將舊習慣完全改換成新習慣；假設有某法國人駕車者，在日本生活了逾十載，當他回到歐洲大陸時，他可能又需要一天或更多時間去重拾他原本在法國生活的舊習慣。這個例子並不是指在某種特殊情況中，人們某些特殊的反應形式，沒有明顯地被抽出來獨立地受到審視，或甚至不會基於新的標準而被轉化，但這個案所指出的，正是我們抽出了某一極特殊的反應，並

將焦點放在它之上，但這反應是從許許多多已被內化為想當然的、幾乎已無意識的自動反應行動中抽取出來的。

「固定不移」的幻覺之成立，正是因為大多數的想法及大多數的語言運用，都不是由（關於鐵一般事實的）絕對清晰的命題所組成；而是基於慣性的，經常參與各種「語言遊戲」（維根斯坦在晚期哲學成立的概念）而成立。假設有某個建築工人在工作中，要將建築材料遞送給第二位建築工人，而在材料倉庫中有兩種東西：粗糙砍切未經打磨的木條長板，以及大塊的打磨光滑的圓形的花崗岩。當那個第二位建築工人高喊：「木（Timber）！」他意之所指百分百清晰：他不是想第一位工人運送一塊圓形花崗石給他，而是要一條長條木板。如果他喊道：「石！」那麼他要的就是一塊花崗岩。高喊「木（Timber）」（一字）並沒有營構或斷言成立了一個命題，或擁有邏輯上的真值（truth-value），這個字甚至不是一句（有「主詞+屬性」的形式的）完整句子。然而，這樣高喊是清晰無誤的，也是滿足了最高準確度及毫無歧義性的要求的「言說事」（speech-event）。如果說這言說事是「清晰」的，其意思就是，那兩個建築工人都有能力有效地運用它去協助他們完成要做的工作。人們通常習慣的種種運用、需要及行動三者的配套皆是完全開放而無確切限制的——亦即，對甚麼是具體真實上，那可被稱為「清晰」的，都沒有硬性規定，或確切的限制。上述例子中，建築工人高喊「木！」所傳達的意思，是「清晰」的，原因正在於那兩位工人共同參與的同一語言遊戲中。如果在倉庫中，建材中有較短的木條（用來做窗框），及較長的木條（用來做地板），**同時**，如果這兩種木質建材都是有不同功用，那麼

第二位建築工人可能會有其理由，只想要其中一種木質建材而不是另一種，那麼他如果只高喊的「木」（Timber）一字，就不會是清晰及確切了。他所需要的是短木條還是長木條？

語言在本質上其實是行動，說話（speaking）是個活動，亦即是人們要完成某個工作計畫時，其中一個手段。事實上高喊「木！」並不是確認一個有邏輯上真值的命題，但並不等如說這一聲高呼，不能以其他方法去量度其價值。例如，在某角度，如果工人高喊「木！」，我們可以評論，（工人選擇木）是不智的──這判斷的意指是劃清楚界限：建築工人需要應該是大塊石材而不是木板，因為木板在雨天或下雪天很快便會腐爛；在另一角度，工人如高喊「木！」，我們可以評論這是不道德的──這判斷的意指是，這個建材倉庫其實是屬於他人的，而這兩個工人正在不合法地搬走建材；或在另一情況中，我們指出，工人說錯了話──工人高喊「木！」，其實是想說「石頭」，但他卻說錯了。如果我對兩位工人的對話及行動，做出上述各個評判，很明顯，我是站在一個於他們兩個正投入及實現中的語言遊戲**之外**的位置，而做此等等「評述」──但是，如果維根斯坦是正確的話，我其實是正在參與一場涵蓋更為廣闊的語言遊戲**之中**。有某些遊戲的作用是評價其他遊戲：兩隊足球隊可以在一場賽事中比試，或者有時沒有球證也可以正常比賽，但較通常的情況中，都會有球證在場，並且在此之上，更有支配一切的體育機構，去判斷兩隊球隊的表現並給予評價，在某些情況下體育機構甚至會為足球比賽制度立規條及管理球隊及球賽。究竟這些管理的機構，應否被算進入

那本來的賽事（遊戲）的其中一部分？正如球證應否被算進作這場球賽參與者其中一員？還是，球證應否被視為正在參與另一個遊戲（即足球運動的管理），又即組織這遊戲的團體其中一個成員？這些問題都是沒有答案的。理由是，語言遊戲自身，跟其他幾乎所有事物一樣，皆是沒有絕對清晰準確及固定界限的。我們可以嘗試將清晰固定的界限加諸在事物之上，但這是在世界之上，人為地外加一界限，而不是去發現在世界中已經存在的界限。人們種種互動是否正當，是一個社會學範圍的事實——亦即，首先是將行動實現出來的參與者，然後較廣範圍的社群，會依照他們所決定採取的準則，去判斷這些行動者的行動正當與否。究竟這所謂「較廣範圍的社群」的邊界限制在那裡，或這社群如何決定甚麼模樣的行動是可被容許或不被容許，皆是無從清晰說明的。

如果在社會中人的生活就即等如（在其他許許多多事情中）參與各式各樣不同的語言遊戲，又如果其中有某些語言遊戲的內容及目的，可能依從了其他遊戲作對它的監控及規範，那麼隨即出現的問題，就正是於社會中不同的語言遊戲之間的關係。贊同柏拉圖思想的哲學家，會考慮去組織一個層級性的架構、內有高低價值分別的可能性、去將各語言遊戲的分類排列高低，並以某單一的至高無上的超級語言遊戲，去統領其他各層級的遊戲（這個至高無上的超級語言遊戲，可能是「邏輯」或「哲學」，或對於較老派傳統的理論家而言，這就是「神學」）。然而，以上所言似乎都正是維根斯坦要否定的。他認為這是不可能的，並且在任何情況下，他都不建議這個做法，因為如此就會將固定不變的性質，硬套在所有事物之上，但對所有事物而言，易於改變之

彈性才是其優點。在某種程度上，維根斯坦似乎主張所有語言遊戲都是包藏在他稱為「我們生命的形式（our forms of Life）」之內，但他完全沒有清楚解釋說明那是甚麼。很大程度上，這所謂「生命的形式」似乎包括了某數量的自然的及社會性特質，而這種種特質乃是語言遊戲的先決條件。我們會傾向認為：「如果我們的生活方式，就是語言遊戲的先決條件，那麼這一定會有其限制，因此我們一定要有能力去研究它們，並且學習這些可能成立的語言遊戲的限制。」然而，似乎沒有甚麼證據證明，維根斯坦會接受這說法。所謂「生活的形式」，其特質似乎正就是許許多多不確定性；同時，在「我們的生活形式」這句子中，那個「我們」究竟是誰呢？究竟在甚麼情況環境中，那些人會被劃定成為「我們」？在「可能確認為我們的生活的形式的某部分」（could recognise as a part of our form of life）中，這個「可能」（could）究竟是甚麼意思？在任何情況中，「一種生活方式」，在其自身而言，都不是一個（跟其他事物）可分離、獨特不同的研究對象，或者，縱使確實如此，這都是一項間接的並且高度經驗性的研究；很肯定，從這宣稱為「我們的生活形式」的知識，實不可能推斷出，對我們的語言遊戲必定會如何被建構之重要理解。同時，暫不說那生命的形式會以甚麼模樣顯示，之所以要介紹它的原因，就是去**否定**那所謂超級語言遊戲的存在。一個生活的形式，無論是甚麼模樣也好，很肯定地說，它自身必定不是語言遊戲。

自柏拉圖之後二千年來的灌輸，對我們（西方人）來說百分百自然不過的，就是所有人都假設所用的每一個字都有其意義，並且，這意義就有如隱形的鐵路網絡，不斷向著

將來伸展，並且是導引著每一個字詞的使用方法（§218）。然而，這個鐵路網絡其實是不存在的；有的只是（集體的）社會習慣及社會共同決定：如果它們改變——它們可以毫無困難地說變就變，也不需要任何人的批准才去做出改變——語言字詞的意義也會隨之而改變。然而，此處的意思，不是每一個改變都是非理性或沒有（合理）動機，改變的原因可以是社會性或心理方面的；而可以說，不是純粹認知方面的，很清楚，種種導致改變的理由，都不會必然地跟字詞本身某些固有的意義關聯起來。縱使改變的理由，在某意義下是認知方面的，但這並不意味著，某些字詞固有的意思，會決定其將來的使用方式。我們有很充足的理由去否定鯨魚是魚類；有人甚至會說，這否定有充足的認知方面的理由的支持，因為最重要的，就是它跟我們的生物學所教導的知識關聯起來。但是，稱鯨魚為魚類，或者不稱鯨魚為魚類，並不是一個單純的語意上的決定，也不是被字詞述語的「內部核心意義」所授權確認。如果認為上述所言的意思是：「我們所使用的字詞的意義，在**目前**已是完全地固定，並且十分清晰，但仍然大概**可以**（could）改變的」那就錯了。意義會改變是真的，但這只是瑣碎的道理。當然，我們大**可以**（could）用「兔子」這一詞去稱謂某種類的雀鳥，但那又如何？這情況的重點是：如果我們真的開始離開慣常的用途去使用某字詞（的意義），或將它放在另外建構的語言遊戲中使用，這樣做可以讓我們回顧地看到，這個字詞的意義，永遠都不是我們所想像的那麼清晰分明的。「木」（Timber）這個字，在適當的脈絡中，其意義是很清楚的，但是，縱使是如此，我們如何知道這字是指涉「木材」（wood），而不

是指涉它的形狀（長條形，而不是石頭般的圓形），或不是意指它粗糙的木質（而不是「打磨光滑的東西」）？如果我們的庫存的物料，除了一批質地粗糙的松木條板外，還突然增加了另外一批刨得很光滑的橡木長條板，那麼，在前用高喊「木！」（Timber）這字的場合，沒有要求我們一定要稱橡木長條板為「木！」（這裡意思即它們的質料為木材），而不能是「石！」（stone）（這裡意思可以是這物料表層是刨得光滑，而非粗糙的）。由此可見，除了源於社會集體運用，文字的意義的事實（fact of meaning）是**不存在**的，然而，縱使是字詞之社會集體運用，都不能提供清晰、可分別異同、精確、不會有歧義的意思——亦即我們熱切渴望、同時也是從前的哲學家宣稱其研究分可達致的理想境界。維根斯坦發現，這樣所導致的後果是極巨大的。其中一個後果就是，如果語意的最終極精確性與清晰性是不存在的，那麼，行動、觀點想法正確性的終極「肯定／確認」也可以是不存在的。如果最終極而言，我也不知某觀點想法的真正意思，那麼它的意思之任何肯定或確認，也只能是受其背景脈絡所局限及相對的，同時也深深依賴於實踐體現的情況（praxis-dependent）。

　　如果字詞都沒有本質上的精準及清晰的定義，同時，如果表面上精準性也別無其他只是表面的，那麼，如果說清晰性、精確性或肯定性是存在的話（比我們想像的可涵蓋的範圍為窄），這些詞語的意義性質，皆總是由有高度結構性的社會建制（字典、法律制度、學校系統等）所支撐而成立。雖然這等社會建制及實踐，正將一種有形實在的緊縮之力，強加於語言使用者身上，然而它們的壓制行動是脆弱及

易變的，所以原則上永遠不能產生（語言上）絕對的準確性的。換句話說，唯有語言是被大眾大量廣傳分享及有默契地接受，上述那種種建制才能夠存在，雖然大眾的反應，原則上變化多端，並且是自動、未經反省的。那麼，世界是或否由確定、鮮明並清晰定義的「命題」所構成也好，我們都不能絕對清晰地排除歧義去建構成立命題，因為建構的方法，總是有賴於人們的反應的互為關係而成立，而這些關係總有可能在不能預計的情況下變易，同時，我們在理論上不能將上述的因素剔除，因為它們（如果我們同時間一併去審查它們）必然地超離公式化的組織。並不是表示，這些因素一**個**也不能獨立地確定下來，這樣說是要指出，它們形成了不可被測量，並且會無限制地去擴大的團塊，那不是能夠一下子被掌握的。

有一點特別值得重視，那就是《邏輯哲學論》是由一系列編上號碼的命題，並再加另外編上從屬號碼的命題構成，這編輯分類的組織方法，成立了一個很複雜的系統，它顯示了各個命題的主從關係，以及相對上的「邏輯性的比重」。《邏輯哲學論》這個外在的結構組織，乃是借用了一般的數學教科書的結構而成立：這似乎好像很恰當地將這著作的世界觀展示出來：一個以眾事實構成的統一的世界，表達在高度形式化的語言中：這正展現為**單**一的系統。然而，《哲學的研究》的展述方法，則是跟蒙田或尼采所採用的文學體裁接近：《哲學的研究》是由一系列不同體裁的文章組成，這包括了許多各自獨立的短文；另外的章節，則是一系列簡短的討論文章，這些文章似乎是某組討論的「延續」，而這組討論則輯錄在各連續的章節中；還有好比內心獨白

（monologue intérieur）般的「間場式短文」；此外還有類似由幻想出來的對話者登場的戲劇式相遇，對話者投入討論，互相提出了反駁，表列論點、警句文體（aphorism）；更有的是依據示意圖像、數字的種種討論，等等。《哲學的研究》內的大部分短文，每篇皆不多於兩頁，一般而言比起蒙田的散文更為短小，但比起德國文學在十八、十九世紀，甚至早期二十世紀，所流行的「警句」體裁的篇幅則稍長。維根斯坦稱它們為「要點」（remark/ Bemerkungen），他說明這種文體正好代表他的思想的特徵。

　　《邏輯哲學論》極執著於有板有眼的組織，相比之下，《哲學的研究》的結構實在大不同，我們也許會問，這著作之目的，是否企圖反映維根斯坦將哲學變得有彈性又自由的新主張？如今，維根斯坦認為，哲學要分析的，乃是人製造意義和理解意義的各式各樣的途徑。正如語言遊戲，可以是沒有前設的固定限制、並且充滿開放性及不停變換（§23），哲學性反省所採取的形式也一樣，是可以更為開放及流動，而不需要有甚麼硬性規定的命題形式。然而，正如維根斯坦自己在序言中很清楚強調，這種流動性、斷裂性的書寫方式，其實並不是刻意的，或是一個有意識的計畫的其中部份。維根斯坦說明他一直想寫一本依據傳統的、完整的，有統一結構的書。他認為，自己沒有能力去將文字組織成為「思想由一部分順暢地流入另一部分的」整全的作品，實在是一種失敗，流動斷裂的書寫不是發現了嶄新的關於萬物的另類思想方法、或構想得出一個截然不同的世界觀、或一個另類寫作形式的「成功」之作。在序言中他提出了以下想法：構成這本書內以警句方式寫成之論點（remarks），它

們有著各自不相干的特質，這除了是作者的能力範圍所能完成的，也同時和這個研究計畫的本質有緊密關係（'dies hing mit der Natur der Untersuchung selbst zusammen': 'Vorwort''），然而，維根斯坦沒有依這思路繼續深究發展，反而馬上放棄了這思路，而回頭去肯定那看上去似乎較為傳統的觀點。

在《哲學的研究》，維根斯坦展示了最少兩項稍有不同的，但也不至於互不相容的哲學任務。哲學第一項任務就是，可比作在概念的範圍，或不同的思想所組成的範圍（Gedanken gebiet）內穿越的旅程，哲學家繪製了許許多多途中景色的不同素描，他將這無數的素描不停改動，重新繪畫、剪裁，並把它們組織在一起，從而去構成有關這旅程的景色的影像／圖畫（Bild）。這樣做讓人們以為，維根斯坦主張的是「那個景色」（the landscape）一早已經存在於外間那裡，只是在等待一個開拓者在其上縱橫交錯地勘探，並且熱切地將這「景色」詳細測量繪製成圖。雖然，大概而言，維根斯坦的意思絕不是，有關那景色的所有的各式各樣速寫，亦即《哲學的研究》所包括的種種不同語言遊戲，可以無縫地融合成為單一幅統一的圖畫，因為他說明，這本著作，「其實只不過是（可比作）一本影集（album）」。然而，一本影集，在普遍意義層面而言，並不是有統一的表象性的內容，它反而大概是好比做一本剪貼本（scrapbook），內中收集的材料，是因為許許多多外在原因而結集製作。我可以將我在柏林生活那一年的日子儲存了的照片、地圖、速寫、報紙新聞剪輯、音樂會節目表，甚至門票、公共電車時間表、以前過境東德的簽證，還有（如果我曾有那方面的癖好）乾壓花卉、喜愛的人們的髮絲、菜單、酒瓶標籤、似乎

有可疑的同事的手指模，或他們的字跡的樣本，結集而成一本畫集／剪貼本。上述所列出的每樣物件都有不同的功能，它們之所以湊合在一起，乃是完全偶然機緣巧合下，吸引了我的注意，並且勾起我於某時在某地的偏好（或討厭）的感覺。在這個意義下，這個剪貼集，可以展示我在1982年至1983年在西柏林的生活的一個「圖像或剪影」，但這完全不可跟眾多哲學家努力建構世界為一個整體的（或那個世界某部分的）單一圖像相提並論。

在《哲學的研究》內所展示的第二個有關哲學的概念，就是哲學家再不是被比喻作鬍鬚滿面的宇宙整體地圖製作者、或面上生滿暗瘡的少年電腦程式專家，取而代之，對哲學家的構想比喻，是一個非常投入地去實踐高技能的活動的人，例如「治療師」。「哲學性」的問題之出現，乃是因為語言「某天偷懶去喝酒至爛醉」（wenn die Sprache feiert）。在日常生活中我們會輕易分別出物質三態：固體、液體、氣體。雖然有某些現象是處於頗為跨領域地的邊緣狀態（例如果醬），但通常我們不會有太大困難去分別三者：如果我可以用我的手指握住拿起的東西就是固體；如果我要用一個玻璃杯子或一杯子承載的，就是液體；如果我可以用嗅覺感受到的，就是氣體。如果有人問：「電子究竟是固體、液體，還是氣體？」這就可以是一個標準的「哲學」問題——亦即，在上述問題中，語言的運用（例如「液體」等等）所處的脈絡，跟那在「日常自然的」功能中的語言遊戲的脈絡，非常不同。如果花太長時間或過分費勁地去思考這「問題」，就會導致我腦抽筋！維根斯坦發明的「哲學治療師」，或許可以治癒這類抽筋：哲學治療師會解釋，我有此

難題，是因為我把那些述語（例如：固體、液體、氣體）從它們參照並構成恰當意義的脈絡（亦即那些我可以觸摸、瓢載，或以嗅覺聞到的物質之範圍）抽象出來。我所犯的錯誤，正是我嘗試將某些字詞的相同形式，硬放一個完全不同的脈絡中而強加使用；例如，（硬放在）一個實驗室的脈絡：那裡有本生燈、電線綑盤、各種量度用的儀器，可伸進遠低於零度的封閉空間中操作的機械臂，還有站在寫滿了方程式的黑板前的理論家。我們由一個語言遊戲的範圍轉到另一個語言遊戲的範圍，於是導致「如何歸類電子」這個問題沒辦法得到答案（並且令我陷於頭腦抽筋）。但你一旦明白那些用來構成一個問題的術語，所真正屬於的是那一個語言遊戲，你就會理解到，這些術語在那個聲稱為屬於「哲學性」範圍內的例子中，其實沒有任何應用之地，於此問題也會自然消失。哲學家擔任了治療師的任務，就是讓這等等問題消解，去指出這等問題產生的根源，正是將某些概念／術語誤置在一個對它們來說不適切的脈絡中，導致它們被錯誤運用。哲學治療師要將每個問題視作獨立個案，逐一處理，除此別無他法，因為每一個個案所要處理的困難之性質，都與其他個案稍稍不同。維根斯坦所展示的「影集」，可能是一個集合了各種用過的「治療方法」的紀錄檔案：也許我們學習研究這影集後，會有所領悟，但這處所說的「學習」的意思，並不是指可將影集內記錄的各個具體案例普遍劃一化，因為收錄在「影集」中的每一個案都與其他的不同。

因此之故，上述所提出有關哲學的第二個看法，亦即哲學的目的，不是去獲得那景色的某一個「影像」（Bild），而是學習在各式各樣的景色中到處走動。所謂「解決方法」

的模式就是（§153.ff）：「Jetzt weiß ich weiter」——即：現在我知道如何繼續發展，這句話，表面上雖然是用了屬於認知性的述語「知道」，但事實上這「知道」的意思，並不是我有一個理論，而僅是我就能夠有信心及向著成功地繼續邁進：我所知道的就是「如何去處理它」。去處理某事，可能需要其他事物或滿足某些條件，其中有某些事物或條件，因基於恰當的理論的詮釋而聯繫起來，但其他事物則是完全屬於另外的其他層次，例如，學習去留意掌握世界的某些特徵。舉例說，一個可稱得上為對音樂有感的人，並不是知道音樂理論中，哪一個調有三個降記號；反而，對音樂有感受觸覺的人，就是當一個歌唱家演唱時，能夠聽得出她／他走音了，或者節奏錯了，或演奏者的合奏並不和諧；如果能夠符合調子及拍子地唱歌，才是對音樂有感。整體而言，對音樂有認識，是複雜的學習過程，即長期留心關注、懂得分清種種音樂元素、還有音樂技藝訓練，而不是對音樂理論概念上的掌握。

於此，有一個問題出現了，那就是：所有哲學性的問題都是關於語言錯誤地被使用的問題—這個觀點真的正確嗎？維根斯坦寫下了兩個值得銘記的名句：'Die Philosophie ist ein Kampf gegen die Verhexung unseres Verstandes durch die Mittel der Sprache verhext'（哲學是一場戰鬥，它對抗的，就正是語言被用作工具，去蠱惑我們的理解力。）（§109）'Was ist Dein Ziel in der Philosophie? Der Fliege den Ausweg aus dem Fliegenglas zeigen'（你在哲學中的目的是甚麼？去指示蒼蠅從捕蠅瓶內逃出的途徑。）（§309）如此描述的語言的特性，是否正顯示語言從社會獨立出來，並且有自主獨立性？然而，維根斯

坦自己不是在別的地方想盡辦法去否定對語言這樣的看法嗎？說真的，或者我們確實是被語言所蠱惑，但「語言」並不必然地是**獨立的**、不受控的混亂場域。如果我們將我們的語言正確地監控而運用，是否**全部**情況（我強調，**全部**）就會穩定下來安好了？是否哲學家可以將所有都包辦醫治（all-that-philosophy-can-treat），就會妥當了？盧卡奇認為，有些問題，不應被視為語言上的錯誤運用，反而是在我們的社會實踐（包括我們的語言遊戲）過程中，出現的結構性困難及矛盾，這樣或許會比較容易理解──這個觀點是否錯誤？如果盧卡奇所言為真，那麼我們僅僅透過語言上的治療，是否就可以從迷陣中解脫出來？

　　維根斯坦在較晚時期的著作，乃是嘗試將哲學連接及聚焦在某種日常生活性的悲慘絕望之上。維根斯坦跟柏拉圖的想法不一樣，柏拉圖認為「日常生活」是認知上混亂的，好比一個我們要想盡辦法逃脫的黑暗洞穴，並由此要邁向光明，我們可以透過思想或理論活動去提升至一個更優質、近乎超人的境地。對維根斯坦而言，日常生活不是美好的，舉例說，如果覺得鄉間的簡樸生活健康而有利養生，但曾在奧地利的小鄉村當過老師的維根斯坦，很快就了解到並且承認，鄉村正是極端的虐待狂之孕育溫床。所謂「大自然」也不會提供一條導向有機的秩序的途徑，因那「有機的秩序」已被抽象思維所毀滅，唯有那些抽象思維被消解，有機秩序才會有可能再次呈現。日常的說話和生活，並不是特別有益健康的。建築工人在工作場所中，高喊著「木」（timber）（聽到的人馬上明白並直接遞上木條），也不顯得這樣「言即及義」的語言是救贖或甚至使人愉悅，如透過傳統的哲學

活動去嘗試逃離這日常環境，只會增加我們自身的混亂。

在本章節稍前部分，我曾提及一個奇怪現象：維根斯坦似乎認為有一「概念性領域」存在，此領域是直接被給予、既定現成的，可以被交錯遊走及開拓，但沒有考慮到它可能會被改變，內在地被重新建構、擴大或縮小。有某情況中，維根斯坦對他的朋友兼同事弗蘭克・拉姆齊（Frank Ramsey）[9] 下了評語：「拉姆齊是個『中產思想家』。」[e] 於此，我認為，是指拉姆齊認為所有概念性空間，皆是在中產階級思想領域之內。當維根斯坦這樣說，他是很明顯企圖去將自己的立場和拉姆齊分別開來。維根斯坦不是一個中產階級，而是一個宗教思想家，或者正確來說，是某一類宗教思想家。那裡就只有既定的秩序——如果中階階級思想家是正確的話——同時哲學只是讓所有事物如其本身地存現。但是，真實卻有另外一面，亦即那神祕的、超出經驗的、「超離」我們的世界之外的；這「另一面」並不是上述那「秩序」的部分，但仍然它是在那裡存在的。神不是世界的一部分，但卻處處都在，雖然絕不是可用凡人的眼睛看到。那麼，現在問題就是，究竟是否只有「中產」（哲學）及「宗教」（哲學）這兩個可能性。是否去想像一個哲學家可能是新事物的發明者或建造者是不可能的嗎？——舉例說，成為如霍布斯一樣的概念發明者（發明「國家」的概念），或者如海德格有時所期望成為的，新的語言發明者，可行嗎？將哲學的想法做中產的／宗教的二分，也會排除了哲學家可成為革命者（盧卡奇）或者烏托邦式的思辨者（柏拉圖）的可

9　弗蘭克・拉姆齊（Frank Ramsey, 1903-1930），英國數學家、哲學家兼經濟學家。

能性。

如我們回到本章節開始時談論的課題，我們會感到很驚訝，維根斯坦的思想、由《邏輯哲學論》到《哲學的研究》的哲學取向的改變，但他本人的生活方式，卻沒有隨之而轉變。他是個高敏感度及有高度美學天賦，並且有多樣文化興趣的人，但是，在哲學立場上完全及澈底的轉變，並沒有使到他在音樂、建築、倫理學、文學、政治方面的想法，或者可以說，其他一切想法都沒有隨之而改變。同時，他也一如既往地對宗教及靈性方面有極大興趣，雖然與任何宗教派系思想都沒有關聯，但他對自己的生命的態度，或他對自身的靈性方面的關注，都似乎完全沒有因為哲學想法之轉變而相繼有甚麼變化。這情況出現，部分是因為他視「哲學」為一個相對地自我完備的技術性的課題，因而產生了超然分離的結果。讓我們以維根斯坦自己的話語來描述（引自《邏輯哲學論》）：「倫理學和美學是超驗的（transcendent）。」（6.421）──對於兩者，你無可置喙之處。在《哲學的研究》後期的觀點，他仍然維持「哲學讓所有事物如其本身所是」這個想法（§124）。

這或許就是維根斯坦相對地容易改變自己的想法，並承認曾經犯錯的原因。在哲學的範圍內犯錯，並不會真正改變倫理、政治或宗教靈性方面的任何想法。如果奧古斯丁犯了錯誤，他在死後很可能會跟多納圖斯派主義者[10]一起下地獄；對盧卡奇而言，所謂犯了錯，並不僅止於會在古拉格

---

[10] 多納圖斯派（Donatism），指由柏爾人基督徒多納圖斯・馬格努斯（Donatus Magnus, 約卒於355年）與其追隨者所建立的教派。該教派被正統的天主教視為異端。該教派強調聖禮的有效性在於施禮的聖工人員本身是否聖潔。於四世紀與五世紀最為興盛。

（gulag）勞改營終結一生，更是指他會失去全部透過黨而建立的，有意義的聯繫形式。如果尼采改為篤信（他有責任去服從的）創造者的命令（正如聖經上所寫），他會否，縱使不會是一個「快樂的」靠收入利息過活的人，也會非常滿足地過生活？相對而言，對於維根斯坦來說，哲學已變成一項純粹的學術內的運作。或者，事實上，甚至連學術的範圍內也不是——如果馬克斯・韋伯所說的是對的：所謂「正式」的學者，就是認為「靈魂的救贖，正是建基於埋首在某一份迂腐的手稿的**這個**部分，做出**這樣**推測，或者證明**這條**公式的正確性正等如**這個**問題的解答」[f]的那些人。維根斯坦對於他自己的靈魂的救贖甚是關注；他對於持續傳承十八及十九世紀的維也納音樂傳統有很深的文化投入與承擔，同時他對這方面的課題有很多有趣的提議，但在已有的文獻紀錄中看到，他並不認為他在音樂方面的研究和他的哲學著述工作有任何關聯。縱使在《邏輯哲學論》的序言中，他已寫道：「我們可見〔哲學的種種問題〕……在本書內已做解答，但是，這正好展示，這些問題的解答的重要性是何等渺少。」或者，這是個徵兆——維根斯坦對「哲學問題」的理解看得太狹窄了，這種立場在他早期的著作是非常明顯的，但就算在後期的著作，他也似乎沒有放棄過這看法。

當然，我們可以轉過頭來，或會懷疑，那厚厚一層籠罩著維根斯坦著作的憂鬱感，其本身究竟是不是部份地表達著他因失去而產生的痛苦：當他意識到哲學除了只成為一門學院內的科目外，便沒有其他發展路向，哲學如此地發展，其重要性比起物理學及文獻學還要低落。

這裡的陳述，可能忽視了在維根斯坦的著作中，可以追

索的某種存在主義式的思想路線。哲學可以成為生命中的某種執迷，這即是說，我們能夠將靈魂的救贖，完全看作掌握到哲學性的「正確」答案，或最低限度，儘量避免觸犯明顯的哲學性錯誤。對某些人而言，堅持有這種執迷想法可能連（在任何有趣的意義下的）「選擇」也不是，而是他們的命運。「哲學」，在這種意義下，似乎可能會失去其所聲言之「與人間有著普遍的緊密關聯」。

第12章
阿多諾

　　後－黑格爾時期的哲學家所表達的，充滿著各種樣式的逆轉、倒置及轉換的論述。黑格爾說明，哲學本身正是「頭腳倒轉了的普通常識」，他又說，法國大革命展示的，就是世界嘗試以自己的頭走路的偉大場面——即是嘗試憑藉理性，而不是只是依賴意外加上強權暴力的組合，去組織政治及社會[a]。另外，馬克思也繼而指出，黑格爾的辯證法是富有啟發性的，但它卻以頭著地倒立著，實在需要把它（重新）倒轉，讓它回復（正確地）以腳站立[b]。《精神現象學》其中一個較為怪異不尋常的章節內，論及有一種世界觀，內容是述及人們對甚麼是正面、甚麼是負面都十分模糊不清，還有，甚麼是力量，甚麼是借助該力量而被推進運行的東西，也毫不清晰[c]。失去控制可能會導致暈眩天旋地轉以致瘋狂。我們首先遇到畢希納[1]筆下那個精神錯亂，名叫倫茲的詩人，他在大雨及濃霧瀰漫的山中行走：「在世界中沒有甚麼是他關愛之事物，他只因不能以頭顱走路而感到遺憾。」[d]然而，對於那些在大地上嘗試以頭顱走路的人，蒼天卻變成在他們腳下的深淵[e]。在1940年代，無論

---

[1] 畢希納（Büchner, 1813-1837），德國作家、革命家。

頭或腳哪一端才是「正確的在上之方」（Right side up），都存在著那以政治先行的社會組織，它展示自身（不管正確與否）為黑格爾所言的「中產」國家的終極對立面：蘇維埃社會主義共和國聯盟。海德格（依據阿多諾所形容，其文字充滿著農民檔次的粗魯的特質）寫道：如果在「形上學立場而言」，美國和蘇聯是同出一轍的[f]。同時，雖然阿多諾討厭海德格及其有關政治、社會及哲學的所有看法，但終極而言，他對於海德格所講的（有關美國與蘇聯）的看法不至於完全不同意。當然，阿多諾的自尊心要求他將自己的看法，用相比於海德格更含蓄及精煉的詞藻建構出來。阿多諾甚至可能會借助一個既定的黑格爾的圖像去表達：如只是將某結構，簡單地依著有如鏡中倒影那般，反向地去建立起來，肯定**不會**是先進人類進程的模式：將布爾什維克[2]放進（聖彼得堡的）冬宮，或將羅曼諾夫家族[3]逼至牆邊（趕盡殺絕），並不必然是比其反向的情況更佳。阿多諾從來沒有被蘇維埃式[4]的社會主義吸引，他也似乎從未覺得需要將此觀點，以任何細緻的方法公開展示。

當然，海德格從未有過在美國或蘇聯生活的直接親身的經驗，因此他的看法，極其量只是基於二手資料報告，及他自己的理論建構而推斷得出。與此相反，阿多諾的情況

---

[2] 布爾什維克（Bolshevik），在俄語中意為「多數派」，是俄國社會民主工黨中的一個派別。

[3] 羅曼諾夫王朝（Romanov），俄羅斯歷史上的第二個以及最後一個王朝，廣義上的羅曼諾夫王朝包含了俄羅斯帝國的全部時期。

[4] 蘇維埃（Soviet），音譯自俄羅斯語詞彙，意為「代表會議」或者「會議」。是指俄國無產階級於1905年革命時期創造的領導群眾進行革命鬥爭的組織形式。

是完全不同。在德國，根據《紐倫堡種族法》[5]，他被分類為「半個猶太人」，因為他的父親來自十九世紀時期的一個猶太人家庭，而他的媽媽則來自一個由科西嘉島移民到法蘭克福的天主教家庭。阿多諾自己曾受浸禮，並且依照天主教教義的傳統教育長大，甚至被肯定為一個羅馬天主教徒。然而，他卻和一個「百分百猶太人」（Full Jew）結婚，這讓他又再自動地被分類為「百分百猶太人」。這使得他不可能考慮再留在德國。在1930年代後期他與妻子移民到美國。他的著作《最低限度的道德：對受損的生命的思索》（*Minima Moralia*）[6]所寫的，就是他所經受的根本層次的驚愕震撼，以及永遠不能完全復元的經驗：即和美國生活方式直接接觸的回應。阿多諾移民去美國，讓他逃離了（肉體上的）死亡，但越來越清楚，這移民的舉動，就好比將他送到另一種地獄境地，如果不是親身體驗，他自己也不會想像得到是如斯淒慘。無論如何，戰爭、屠殺、政治與經濟崩潰，甚至人類滅絕，皆是歷史的內容——阿多諾對此很理解——然而，在「新世界」裡，絕對欠乏精神性的生活，以及那些他稱為「文化」的東西完全缺乏，那就是另外一回事，他變得很積極地堅持，不能因為逃離了希特勒（這當然是應該感到解脫寬懷的），就讓自己的美學、道德及智性的觸覺變得遲鈍，或對於落腳於南加州生活所經驗到種種恐怖現象，盲目視而不見。當談起對美國的（負面）評價，不僅只有海德格及阿多諾這奇怪的組合的兩個盟友。劇作家貝托爾特·布萊希

---

[5]　《紐倫堡法案》（Nürnberg Racial Law），納粹德國於1935年頒布的反猶太法律。

[6]　德語原文於1951年出版。

特[7]，也是逃避納粹到美國，雖然他對於阿多諾，在個人、知識及政治的方面，存在某種暗諷的鄙視，但也同樣感到被在太平洋海岸那地方弄垮──他們在其他方面都意見相左，但都對被放逐的落腳地，都有同樣的想法：

Nachdenkend, wie ich höre, über die Hölle

Fand mein Bruder Shelley, sie sei ein Ort

Gleichend ungefähr der Stadt London. Ich

Der ich nicht in London lebe, sondern in Los Angeles Finde,

nachdenken über die Hölle, sie muß

Noch mehr Los Angeles gleichen.[g]

當想到地獄，有人告訴我，我的兄弟雪萊[8]，會確定

其實如同倫敦城模樣的地方。而我，

不住在倫敦而是洛杉磯，卻肯定，

當我想及地獄，必定跟洛杉磯更為相似。

布萊希特在到達美國之前，在他的創作上，「美國」已扮演著某個角色，故此，在某種程度上，他在思想上已有準備，到了該地會有甚麼境遇[h]。但對於阿多諾而言，情況不是如此，其著作《最低限度的道德：對受損的生命的思索》，乃是布萊希特以上那首詩的散文版本，寫作動機首先是對那地方不信任，後來就是（跟布萊希特）相類似的震驚與恐怖：試問為何一個人類的組群，竟能將一個尚算迷人的

7　貝托爾特‧布萊希特（Bertholt Brecht, 1898-1956），德國戲劇家、詩人。

8　雪萊（Shelley, 1792-1822），英國浪漫主義詩人。

自然環境，變成如此不堪且令人憎惡的地方，並在此建造了如此一個完全陷落於欺詐、腐敗，人類自身墮落的社會？洛杉磯簡直是人類精神的巨大「停屍場」。

《最低限度的道德：對受損的生命的思索》這著作，正是阿多諾嘗試去跟那兩個龐然大物：美國的好萊塢（Hollywood）及蘇聯的馬格托哥爾斯克城（Magnitogorsk）保持相同距離的表達，他努力以能力範圍內的方法，去拒絕它們含蓄的及笨拙的（對他的）容納。他的方法就是去進行社會批評。阿多諾從未在馬格托哥爾斯克城住過，甚至從來沒有去過蘇聯，因此他不可能對待蘇聯，如同對待美國社會一樣，基於親身經歷進行直接批判分析。

訴諸於直接、個人、主觀的經歷而去做批評，似乎對一個哲學家（比如黑格爾或馬克思）而言，是頗為不尋常的，因為該等哲學家，總是極力強調建制制度、大規模的結構及歷史發展。我估計，部分原因是，阿多諾理解到，反轉黑格爾的看法，似乎在中期內不會達到甚麼好處。在1920年代的蘇聯，有某些因素出現，因而使得人民的自由度有所增加，文化能量也被大量釋放，但阿多諾對此從未感到興趣，這些因素在1930年代晚期也確實消失無形了。於此，或許答案並不是將黑格爾重新倒轉（以腳立地），而應該將他裡外反轉？黑格爾的《精神現象學》正是某種歷練的學習過程（Bildungsweg），它展示了一條路，描述了某個人走在這條路上，回顧過去，因而可向前邁進。透過了解我的（這裏同樣意指「我們的」）過去，並且完全地有意識地去內化過去，我可以更加接近過去，從而能夠溫暖地「擁抱」它（以及「我們」的現在），因而跟它「和解」。要變得更成為

「我自己」（me）的意思，就是不斷增加跟「我們」（us）和解，亦即肯定我們共同的建制構成的生活的那個理性基礎。很清楚，從另一角度視之，那「歷練學習之路」，正是一條永恆的痛苦之路（Leidensweg），亦即那（耶穌）背負十字架而行過的苦路（Way of the Cross），這條路的每一個階段，都是悲苦絕望的經歷：斯多葛主義行不通；懷疑主義行不通；啟蒙運動行不通；法國大革命以恐怖時期[9]結束。任何人讀過黑格爾的「法律哲學」（Rechtsphilosophie）都會理解到那不名譽的、赤貧的階級的世代——即馬克思稍後稱之為「無產階級」的世代，正是現代時期一個巨大的「沒有解決的問題」[(i)]。人們可以不同意阿多諾：他跟隨了黑格爾的全部論點，但卻漏掉了最後一步：對如將普遍的絕望放在理性層面的理解，亦即意謂對所有事物事態（或者「黑格爾系統所挑選納入的所有事物事態」）皆正面溫暖地接納與肯定[(j)]。黑格爾對此是很清楚的：他宣稱他的「系統」（大寫：System）是澈底地發展完備，並且已有效地運用了**所有**理性及意義性的形式。更進一步，他展示了我們當中每一個人——阿多諾、卡納普[10]、海德格、托洛斯基[11]、貝當[12]（以

9　恐怖時期（The Reign of Terror），是法國大革命一段充滿暴力的時期，一般歷史學家認為是由1793年開始。吉倫特派與對立的雅各賓派政治派系之間煽動衝突後形成。當羅伯斯庇爾領導的雅各賓派取得之政權統治法蘭西時，發生內戰及第一次反法同盟的入侵，以革命手段大規模處決「革命的敵人」救亡圖存。據正式死亡統計，法國全國有16,594人送上斷頭台。（引自中文及英語維基百科）

10　卡納普（Carnap, 1891-1970），二十世紀美國分析哲學家。

11　托洛斯基（Trosky, 1879-1940），俄國無產階級革命家、軍事家、政治家、理論家、思想家和作家。布爾什維克黨主要領導人、十月革命指揮者、蘇聯紅軍締造者、第三國際創建者、第四國際創建者和精神領袖。

12　貝當（Pétain, 1856-1951），法國陸軍將領、政治家，也是法國維琪政府的元首、總理，至今在法國仍被視為叛國者。

及你和我）──我們每一個人（或多或少）都透過經歷了黑格爾在《精神現象學》中所描繪的歷程，會由此可能成為理性的個體，並且會認為，對在歷史中所展現的「其他」種種可能的道路的構想，都只不過是胡言亂語──這些構想都只不過是不同的幼稚幻想投射，完全沒有認知方面的依據。黑格爾宣稱，**如果**情況真是這樣如此，你已正確地經歷了邁向絕對知識（Absolute Knowledge）之路，你會了解，你不能夠有任何合理的理由，去拒絕那整體的歷程。擁抱及肯定全部歷程（包括「自己」作為這歷程的其中一個結果）以外的唯一另類其他選擇，就是激進的懷疑主義[(k)]。當然，黑格爾承認，你可一了百了地踏出理性的範圍以外，自己一人在懷疑主義的沉默中，坐下來，完全甚麼也不說，在這個情況下，你變成了完全漠然，對甚麼你也是不相干的局外人。但是，「甚麼都不說」永遠都不是能言善辯的阿多諾的選擇。如果將系統式理性的意思等同於特雷布林卡滅絕營[13]、古拉格（蘇聯勞動改造營管理總局）[14]，或比華利山，那麼，對於系統理性的評價，就更加糟糕了。

跟隨黑格爾思想的人，理想上，在其學習歷程（Bildungsprozeß）最後完成階段，於他們自身之肯定、在他們／我們（過去的）歷史以及我們現在當下的全面肯定之中，達到了對所有矛盾的解決。但是，如果有一項矛盾──

---

[13] 特雷布林卡滅絕營（波蘭語：Treblinka），第二次世界大戰期間納粹德國在德占波蘭建立的一座滅絕營。在滅絕營運作期間（1942-1943），據估計約有七十萬至九十萬猶太人在毒氣室中遇害，此外有二千名羅姆人喪生。

[14] 勞動改造營管理總局（gulag），簡稱古拉格，指的是蘇聯的監獄和勞改營網絡，廣泛的意義上，代表整個蘇聯強迫勞動系統，或整個蘇聯的政治壓迫體制。

亦即那「系統」自身——不能化解，那會怎麼樣呢？如果，我發現基於我所擁有的過去，而**不能**攀登上那必要的確認肯定（affirmation）的步驟，那會如何呢？黑格爾應該會於此處宣稱，這是因為我們未曾明白這「系統」。但假設我們已處處表示出，對此已經透徹明白，並且更不斷以一種清晰的方法去說話，去彰顯那黑格爾派學者確會承認的理性思維，但是，這樣做，是否等如有系統地把黑格爾所認為的將個人（individual）提升至普遍（universal），去詮釋為「普遍」施加在「個人」之上的壓制？人可以咬那餵哺他們的手；這樣做沒有甚麼非理性的成分，雖然這很難看糟糕。我可以確認，在某方面，有些（對眾人而言）是極大福祉或文化成就的事物，其實基於對其他人肆無忌憚地壓制而成立（這情況同時要求我們所有人，都要承受重要程度的自我壓制）。所有住在英國的人——更遑論美國了——仍然是得益自大西洋地域的奴隸買賣那段恐怖歷史。這奴隸制度創造了巨大利益，支援了城市、醫院、音樂廳、圖書館等等的建設，我們正在享受這一切，這也是塑造了我們今天如此模樣的部分原因。縱使我對這個狀況理解，卻完全不會使到我不去拒絕奴隸買賣制度。更進一步而言，在一個從奴隸買賣制度獲益的社會中生活，其實所有人都被要求不斷增加自我壓制，這種自我壓制的形式甚至施加於白種自由人的群體，他們也會受到各種的限制，致使他們也不可以憑藉自身的能力而自發地行動；當然，如要跟直接受害的奴隸相比，自由人所承受的壓制根本微不足道，但這卻不是不存在的。為了公平，我要明言，黑格爾自己絕沒有主張，我們能夠演變成為現今如此的我們，是因為過去的奴隸制度，這事實會防止我們今時今

日絕對地反對奴隸買賣，以及**在當下實際地**與它對抗戰鬥。在今天當下我仍可以有效地拒絕它，因為在轉化而成為（今日的）我們的過程中，這奴隸制度已屬於過去，而我們在歷史中已征服了這過去。但是，如果現在我們認為，我們以為已完全戰勝了這個過去這觀點，原來是錯誤的，又或者，這制度又死灰復燃地重現來恫嚇我們，那又會如何呢？

　　阿多諾所做的是，粗略而言，就是解釋**他自己**正是西方文化的**歷練學習過程**的累積（成果）。他不會容許站在黑格爾理論立場的人，去說服他放棄本人的各種反應、看法及「主觀經驗」，這等黑格爾派信徒企圖將阿多諾的看法及本身經驗貶低，並且將它們放在系統式理性的整體圖畫（Big Picture of Systematic Rationality）的脈絡中，使它們的重要性變得相對化。阿多諾站堅持著自己的反應、看法及主觀經驗，並且（理性地）發展它們，由此，他期望可以對黑格爾所持之面向世界最終極肯定立場的普遍性，去表達懷疑。這想法乃是將黑格爾（的思想）裡外反轉，因為他一方面接受黑格爾的對世界大範圍的事實（亦即社會建置、法律制度、經濟秩序、宗教形式）的全盤分析，確定這種分析**曾經是**對它們適當的理解。但是，我拒絕將個人的反應、欲望，及看法觀點全收歸於（subsumed）或「揚棄而提升」（sublated）於上述之大結構內的辯證過程中去理解，同時，我也否定，這些大範圍的理解會在任何情況下，可驅使我去修正或相對化我對於（壓制性的）制度的負面反應，由此而使我與這等制度和解。《最低限度的道德》展示了那些受過高深教育的個人的反應，他們不會順從（雖然黑格爾大概會爭辯他們是會順服的）現存的社會建制的結構性命令，也不會卑躬屈

膝地去擁抱接納這等建制。阿多諾在他較晚期的著作《否定辯證法》（*Negative Dialektik*）中，他更深入地提出了關於「特殊」（particular）及「概念」的**非相互認同性**（non-identity）的完整論述。

展示我當下直接的經驗，亦即證明了「我應該跟我（所屬）的社會世界和解」這看法是不真確的，**也不**等如去宣稱，我本人或任何個人的直接當下的看法或反應，乃是純粹的、絕對的，或者在任何情形下，都可以獨立於那讓它們衍生的社會脈絡。當然，如果你想掌握生命本身的直接當下，你要考慮個人的經驗，但必須在影響著、並且組織營構著個人經驗的那個「外在力量」脈絡中去掌握它。亦即，可以這樣陳述：社會（及歷史）建構了每個個人所經歷到的經驗的可能性的各種條件。我了解到那種種的條件，乃是讓我的反應可能萌生及實行所必要的，於此，這了解不會使我否定我的反應，反而這樣才是真正容許我去明白它們，同時也讓我去正確地培育它們及有效地運用它們的唯一方法。

第一眼看阿多諾的想法立場，似乎會引起多少反感──他正好比在扮演著一個沒有基督信徒的地區環境中（in partibus infidelium），充當在精神層次上最高的期望及使命的代理人一樣。布萊希特及盧卡奇兩人，基於各自不同理由，皆同樣認為阿多諾實在是個非常不嚴肅的人物及哲學家。盧卡奇的父親在布達佩斯是個十分富有的銀行家，因此他有著和阿多諾同樣優越的家庭背景，但在第二次世界大戰時，他在莫斯科，身為一個外來的馬克思主義者，卻陷於極度貧困（以及經歷極大政治危險）的苦況。盧卡奇曾形容阿多諾為住在五星級的「深淵大飯店」（Grand Hotel

Abyss）[15]的豪客，在陽台上舒適地坐在豪華座椅上享受著，遙望著人間貧窮飢餓的人群，感到這只不過是另一個充滿美感的演出場面，讓人感受到額外增添震顫興奮的經驗。而這《最低限度的道德》著作，則是阿多諾對這大飯店差勁服務的抱怨陳詞。

布萊希特很想寫一個小說，諷刺一群他稱為「Tui」的人，這群人是知識份子，但他們對每件事情的理解都是錯的。這稱為「Tui」的團體的主要代表，就是那所謂法蘭克福學派[16]的成員，阿多諾正是屬於這個學派。布萊希特認為，事實是很簡單的。希特勒和他的同黨就有如芝加哥的黑幫，而資本主義形式的經濟組織基本上就是大規模竊盜罪惡。在「Tui」組織內的知識份子成員，不僅不去認清希特勒及資本主義的邪惡，反而去暢論大文豪歌德、無調音樂，及沃斯[17]翻譯的荷馬史詩；他們還去考究為何在美國沒有合規格的門把、究竟你能否單靠在電話上聽見一位女士的聲音，便能猜測這位女士有多美麗；究竟一個花園應不應該用圍牆圍繞著它、究竟邀請朋友在家中住宿有何意義。法蘭克福學派是由一個富有的德國投資者支持，這位富人的生意就是從南美阿根廷將穀物運到歐洲售賣。這是一位當時稱為有「社會良心」的商人，他希望有人會研究在歐洲的經濟危機的各種成因。然而，布萊希特則斬釘截鐵地說，這位富人其

---

15 盧卡奇在其著作《小說理論》1962版的序文中，創作了虛構的「深淵大飯店」（Grand Hotel Abyss）去表達他對法蘭克福學派的理論家的失望。.

16 法蘭克福學派（the Frankfurt School），成立於1929年，在兩次大戰期間，以德國法蘭克福大學的「社會研究中心」為中心的一群社會科學學者、哲學家、文化批評家所組成的學術共同體。

17 沃斯（Voss，1751-1826），德國古典文學者及詩人，因翻譯荷馬的史詩《奧德賽》（1781）及《伊利亞特》（1793）而著名。

實可以省回他的金錢了，他想追問之問題，答案非常簡單：這位商人本人（以及和他同一類的人）就是歐洲經濟危機的原因。

說真的，阿多諾對他實際上在做的事及正在思考之內容，永遠不會缺乏可信為真，或可清楚表達的理由。《最低限度的道德》的普遍立論就是，社會──正如黑格爾或盧卡奇所言──乃是一個完全整體，然而，那是一個「虛假」的整體，亦即不是一個在其中，所有事物都可以互相契合，也因此而達致最上乘狀況的整體。這個虛假的整體力量非常強大，也極其奸險，因此它的虛假性渲染影響所有事物、每一個人、每一個欲望、每一項表意姿態。阿多諾寫道：「再沒有甚麼事物是沒有害處的」。（§5）這十分無情的負面的普遍觀點，跟那似乎像重複發出的特別懇求有所聯繫，而這個懇求則有利於阿多諾本人恰好身處的任何位置。然而，「沒有任何事物是清白無罪的」跟那重複涉及「成為……的**好處**」的聯繫，就恰恰好像泰迪・維森格倫德（阿多諾原來的名字：Teddie Wiesengrund）確實表現得不恰當，就好像泰迪・維森格倫德所曾承受的獨特地不能忍受的（其實是無甚重要）的侮辱的那些討論一樣（不恰當）。

阿多諾對此的回覆（當然，他確實**有**一個回應），乃是在《最低限度的道德》中出現的一句格言：「在你眼中的碎片就是最好的放大鏡。」（§29）阿多諾沒有企圖否認，他**同時**是處於最佳位置的觀察者、**以及**心理受過創傷的人，而這兩個特質是互為相連的。在《最低限度的道德》的文本的最初第一章節結束後不遠處，作者表達了他處在大眾認知所公認的優越的位置的辯護：他在未從德國移民之前，他是享

有傳統的社會優越地位，就如法國大文豪普魯斯特一樣，他屬於富有、有社會地位及有影響力的階層。縱使社會上的優越地位可能不會同時等同道德上的超越性，也不需認為優越社會地位與任何特別的道德上的淫亂或認知方面的低弱聯繫起來，或許，這個位置很可能會讓人比社會上其他人看得更透澈某些事情。另外，正如阿多諾在該書序言中告訴我們，被迫從家鄉移走他方的人，總是在某方面受到損害的。但這種損害也可能轉化成某種（對世情）認知的有利位置。對於阿多諾，他要堅持並不單純是「理性化思維」：當難民要在收容難民的國家的海關入口，受盡委屈，並壓抑他們的批判判斷能力，因此而引起他的鄙視，或者，最佳情況是勉強得到他的同情：難民們其實正在經受著有如斯德哥爾摩症候群的痛苦。這就正如在納粹集中營內的**囚監**（Kapos）[18]儘量模仿納粹黨衛軍，同樣地，那些到美國的移民就模仿及內化美國那積極熱心擁護主義的信仰（cults of boosterism）、正面思考、「成功」向上的態度，並且嘗試去適應美國人那種除了對自己的狹窄的生活方式有興趣，就死硬地對甚麼都沒有好奇心的主流態度，移民們正因此而一再地放棄他們自身可能很有價值的特質之某部分，刻意地假裝盲目不知，並過度地認同那些潛在的攻擊者，為的是預先嚇阻實際的攻擊。

正好比奧古斯丁，相信人的救贖真的曾於某個歷史時段在人世間出現過，並且自此之後，所有事情都變得不一樣，

---

[18] 囚監（英文：Kapo，德文：Funktionshäftling），又稱為功能性犯人，指的是被納粹黨衛軍委任監督集中營中的勞工工作、承擔管理任務的犯人。犯人的自我管理制度使得集中營對納粹黨衛軍監工的需求下降，從而節省了人力資源。在這種發動受害者相互對抗的自我管理制度之下，集中營囚監通過壓迫普通的勞工來討黨衛軍上司歡心。

平行地，阿多諾也認為，「真理」本身是有其「時間性指標」（temporal index）或「時間性核心」（temporal kernel）的。如果我們要求「真理」跟倫理、政治哲學，或人的行動有任何嚴肅的關係，我們就需要接受上述的真理時間性指標／核心。「實證主義者」所建構之真理的概念（阿多諾如此稱謂它們），主張解釋「真理」最終而言乃是「可觀察的事實」，同時，這等真理的概念，乃是建基於以下的觀點：自然科學使用的研究方法，是有某種突出的優越性，去確定甚麼是「真理」。然而，實證主義不同的派別，對這些「研究方法」正式來說究竟是甚麼，以及這些方法該如何精確地應用，由此能關聯到「真理」的探究，意見極度不相同。阿多諾應為，如果有人以此角度看問題，亦即以自然科學的研究方法的運用視為真理唯一的準則，那麼此人一定要將倫理、政治、歷史、社會、宗教、人的靈魂，以及藝術棄置，將它們通通丟給「非理性」的域外黑暗來統領，由此而大開中門，讓不同形式的迷信（例如占星學及各種玄學的形式[§151]），或甚至最聲名狼藉不受信任的政治思想去運籌世界，因為如果情況是如此，則所有政治立場立場都是一樣，沒有哪一種比其他更差：所有政治立場同樣都會處於「真正的立場都能從虛假的立場辨別開來」這範圍之外。

我們需要的是一個可包攬更廣闊的「真理」的概念，有如黑格爾的「真理」（大寫Truth），對於黑格爾來說，「真理」乃首先是一個世界的結構性的特質，亦即這世界的所有部分，都能理性地及和諧地互相契合在一起——雖然所謂「和諧」，有時所指是超常的嚴格之意涵——然後（從此而延伸成為）人面向如此的世界的態度的特質，而這世界會正

確地與這人的特質相應連結，並且能完全地去滿足內在理性的所有可能的標準。然而，「真理」是有程度層級分別的，而不是一種絕對必定的特質，因為事物，可基於或多、或少程度的理性及和諧度，互相契合在一起。換句話說，如果某事物可以被稱為「真」，條件是它不能（在理性的範圍內）被批評。但這不是意味著，個別的經驗命題的單純的「正確性」可以被視為不相關而忽視它——正好相反，因為如果它們不是正確的，很清楚，它們就不會滿足於理性的標準，並同時可被批評。但這其實真正意味著，只是跟既存「事實」相符合，並不就等如充份地滿足了成為真理的要求。我們必須經常問自己，在一個實際既定的情況中，必要處理的，是否真的是一項可「正確恰當地被組織為一個有關『事實』（fact）的問題」？很多事情表面上**看似**為簡單的事實（simple facts），內裡其實是非常複雜的。再者，有很多可以憑理性去討論的事情，並且，嘗試去對它們分類明辨是有正面意義的，但我們不能將它們化約為經驗層面的「正確性」的問題。

　　如果「真理」是有「時間性的指標」，那麼就可以說，曾經有段時間，哲學家對於社會變更（social change）去成立正面的有建設性價值的提議（這行動）是適當的，這即是說，於某時期，某些進步主義的理論曾經是「真」的，但這段時期卻已經過去了。在十八世紀晚期，屬於正在冒升的中產階層的哲學家，正擁有一個實際的歷史中出現機會，去實現他們的某些計畫。在此時期，哲學家們提出正面的建議是有意義的。然而，在此之後到如今，即是說，在第一次世界大戰之後，社會是多麼地腐敗，但同時，它又發展了某種能

力——那可說是無限大的能力——去將那些在構想中作為正面有建設性的提議，轉為只是對這社會自身有好處利益，於是人在社會中成功地並有建設性地投入之可能性，卻是非常有限，因此，對一個有理性及洞察力的人來說，維持強烈的消極主意成為了唯一合理的（處世）態度。這裡並不完全是指要實行「負面行為」——例如擲炸彈——反而，自己儘可能抽身，完全脫離直接行動的範圍，同時只專注於分析當下社會所顯示的缺點。在當代時期，哲學只能夠成為社會批評，而這批評只能夠是負面的，而不是「建設性」的。若依照這思路，去營構任何正面的提議去改善轉變社會，或展示任何正面的理想，都會是重大的錯誤。之後，阿多諾將上述核心的主張，跟古代希伯來傳統對用作崇拜的神的造像（graven image）[l]的禁制做平行對比。在古代，以色列的後裔，他們被流放到巴比倫之後回歸之後，被禁止將他們敬拜的神的樣子雕刻出來，並要學習去處理那遺下來視覺上空白空間[m]，與此相比，我們應該避免的，就是將我們所嚮往的某良好的情況建立正面定型規範。我們尤其是應該去避免正面的烏托邦。這種主張的成立理由，就是阿多諾所指出的危險，他聲明這是個主要重大的危險，並且正在此刻和我們對峙：這即是那些本在根源上是烏托邦式計畫，但現採取了極權方式的實踐。我們現正在一個可以說是無所不包的、威權全覆蓋的社會系統中生活著，同時，它也是全面充滿彈性。這個社會系統可以將人們可能提出的**任何**正面的提議侵吞，並將這些提議轉化來迎合其自身的目的。我們已有過經驗，縱使是極度嚴厲的批評性方案，這個社會系統都有辦法將之軟化成為「改良」式的議案——這等本來是嚴厲的批評假如

對於社會有些微的正面內容，這系統都能改變它而成為對民眾的管控方法。烏托邦式的計畫其實最終會讓社會變得更封閉及對人民更壓制。哲學一定要持續地保持高度負面的立場，完全不去成立正面的理想，同時也避免提出主動的社會改革建議。

阿多諾宣告，《最低限度的道德》的主題，乃是嘗試去將哲學重新聯繫到那曾經是其本身最核心及最重要的課題，亦即「對人的生存而言，甚麼是正確的生活？（What is the right life for a human being to live？）」（引自：〈獻辭篇〉Zueignung/ Dedication）。阿多諾說明，這一個課題，如不是被忽視或已無人關心，就是已經徹底地被「私有化」：它被解釋為只關乎個人生活方式（life style）、個人熱情的表達，或甚至是純粹的消費選擇。阿多諾許多討論，所附帶的、或甚至是其構成元素，常是如同煙火般複雜的辯證過程，但相對地，阿多諾對這哲學中心的問題之論述，卻提供了一個很清晰，但同時又會使很多人失望的回應：「在目前而言，沒有甚麼正確的生活可言，因為社會根本就是『虛假的』，社會的組織方式，目的正就是使到過那（正確的）生活不可能。」（§18）

《最低限度的道德》嘗試展示我們的世界是個恆常的災難（§65），此看法的基本原因，就是實然的和可能的世界兩者之間的距離[n]。在過去，人們擁有的資源及能力都很有限，因此，人們很單純地預計，受苦根本是人生的一部分，或者也許會抱怨，又或者與之對抗，但會去接受人生。這可以是很悲傷，但這情況不會是絕不能接受。那有關欲望及欲望滿足（達成）的古老的哲學故事，正是源自這樣一個滿

是困苦的世界。我希望無了期地活下去，但我不能滿足這欲望，因為我始終有一天會死去；我飢餓，期望吃東西，但我不能滿足這欲望，因為收成很差：我們最基本的交通網絡出了故障，又或者主子們將全部穀物都吃掉了。我可能怒火中燒，於是和同路人團結，一把火把主子的房子燒毀，但對付貧窮，農民暴動並不是解決這難題的普遍方法。

於此，阿多諾宣稱，這古老的故事應該來個新的轉折——或者應該是兩個新轉折。首先，除了抽象地討論在有關「欲望」及「滿足」等題目，我們一定要加上另一討論，那就是真實的眾人集體的力量，以及這些力量與由它們產生之真實用途的關係。如果我們團結成為集體，就會擁有將人世間轉變成天堂的力量，然而我們所生產的，阿多諾卻比喻為在開動中的汽車，他透過在一輛的窗口往外望的美國風景（§28）。原則上我們是**可以**將人的欲望及貧窮結束，但我們卻選擇不把它們完結。試回想盧克萊修對自身的基本問題的追問方法：生命在原則上**可以**是「值得眾神之所敬」（dis dignam vitam degere nil impedit [Ⅲ, 322]）的，然而，愚蠢的人們卻將生命變為在人世間大地上的地獄：人們不停擔憂死後的生命（life after Death），於是進行卑劣的（宗教）儀式去討好眾神，然而祂們其實根本漠不關心人世間（Ⅲ, 1023）。兩者之間的**差異**，對哲學而言，就正是問題之所在，也同時是（哲學）的機會。《最低限度的道德》正是記錄了種種力量之間的割裂以及它們的實現，這著作透過分析大量個別例子，從而顯示出，就算在表面上最瑣碎的現象中，也能找到災難（亦即現代生活）的痕跡，同時，也找到將自己（從災難中）嘗試抽身而出的方法的痕跡，但這樣做

只是讓事情變得更糟糕。

第二個轉折就是，在古老的故事中，有關甚麼是欲望，大概沒有太多異議。當然，在我們已知的各個不同的社會中，對於其中有些欲望是扭曲的、過分的、不健康的、或其他性質相近的欲望這事實，是有初步的意識的。就算是柏拉圖也在《理想國》中，描述了一個豬的城市[19]。然而，在過去，這乃是一系列相對地有限，也容易去測量的現象，同時，絕不會有人認為餓著肚子的農人，去渴望他們所欲望的事物是不對的。但是，在現代世界中，情況卻非常不同，我們製造了很多人工化的、過度的、虛假的欲望及需要，並且以工業化生產的規模去生產這等欲望，而所生產的數量之龐大，的確使人不能對甚麼是真正的、甚麼不是真正的欲望，還能擁有從前世代的清晰的眼光，去將它們辨別。如我們暫且離開阿多諾所親自經驗的那個範圍去想想，我們就能夠明白，欲求擁有一台打字機的原因，是我們想寫長篇的文章，同時也期望寫出來的文章能容易閱讀，對於這個欲望，我們是可確認它是合理及真實的，但是，如果所欲望得到的是最新上市的電子產品玩意，那這又是甚麼模樣的欲望呢？由此，我們甚至可以進一步立論，我們的經濟，正是建基於虛假欲望的持續生產，同時，如果沒有這等虛假欲望，整個經濟就會崩潰。

阿多諾深信，我們不能只靠思想便想補救上述情況。那麼，我們或許會馬上下結論，認為思想是徒勞枉然的──在某個意義下，這樣說是正確的。然而，我們也可以追索這個

---

[19] 譯者注：在《理想國》第二卷。

大災變的起因及其影響，如果能夠成功去理解這情況，或可能會得到某種有限，同時是苦澀的（或甚至是不合理的，但也不滅其真實性的）個人的快樂。或許，我們僅餘獲得的快樂其中之一項，正是對我們的不快樂之理解。由此，對我們而言，唯一合理而有意義的生命歷程，就是努去繼續生存，為求能夠主導生命，成為一個「主體」而存在──亦即成為那（能夠）主動自發成為感覺感受、思想及行動的中心，而不是只是在社會大機器中，擔當著被其他齒輪推動的其中一個齒輪。社會的運作，恰恰是盡可能去壓抑這（主體性的）的活動；社會的系統要求我們不要意識到，我們真正個人的及集體的力量，同時更蒙騙我們，對真正的欲望錯誤理解。在歷史洪流只有某刻，很意外地容許了其部分人獲得及保持能力，去思想及對世界做出反應，但這是非常罕有，只是勉強可能，如果是這樣，我們一定要繼續堅持留在這樣（保持思想能力及對世界做出反應）的情狀中，並且盡可能長時間堅守。縱使我們能掌握的智性活動，只是限制於觀察黑格爾式的辯證法，在日常生活中的自身實現之方法，我們也一定要堅持掌握這個機會。其實，這甚至是一個低程度的反抗行動。另外，人們應該對於這反抗行動最終極的重要性或其成功之可能性，以及對於個人在培育這反抗思維／行動所要付出的代價，不存幻想，還有，就是要打破對於反抗行動本身的純潔性的幻想。這是最低限度的意識，如果不這樣就沒有可能。

於此，會立即想到一連串的反對意見。首先，或許是關於透澈的普遍負面主義（universal negativism）這核心思想。我們多會傾向於認為，負面批評其實只是寄生於**某些**正面觀

念（亦即去考慮事物要如何才可以被提升至更佳狀態的看法）。這說法似乎是合理或可信的——如果將焦點放在這個基於高度被結構而成立的決定性的情勢：亦即，從一面看以某途徑去行動失敗了，但另一面亦即等同以一個肯定的方法（正面地）去行動：（舉例說）如果有人恐嚇我，他們已將一個炸彈放在某架飛機中，除非我聽從命令做出某些行動：例如扳動某個開關，否則炸彈就會爆炸，那麼，如果說——假若我不聽從命令將那個開關扳動，便等如殺死了很多人（在飛機爆炸中被殺）——這是頗為合理的。當然，這個情況如得以成立，我需要知道那個開關跟飛機內的炸彈兩者的聯繫為何，但是，在這個例子中，我是被假設已確定知道兩者的聯繫。或者，我們尤其容易被引導去說，我所做的事確實是正面的，如果那個為了避免大災難，而我必須去進行的行動，本身是微不足道的，且容易實行，也不需要我付出高昂的代價。但是，這個從負面（行動失敗——沒有扳動開關）而去到正面（集體謀殺——飛機爆炸）的論點，之所以是可信的（如果事情真是如此發生的話），只是因為有高度決定性的條件的框架，人為地套在這個例子上：放置炸彈的人設計了整個局勢，因此身陷其中我基於道德範圍內的選擇是零。如果沒有那個框架，又或者我是被容許去考慮另一個框架——（例如）我有能力去告訴飛機機長，有關炸彈的事及叫他去拆彈，使之失效——那麼我如果不能成功地去扳動那開關，就不必然地等同殺死所有乘客的行動。這例子說明了阿多諾其中一個與反對他的人爭議的論點，他認為社會制度總是去硬性規定那個模稜兩可能被規定的世界，這就是社會所做的某部分的事，若論其本身並不是一件壞事。然

而，我們的社會的組織營構方向，總是以去減低不清晰性及不確定性為目的，其手段就是透過粗暴地壓制那些另類的思想及行動（這也是說，甚至去壓制人們構想另類行動的能力）。我們的社會的另外一個方向，就是努力去保證沒有新事物會在其中發生，沒有新鮮事物能夠浮現出來。最佳方法去遏止（真正的）新事物發生，就是不斷讓假的新事物（pseudo-novelty）產生：在電影院中總有「新」電影上映（但電影的情節、人物及風格都總是依照一組現存、易於辨認的老套格式而構成）。將來就是被假設為現時（的狀況）的無限重複，同樣地，過去絕不能被理解、解釋為與現今（狀況）截然不同，而只能被視為漸漸邁向現今目前的先前其中步驟，而「現在」，則是被命定為總是永恆地停留在相同的狀態（§150）。

高度工業化的生產力以及偉大的智性的力量被轉化成為一個大規模的嘗試，去阻止任何改變（除了讓既存的事物變得越來越龐大），此乃人的精神智力的最終極澈底的混亂扭曲，（我們可能這樣說）人的精神智力已跟倫理判斷脫鉤，人的智慧已轉變為一種「反倫理」（anti-ethics）。然而，如果還會以為這可以是一種潛在的平穩的狀態之想法，那麼，這除了是個惡夢就沒有其他了。如此，我們的展望，就只會是「現在當下」無限地延續——這正是建基於「虛假的變化」的狂躁的的及僵化之再生產之上。法西斯主義正好就是對準不肯定性所產生的恐懼的終極總動員。這就是為何那些迷戀著「絕對清晰」的人、不信任多義／歧義性，堅持要在各種族之間建立清楚無誤的分別隔離，更毫無幽默感，或者討厭無調音樂：這種人有著阿多諾稱之為「極權性的人

格」，這種性格會導致他們去支持右派的政治運動[o]。

投入實行嚴格的負面批評，就是去否定「當下目前」，也同時拒絕受到社會所接受的、既定的及虛假的另類思想或行動的引誘。如果宣稱：我知道這（事物）是虛假或錯誤的，但卻不能說出甚麼是對的、正確的，這並不等如本質上是非理性的：我們不知道其他可能性是甚麼。讓我們不要太快就去封閉所有可能性，也不要馬上就投入到某些絕對確定的行動進程中──我們如此地三思而後行的力量是有限的（原因有很多，包括了因為社會可以製造很多關卡，使我們如此反省及行事很困難），但我們除此之外還有甚麼其他（可能性）呢？

這思路帶導我們達致第二個反對的論點：是否有人能夠完全將自己從行動的範圍內抽身而出，完全孤立起來？然後，縱使這萬一是可能的，但這是否為一個恰當的想法？對於上述第一個問題的答案，很明顯就是「不」，當然，無人能夠過完全孤立的生活。這就正是為何阿多諾說「已經沒有甚麼東西是無害的了」（§5）的原因。對於第二個問題，阿多諾所堅持的，就是我們並不會預先可知道行動（任何行動）是否成功實行了，總會比失敗好。有時，只簡單地甚麼也不做，乃是一個人（到目前為止）可以做的最佳選擇。

當法蘭茲・卡夫卡[20]說「到處都是墨西哥」這句話時，並不是類似川普[21]的偏見惡語，總去攻擊北美洲某個地方或其中居民。「墨西哥」在卡夫卡筆下是一個轉喻，用來比作

---

[20] 法蘭茲・卡夫卡（Franz Kafka, 1883-1924），出生於奧匈帝國捷克地區的德語小說和短篇故事作家。

[21] 川普（Donald John Trump , 1946- ），美國共和黨籍政治人物，美國第45任總統。

「一個充滿著隨機性的壓制，及不能想像的暴力的地方」，再者，他的意思是扭曲變態、壓制、墮落不會唯獨在一個地方出現。到底是哪一個地方會扮演這個象徵性的角色，是會隨著歷史而改變的。這即是說，在基督教所預言的世界末日中，「巴比倫」首先就不是指涉一個位於美索不達米亞平原的城市（而巴比倫的妓女[Whore of Babylon]也不是指生活在伊拉克的性工作者），這個名稱是用來象徵一個極度臭名昭著、對神完全不敬及墮落的地方，同樣，當基督新教徒說及「羅馬」，他們並不是實在地指涉那個位於台伯河河畔的城市。於現代時期之初期，君士坦丁堡（亦即伊斯蘭）有時扮演（與羅馬）相同的角色。霍布斯大概並不大知道這個地方，但他認為，經過概念演繹，便知道這就是他所能夠想像最獨裁專制的地方。因此，對於卡夫卡來說，他在生命最後的日子，是在哈布斯堡帝國分裂後的其中一個繼承國中度過，「墨西哥」對他而言是代表著一個文化上難以捉摸的地方，但也同時是嗜血的阿茲特克人所占領之地，此地之特質，就有如「巴比倫」、「羅馬」或「君士坦丁堡」那般（負面）。當卡夫卡說「到處都是墨西哥」之時，他的意思肯定不是在二十世紀初的布拉格城近郊，會盛行舉行吃人族的儀式：祭司向著將犧牲（成為獻祭品）的人，揮舞著黑曜石製成的利刃。他這句話的意思也不必然是指他的同胞正在布拉格的城堡區，正在供奉他們自創的特諾堤特蘭金字塔的版本。反而，「到處都是墨西哥人」的意思其實是，我們縱使身處的**不是**巴比倫、羅馬，或君士坦丁堡，也沒有理由可感到慶幸。基督徒咒罵巴比倫，但他們自己建造了羅馬教廷，它對於分裂宗教者、叛離教義者、不相信基督教的人毫

不寬容的紀錄，完全不值得驕傲。基督教的新教改革者跟（舊教）的天主教徒其實無異，兩者同樣以火刑對付了數量相若的異端份子。這些宗教禍害成為了對宗教信仰的幻想破滅、覺醒的世界出現的理由，但是，這否定宗教的世界觀，卻鼓勵我們把環境只當作可以利用開發的物料看待，這樣做其中一個惡果，就是我們現正面對著的生態環境大災難。最低限度，霍布斯知道供奉著自主女神（Libertas）的盧卡城（所能享受的獨立自主制度）並不多於由那「偉大的土耳其人」（霍布斯這樣稱呼他）所統治的城市[p]。如果你能以獨立及沒有偏見的眼光去審度墨西哥，並以同一立場細看布拉格，你就會洞見，這個城市藏在一切如常地熟識的表面印象之下的恐怖。

這樣的思路很可能會帶導我們回到我們在這本書最原初的問題：「究竟是在美國的聖塔芭芭拉城（或帕洛斯弗迪斯城、馬里布、三藩市，或橘郡）感到滿足比較好，還是在法國的利摩日、英國的科萊斯特、義大利的貝內文托、荷蘭的茲沃勒、克羅埃西亞的札格瑞布、德國的萊比錫感到不滿意比較好？」本書的讀者不會感到奇怪，阿多諾會覺得這問題的成立是有謬誤成份，不僅因為這問題是站在「歐洲為中心」的立場而成立——這立場可能不會是阿多諾的關注點，但卻會使我們感到困擾——更有甚者，是因為阿多諾大概會相信，可將卡夫卡的「到處都是墨西哥」那句話，經過必要微調後，可配置在我們本身已經改變的情況上，那就是：「可能你尚未能察覺，在現代世界，已經不可挽救，或無處可逃：到處都是加利福尼亞。」

結論

完結與將來

於《藝術哲學演講錄》，黑格爾說明了在人類的歷史中，有一段是處於在藝術出現**之前**（before）的時期，活在這時期的人，很肯定會對某些節奏形式有所偏愛，甚至也會實行各種原始形態的裝飾行為，但這些對節奏或裝飾的偏愛，並未被完善發展，其重要性也不足夠，再者它們也沒有和其他富有意義性的活動關聯起來，以致可以讓我們稱該等行為／實踐為「藝術」（若考慮到這術語之完備及正確的意思）。同樣，黑格爾又認為，我們現在（即是說於十九世紀初期）乃是存活在一個藝術**過後了**（after）的時期[a]。黑格爾很快地補充說，這並不是說，藝術已經不再存在。過去的藝術仍然會繼續被推崇，其重要性也會被維持，當代藝術作品仍然會被生產出來，備受欣賞──藝術可能會繼續發展，並且比過去的藝術更臻「完美」；它會在人的社會及人的生命中占有崇高的位置。然而，藝術已失去了往昔曾擁有的「最高的使命」：藝術，已不再是人的最高需要所能尋獲滿足、也不再是人的最高的關注被形構表達出來的那個地方。我們還仰慕著那遠古的希臘阿波羅神的軀體雕刻──我們甚

至會贊同里爾克[1]，他認為這雕像會鼓動我們去改變我們的
生命——但我們不會（再）屈膝俯拜它。

　　且讓我們將上述黑格爾的觀點暫放一旁，或可先追問以
下問題：究竟同樣性質的分析，可否應用到哲學的範圍？有
一段時期，叫做「之前」（before），那時曾出現不同樣態
的人的活動實踐：即，向他人提供建議，批評其他人，研究
周圍環境，還有說故事。有一些人會比其他人更善於從事上
述的活動之中的其中一兩項，雖然大眾可以對「某君是否真
正比某某更好，其原因為何」這等討論有很多意見。漸漸，
可能發生的，就是人們開始反省這種種實踐，並且有系統地
去整理它們，進而更努力地去學習這種或那種行動的方法，
到最後，人們會將上述某些活動與其他活動關聯在一起：我
們說有關眾神的故事，並會認為某些故事乃是眾神給予我們
的建議或甚至命令。「哲學」是指涉某種特殊的組織，上述
的實踐活動其中有幾種會被納入其中，它們會留在哲學中一
段頗長時間。哲學並不是永恆地存在（或「自古已有」），
它是在某歷史時段出現，然而，基於人的語言本質上的鬆
散，對於哲學到底真正於何時誕生，往往都有很多合理的意
見及反駁。我以蘇格拉底為始點，講述了這個哲學的故事，
他基於以理性為思考進程（包括了辯證式的問問題及回答的
方法），藉此去找尋有關自我的知識，以及甚麼是最上乘的
人的生活的知識，於此，我將焦點放在以下的環節：當蘇格
拉底為了這（追尋知識的）實踐而辯護，因為有人控訴他的
思考追問方式，乃是與傳統宗教不相容，更導致年輕的（雅

---

[1]　里爾克（Rilke, 1875-1926），出生於布拉格，德語詩人

典）市民的墮落。所謂「後－蘇格拉底」式的複雜的邏輯學
（亦即那所謂基於理性的思考推論的研究）、神學、倫理
學、政治哲學——這種種學問隨著年月世紀的累積，似乎漸
漸自然而然地匯聚統一，但是，原則上，這統一也可能會分
解，而返回成為（組成這統一的）各自的元素的繼承者，又
或者，縱使這統一能夠保持大致上的完整，但也可基於某個
原因，而失去其重要性，並且也會失去它曾一度期望得到、
更聲稱已經掌握占有的核心地位。的確，我們可以預設這可
能性會出現，同時也大致可以說，這就是我們當下所處的形
勢。這正好像在十九世紀晚期，在巴黎研究希臘雕刻的情
況，當時的人會經歷贊成或反對功利主義立場的種種動議、
檢查在邏輯推理中某個命題的寓意，分析使用某個概念所出
現的多義性，又或者要經歷過百次以上的「神的存在的證
明」的辯論，但是，在靈魂或精神的修行上，卻沒有因上述
的思考與論述方式，而獲得適當的啟迪或提升，因為這種論
述方式的唯一社會功能就只有在教學範圍之內。當然，這可
以稱得上為好的發展，亦即我們所需可讓我們（從蒙昧中）
清醒過來的其中一種方法[b]。現在若做回顧，我們或可宣稱
哲學永遠沒有營構表達過，人的最深層的關注；這永遠是個
神話。

　　雖然在歷史過程中，不同角色和各面向的關注的不斷轉
變，然而於其功能及連續性方面，仍然有足夠的重疊，讓人
們可以從中辨認出一個稱為「哲學」的組合，它從伯羅奔尼
撒戰爭[2]，直到公元二十世紀下半葉的發生的改革運動（通

---

[2]　伯羅奔尼撒戰爭（Peloponnesian War），以雅典為首的提洛同盟與以斯巴達
　　為首的伯羅奔尼撒聯盟之間的一場戰爭。這場戰爭從公元前431年一直持續

常被稱為「六十年代」或「1968」）的失敗，都似乎維持了一個明顯可辨識的形象。或許如下述，我們可以比較準確地標示「哲學」的時期——那就是從稍後於公元前399年，亦即蘇格拉底被處死之一年，直到稍前於1976年的時間，當海德格終於離世之時期（亦即第二次世界大戰後，經濟生產如噴發式的增長終於臨到了完結之時）。在某種意義下，蘇格拉底不是一個哲學家，最低限度，蘇格拉底究竟會不會以「哲學家」來稱呼他自己，或者在他有生之年，有沒有人曾稱呼他為哲學家，是完全不清楚的。「哲學」、「哲學家」這兩個術語，最先出現是在柏拉圖的著作中，雖然有一個故事說，這兩個術語是由較早期的思想家畢達哥拉斯[3]所發明，但是，這故事有一個漏洞，因為有可能畢達哥拉斯根本未曾在世間存活過。然而，縱使畢達哥拉斯並不曾存在，我們也知道有一群人被稱為畢達哥拉斯派是真的曾存在於人世，或許他們確實是在柏拉圖之前，發明了這兩個術語[(c)]。對比於柏拉圖筆下的對話錄中出現的名為蘇格拉底的那個角色，我們實在不知道歷史上「實存的」蘇格拉底怎樣稱呼自己，或者，說實話，他究竟有沒有用甚麼頭銜來標籤自己，我們實在不知道。或者，他會如同阿里斯托芬[4]（以及其他不被接納為柏拉圖傳統之內的古代作家）[(d)]那樣，稱自己為一個「詭辯者」（sophist）。「哲學」一詞一旦存在——儘管假設是柏拉圖所發明——它就可以上溯地擴充使用，尤其

到公元前404年。

[3] 畢達哥拉斯（Pythagoras of Samos，約公元前570年－公元前495年），古希臘哲學家、數學家和音樂理論家，畢達哥拉斯主義的創立者。

[4] 阿里斯托芬（Aristophanes，約公元前448年－公元前380年），古希臘喜劇作家。

是如果有一個非常有說服力的回溯的理由：那就是將蘇格拉底及其所做的事情，跟其他做著相似事情的人分別開來。跟蘇格拉底談話，並不等如從事哲學活動（doing philosophy）——這只是單純地跟他聊天。哲學之所以出現，乃是當在蘇格拉底過世後，眾人努力將與他互動的回憶重現／重演，眾人在爭論，認定蘇格拉底應該會如他們記憶中那個樣子去辯論，他們憑著各自的回憶，非常熱衷地去互相爭論，究竟蘇格拉底的辯論，會類似哪些方法，或跟哪些方法並不相似。這（爭論的）表演實在隱含著昇華了的情色主義，這正是其具吸引力之一個面向。如果說蘇格拉底稱自身不是一個哲學家，就正如說三明治伯爵[5]從未吃過「三明治」一樣弔詭——因為用英語說「吃一份三明治」（to eat a sandwich）並不是（去吃）「兩薄片麵包夾著一片肉」的意思，而是去吃那位三明治伯爵曾經常常吃的東西[(e)]。又或者，如果宣稱耶穌不是基督徒，正是一個不證自明的真理。如果說，作為一個虔誠的穆斯林的其中一個生活方式，就是努力去仿效先知典範的生活，那麼在這意義下，那先知自己就不會是一個穆斯林，因為他並不會仿效自己的生活方式，而是實在地過著自己的生活。上述所提的活動，唯有透過對認定並接納這活動乃是它本身的過去（不論是否正確）的重複／變調，才能獲得自身的認同，連貫一致性及實質性。

如果人的幸福時期根本是歷史中沒有記錄的空白篇幅[(f)]，那麼，哲學就正關聯著政治性及社會性的焦慮窘迫、錯置、民眾衝突，尤其是政治及軍事失敗的時期，就似乎很清楚

5　三明治伯爵（約翰・孟塔古[John Montagu, 4th Earl of Sandwich],1718-1792）英國政治家、軍人，曾三任第一海軍大臣，據聞發明三明治。

了。柏拉圖創造了有關「青年蘇格拉底」的各式樣態的幻想，但是，我們對蘇格拉底真正的瞥見，就是於那場雅典人於色雷斯進行的軍事行動，正陷入整體完全的潰敗、臨近完結的戰爭中之際，蘇格拉底抵受著寒冷，站在自己的帳篷前的慘況的畫面。如果他在安菲波麗[6]或德里昂[7]之戰役敗退時死去，**又或者**假設雅典贏了我們稱為伯羅奔尼撒之役那場戰爭，那很可能，我們現時所知的「哲學」這東西就不會出現了。如此，談及甚麼是哲學的「開始」，也總是頗為任意的──說真的，所謂「哲學的完結或死亡」也是同樣隨機的。自從1970年代以來，好像沒有甚麼大事發生，這個主題／範圍雖像快要熄滅的灰燼，但這並不意味著，在適當的時機中不會再次激發起生機。無論如何，有些物理學家也認為在物理學領域中，自從1970年以來就沒有重要的進展，但如果去宣布這個學問的發展已經肯定完結了，就肯定是極輕率的[(g)]。

有關以下三個個問題：（1）哲學如何、在何種情況、為甚麼會出現？（2）有甚麼機緣推動人們去追問哲學方面的問題？（3）人們正在尋索的，是甚麼模樣的答案呢？──哲學家們提出兩條回應的進路：首先的回應，是由柏拉圖始創的[(h)]：哲學是人們對某些似乎不能理解但印象深刻的事物，而產生驚愕、意想不到、讚嘆及驚訝的感受，由此而產生的正面的理論性的回應。第二條進路也根源於古代（希臘），但這思想方向跟黑格爾及其承繼者的思想非常接

6　安菲波麗（Amphipolis），如今是希臘的塞雷斯州的直轄市，於公元前422年，古希臘伯羅奔尼撒戰爭中，斯巴達人和雅典人在此地爆發了戰鬥。

7　德里昂（Delium），位於如今希臘的維奧蒂亞州，公元前424年，在德里昂（Delium）戰役中，雅典人大敗，蘇格拉底是雅典騎兵隊其中一員。

近。這進路所強調的，就是哲學是我們在世界所得之普遍經驗出現負面方向的反應——例如：看似不能和解的實際衝突、慘絕人寰的苦難、真正實在的喪失、匱乏或虛弱的經歷。五月櫻花盛開時，不會使我開始哲學思考，但當我受到政府的強求，逼迫我做一些我深切地感到在道德上不能接受及反感的勾當、當我所愛的人們在隨意而發的暴力事件中死去、當我要面臨我所預訂的計畫一敗塗地或我自身的死亡，又或者當我所屬的社會趨向明顯的自我毀滅的運動中——在這些情況下，我可能會尋求一個理由，支撐我去接受這種種失敗及缺失，接納它們為無可避免的災難，因此我一定要直接地去學習承受此遭遇，但另一可能，就是我嘗試去明白為何那些似乎是痛苦、沮喪挫折、失敗的經驗，（其實）並不是這樣的一回事。由此，我們可見或許有一種分工的現象：哲學提供「理由」去接受失敗、局限、困囿及匱乏，而宗教，尤其是主張一神論的宗教，則提供了補償，及幻想中的安慰。

然而，原則上，還有第三條進路。在歷史上有一較為冷僻的觀點，只有在黑格爾某部分的承繼者（包括馬克思及約翰・杜威[8]）當中流傳，這看法所強調的，並不是宇宙的及我們在其中存活的世界的永恆不變的本質——或它們是令人驚異的東西，或是我們必須學習去忍受的事物；相反，這看法強調，這世界的本質是可被人為地塑造的範圍，並且，由此觀點而將哲學解釋為找尋改變世界的方法，並且藉此去將

8　約翰・杜威（John Dewey, 1859-1952），美國著名哲學家、教育家、心理學家，被認為是美國實用主義哲學的重要代表人物，也被視為是現代教育學的創始人之一。

它變得更讓人滿意。

如採用第二或第三條進路，則會推斷出一個想法：假如社會是全面使人滿意的，在其中，我個人的死亡，並不會變成一個完全及澈底的精神創傷，反而，可以說，乃是生命正面地整體融合的累積，如果情況是如此，則哲學就會是很多餘，也因此不會存在；縱使還有哲學，它只會作為類似在歷史中出現過的民間故事傳說或戲劇表演，即是有如英國一些小城市，經常舉辦的英國內戰中不同戰役的重演節目。這裡的意思並不是，在人們極度不滿意的社會中，哲學必會無可避免地出現及可維持自身的存在。哲學的存在還需要依賴很多不同的其他因素。哲學得以存在，在芸芸原因中至為決定性的，乃是有一些人對世界的狀況，有著根深柢固的不滿，而這些人在其生命中，由於基本物理生存方面的需要已被滿足，所以有能力去將其已發展了的智性及認知能力聚焦在他們的（存在）狀況上，同時，他們絕不會認為、這等狀況已經是明明白白的絕望，於是覺得去思考它們根本是毫無意義的。因此，我們不能假設，正因我們的世界現在陷於生態大災難中而四分五裂，那麼哲學性活動就必然地會重新開展。

哲學假設著最低程度的樂觀立場，它是一種喜劇性，而不是悲劇性的寫作體裁。就正如西方哲學在1960年代接近其完結之時，詩人保羅・策蘭[9]獲得了德國達姆城的格奧爾格畢希納文學獎。在領獎時策蘭發表了演說，他

9　保羅・策蘭（德語：Paul Celan, 1920-1970），本名保羅・安切爾（Paul Antschel），法國籍布科維納猶太詩人、翻譯家。策蘭出生於布科維納切爾諾夫策（現屬烏克蘭），是二次大戰後最重要的德語詩人之一。

形容詩就是「一個言語形式，它宣告人生必死及徒然是無限的（diese Unendlichsprechung von lauter Sterblichkeit und Umsonst）」。之前他曾發表了同樣立場的另一番說話，他認為詩就是「持續地留意著自身的有限性」[i]。策蘭的用語（Unendlichsprechung）其實含藏著後－神學（post-theological）及後－基督教會（post-ecclesiological）的性質與調子。在天主教教會中「Heiligsprechung」（封聖）乃是一個儀式，在其中會宣布，一個凡人在死後會被封為「神聖」（holy），因此而正式被頒布成為一個公認的聖人（Saint），信眾可求祂代為向天主禱告。由此，當詩人使用Unendlichsprechung一字時，即意味著詩正式公布，我們的世界乃是一個死亡及徒勞枉然的世界，如果這樣說是真的，那（死亡及徒勞枉然）就是永無止境的。詩或者能夠容忍這真理，但若然是哲學，就可能不是那麼清晰，是否可以同樣地忍受它，並讓自身倖存下來，因為哲學一直以來，總是堅定地守護著一個近乎神經錯亂般正面而陽光的觀點去看世界：它視世界為一個事物在其中，終極而言均能成為有意義的地方。

　　或者，在哲學中去期待某種獨創性，去預期哲學家將會繼續發明新概念、新的思維及辯論方法，只不過是過氣的浪漫主義式的幻象。在教學法或大學預備班水平的那些脈絡中，類似哲學（的學科）是可以繼續存在，介紹各種傳統思想及不同辯論、論證形式的練習。我們不會期待在（例如）解剖學科中會有「獨出心裁的原創性」，可能除了用某些「原創性」的形式去做報告，然而，我們會認為解剖學是極重要的，因為此乃從事健康醫療工作者必要學習的堅實基

礎。雅典的哲學家所成立的各個學派，出現之後也能一直維持到公元六世紀才完結，雖然這些學派多個世紀以來，也再沒有我們所確認的原創思想出現了。這些學派，特別是它們是被某種威信的光環包圍著（無論這些威信是否獲得確證），都能基於某種惰性而長久得使人意外的時間內維持存在。這也是哲學在現時在大學裡的情況。同時，當然，也有些不那麼正式的地方，讓人在那裏思考或拆解邏輯性、語言學的謎團，很多人對此沉迷，樂此不疲。這是個沒有害處的練習，就好像圖版串字遊戲（Scrabble）或填字遊戲（crosswords），沒有理由會認為它不會持續存在，縱使它只是私人生活的嗜好。我們不應假設，如我們所知道的那「哲學」，是人的生命不可或缺的，甚至也不應以為它是對於成全高等文化是必然的或有利的。在十九世紀，法國沒有可以值得一提的哲學家，但卻絲毫沒有損害其文化發展，十九世紀的法國有福樓拜[10]、馬拉美[11]、塞尚[12]、白遼士[13]、蘭波[14]，以及許許多多著名的藝術家、科學家及學者。哲學可能在不同面向與人的種種深層次需要都連上關係，但它是個非常奇特的社會及文化的組合，如果要有所發展，它需要一套非常特殊的條件做支撐。這等等條件，無論是甚麼也好，似乎在過去四十年都不曾存在。

　　一方面，有一群被稱作哲學出現之前的「先驅者」或「邊緣人士」的人——亦即在蘇格拉底出現之前的時期，有

[10] 福樓拜（Flaubert, 1821-1880），法國文學家。
[11] 馬拉美（Mallarmé, 1842-1898），法國詩人、文學評論家。
[12] 塞尚（Cezanne, 1839-1906），法國畫家。
[13] 白遼士（Berlioz, 1803-1869），法國作曲家。
[14] 蘭波（Rimbaud, 1854-1891），法國詩人。

那些（學習）正當措詞演說的學生、大自然的觀察者、（推行）健康生活的專家，以及主管人間倫理關係的權威人士——在另一方面，又有另一些人，亦即在蘇格拉底之前存在的智者，若要辯稱他們並「不大符合」被稱為哲學家，實在很困難。由此推論，正好比這等先驅者、邊緣人士及不甚合乎哲學家稱號的智者，皆為哲學傳統所容納，因此，的確沒有理由說，如後來的人只是承繼了哲學某部分的特點，就不是「承傳」哲學的人，如果從事哲學活動這類人還繼續存在的話。假若那將要來臨的生態大災難仍還未全面摧毀我們，那麼我們正生活在其中的高度官僚制度化的社會，還是需要一些專家，去成立規範或制定依隨規範的法則，因此，在不同層面的技術及科學學科中，都有適當範圍可去進占而發展，當然，如果我們太過看重現時哲學對科學的關注，那實在是很幼稚的，因為一般而言，這等關注，對於哲學家來說——比起對真正科學家來說——才是更為重要的。當然，肯定還會有很多人還會努力去訓示其他人，做甚麼才是應該的，也會提出理由去論證。於前所談及在有著發展機會的各個範圍中，很明顯有些進駐者可能是哲學家的繼承者，可能在其中持續倖存一陣子。

本書所討論的十二位作者的著作，並不是一個順理成章地自然成立的群組，或一個隱形的學者社團（collegium）或審理委員會。這十二位作者並不占據時代的高峰，也不曾互相對話，他們也不會在天堂彼岸某處，以充滿擔憂，或以仁慈地滿足的，或嚴格訓誡的眼神望向我們。他們的寫作，被保存下來而流傳到我們手中，只因純粹偶然意外；這是因為歷史的意外偶發情況，致使人世間某構造板塊，做出移動至

某個位置情狀，讓我們處於某種可能狀況，因而讀到他們所寫下的，並且能夠理解掌握到其中部分，並且認識到某部分是與我們相關的，更啟蒙了我們。在現時當下歷史局勢中存活的芸芸眾生，我們剛好活在其中，研讀這些著作的確會有所回報。

　　正如這本書所努力去展示的，人們所追問的問題，基於不同的歷史及社會形勢環境，就會所改變。究竟哪些問題可被包括而列為「哲學的」問題——而不是行政管理的、科學的，或宗教的問題，或不是直接地被視為無趣的、毫無意義的、愚笨的問題——也一直在轉變。在過去眾哲學家所問的大部分問題，得到的回答從來未嘗有全面充份說服力，再者，因為這個或那個理由（通常是因不能預計的社會轉變而產生的後果），有很多問題也就此消失了。因此，實在沒有理由去預期，在當下的我們會更為幸運，我們所追問的問題，比過去歷代哲學家所提出的問題，更能尋得使人信服的答案。然而，始終有一些問題不會離我們而去，縱使我們知道，並不能對它們提供充分恰當的答案。

Ils dirent... qu'ils avoyent aperçeu qu'il y avoit parmy nous des hommes pleins et gorgez de toutes sortes de commoditez, et que leurs moitiez estoient mendians à leurs portes, décharnez de faim et de pauvreté; et trouvoient estrange comme ces moitiez icy necessiteuses pouvoient souffrir une telle injustice, qu'ils ne prissent les autres à la gorge, ou missent le feu à leurs maisons.

——Montaigne, Des Cannibales

他們說…他們曾觀察到，我們中間有些人飽吃到肚滿腸肥、買下的商品塞得滿滿，但另一些人卻是在富人門前行乞，因為飢餓及貧窮而日益瘦弱，他們覺得很訝異，這饑貧交迫的人們，竟能忍受如此的不公義，竟沒有以暴力重擊那些富人，或放火燒了他們的房子。

——蒙田《論食人部落》

原文註釋[1]

序言

(a) Paul Veyne, *Dans l'éternité je ne m'ennuierai pas* (Albin Michel, 2014), pp. 65f.

(b) Jean Paul, *Ideen-Gewimmel*, edited by T. Wirtz and Kurt Wölfel (Die Andere Bibliothek, 2013), p. 26.

導論

(a) 海頓：升f小調第四十五交響曲（1772）.

(b) 請閱 R. Dodds, *The Greeks and the Irrational* (University of California Press, 1951); M. Detienne, Les maîtres de la vérité dans la Grèce archaïque (Maspero, 1967); Friedrich Nietzsche, Kritische Studienausgabe, edited by Mazzino Montinari and Giorgio Colli (Walter de Gruyter, 1967), vol. 7, pp. 460-498, 515-530, 538-559.

(c) 別的不說，今時今日實在有技術性的理由去對傳統所理解之「封閉系統式的知識」感到高度懷疑。請閱Ernest Nagel and James R. Newman, *Gödel's Proof* (1958; NYU Press, 2001)

(d) John Dewey, *Reconstruction in Philosophy* (Holt, 1920), 以及 *The Question for Certainty* (Minton, Balch, 1929); Michel Foucault, 'La function politique de l'intellectuel', in *Dits et écrits* (Gallimard, 1994), vol. 3, pp. 109-114.

第一章　蘇格拉底

(a) 可參考已出版之普魯塔克之《道德小品》雙語（英／拉丁）對照版本('Bruta animalia ratione uti')Plutarch, Moralia, edited and translated by William Helmbold (Loeb Classical Library, 1957), vol. XII

---

[1]　中譯本照錄原作所引用參考書目資料的版本。

(b) 此處引據柏拉圖著作的頁碼稱為史蒂芬奴斯頁碼（Stephanus-numbers），這是以十六世紀亨利‧艾蒂安（拉丁語：Stephanus）的出版的柏拉圖著作版本為頁碼標準。在現代時期出版的柏拉圖著作也是以此為基準。它們通常被標記在方形括號內或在頁邊空白處。

(c) Gilbert Ryle, *The Concept of Mind* (Routledge, 1949).

(d) 請閱柏拉圖著作：《美諾篇》及《泰阿泰德篇》。

(e) 要精準地定義究竟蘇格拉底所宣稱他不知道的是甚麼，實在比表面看起來更難，我們會很快就碰到很多自相矛盾之論點，然而，蘇格拉底在某意義下卻否認他知道「所有人」都似乎清晰知道的事物或道理。

(f) 請閱Michel Tournier, *Vendredi* (Gallimard, 1969), 第2章.

(g) 蘇格拉底，《蘇格拉底的申辯》，29-30。請留意在《理想國》（617-621）最後部分所說明對生命方式的選擇，很明顯正是那作為全盤整體（totalities）的生命方式。

(h) Karl Marx, *Kapital I*, in *Marx-Engels-Werke* (Dietz, 1968), vol. 23, pp. 192-200.

(i) Σχολή (scholé)，這個希臘字乃是現今英文字「school」的根源，本來意思是閒暇（leisure），請參考Josef Pieper, *Muße und Kult* (Kösel, 1948)。羅馬時期的作者也很熱衷於讚賞「otium」（拉丁語字，意思是閒暇）的好處。請參考Cicero, *De Officiis* Book II及 *De re publica*, Book I; Seneca, *De brevitate vitae*, XIV.1（請同時參考 *Epistulae morales*, 72.3, 這裏沒有引用otium這個字）。

(j) Max Weber, *Wirtschaft und Gesellschaft* (Mohr, 1972), pp. 11–14

(k) Friedrich Nietzsche, *Götzendämmerung: 'Das Problem des Sokrates'*, in *Kritische Studienausgabe*, edited by Mazzino Montinari and GiorgioColli (Walter de Gruyter, 1967), vol. 7, p. 21 ('verkehrte Welt'); p. 25 ('quere Entwicklung'); p. 48 ('Fanatiker').

(l) 在小說*Les caves du Vatican* (Gallimard, 1914)中，法國作家安德烈‧紀德（André Gide）嘗試去探討百分百無須負擔後果的行為。小說的複雜性究竟是寓意這種行為如何地罕有，還是對我們來說，要表述它是如何地困難，或者，的確，究竟兩者的分別，能否到最後也能維持，那實在都是開放的問題。

(m) Plato, *Euthyphro*, 2-16.

(n) Euripides, *Hippolytus*.

(o) 佛陀；或盧克萊修及各處（參見下文）；Friedrich Schlegel, Lucinde: *Idylle über den Müßiggang*; Paul Laforge, *Le droit à la paresse* (1883; Édition Mille-et-une nuits, 2000).

(p) 佛陀；或盧克萊修及各處（參見下文）。Friedrich Schlegel, *Lucinde: Idylle über den Müßiggang*; Paul Laforge, *Le droit à la paresse* (1883; Édition Mille-et-une nuits, 2000).

(q) Jakob Burkhardt, *Griechische Kulturgeschichte* (Spemann, 1900).

(r) Lewis Carroll, *Alice's Adventures in Wonderland*, 第3章。

(s) 這是個稍微過大的誇張，因為蘇格拉底或柏拉圖在其他地方都贊同以下的可能性：我成功的原因，很可能純粹基於不可思議的幸運或可能得了神助。

(t) 將希臘字νόμος翻譯為法律，可說是頗為模糊的，這樣翻譯並不是錯，但卻不能將這個字本來所指涉的「用處」（usage）或「俗例」（custom）的意思包括在其中，因而含蓄地要求讀者，在每一個脈絡中都要冒險去猜測這個字確實是甚麼意思。請想想如以「叢林法則」（the law of the jungle，即弱

肉強食）內「法則」的意思，去理解在這些希臘早期的文獻中出現之「法律」這個字詞的意義，情況會如何？英國文學家吉卜林（兒童故事《叢林奇譚》[*The Jungle Book*]作者），可能會幻想，在他創造的叢林中，有某類法律系統，其中包括可被具體說明的個別規定，就有如某條法規的各項條款，但那只是個幻想。

(u) G. W. F. Hegel, *Vorlesungen über die Philosophie der Weltgeschichte* (Suhrkamp, 1970), vol. 12, pp. 329-330.

(v)Hesiod, *Theogony*, edited by M. L. West (Oxford University Press, 1966), 251f, 384.

(w) Pindar, *Pythia*, I.15ff.

(x) Sigmund Freud, *Gesammelte Werke* (1969), vol. VII, pp. 225ff.

(y) Plutarch, 'On the E at Delphi', in *Moralia*. vol. V

第二章　柏拉圖

(a) Friedrich Nietzsche, 'Das Problem des Socrates,' in *Götzendämmerung*.

(b) Friedrich Nietzsche, *Kritische Studienausgabe*, edited by Mazzino Montinari and Giorgio Colli (Walter de Gruyter, 1967), vol. 7, pp. 224–225.

(c) Michael Cook, *Commanding Right and Forbidding Wrong in Islamic Thought* (Cambridge University Press, 2000).

(d) David Wiggins在其著作*Needs, Values, Truth* (Oxford University Press, 1998)，展述了「需要的訴求」這假設之錯誤。

(e) 請閱 Émile Durkheim, *La division du travail social*.

(f) 請閱W. Von Humboldt, *Über die Grenzen der Wirksamkeit des Staates* (Reclam, 1986); see also Friedrich Hölderlin, *Hyperion*; Friedrich Schiller, *Über die ästhetische Erziehung*。

(g) Plato, *Republic*（理想國）, 419.

(h) Plato, *Lysis*（呂西斯篇）, 207-208.

(i) 這個論點最有廣泛影響力的現代版本，就大概是英國哲學家摩爾（G. E. Moore）在其著作*Principia Ethica* (Cambridge University Press, 1903) 所提出的觀點。

(j) 或者同時其實是「為了甚麼（目的）而言，就是好的（good *for* what）」請參考（中譯本）第113-117頁。

第三章　盧克萊修

(a) S. Greenblatt's *The Swerve* (Norton, 2011) 以引人入勝的方法記錄了找到盧克萊修手稿的過程。

(b) St. Jerome, *Chronicon*, in *Eusebius Werke*, edited by Rudolf Helm (Akademie Verlag, 1956), vol. 7, p. 149.

(c) 請閱：Hermann Diels and Walther Kranz, eds., *Fragmente der VorSokratiker* (Weidmann,

1996), vol. 1; G. S. Kirk, J. E. Raven, and M. Schofield, eds., *The Pre-Socratic Philosophers* (Cambridge University Press, 2007)。

(d) 在A. A. Long and D. N. Sedley, eds., *The Hellenistic Philosophers*, 2 vols. (Cambridge University Press, 1987) 一書（兩冊）內，輯錄了大量伊璧鳩魯及伊璧鳩魯學派的作品。

(e) Aristotle, *Metaphysica*（亞里斯多德《形上學》），984a11-16.

(f) *Ältestes Systemprogramm* 載於G. W. F. Hegel, *Werke in zwanzig Bänden*, edited by Eva Moldenhauer and Karl Markus Michel (Suhrkamp, 1970), vol. I, p. 243.這文本所提出的其他作家，除了黑格爾，還有謝林（Schelling）和賀德林（Hölderlin）。

(g) 確實伊比鳩魯派學者有時給予人的印象，就是他們不會對宇宙的推測的細節感到有興趣；可能其中某個假設的細節是對的、或是另外一個才是正確的。如果原子論的理論框架沒有受到懷疑，那麼哪一個假設才是正確的，都是沒問題的了。很明顯，如果去猜測哪一個才是對的會使人感到十分沮喪，實在是個錯誤。然而，此處不是去宣稱宇宙論由倫理學規定：這論點表面上好像被假設在《系統斷句》（*Systemfragment*）中，請參考本章的最後部分。

(h) Diels and Kranz, *Fragmente der Vorsokratiker*, Fr. 15.

(i) Max Weber, *Wirtschaft und Gesellschaft* (Mohr, 1972), pp. 327-344, 360-363.

(j) 請閱本書第四章奧古斯丁

(k) Herodotus, *Histories*, I.136-138.

(l) 「普通常識層次的道德觀是存在的」這想法，制定了最低限度的社會性互動溝通的要求，這可以說是，這種道德觀是獨立於特殊的宗教或意識形態的道德觀的制定，這個想法在列寧的思想中扮演著某個角色（請參考其著作*State and Revolution*，International Publishers, 1943）同時在托洛斯基的思想中也占有位置（請參考其著作*Their Morals and Ours*, Pathfinder Press, 1973）

(m) 這套理論在（公元六世紀以前的）古代是廣為通行的。德國哲學家理查德·拉茲奇（Richard Raatzsch）告訴我，這套對眾神的信仰的根源之理論，不是表面上那般簡單直接，因為它似乎假設了眾人皆有一個關於神的想法，例如打雷是由神靈而起，但關鍵是要解釋這個想法的根源究竟從何而來。

(n) 請閱 Diels and Kranz, *Fragmente der Vorsokratiker*, vol. 1, pp. 132-138.

(o) 請閱 Ludwig Feuerbach, *Das Wesen des Christentums* (Reclam, 1984).

(p) 請閱 D. A. Russell, ed., *Libellus de Sublimitate: Dionysio Longino*, Oxford Classical Texts (Oxford University Press, 1968), chapter VIII.9.

(q) 請閱卡夫卡小說選集 *Ein Hungerkünstler* (Verlag die Schmiede, 1924).

(r) Si quis dixerit, per ipsa novae Legis sacramenta ex opere operato non conferri gratiam... Anathema sit.（如果有人說恩典不是通過新約本身的聖禮所賦予的工作……讓他被詛咒。）Canon 8 of session of Council of Trent (1547) in Heinrich Denzinger and Adolf Schönmetzer, *Enchiridion symbolorum definitionum et declarationum de rebus fidei et morum* (Herder, 1965), p. 382.

(s) 我的老師美國哲學家Sidney Morgenbesser曾告訴我，他對這個論點的反省，正是他離開猶太教重建派的理由〔他將猶太教重建派定義為：美國哲學家杜威（Dewey）及摩西各占相同部分〕

第四章　奧古斯丁

(a) 如要讀奧古斯丁對聖經尤其難以置信的詮釋的例子，請閱：*The City of God*, X.25。由於奧古斯丁接受神學中「預表教義（神在舊約的事件、制度、物件，或人物中都預先指定要在新約中實現）」的觀點，故此他對舊約聖經的任何註釋，都會對跟他的神學觀不同的人來說，都是很牽強的。請閱 E. Auerbach, 'Figura', in *Gesammelte Aufsätze zur romanischen Philologie* (Franke, 1967). 以及 Dante's 'Letter to Can Grande', in *Danti Alagheri Epistulae*, edited by Paget Toynbee (Oxford University Press, 1920), p. 173.

(b) Rabelais, *Gargantua et Pantagruel* (Pléiade, 1994).

(c) Friedrich Nietzsche, *Kritische Studienausgabe*, edited by Mazzino Montinari and Giorgio Colli (Walter de Gruyter, 1967), vol. 1, pp. 533- 549; vol. 7, pp. 83, 133-134. (d) Ibid., vol. 1, pp. 875-890; vol. 7, pp. 442-448.

(e) 《懺悔錄》（*Confessions*）及各處。

(f) 海德格在《存在與時間》第9節引據過這一點。

(g) 約翰福音1:12: 'ἔδωκεν αὐτοῖς ἐξουσίαν τέκνα θεοῦ γενέσθαι.'（他賜給他們權柄，讓他們成為上帝的兒女。）如果人們認為「ἐξουσία」這個字偏離傳統而意謂「許可、承諾、允許」，這樣的詮釋實在不是那麼清楚地說明，人的本質已確切地改變了。《聖經武加大譯本》將這個字譯為「potestas」，這或者更強地意謂「性質的改變」而不僅止於「批准」的意思。

(h) St. Jerome, *Letters*, xxii, 30. 5.

第五章　蒙田

(a) 正如尼采所言, 'Sokrates ist der ideale "Naseweise": ein Ausdruck der mit dem nötigen Zartsinn aufgefasst werden muß', 這句話正確地處理了等式的兩端：一個讓人喜愛的自作聰明的人。Friedrich Nietzsche, *Kritische Studienausgabe*, edited by Mazzino Montinari and Giorgio Colli (Walter de Gruyter, 1967), vol. 7, p. 17.

(b) Michel de Montaigne, *Les Essais*, edited by Jean Balsamo, Catherine Magnien-Simonin, and Michel Magnien, Bibliothèque de la Pléiade (Gallimard, 2007), III.2; *The Complete Essays of Montaigne*, translated by Donald M. Frame (Stanford University Press, 1958), p. 610.（英語）翻譯所引用的頁碼將在前面加上「F」。

(c) 在第二卷第12篇散文，皮浪是很獨特的角色；同時請閱蒙田散文第二卷第29篇散文的開始。

(d) Meno（柏拉圖《美諾篇》）, 71-72.

(e) 請閱 G. Kerferd, *The Sophistic Movement* (Cambridge University Press, 1981).

(f) 請閱：Diogenes Laertius, *Lives of Eminent Philosophers*, edited by Tiziano Dorandi

(Cambridge University Press, 2013), pp. 420ff.

(g) 有關論及耶穌是一個憤世嫉俗的哲學家的觀點，請閱：B. Lang, *Jesus der Hund* (Beck, 2010).

(h) 同時請閱：the antimonastic utopia, the Abbé Thélème in Rabelais's *Gargantua et Pantagruel*.

(i) 在 II.12/F418（散文第二卷第12篇）中，蒙田似乎離開傳統的詞彙而轉去使用他的（我稱為）「新詞彙」。在幾行字內，他由用「connoissance de soy」（對自我的知識）及「raison」（理性）這等字眼，後轉用了「s'entendre」（相處、互相了解）這字衍生之幾個版本的慣用語。

第六章　霍布斯

(a) 這處令人想起《湯姆叔叔的小屋：卑賤者的生活》（1852）小說的主角湯姆叔叔。

(b) 可能此處是稍微誇張，但如缺乏明顯的反抗，在倫理上而言正是粗略、一般的行事方法，我們在霍布斯的著作中，見到將此定為核心論點的專制獨裁方面的後果。

(c) 請閱René Spitz, 'Hospitalism', *Psychoanalytic Study of the Child* 1 (1945): 53-74.

(d) Peter Kropotkin, *Mutual Aid* (Heinemann, 1902).

(e) 這個對點受到David Constan 的挑戰，請閱：David Constan的著作 'Clemency as a Virtue', in *Classical Philology 100*, no. 4 (October 2005): 337ff. NOTES TO PAGES 152-170 312

(f) Plutarch, *Vitae Caesaris*, 54.

(g) Michel de Montaigne, *Les Essais*, edited by Jean Balsamo, Catherine Magnien-Simonin, and Michel Magnien, Bibliothèque de la Pléiade (Gallimard, 2007), II.32; *The Complete Essays of Montaigne*, translated by Donald M. Frame (Stanford University Press, 1958), pp. 547-549.

(h) John Maynard Keynes, *General Theory of Employment, Interest, and Money* (Cambridge University Press, 1936), chapter 12.

第七章　黑格爾

(a) G. W. F. Hegel, *Grundlinien zur Philosophie des Rechts*, in *Werke in zwanzig Bänden* (Suhrkamp, 1986), vol. 7, pp. 26-28.

(b) 事實上黑格爾似乎在開戰前三天已把書稿郵遞了給他的出版商，但他十分擔心稿子會在寄送途中失去。

(c) 請閱：Hans Friedrich Fulda, *Das Problem einer Einleitung in Hegels Wissenschaft der Logik* (Klostermann, 1975).

(d) Hegel: *Werke in zwanzig Bänden.* Edited by Eva Moldenhauer and Karl Markus Michel. Suhrkamp,1970, vol. 12, p 529ff.

(e) Hegel: *Werke in zwanzig Bänden.* Edited by Eva Moldenhauer and Karl Markus Michel. Suhrkamp,1970, vol. 20, p. 455.

(f) 在vol. 7, p. 27中有一段落似乎跟這處所言似乎不同,它的意思似乎是指向另一方向。然而,如果對此處之脈絡細心檢查,及細心理解黑格爾的措詞用字,就不會有上述之印象。這一段落是在「序言」中,我們清楚知道,黑格爾寫任何著作的序言或導論,他都很意識地覺得他是在整個系統「以外」說話,由此可容許他用較為普及並且比較不那麼嚴謹的、「科學性」的方式去表達其想法。同時,他所用的特定字詞「Eigensinn」(Nisbet字典解釋為:obstinacy,執著),很明顯不是一個完全被接納的字詞。基督新教所執著的就是追尋「確認為正當的理由(justification)」,很明顯,這確認了(凡)人的實踐(但並不意謂這是在哲學裡的最終定言)。

(g) Hegel: *Werke in zwanzig Bänden.* Edited by Eva Moldenhauer and Karl Markus Michel. Suhrkamp, 1970, vol. 20, pp. 236-255.

(h) Hegel: *Werke in zwanzig Bänden.* Edited by Eva Moldenhauer and Karl Markus Michel. Suhrkamp,1970, vol. 13, p. 21.

(i) Thucydides, *Historiae* II.35ff.

第八章　尼采

(a) Friedrich Nietzsche, *Kritische Studienausgabe*, edited by Mazzino Montinari and Giorgio Colli (Walter de Gruyter, 1967), vol. 5, p. 12. 尼采在一份早期的手稿中,他形容自己所處的立場是「轉過身來的柏拉圖主義(umgedrehter Platonismus, [vol. 7, p. 199])」。本章對尼采著作的引據會採用以下形式:KSA 1.100,亦即:Friedrich Nietzsche: *Kritische Studienausgabe.* Edited by Giorgio Colli and Maurizio Montinari. Walter de Gruyter, 1967, volume 1, page 100。

(b) 同上,vol. 6 p. 307;以及vol. 6, p. 147(尼采說杜斯妥也夫斯基唯一的心理學家,可以從他那裡學習而有所得著)。

(c) Johann Gottlieb Fichte, 'Erste Einleitung in die Wissenschaftslehre' (1797; Meiner, 1961),第5節,第21頁: 'Was für eine Philosophie man wähle, hängt sonach davon ab, was man für ein Mensch ist: denn ein philosophisches System ist nicht ein toter Hausrat, den man ablegen oder annehmen könnte, wie es uns beliebte, sondern es ist beseelt durch die Seele des Menschen, der es hat.' (某人選擇會哪一種哲學,很倚賴其本人是哪一類人,因為一個哲學系統並不是一個死物、工具,放在屋子內,任由人憑其喜好選取或放下,一個哲學系統被某人採納,那個人的靈魂就會賦予它生命。)

第九章　盧卡奇

(a) Giuseppe Tomasi di Lampedusa, *The Leopard*, translated by Archibald Colquhoun (Collins, 1960), p. 40.

(b) 請閱：Michael Frede, *A Free Will: Origins of the Notion in Ancient Thought* (University of California Press, 2011).

(c) Friedrich Schiller, *Die ästhetische Erziehung des Menschen in einer Reihe von Briefen/On the Aesthetic Education of Man in a Series of Letters*, edited by Elizabeth M. Wilkinson and L. A. Willoughby (Oxford University Press, 1967).

(d) Adam Smith, *The Wealth of Nations* (1776), book I, chapter 7.

(e) Karl Marx, *Marx-Engels-Werke* (Dietz, 1968), vol. 23, pp. 85ff.

(f) 同上，supplement 1, pp. 467-588.

(g) Bertolt Brecht, *Die Gedichte in einem Band* (Suhrkamp, 1981), p. 638.

(h) György Lukács, *History and Class Consciousness: Studies in Marxist Dialectics*, translated by Rodney Livingstone (Merlin Press, 1971), pp. 171-175, 199.

(i) 在《歷史與階級意識》（*History and Class Consciousness*）之前出版，出版社為 Aisthesis edition, pp. 45ff.

(j). 請閱：*Taktik und Ethik* (supra).

(k) 他對此所用的概念為「寫實主義」；請閱：*Essays über den Realismus* (Luchterhand, 1971).

第十章　海德格

(a) Martin Heidegger, "Brief über den Humanismus" (Klostermann, 1947).

(b) 海德格在 'Brief über den Humanismus' 稱此為 'Zurückgehalten'。

(c) 卡爾‧洛維特（Karl Löwith）於1920年代末期至1930年代初期，曾經是海德格的助手，他告訴我，海德格在海德堡的對話（1971-1972）中，他「自我塑造」成為一個「基督教否定神學家」。

(d) 我們可以將此普遍的進路跟尼采的進路（例如，記載於 KSA I.806-807的論點）做比較。

(e) Martin Heidegger, *Wegmarken* (Klostermann, 1975), pp. 334ff.

(f) 請參考，例如他對德國詩人賀德林（Hölderlin）的詮釋，請閱：*Erläuterungen zu Hölderlins Dichtung* (Klostermann, 1963)，或他對奧地利詩人特拉克爾（Trakl）的詮釋，請閱其著作：*Unterwegs zur Sprache* (Neske, 1959).

(g) Heidegger, 'Brief über den Humanismus'.

(h) 請閱：Meister Eckhart, 'Martha und Maria'.

(i) 海德格在鏡報 *Der Spiegel* 的訪問，1976年5月31日。

(j) Guido Schneeberger 收集了於此時期有關海德格的資料，請閱其著作：
Nachlese zu Heidegger (Selbstverlag, 1962)。於近期，海德格由1931年至1973年期間所寫之筆記（其中之1300頁）以《黑色筆記本》之名出版（這是海德格自己給為這些筆記之名稱：書名是指這些筆記本之封面的顏色）(Klostermann, 2014).

(k) Martin Heidegger, *Gelassenheit* (Neske, 1959).

(l) Heidegger, 'Brief über den Humanismus'.

(m) György Lukács, *Die Zerstörung der Vernunft* (Luchterhand, 1954).

(n) Theodor Adorno, *Jargon der Eigentlichkeit* (Suhrkamp, 1964).

(o) Hans Sluga, *Heidegger's Crisis* (Harvard University Press, 1993).

第十一章　維根斯坦

(a) 《勃魯姆提綱》的部分節錄刊於 *Geschichte und Klassenbewußtein* (Aisthesis, 2013), pp. 699ff.

(b) *Tractatus logico-philosophicus* (Suhrkamp, 1969), 原本出版於 Ostwalds, *Annalen der Naturphilosophie*, 1921; 現時被收錄於 *Schriften I*.

(c) 見上文，第4章.

(d) 請看電影：*Bedazzled* (1967).

(e) Ludwig Wittgenstein, *Vermischte Bemerkungen* (Suhrkamp, 1977), p. 40. 這個評語似乎於1931年成立。

(f) Max Weber, 'Wissenschaft als Beruf', in *Gesammelte Aufsätze zur Wissenschaftslehre* (Mohr, 1973), p. 589.

第十二章　阿多諾

(a) G. W. F. Hegel, *Werke in zwanzig Bänden* (Suhrkamp, 1971), vol. 12, p. 529.

(b) Karl Marx, *Marx-Engels-Werke* (Dietz, 1968), vol. 23, p. 27.

(c) G. W. F. Hegel, *Phenomenology*, 105-119.

(d) Georg Büchner, Lenz, *Studienausgabe* (Reclam, 1998).

(e) Paul Celan, Der Meridian, in *Tübinger Ausgabe* (Suhrkamp, 1999), p. 7.

(f) Martin Heidegger, *Einführung in die Metaphysik* (Niemeyer, 1957), p. 34. 德國哲學家理查德・拉茲奇（Richard Raatzsch）告訴我維根斯坦曾表達過類似的看法。近期齊澤克（Slavoj Žižek）在其著作：*Der neue Klassenkampf* (Suhrkamp, 2015), pp. 13f, 也表達過類似觀點，他刻意地借用海德格的宣言來表達，不過將原句中的「俄國」換成「中國」。

(g) Bertolt Brecht, *Die Gedichte in einem Band* (Suhrkamp, 1981), p. 830; 同時請閱 Stephen Parker, *Bertolt Brecht: A Literary Life* (Bloomsbury, 2014), pp. 431-450.

(h) 布萊希特其中　個早期的劇作 *Im Dickicht der Städte* (1923; Propyläen, 1927)，乃是以芝加哥為背景。

(i) Hegel, Rechtsphilosophie, in *Werke* 7.386-393.

(j) Hegel, *Werke* 7.27.

(k) 請閱 Michael Forster, *Hegel and Skepticism* (Harvard University Press, 1989).

(l) Theodor W. Adorno, *Negative Dialektik* (Suhrkamp, 1966), pp. 202-205.

(m) Thomas Römer, *L'Invention de dieu* (Seuil, 2014).

(n) Theodor W. Adorno *Ästhetische Theorie* (Suhrkamp, 1970), p. 56.

(o) Theodor W. Adorno, et al., *The Authoritarian Personality* (Harper, 1950).

(p) Hobbes, *Leviathan*, 第21章.

結論

(a) G. W. F. Hegel, *Werke in zwanzig Bänden* (Suhrkamp, 1971), vol. 13, pp. 23-26.

(b) Max Weber, 'Entzauberung der Welt', in 'Wissenschaft als Beruf', in *Gesammelte Aufsätze zur Wissenschafstheorie*(Mohr, 1973), 及各處。

(c) Walter Burkert, *Platon oder Pythagoras? Zum Ursprung des Wortes 'Philosophie'*, Hermes 88 (Steiner Verlag, 1960), pp. 159-177.

(d) Aristophanes, *Nubes*. 同時請閱：Friedrich Nietzsche, *Kritische Studienausgabe*, edited by Mazzino Montinari and Giorgio Colli (Walter de Gruyter, 1967), vol. 7, pp. 12, 22.

(e) Bee Wilson, *The Sandwich: A Global History* (Reaktion, 2010).

(f) Hegel, *Werke*, vol. 12.

(g) Lee Smolin, *The Trouble with Physics* (Penguin, 2008).

(h) *Theaetetus*, 155d.

(i) Paul Celan, *Tübinger Ausgabe* (Suhrkamp, 1999), p. 11.

延伸閱讀參考資料

第一章　蘇格拉底

Dewey, John. *Reconstruction in Philosophy*. Beacon, 1948.

Foucault, Michel. *Histoire de la sexualité II: L'usage des plaisirs*. Gallimard,1984. / *History of Sexuality*, Volume 2: The Use of Pleasure. Translated by Robert Hurley. Vintage, 1990.

Foucault, Michel. *Histoire de la sexualité III: Le souci de soi*. Gallimard, 1984. / *The History of Sexuality, Vol. 3: The Care of the Self*. Translated by Robert Hurley. Vintage, 1986.

Frankfurt, Harry. *The Importance of What We Care About*. Cambridge University Press, 1988.

Hadot, Pierre. *Exercices spirituels et philosophie antique*. Études augustiniennes, 1981. / *Philosophy as a Way of Life*. Edited by Arnold Davidson and translated by Michael Chase. Blackwell, 1995.

Kierkegaard, Søren. *Concept of Irony with Constant Reference to Socrates*. Translated by Lee Cappel. Harper & Row, 1965.

Vlastos, Gregory. *Socrates: Ironist and Moral Philosopher*. Cambridge University Press, 1991.

第二章　柏拉圖

Deleuze, Gilles, and Félix Guattari. *L'Anti-Oedipe: Capitalisme et schizophrénie*. Éditions de minuit, 1972. / *Anti-Oedipus: Capitalism and Schizophrenia*. Translated by Robert Hurley, Mark Seem, and Helen R. Lane. University of Minnesota Press, 1983.

Dostoyevski, Fyodor. *Notes from Underground*. Translated by Ronald Wilks. Penguin, 2009.

Humboldt, Wilhelm von. *Ideen zu einem Versuch, die Grenzen der Wirksamkeit des Staates*. Reclam, 1986. / *The Limits of State Action*. Edited by John Burrow. Cambridge Studies in the History and Theory of Politics. Cambridge University Press, 1969.

More, Thomas. *Utopia*. Edited by George M. Logan, Robert M. Adams, and Clarence H. Miller. [Latin and English.] Cambridge University Press, 1995.

Reeve, C. D. C. *Philosopher-Kings: The Argument of Plato's Republic*. Princeton University Press, 1989.

第三章　盧克萊修

Clay, Diskin. *Lucretius and Epicurus*. Cornell University Press, 1983.

Feuerbach, Ludwig. *Das Wesen des Christentums. Reclam*, 1984. / *The Essence of Christianity*. Translated by George Eliot. Prometheus Books, 1989.

Marx, Karl. *Über die Differenz der demokritischen und der epikureischen Naturphilosophie*. In *Marx-Engels-Werke*. Supplementary vol. 1. Dietz, 1968. / *The Difference between the Democritean and the Epicurean Philosophy of Nature*. In *Marx-Engels: Collected Works*. Vol. 1. Lawrence and Wishart, 1975.

Sedley, David. *Lucretius and the Transformation of Greek Wisdom*. Cambridge University Press, 1998.

Warren, James. *Facing Death: Epicurus and His Critics*. Oxford University Press, 2006.

第四章　奧古斯丁

Brown, Peter. *Augustine: A Biography*. University of California Press, 1967.

Flasch, Kurt. *Augustin: Einführung in sein Denken*. Reclam, 1980.

Halbertal, Moshe, and Avishai Margalit. *Idolatry*. Translated by Naomi Goldblum. Harvard University Press, 1992.

Kierkegaard, Søren. *Philosophical Fragments*. Translated by David F. Swenson. Translation revised by Howard V. Hong. Princeton University Press, 1936.

Löwith, Karl. *Meaning in History*. University of Chicago Press, 1949.

Rousseau, Jean-Jacques. *Les confessions*. In *Œuvres complètes, tome 1*. Published-under the direction of Bernard Gagnebin and Marcel Raymond with the collaboration of Robert Osmont. Bibliothèque de la Pléiade. Gallimard, 1959. / *The Confessions*. Penguin, 1953.

第五章　蒙田

La Boétie, Étienne de. *Discours de la servitude volontaire*. Gallimard, 2008. / *The Politics of Obedience: The Discourse of Voluntary Servitude*. Translated by Harry Kurz. Black Rose Books, 1997.

Laertius, Diogenes. "Life of Pyrrho." In *Lives of Eminent Philosophers*. Translated by R. D. Hicks. Vol. 2. Loeb Classical Library. Harvard University Press, 1925.

Fontana, Biancamaria. "The Political Thought of Montaigne." In *The Oxford Handbook of Montaigne*, edited by Philippe Desan. Oxford University Press, 2016.

Manent, Pierre. *Montaigne: La vie sans loi*. Flammarion, 2014.

Nietzsche, Friedrich. *Ecce homo*. In *Friedrich Nietzsche: Kritische Studien-Ausgabe*. Edited by Giorgio Colli and Mazzino Montinari. Vol. 6. De Gruyter, 1968. / Nietzsche: *The Anti-Christ, Ecce Homo, Twilight of Idols and Other Writings*. Edited by Aaron Ridley and translated by Judith Norman. Cambridge Texts in the History of Philosophy. Cambridge University Press, 2005.

Starobinski, Jean. *Montaigne en mouvement*. Gallimard, 1982.

Toulmin, Stephen. *Cosmopolis: The Hidden Agenda of Modernity*. University of Chicago Press, 1992.

第六章　霍布斯

Benjamin, Walter. "Zur Kritik der Gewalt." In *Gesammelte Schriften*. Edited by Rolf Tiedemann and Hermann Schweppenhäuser. Vol. 7. Suhrkamp, 1991. / "Critique of Violence." In *Reflections: Essays, Aphorisms, Autobiographical Writings*. Edited by Peter Demetz and translated by Edmund Jephcott. Schocken Books, 1995.

De Sade, Donatien Alfonse François. "Français, encore un effort si vous voulez être républicains." In La *Philosophie dans le boudoir in Œuvres*, vol. III. Edited by Michel Delon with the collaboration of Jean Depruin. Bibliothèque de la Pléiade. Gallimard, 1998. / *Justine, Philosophy in the Bedroom, and Other Writings*. Translated by Richard Seaver and Austryn Wainhouse. Grove Press, 1971.

De Sade, Donatien Alfonse François. *Justine ou les Malheurs de la vertu*. In Œuvres, vol. II. Edited by Michel Delon. Bibliothèque de la Pléiade. Gallimard, 1998. / *Justine, Philosophy in the Bedroom, and Other Writings*. Translated by Richard Seaver and Austryn Wainhouse. Grove Press, 1971.

Durkheim, Émile. *De la division du travail social*. Presses universitaires de France, 1991 [1893]. / *The Division of Labor in Society*. Translated by W. D. Halls. Free Press, 1984.

Grotius, Hugo. *De jure belli et pacis*. Nabu Press, 2010. / *The Rights of War and Peace*. Translated by John Morrice from the edition of Jean Barbeyrac and edited by Richard Tuck. Liberty Fund, 2005.

Kropotkin, Peter. *Mutual Aid: A Factor of Evolution*. Freedom Press, 2014.

Kropotkine, Pierre. *La Conquête du pain*. Édition du sextant, 2013. / *Conquest of Bread*. Translated by Marshall Shatz. Cambridge Texts in the History of Political Thought. Cambridge University Press, 2008.

Skinner, Quentin. *Reason and Rhetoric in the Philosophy of Hobbes*. Cambridge University Press, 1996.

Skinner, Quentin. "The State." In *Political Innovation and Conceptual Change*. Edited by Terence Ball, James Farr, and Russell L. Hanson. Cambridge University Press, 1989.

Tuck, Richard. *Hobbes*. Oxford University Press, 1989.

第七章　黑格爾

Bull, Malcolm. *Seeing Things Hidden: Apocalypse, Vision and Totality*. Verso, 2000.

Fanon, Frantz. *Peau noire, masques blancs*. Seuil, 1952. / *Black Skin, White Masks*. Translated by Richard Philcox. Grove Press, 2008.

Forster, Michael. *Hegel and Skepticism*. Harvard University Press, 1989.

Fulda, Hans-Friedrich. *Das Problem einer Einleitung in Hegels Wissenschaft*. Klostermann, 1975.

Hippolyte, Jean. *Genèse et structure de la* Phénomenologie de l'esprit *de Hegel*. Aubier, 1946. / *Genesis and Structure of Hegel's "Phenomenology of Spirit."* Translated by Samuel Cherniak and John Heckman. Northwestern University Studies in Phenomenology and Existential Philosophy. Northwestern University Press, 1974.

Marx, Karl. "Ökonomisch-philosophische Manuskripte aus dem Jahre 1844." In Marx-Engels Werke: Ergänzungsband 1. Dietz, 1968. / "Economic and Philosophic Manuscripts of 1844." In Collected Works. Vol. 3. Lawrence and Wishart, 1975.

第八章　尼采

Artaud, Antonin. "Pour en finir avec le jugement de dieu." In *Œuvres*. Edited by Evelyne Grossmann. Collection Quarto. Gallimard, 2004. [Audio copies of the original recording of this work in 1947 are available as a CD from Sub Rosa record company, Brussels.]

Bull, Malcolm. *Anti-Nietzsche*. Verso, 2011.

Losurdo, Domenico. *Nietzsche der aristokratische Rebell: Intellektuelle Biographie und kritische Bilanz*. Edited by Jan Rehman and translated by Erdmute Brielmeyer. 2 vols. Argument, 2009. / [The author describes the German edition as a second and corrected version of his Nietzsche, il ribelle aristiocratico: Biografia intellettuale e bilancio critico. Bollati Boringhieri, 2014.]

May, Simon. *Nietzsche's Ethics and His War on "Morality."* Clarendon Press, 1999.

Nehamas, Alexander. *Nietzsche: Life as Literature*. Harvard University Press, 1985.

Salomé, Lou-Andreas. *Friedrich Nietzsche in seinen Werken*. Severus, 2013.

Staten, Henry. *Nietzsche's Voice*. Cornell University Press, 1990.

第九章　盧卡奇

Comité invisible *L'insurrection qui vient*. La Fabrique, 2007. / *The Coming Insurrection*. Semiotext（e）Intervention Series. MIT Press, 2009.

Kierkegaard, Søren. *Concluding Unscientific Postscript*. Translated by Walter Lowrie. Princeton University Press, 1968.

Lenin, Vladimir. *What Is to Be Done? In Collected Works*. Translated by Joe Fineberg and George Hanna. Vol. 5. Foreign Languages Publishing House, 1961.

Luxemburg, Rosa. *Massenstreik, Partei und Gewerkschaften*. In *Gesammelte Werke*. Vol. 2. Dietz, 2000. / *The Mass Strike, the Political Party and the Trade Unions*. In *The Essential Rosa Luxemburg: Reform or Revolution and the Mass Strike*. Edited by Helen Scott and translated by Patrick Lavin. Haymarket Books, 2008.

Luxemburg, Rosa. "Sozialreform oder Revolution." In *Gesammelte Werke*. Vol. 1.1. Dietz, 1982. / "Reform or Revolution." In *The Essential Rosa Luxemburg: Reform or Revolution and the Mass Strike*. Edited by Helen Scott translated by Integer. Haymarket Books, 2008.

Merleau-Ponty, Maurice. *Humanisme et terreur: Essai sur le problème communiste*. Gallimard, 1947. / *Humanism and Terror: An Essay on the Communist Problem*. Translated by John O'Neill. Beacon Press, 1990.

Merleau-Ponty, Maurice. *Les aventures de la dialectique*. Gallimard, 1955. / *Adventures of the Dialectic*. Translated by Joseph J. Bien. Studies in Phenomenology and Existential Philosophy. Northwestern University Press, 1973.

Negt, Oskar, and Alexander Kluge. *Geschichte und Eigensinn*. Zweitausendeins, 1981. / *History and Obstinacy*. Edited by Devon Fore, Cyrus Shahan, Martin Brady, Helen Hughes, and Joel Golb, and translated by Richard Langston. MIT Press, 2014.

Weber, Max. *Die protestantische Ethik und der Geist des Kapitalismus*. In *Gesammelte Aufsätze zur Religionssoziologie*. Vol. 1. Mohr, 1921. / *The Protestant Ethic and the Spirit of Capitalism*. Translated and introduced by Stephen Kalberg. Oxford University Press, 2011.

第十章　海德格

Carman, Taylor. *Heidegger's Analytic: Interpretation, Discourse and Authenticity in Being and Time*. Cambridge University Press, 2003.

Marten, Rainer. "Heidegger: Die Einheit seines Denkens." In *Martin Heidegger's*

"Schwarze Hefte," edited by Marion Heinz and Sidonie Kellerer. Suhrkamp, 2016.

Meister, Eckhart. *Deutsche Predigten und Traktate*. Translated into modern German by Josef Quint. Nikol, 2007. / *The Essential Sermons, Commentaries, Treatises and Defenses*. Translated and edited by Bernard McGinn and Edmund Colledge. Paulist Press, 1981. [There is also a selection of sermons in the original Middle High German, with facing page modern German translation, published by Reclam, 2001.]

Rée, Jonathan. *Heidegger*. Phoenix, 1998.

Schneeberger, Guido. *Nachlese zu Heidegger*. Selbstverlag, 1962.

Sluga, Hans. *Heidegger's Crisis*. Harvard University Press, 1993.

第十一章　維根斯坦

Artaud, Antonin. *Le théâtre et son double*. Gallimard, 1964. / *The Theatre and Its Double*. Translated by Mary Caroline Richards. Grove Weidenfeld, 1958.

Fritz, Mauthner. *Beiträge zu einer Kritik der Sprache*. 3 vols. Cotta, 1901–1902.

Kripke, Saul. *Wittgenstein on Rules and Private Language*. Harvard University Press, 1982.

Loos, Adolf. "Ornament und Verbrechen." In *Trotzdem 1900-1930*. Edited by Adolf Opel. Brenner, 1931. / *Ornament and Crime: Selected Essays*. Translated by Michael Mitchell. *Studies in Austrian Literature, Culture, and Thought*. Ariadne Press, 1998.

Monk, Ray. *Ludwig Wittgenstein: The Duty of Genius*. Vintage, 1990.

Tolstoy, Leo. *A Confession and Other Religious Writings*. Translated by Jane Kentish. Penguin, 1988.

Tolstoy, Leo. *The Gospel in Brief*. Translated by Louise Maude and Aylmer Maude. Pantianos Classics, 1921.

Tolstoy, Leo. *The Kingdom of God Is Within You*. Translated by Constance Garnett. Penguin, 2010.

第十二章　阿多諾

Baudelaire, Charles. *"Peintre de la vie moderne."* In *Œuvres complètes*. Edited by Claude Pichois. Vol. 2. Bibliothèque de la Pléiade. Gallimard, 1976. / *The Painter of Modern Life and Other Essays*. Translated by Thom Mayne. Phaidon, 1995.

Benjamin, Walter. "Geschichtsphilosophische Thesen." In *Angelus Novus: Ausgewählte Schriften* 2. Suhrkamp, 1988. / "Theses on the Philosophy of History." In *Illuminations*. Translated by Harry Zohn. Schocken, 1969.

Celan, Paul. "Gespräch im Gebirg." In *Der Meridian und andere Prosa*. Suhrkamp, 1988. / "Conversation in the Mountains." In *Collected Prose*. Translated by Rosmarie Waldrop. Carncanet, 1999

Derrida, Jacques. "Les fins de l'homme." In *Marges de la philosophie*. Editions de minuit, 1972. / "The Ends of Man." In *Margins of Philosophy*. Translated by Alan Bass. University of Chicago Press, 1982.

Kürnberger, Ferdinand. *Der Amerikamüde: amerikanisches Kulturbild*. Insel, 1986.

Rimbaud, Arthur. *Une saison en enfer in Oeuvres complètes*. Edited by André Guyaux with the collaboration of Aurélia Cervoni. Bibliothèque de la Pléiade. Gallimard, 2009. / *A Season in Hell*. In *Collected Works*. Translated by Paul Schmidt. Harper, 2000.

Schlegel, Friedrich. *Athenäums-Fragmente*. In *Athenäums--Fragmente und andere Schriften*. Edited by Andreas Huyssen. Reclam, 1986. / *"Athenaeum-Fragments."* In *Friedrich Schlegel's* Lucinde and the Fragments. Translated by Peter Firchow. University of Minnesota Press, 1971.

Schlegel, Friedrich. "Über die Unverständlichkeit." In *Ästhetische und politische Schriften*. Hofenberg, 2014. / "On Incomprehensibility." In *Friedrich Schlegel's* Lucinde and the Fragments. Translated by Peter Firchow. University of Minnesota Press, 1971.

附表

本書各章節介紹之哲學家生卒年份及國籍

章節	哲學家	生卒年份	國籍
第一章	蘇格拉底（Socrates）	公元前470年－公元前399年	古希臘
第二章	柏拉圖（Plato）	約公元前428年－公元前347年	古希臘
第三章	盧克萊修（Lucretius）	公元前99年－公元前55年	羅馬共和國
第四章	奧古斯丁（Augustine）	354年－430年	羅馬帝國
第五章	蒙田（Montaigne）	1533年－1592年	法國
第六章	霍布斯（Hobbes）	1588年－1679年	英國
第七章	黑格爾（Hegel）	1770年－1831年	德國
第八章	尼采（Nietzsche）	1844年－1900年	德國
第九章	盧卡奇（Lukács）	1885年－1971年	匈牙利
第十章	海德格（Heidegger）	1889年－1976年	德國
第十一章	維根斯坦（Wittgenstein）	1889年－1951年	奧地利
第十二章	阿多諾（Adorno）	1903年－1969年	德國猶太人

更改主題

哲學從蘇格拉底到阿多諾

作　　者／雷蒙德‧蓋斯（Raymond Geuss）

譯　　者／郭恩慈

譯稿整理／陳佩姍

出　　版／Denzel & Witt Creation

　　　　　香港九龍灣臨興街19號同力工業中心B座1樓B1室

　　　　　電話：+852-2838-9511

製作銷售／秀威資訊科技股份有限公司

　　　　　114 台北市內湖區瑞光路76巷69號2樓

　　　　　電話：+886-2-2796-3638

　　　　　傳真：+886-2-2796-1377

網路訂購／秀威書店：https://store.showwe.tw

　　　　　博客來網路書店：https://www.books.com.tw

　　　　　三民網路書店：https://www.m.sanmin.com.tw

　　　　　讀冊生活：https://www.taaze.tw

出版日期／2022年11月

Ｉ Ｓ Ｂ Ｎ／978-988-76614-0-5

定　　價／NTD 500元／HKD 132元